葉幼明注譯
周鳳五校閱

新譯

揚子雲集

三民書局印行

國家圖書館出版品預行編目資料

新譯揚子雲集／葉幼明注譯.--初版.
--臺北市：三民，民86
面；　公分.--（古籍今注新譯叢書）
ISBN 957-14-2672-5（精裝）
ISBN 957-14-2673-3（平裝）

1. 揚子雲集-註釋

122.51　　86009475

國際網路位址　http://sanmin.com.tw

© 新譯揚子雲集

注譯者　葉幼明
校閱者　周鳳五
發行人　劉振强
著作財產權人　三民書局股份有限公司
發行所　三民書局股份有限公司
地址／臺北市復興北路三八六號
電話／五〇〇六六〇〇
郵撥／〇〇〇九九九八——五號
印刷所　三民書局股份有限公司
門市部　復北店／臺北市復興北路三八六號
重南店／臺北市重慶南路一段六十一號
初版　中華民國八十六年十一月
編號　S 03138
基本定價　肆元捌角
行政院新聞局登記證局版臺業字第〇二〇〇號

ISBN 957-14-2673-3（平裝）

刊印古籍今注新譯叢書緣起

劉振強

人類歷史發展，每至偏執一端，往而不返的關頭，總有一股新興的反本運動繼起，要求回顧過往的源頭，從中汲取新生的創造力量。孔子所謂的述而不作，溫故知新，以及西方文藝復興所強調的再生精神，都體現了創造源頭這股日新不竭的力量。古典之所以重要，古籍之所以不可不讀，正在這層尋本與啟示的意義上。處於現代世界而倡言讀古書，並不是迷信傳統，更不是故步自封；而是當我們愈懂得聆聽來自根源的聲音，我們就愈懂得如何向歷史追問，也就愈能夠清醒正對當世的苦厄。要擴大心量，冥契古今心靈，會通宇宙精神，不能不由學會讀古書這一層根本的工夫做起。

基於這樣的想法，本局自草創以來，即懷著注譯傳統重要典籍的理想，由第一部的四書做起，希望藉由文字障礙的掃除，幫助有心的讀者，打開禁錮於古老話語中的豐沛寶藏。我們工作的原則是「兼取諸家，直注明解」。一方面熔鑄眾說，擇善而從；

一方面也力求明白可喻，達到學術普及化的要求。叢書自陸續出刊以來，頗受各界的喜愛，使我們得到很大的鼓勵，也有信心繼續推廣這項工作。隨著海峽兩岸的交流，我們注譯的成員，也由臺灣各大學的教授，擴及大陸各有專長的學者。陣容的充實，使我們有更多的資源，整理更多樣化的古籍。兼採經、史、子、集四部的要典，重拾對通才器識的重視，將是我們進一步工作的目標。

古籍的注譯，固然是一件繁難的工作，但其實也只是整個工作的開端而已，最後的完成與意義的賦予，全賴讀者的閱讀與自得自證。我們期望這項工作能有助於為世界文化的未來匯流，注入一股源頭活水；也希望各界博雅君子不吝指正，讓我們的步伐能夠更堅穩地走下去。

新譯揚子雲集　目次

卷二

卷 三

卷 四

附　錄

導讀

一

揚雄（西元前五三～西元一八年），字子雲，蜀郡成都（今四川成都市）人。據《漢書・揚雄傳》引揚雄〈自序〉，他的祖先出自周朝的支庶名叫伯僑的人，食采邑於晉的揚邑，因以為揚氏。揚邑在黃河、汾水之間。周朝衰落，揚氏就稱侯，號曰揚侯。碰上晉國六卿爭權，韓、魏、趙興起而范、中行、智伯失敗，逼迫揚侯。揚侯逃到楚地的巫山，因家於此。在楚、漢之際，揚氏溯長江而上，處巴郡江州。揚雄的五世祖揚季官至廬江太守。漢武帝元鼎年間，避仇復溯江而上，處在岷山南面的郫縣，有田一壥（百畝），有宅一區，世世以農桑為業。自季至雄，五世而傳一子，故揚雄在蜀郡沒有其他支屬。可見揚雄是出身於一個比較富裕的農民家庭。

揚雄年輕時就愛好學習，但不喜歡今文經學的「章句之學」，而喜歡「舉大義」、「通訓詁」的古文經學。讀書十分廣泛，為人簡易和緩，口吃而不善言詞。但喜好深入地思考問題，清靜恬淡，嗜欲少，不故作清高以邀取名譽，豁達大度，不是聖賢之書不看；不如心意，即使大富大貴也不去追求。愛好辭賦，尤其佩服司馬相如賦的「弘麗溫雅」，他作賦就以司馬相如為楷模。又認為屈原的文辭超過司馬相如，但不容於時，至沉江而死。他認為：君子得時就去大幹一番，不得時就隱居起來，何必投江自殺？就寫了一篇〈反離騷〉，投到長江以弔念屈原。此時，他還作有〈蜀都賦〉、〈廣騷〉、〈畔牢愁〉、〈縣邸銘〉、〈玉佴頌〉、〈階闥銘〉、〈成都城四隅銘〉。《蜀王本紀》亦可能作於此時。他的青壯年時期就是在他的老家四川度過的。

因為他文名大著，被漢成帝召至長安。至於何時召至長安？是由誰薦舉？由於《漢書・揚雄傳》記載有牴牾，而有不同說法。推薦他的人，揚雄自己在〈答劉歆書〉中說是蜀人楊莊；而《漢書・揚雄傳》卻說是大司馬車騎將軍王音。而召至長安的時間，《漢書・揚雄傳》明說是「年四十餘」。如果是王音薦舉，王音死於永始二年（西元前十五年），此時揚雄才三十餘歲，與「年四十餘」不合。故周壽昌《漢書注校補》說：

> 據此書雄卒於莽之天鳳五年戊寅，年七十一，則雄生適當宣帝甘露元年戊辰，至成帝即位，甫二十二歲，陽朔三年己亥，王音始拜大司馬車騎將軍，雄年三十二，永始二年丙午音薨，雄年三十九，與書中所云四十餘自蜀游京師為王音門下史語不合。案古四字作三，傳寫時由三字誤加一畫，正應作三十餘始合。

而《四庫全書・揚子雲集提要》則曰：

> 考子雲〈家牒〉，以甘露元年生。《漢書・成帝紀》載，行幸甘泉，行幸長楊宮，並在元延元年乙酉，上距宣帝甘露元年戊辰，正四十二年，與四十餘歲之數合。其後元延凡五年，綏和凡二年，哀帝建平凡四年，元壽凡二年，平帝元始凡五年，孺子嬰凡三年，王莽始建國凡五年，積至莽天鳳五年，正得七十一年，與七十一卒之數亦合。……惟王音卒歲，實與雄傳不合。然音字為根字之誤，宋祁固已言之。

按揚雄〈自序〉云：「孝成帝時，客有薦雄文似相如者，上方郊祠甘泉泰畤、汾陰后土，以求繼嗣，召雄待詔承明之庭。」這客當以楊莊為是。因為第一，揚雄出身農家，僻處四川，王音不可能知道他。第二，王音為大司馬車騎將軍，揚雄既為他的門下史，不可以稱之為客。而楊莊為蜀人，官職是郎，正如楊得意薦舉司馬相如一樣，由他薦舉揚雄，是最恰當的身分。同時細揣〈自序〉，揚雄至京師待詔之時，當為成帝祠祀甘泉泰畤、汾陰后土之時。成帝祠祀甘泉泰畤、汾陰后土，乃在元延元年、元延二年。此時王音已死，不可能推薦，而且《漢書・揚雄傳》大抵皆據揚雄〈自序〉，惟此處不出〈自序〉，乃班固據其他材料增補，與〈自序〉不符。像王音這麼大的人物薦舉，是極為榮耀的事，揚雄不會不提及，而以一個「客」字來含混其詞。故當以〈自序〉為準，姑定為揚雄至京師之年為元延元年，雄年四十二，薦舉者為楊莊。

揚雄召至京師，待詔承明，就想積極表現自己以期得到漢成帝的賞識。於是充分發揮他的文學才能，接連向漢成帝上了〈甘泉〉、〈河東〉、〈羽獵〉、〈長楊〉四賦，對漢成帝的不足之處進行諷諫，對他的「眇然以思唐虞之風」進行勸勉，而得到「除為郎，給事黃門」的待遇。這只是一個「掌守門戶，出充車騎」的「比三百石」的小官。揚雄大概有點感到失望，就請求「不受三歲之奉，且休脫直事之繇」，即不要俸祿，但不到皇宮去直宿，希望能專心從事寫作。「有詔可不奪奉，令尚書賜筆墨錢六萬，得觀書石室」。一年裡，他又作〈繡補〉、〈靈節〉、〈龍骨〉之銘詩三章，又得到漢成帝的贊賞。但文人一向是被統治者俳優視之的。因此，雖在漢成帝時，揚雄與王莽、劉歆地位相等，哀帝之初，與董賢同官。而在哀帝、平帝年間，董賢、王莽位至三公，權傾人主，所薦莫不拔擢，而揚雄卻三世不徙官。揚雄是不是全無政治頭腦呢？從他的〈上書諫勿許單于朝〉一文看，他對華夏族與匈奴族之關係的歷史瞭如指掌，對不許單于朝的危害分析入微，表現了他精闢的政治見地。故他的意見立即被漢哀帝採納而接受了單于入朝。為何三世不徙呢？這大概一方面是揚雄不屑於逢迎，因而不得當權者的青顧；一方面漢成帝、漢平帝始終以文人視之而已。

揚雄原想以辭賦當諫書，用辭賦來表達自己的政治見解，博得當權者的重任。但他的願望落空了。正如王充在《論衡・譴告》中所批評的那樣：「孝成皇帝好廣宮室，揚子雲上〈甘泉賦〉，妙稱神怪，若曰非人力所能為，鬼神力乃可成。皇帝不覺，為之不止。」這樣，揚雄就改變了對辭賦的看法，認為賦的諷諫是「勸而不止」，是「勸百而諷一」，作賦的人「又頗似俳優淳于髡、優孟之徒」。於是視賦為「雕蟲篆刻」而「輟不復為」，把主要精力集中到政治哲學著作的著述。

漢哀帝時，揚雄集中精力撰寫《太玄經》。《太玄經》是一部模仿《周易》的哲學著作。《太玄》本文五千字，模仿《周易》的卦爻辭，以三四九為基本數，包括三方、九州、二十七部、八十一家。每家一首，每首四重，一玄三方，一方三州，一州三部，一部三家，共八十一首（三×三×三×三）；每首九贊，共七百二十九贊（九×八十一）。此外又有〈首〉、〈衝〉、〈錯〉、〈測〉、〈攡〉、〈瑩〉、〈數〉、〈文〉、〈捝〉、〈圖〉、〈告〉十一篇。〈玄首〉模仿《周易．彖傳》，〈玄測〉模仿〈象傳〉，〈玄衝〉模仿〈序卦〉，〈玄錯〉模仿〈雜卦〉，〈玄文〉模仿〈文言〉，〈玄攡〉、〈玄瑩〉、〈玄捝〉、〈玄圖〉、〈玄告〉模仿〈繫辭〉，〈玄數〉模仿〈說卦〉，對《太玄》本文進行解說。《太玄》本身已有神秘色彩，加以用了許多僻詞奇字，更加隱晦難讀。在撰寫過程中，有人嘲笑揚雄不去求官仕進，卻埋頭撰寫《太玄》。揚雄寫有〈解嘲〉來加以回答，認為「位極者宗危，自守者身全」，「為不可為於不可為之時，則凶」，因此他樂於清靜自守，自甘寂寞，「默然獨守吾《太玄》」。《太玄》寫成之後，「觀之者難知，學之者難成。客有難《玄》大深，眾人之不好也」。揚雄又寫有〈解難〉予以回答，說：「大味必淡，大音必希；大語叫叫，大道低回。是以聲之眇者，不可同於眾人之耳，形之美者，不可棍於世俗之目，辭之衍者，不可齊於庸人之聽。」他還引用《老子》的話說：「貴知我者希」，你們讀不懂不要緊，我等待後世的知音。從這種自頌自贊的口吻中，可見他對《太玄》是多麼自負。

揚雄還撰有《法言》。《法言》有〈學行〉、〈吾子〉、〈脩身〉、〈問道〉、〈問神〉、〈問明〉、〈寡見〉、〈五百〉、〈先知〉、〈重黎〉、〈淵騫〉、〈君子〉、〈孝至〉十三篇，闡述了揚雄對許多重大政治哲學問題的基本觀點。本書體例模仿《論語》，以語錄體的形式寫成。思想比較淺近，文字也不似《太玄》艱深，是一部比較有可讀性的著作。《法言》的最後兩條說：「周公以來，未有漢公之懿也，勤勞則過於阿衡。」「漢興二百一十載而中天，其庶幾乎！」漢公指王莽。王莽在平帝時纔稱安漢公。漢自漢高祖元年至漢平帝元始四年，恰為二百一十年。足證此書完成於漢平帝之時。

這時，揚雄還作有《訓纂》。《訓纂》是一部文字學著作。漢平帝元始四年，召天下通小學者數百人，於庭中各令記字，揚雄取其有用者以作《訓纂》。此書以六十字為一章，共三十四章，二千零四十字。原書久佚，今有馬國翰《玉函山房輯佚書》本。

這時揚雄還正在寫作《方言》。《方言》是一部訓詁學著作。全書十三卷，模仿《爾雅》體例，彙集古今各地同義詞語，分別注明通行範圍。取材或來自古籍，或為直接調查所得，從中可以知曉漢代語言的分布狀況。此書的寫作過程，揚雄在〈答劉歆書〉中作了說明：「天下上計孝廉及內郡衛卒會者，雄常把三寸弱翰，齎油素四尺，以問其異語，歸即以鉛摘次之於槧，二十七歲於今矣。而語言或交錯相反，方覆論思詳悉集之，燕其疑。」可見此書是揚雄花了幾十年心血逐漸完成的。

揚雄為什麼這麼潛心從事著述呢？為什麼對《太玄》、《法言》那麼自負呢？這跟他的政治態度關係密切。這在論述他的政治態度時還將細論，這裡就暫不贅述。揚雄說賦是「雕蟲篆刻，壯夫不為」，是指那種「勸百而諷一」的「閎侈鉅衍」的散體大賦，那種抒情的小賦他還是作的。

這個時期，他有兩篇賦特別值得注意。一篇是〈逐貧賦〉。這篇賦以滑稽詼諧的筆調，通過揚子與貧的對話，表現了揚雄對世俗物質生活的追求與對聖賢安貧樂道思想的信守的深刻矛盾，反映了揚雄對貧困生活的強烈不滿與對豐厚的物質生活的熱烈追求。這正表現了身處亂世的知識分子在安貧與求富、避禍與欲求兩者之間徘徊不定的矛盾心理。《漢書・揚雄傳》說揚雄「不戚戚於貧賤」，那只是他懼怕遭禍的被扭歪了的性格。〈逐貧賦〉反映的是對物質生活的矛盾心理，而〈太玄賦〉則反映的是對政治生活的矛盾態度。此賦大力宣揚了一番《老子》、《周易》那一套吉凶禍福互相倚伏包容的道理，告誡人們不要追求那無妄之福，意外之吉，以防止無妄之禍，意外之凶。這反映的實際上是包括揚雄在內的身處亂世的知識分子的仕進與隱退的矛盾心理。揚雄本是一個在政治上很有抱負的人，希望在政治上有施展才華的機會。但他看到統治集團內部爭權奪利的鬥爭十分激烈，他懼禍及身，所以始終與他們保持一定的距離。這篇賦就正是他這種懼禍心理的反映。這時，還有一篇有深刻寓意的〈酒賦〉。賦中，瓶比喻那些正道直行、剛正不阿的正人君子，鴟夷則比喻那些隨俗浮沉、趨炎附勢的勢利小人。此賦表面看去好像是不贊成前者而傾慕後者，實際上是抒發他身處亂世而無所適從的矛盾與苦悶。在那樣的社會裡，做正人君子，勢必碰得頭破血流；而做勢利小人，又為端直的人格所不忍為，何去何從，猶疑難定。此賦正反映了揚雄這種矛盾心理。

這是揚雄召至京師後在漢成帝、漢哀帝、漢平帝三世的經歷與表現。

西元九年，王莽終於取代了漢朝，建立了新朝政權，揚雄經歷了一次不流血的改朝換代。王莽是用小恩小惠以收買人心和符命祥瑞以抬高威望而取得政權的。很多人在擁戴王莽的吆喝聲中獲得官爵。揚雄卻在埋頭著述，沒有參與那場制符命稱功德的吆喝，因而不得封侯。但王莽沒有忘記昔日這位故人，提升他做了太中大夫，官秩為比千石。由比三百石越級提升到比千石，揚雄心裡當然是很感激的。因此他特地寫了一篇〈劇秦美新〉來為王莽捧場。這是揚雄招致後世嚴厲指責的一篇文章。李善批評說：「王莽潛移龜鼎，子雲進不能辟戟丹墀，亢辭鯁議；退不能草《玄》虛室，頤性全真。反而露才以耽寵，詭情以懷祿，素餐所刺，何以加焉？」（《文選》注）其實，揚雄寫這篇文章也是有其原因的。首先，王莽雖因後來倒行逆施而招致身敗名裂，但在篡位前和篡位之初也做過一些好事。如其子王獲殺死奴隸，他令其自殺償命；平帝元始二年，地方上發生旱災蝗災，他獻錢百萬，田三十頃，並動員官吏豪富二百餘人獻田宅分給貧民，還派使者捕蝗；這些都深得人心。當時頌莽功德者大有人在，揚雄對他存有幻想是可以理解的。其次，揚雄也是有政治抱負，有名利慾望的人。他見王莽推行新政如火如荼，他也幻想有所作為，也是可以理解的。我們如果歷史地來看問題，是不必深責的。

揚雄畢竟不同於劉歆一類人，他始終是安命的。他既沒有積極參加擁護王莽即位的政治活動，也沒有參加反對王莽的政治活動，那些擁王莽派和反王莽派也似乎都沒有去找過他。他還是安安分分地在天祿閣上校書。不過還是受反王莽案的牽連而發生了「投閣」事件。《漢書・揚雄傳》記載說：「王莽時，劉歆、甄豐皆為上公，莽既以符命自立，即位之後，欲絕其原以神前事，而豐子尋、歆子棻復獻之。莽誅豐父子，投棻四裔，辭所連及，便收不請。時雄校書天祿閣上，治獄使者來，欲收雄，雄恐不能自免，迺從閣上自投下，幾死。莽聞之曰：『雄素不與事，何故在此？』間請問其故，迺劉棻嘗從雄學作奇字，雄不知情。有詔勿問。然京師為之語曰：惟寂寞，自投閣；爰清靜，作符命。」事件雖因王莽的開脫而平息，但還是受到人們的譏誚。這是王莽始建國二年冬季的事。

大概因「投閣」事件而以病免官，復召為大夫。家素貧，嗜酒，人稀至其門。時有好事者載酒肴從游學，而鉅鹿侯芭常從雄居，學習《太玄》、《法言》，劉歆亦嘗觀之，謂雄曰：「空自苦！今學者有祿利，然尚不能明《易》，又如《玄》何？吾恐後人用覆醬瓿也。」雄笑而不應。年七十一，天鳳五年卒。

他死後，桓譚曾斷言《太玄》、《法言》必傳於後世，說：「今揚子之書，文義至深，而論不詭於聖人，若使遭遇時君，更閱賢知，為所稱善，則必度越諸子矣。」

揚雄的著作，《漢書・揚雄傳》敘述說：「實好古而樂道，其意欲求文章成名於後世，以為經莫大於《易》，故作《太玄》；傳莫大於《論語》，作《法言》；史篇莫善於《蒼頡》，作《訓纂》；箴莫善於〈虞箴〉，作州箴；賦莫深於〈離騷〉，反而廣之；辭莫麗於相如，作四賦；皆斟酌其本，相與放依而馳騁云。」此外，常璩《華陽國志》說：揚雄以為「典莫正於《爾雅》，故作《方言》。」《漢書・藝文志》著錄《揚雄訓纂》一篇、《揚雄蒼頡訓纂》一篇。《隋書・經籍志》著錄《揚子雲集》五卷、《蜀王本紀》一卷。丁福保《漢魏六朝名家集》著錄揚雄有《琴清英》一卷。這樣，他的著作計有：《太玄》十五卷、《法言》十三卷、《訓纂》一篇、《蒼頡訓纂》一篇、《方言》十三卷、《蜀王本紀》一卷、《琴清英》一卷、《揚子雲集》五卷。可見揚雄是一個清苦的知識分子，又是一個孜孜不倦地努力撰述的學者。

二

對於揚雄的為人，歷來有兩種截然相反的評價。《漢書‧揚雄傳》極力稱道其人品，說他「清靜亡為，少嗜欲，不汲汲於富貴，不戚戚於貧賤，不修廉隅以徼名當世。家產不過十金，乏無儋石之儲，晏如也。自有大度，非聖哲之書不好也；非其意，雖富貴不事也」，然其在新莽時，長安已有人譏笑他「惟寂寞，自投閣；爰清靜，作符命」。後來朱熹、方苞等人對他的出仕新莽，並作〈劇秦美新〉，多所譏誚。朱熹甚至說他「為屈原之罪人」。這兩種評價都有一定道理，但都是各執一偏，不夠全面。從揚雄的一生行事和他的言論來看，他確是一個有時自甘寂寞，有時又不甘寂寞的人，因而缺乏堅定的節操。他這種矛盾性格的形成，既有個人的原因，也有社會的原因。

揚雄生當西漢末年。西漢帝國的前期與中期是中國歷史上一個得到高度集中統一的封建帝國的繁榮發展階段。但是從漢元帝時代（西元前四八～前三三年）開始，王朝統治集團在政治上、生活上急遽腐化，土地兼併激烈進行，外戚、宗室、王侯和豪強巨富們無限制的榨取，加上連年不斷的水旱災害，農民急遽破產，整個社會震盪不安。如鮑宣在〈上書諫哀帝〉一文中，指出：

「凡民有七亡：陰陽不和，水旱為災，一亡也；縣官重責，更賦租稅，二亡也；貪吏并公，受取不已，三亡也；豪強大姓，蠶食亡厭，四亡也；苛吏徭役，失農桑時，五亡也；部落鳴鼓，男女遮列，六亡也；盜賊劫略，取民財物，七亡也。七亡尚可，又有七死：酷吏毆殺，一死也；治獄深刻，二死也；冤陷亡辜，三死也；盜賊橫發，四死也；怨仇相殘，五死也；歲惡饑餓，六死也；時氣疾疫，七死也。民有七亡而無一得，欲望國安，誠難；民有七死而無一生，欲望措刑，誠難。此非公卿守相貪殘成化之所致邪？」而統治階級內部爭權奪利的鬥爭也愈演愈烈。漢元帝時，宦官弘恭、石顯弄權；成帝時，大權又落入外戚王氏手中。漢哀帝想排斥王氏，傅太后掌權，重用哀帝母丁姬之兄大司馬丁明和哀帝皇后傅氏的父親孔鄉侯傅晏，他們自恃身為外戚，公然擅權賣爵；而為哀帝寵幸的小臣董賢，權勢尤甚。哀帝早死，平帝即位年僅九歲，朝政又全部操縱在外戚王莽集團的手中。平帝稍長，微露不滿，即被王莽鴆殺，而立兩歲幼兒孺子嬰，王莽為攝皇帝，不久即篡漢自立，建立了新莽王朝。在這一系列爭權鬥爭中，順我者昌，逆我者亡，殺戮異己，重用黨羽，鬥爭是十分殘酷而激烈的。

這個時期，思想戰線上的特點是以今文經學為代表的儒學盛行。在漢代，經今古文之爭的實質，不僅是對於經書抄本不同的爭論，更主要的是對儒家經典的不同看法。今文經學派把五經看成是政治課本，專門研究其中的「微言大義」，並加以引申比附來直接為當權者服務。這種學說有兩個顯著特點。其一為煩瑣。他們解說經義，支離曼衍，一經的經說多者達百餘萬言，少者亦有數十萬言。「章句小儒，破碎大道」，就是當時儒者對今文經學在章句方面的評論。其一為迷信。

他們根據陰陽五行學說，把自然和社會聯繫起來，大談陰陽災異，甚至偽造符命，來神化他們的爭權奪利。他們還製造了一個談神怪、立新說的孔子，集合一切古來相傳和自造的經說和妖妄言辭，偽指為孔子所寫的書。這些書就稱為緯書或秘經。這就是流行一時的讖緯之學。至於古文經學家，大都把儒家經典看成是歷史著作。其特點之一是「通訓詁」、「舉大義」、「不為章句」。所謂「通人惡煩，羞學章句」，就是古文經學家輕視今文經學的一般態度。其另一特點是反對讖緯迷信。他們不談甚至斥責讖緯之學，說它不合經義，非孔子所作。這場思想意識形態上的鬥爭在當時也是很激烈的。不過今文經學因為得到當權者的倡導庇護，而在政治上占有絕對的優勢。

揚雄就生活在這樣一個時代裡。他跟這個時代的關係又怎麼樣呢？

揚雄出身於四川偏僻農村的一個農民家庭，四十餘歲纔隻身來到京師，在朝廷沒有任何奧援。加上他年輕時曾受學於以治《易》、《老》著名的嚴君平，對《周易》所講的「盈虛消息」和《老子》的禍福倚伏之道浸潤很深，「以為君子得時則大行，不得時則龍蛇」。他未至京師之前所作的〈反離騷〉，就抱著「遇不遇命也，何必湛身哉」的觀點，對於屈原那種一往不返的精神表示不贊成。他入京以後，看到統治集團內部爭權鬥爭如此激烈，他自然不敢輕率地捲入其中，擁戴誰或者反對誰。他隨時警戒自己：

> 觀大《易》之損益兮，覽老氏之倚伏。省憂喜之共門兮，察吉凶之同域。曒曒著乎日月兮，何俗聖之暗燭？豈愒寵以冒災兮，將噬臍之不及。（〈太玄賦〉）

炎炎者滅，隆隆者絕；觀雷觀火，為盈為實，天收其聲，地藏其熱。高明之家，鬼瞰其室。攫挐者亡，默默者存；位極者宗危，自守者身全。（〈解謿〉）

可見揚雄正是從《周易》、《老子》那裡繼承了消息倚伏的哲學觀點去觀察現實，以明哲保身的態度去應付自己面臨的現實，淡泊自守，既沒有為高官厚祿去投靠在爭權過程中總是占上風的外戚集團，也不敢冒殺身滅族的危險去擁戴漢皇室，行動上力求不介入到這類尖銳激烈的矛盾鬥爭中去。這就是班固稱頌的揚雄「不汲汲於富貴，不戚戚於貧賤」，「家產不過十金，乏無儋石之儲，晏如也」的節操得以形成的原因。

特別揚雄還是一位古文經學家，「不為章句，訓詁通而已，博覽無所不見」，可見他對「章句之學」是很鄙視的。當時，王莽為了奪取政權，大造符瑞，在他登極的第一年，始建國元年，特意「遣五威將王奇等十二人頒《符命》四十二篇於天下。德祥五事，符命二十五，福應十二，凡四十二篇。其德祥言文、宣之世黃龍見於成紀、新都，高祖考王伯墓門梓柱生枝葉之屬。符命言井石、金匱之屬。福應言雌雞化為雄之屬。其文爾雅依託，皆為作說，大歸言莽當代漢有天下云」。對於王莽搞的這一套封建迷信的陰謀詭計，作為古文經學家的揚雄是看不順眼的。出於懼禍的原因，他雖然不敢公開反對，但是，第一，他沒有去製造符命以迎合王莽，來博取高官厚祿。長安人譏笑他「作符命」，那是謠傳，是誤解。第二，正當許多人製造符命去迎合王莽之際，他卻在埋頭撰寫他的《太玄》、《法言》，去探討宇宙自然、政治歷史變化發展的規律，討論為人處世應抱的正確態度，甚至公然批評封建迷信和「非常異義可怪之論」，說：

或問趙世多神，何也？曰：神怪茫茫，若存若亡，聖人曼云。（《法言・重黎》）

或曰：聖人事異乎？曰：聖人德之為事，異亞之。故常修德者本也，見異而修德者末也，本末不修而存者，未之有也。（《法言・孝至》）

甚至對孟子的「五百年必有王者興」一類的宗教預言也展開批判，說：

或問：五百歲而有聖人出，有諸？曰：堯舜禹，君臣也，而並；文武周公，父子也，而處；湯、孔子數百歲而生。因往以推來，雖千一不可知也，聖人有以擬天地而參諸身乎！（《法言・五百》）

揚雄在彌漫著宗教神秘主義的西漢末年，發表這樣的議論絕不是無的放矢的。其批判的鋒芒所向也是不言而喻的。班固也是一位古文經學家，對王莽的篡奪陰謀亦深為不滿，他稱贊揚雄，也不是偶然的，而是他們批判讖緯的觀點一致的結果。

這是揚雄為人能淡泊自守的又一原因。

但是，揚雄又是一位經學家，受儒家的「修身、齊家、治國、平天下」的「內聖外王」之道的影響同樣十分深遠。有政治理想，有政治抱負，隨時想找一個機會來施展自己的政治才能，建立功業，垂名青史，這是中國知識分子的共同特點，揚雄也不例外。揚雄是有自己的政治主張的。

揚雄論政治，反對嚴刑而強調仁德，他說：

> 或曰：人君不可以不學律令。曰：君子為國，張其綱紀，謹其教化，導之以仁，則下不相賊；莅之以廉，則下不相盜；臨之以正，則下不相詐；修之以禮義，則下多讓德；此君子所當學也。如有犯法，則有司在。（《法言‧先知》）

主張照顧人民的生產，改善人民的生活。他說：

> 或問為政有幾？曰：思斁。或問：何思何斁？曰：老人老，孤人孤，病者養，死者葬，男子畝，婦人桑之謂思；若汙人老，屈人孤，病者獨，死者逋，田畝荒，杼軸空之謂斁。（《法言‧先知》）

他反對圈養禽獸，媚事鬼神，說：

> 禽獸食人之食，土木衣人之帛，穀人不足於晝，絲人不足於夜之謂惡政。（《法言‧先知》）

可見他的政治理想主要是發揮孟子的仁政學說。孔子、孟子都曾周遊列國以尋找實現其政治理想的機會。揚雄當然也希望有這麼一個機會。他千里迢迢，從四川跑到京城長安來，就是為了尋找這麼一個機會。他一到長安，就接連向漢成帝獻上〈甘泉〉、〈河東〉、〈羽獵〉、〈長楊〉四賦，或以勸，或以諷，還大談他的政治主張：

> 方將上獵三靈之流，下決醴泉之滋，發黃龍之穴，窺鳳凰之巢，臨麒麟之囿，幸神雀之林；奢雲夢，侈孟諸，非章華，是靈臺，罕徂離宮而輟游觀，土事不飾，木功不彫，蒸民乎農桑，勸之以弗怠，儕男女使莫違；恐貧窮者不徧被洋溢之饒，開禁苑，散公儲，創道德之囿，弘仁惠之虞，馳弋乎神明之囿，覽觀乎群臣之有亡；放雉兔，收罝罘，麋鹿芻蕘，與百姓共之，蓋所以臻茲也。於是醇洪鬯之德，豐茂世之規，加勞三皇，勖勤五帝，不亦至乎！（〈羽獵賦〉）

還特意寫作〈繡補〉、〈靈節〉、〈龍骨〉之銘詩三章來歌頌漢成帝，目的無非是想得到漢成帝的賞識，給他一個官位，使他能有機會實現他自己的政治主張。但是漢成帝只給了他一個比三百石的黃門郎，而且是一個出則侍從，入則宿衛的無定員的閒職。這使他大失所望。後來他對辭賦的諷諫作用產生了懷疑，認為是「童子雕蟲篆刻，壯夫不為」，這跟他想以辭賦諷諫皇帝而不覺，想以辭賦取得賞識而不果，是密切相關的，是恨鐵不成鋼的忿激之辭。獻賦之路走不通，夤緣之路不敢為，製造符命之路不屑為，於是揚雄在政治上消沈下去了，激情用到著述上去了，著《太玄》，撰《法言》，不管別人譏其「以玄尚白」而我行我素，又表現出他「不得時則龍蛇」的態度，而在較長時間內自甘淡泊。這就是他「三世不徙官」的原因。

王莽篡漢之初，也確實做過一些得人心的好事。曾有吏民四十八萬餘人上書元后要求重賞王莽，當時確是一片頌揚之聲，給人留下一些好印象。加以王莽又將「三世不徙官」的揚雄，從一個比三百石的黃門郎提拔為比千石的太中大夫，也使揚雄受寵若驚，感戴不盡。王莽又銳意實行變法，頒布「王田」、「私屬」的限制，實行「五均」、「六管」的政令，也給揚雄以很大鼓舞。這又激發了揚雄的政治熱情。於是他以為實現他政治理想的機遇又來到了，便又向王莽獻上他的〈劇秦美新〉這篇招致後世謗議的文章，來討好王莽。但王莽重用的是他的黨羽，而不是人才。他遷陞揚雄也不是看重揚雄的才德，而是像大封劉氏及漢代功臣之後一樣，是想多得到一個人的擁戴。太中大夫官秩雖較黃門郎高，但同樣是一個無定員的有時「多至數十人」的閒職。揚雄的理想又落空了，於是又只好校書於天祿閣上，去過他的「惟寂惟寞」的生活去了。

這種「內聖外王」的政治欲望與害怕災禍的恐懼心理就是造成揚雄性格分裂的原因之一。

同時，揚雄不是一個超凡入神而不食人間煙火的偶像，而是一個活生生的血肉之軀的凡人。他除了思想意識之外，也有物質生活方面的要求。他要求生活過得好一點，舒適一點，自然也是人之常情。但揚雄的經濟條件可能難以保證他這種要求。他在〈逐貧賦〉中這樣描寫過他的生活：

人皆文繡，余褐不完。人皆稻粱，我獨藜飧。貧無寶玩，何以接歡？宗室之燕，為樂不槃。徒行賃笈，出處易衣。身服百役，手足胼胝。或耘或耔，霑體露肌。朋友道絕，進官凌遲。

這裡所說的狀況難免有點誇張，但他生活不很富裕，應該是可信的。班固也說他早年是「家產不過十金，乏無儋石之儲」，直到晚年，還是「家素貧，嗜酒，人希至其門」，靠好事者載酒肴去滿足他嗜酒的欲望。因此，他安貧樂道的聖哲思想與血肉之軀的物質欲望，經常進行著激烈的鬥爭，〈逐貧賦〉就是這種激烈鬥爭的表現。這種物質欲望驅使他去尋找新的經濟來源。他是一名知識分子，不可能去出賣體力勞動，寫作和著述也不如現在一樣有稿酬，他唯一的出路就是「學而優則仕」，即謀求做官。這種物質欲望也驅使他一有機會就欲有所試。這種安貧樂道的思想與血肉之軀的物質欲求是造成他性格分裂的又一原因。

但揚雄到底是揚雄。他雖然有時在政治與物質欲望的驅使下去投靠當權者，甚至向王莽這樣的野心家去獻媚，但這是短時間的次要的方面，而在他思想上那種不汲汲於富貴，也不汲汲於實現自己的政治理想的思想始終占了上風，而使他自甘貧賤，自甘寂寞。在那樣的時代，他不可能實現他的政治抱負，他那種懼禍的思想也使他不敢去冒政治風險而擠進上層統治集團，他在政治上、在經濟上都是一個失敗者，最後在貧困與寂寞中默默地過完他的一生。

三

揚雄在政治上雖有過一番期待與追求，但他失敗了，而他在文學創作與學術研究方面卻取得了很大的成功。

首先，他成為了西漢末年一位著名的哲學家。他著有《太玄》、《法言》等哲學著作，還有一些作品如〈太玄賦〉、〈覈靈賦〉（殘）、〈解嘲〉、〈劇秦美新〉等中也發表了一些哲學見解，這些著作對宇宙自然、政治歷史、社會人生提出了許多有益的哲學見解。

揚雄哲學中一個最重要的概念是「玄」。玄是什麼？它與元氣有何關係？這是探討揚雄哲學思想的一個重要問題。

玄是什麼？《說文》云：「玄，幽遠也，象幽而入覆之也。」玄本是幽深渺冥的意思。揚雄用它來表示天地萬物的根源。他說：

夫玄也者，天道也，地道也，人道也，兼三道而以天名之。（《太玄・玄圖》）

玄是天、地、人的根源。《周易・文言》：「夫玄黃者，天地之雜也，天玄而地黃。」玄是天的顏色，「天以不見為玄」（《太玄・玄告》），故稱天為玄。天在古人看來是渺冥不可知的。所以說玄「兼三道而以天名之」，即以玄名之。如此說來，玄是理性精神還是物質實體？它與元氣的關係怎樣？《太玄》、《法言》中都沒有直接談到過。因此，學術界一般認為揚雄的玄是高踞於物質世界之上的精神實體，揚雄是一位唯心主義的哲學家。而我認為，揚雄的「玄」就是「元」，是構成客觀物質世界的最原始的物質實體，因而揚雄是一位唯物主義哲學家。何以明之？

第一，從揚雄與《太玄》作於同一時期的其他著作看，他談到了元氣。如〈覈靈賦〉說：

自今推古，至于元氣始化。太易之始，太初之先，馮馮沈沈，奮搏無端。

〈劇秦美新〉中又說：

權輿天地未祛，睢睢盱盱，或玄而萌，或黃而牙，玄黃剖判，上下相嘔。

這都是說，渾沌的元氣是無處不在的，是產生天地萬物的根源，可見他堅持的是唯物主義的思想。

第二，從與揚雄同時代的人的評論看，揚雄的玄就是元。桓譚是揚雄的好友，是一位著名的唯物主義哲學家。他對揚雄的《太玄》十分推崇，還直接肯定玄就是元。說：

揚雄作《玄書》，以為玄者，天也，道也，言聖賢著法作事，皆引天道以為本統，因而附續萬類，王政、人事、法度。故伏羲氏謂之易，老子謂之道，孔子謂之元，而揚雄謂之玄。

《新論・閔友》

這裡，桓譚將揚雄的玄與伏羲氏的易、老子的道、孔子的元相提並論，都是指天道。相傳伏羲畫八卦，八卦代表八種物質，天地（乾坤）是父母，生產出雷（震）、火（離）、風（巽）、澤（兌）、水（坎）、山（艮）六個子女。這是一個十分樸素的萬物生成的唯物主義觀點。因而易是一個唯物主義的命題。老子的道是物質還是精神，學術界有不同看法。但任繼愈《中國哲學史》則肯定說：「道是最根本的存在。這是關於世界起源的徹底的唯物主義命題。」相傳孔子作《易傳》。《周易・乾・彖傳》說：「大哉乾元，萬物資始。」《周易》九家注說：「元者，氣之始也。」可見元也是物質實體。如此說來，與玄並列的易、道、元都是唯物主義命題，那麼，玄是一個唯物主義命題也是無疑的了。揚雄在〈解謿〉中還明確記載著當時那位「客」就批評《太玄》「大者含元氣」。可見當時人都認為玄就是元，《太玄》講的就是元氣。

第三，從文字訓詁的角度看，玄與元意義相通，《淮南子・原道》云：「執元德於心而化馳若神。」注：「元，天也。」《廣雅・釋言》：「玄，天也。」可見玄與元在意義上有相通之處。因此，宋人避玄朗之諱與清人避玄燁之諱，皆改玄為元，即其明證。而王充《論衡・談天》引儒者曰：「天，氣也。」如此說來，玄是天，天是氣，那麼，玄也是氣，即元氣，這應該是沒有疑義的了。

第四，從揚雄在《太玄》中對玄的性質的描述來看，玄也只能是構成客觀世界的一種最原始的物質。

《太玄・玄攡》云：「玄者，幽攡萬物而不見其形者也，資陶虛無而生乎規，𨼽神明而定摹，通同古今以開類，攡措陰陽而發氣。」這是說玄是暗中舒展萬物而不見其形的東西，運轉虛無之氣而生出天，聯繫天地而定出區別，貫穿古今而生出物類，分出陰陽而發生陰陽二氣。這不就是生成天地萬物而自身卻渺冥幽遠的元氣嗎？這玄是無所不在而不以人的意志為轉移的，「仰而視之在乎上，俯而窺之在乎下，企而望之在乎前，棄而忘之在乎後，欲違而不能，嘿則得其所者玄也。」（〈玄攡〉）這玄是包舉陰陽的：「陽知陽而不知陰，陰知陰而不知陽，知陰知陽，知止知行，知晦知明者，其唯玄乎！」（〈玄攡〉）玄是產生天地人的根源：「玄一摹而得乎天，故謂之有天；再摹而得乎地，故謂之有地；三摹而得乎人，故謂之有人。」（〈玄告〉）摹為判分之意，一玄三分，就是天地人。揚雄雖然用了許多隱晦的詞語把玄說得神秘莫測，其實，說穿了就是一團「睢睢盱盱」的元氣，剔去那層神秘的外衣，唯物主義的性質還是很清楚的。

在這種唯物主義思想指導下，揚雄對當時讖緯神學的許多命題展開了批判。

揚雄認為，天地也不是神秘的東西，而是玄，即元氣的分化。他說：「權輿天地未袪，睢睢盱盱，或玄而萌，或黃而牙，玄黃剖判，上下相嘔。」（〈劇秦美新〉）「天地交，萬物生。」（《法言・脩身》）萬物也不過是天地相互作用的結果，而不是神的創造：「或問天。曰：吾於天敷，見無為之為矣。或問雕刻眾形匪天敷？曰：以其不雕刻也。如物刻而雕之，焉得力而給諸？」（《法言・問道》）揚雄還認為，神明也不過是「無為」的天地的一種作用：「夫天宙然示人神矣，夫地他然示人明也。天地奠位，神明氣通。」（《太玄・玄攡》）「敢問大聰明。曰：眩眩乎，惟天為聰，惟天為明。夫能高其耳而下其目者，匪天也歟？」（《法言・問明》）「日月往來，一寒一暑，律則成物，曆則偏時，律曆交道，聖人以謀。」（《太玄・玄攡》）神秘莫測的自然變化，不過是天地一種有規律的運動而已，聖人是完全可以預見的。這就從根本上揭露了天人感應、符命祥瑞之類的虛偽性和欺騙性。

揚雄特別重視事物的發展變化。一部《太玄》就是以變作為核心的。首先，揚雄認為，事物的變化都有三個階段，每個階段又分三個小階段，共有九個階段。他將一年分為九段，稱為九天：「九天，一為中天，二為羨天，三為從天，四為更天，五為睟天，六為廓天，七為減天，八為沈天，九為成天。」（《太玄・玄數》）九天的變化是：「始哉中羨從，百卉權輿，乃訊感天，……中哉更睟廓，象天重明，雷風炫煥，……終哉減沈成，天根還向，成氣收精。閱入庶物，咸首囏鳴。……」（《太玄・玄圖》）中天始於冬至，經羨天、從天，至春初百卉開始生長；更天、睟天、廓天，當春夏之時，雷風震動萬物；減天、沈天、成天，當秋冬之際，萬物成熟，完成一年的變化。而變化的原因則是：「是故一至九者陰陽消息之計邪？反而陳之，子則陽生於十一月，陰終於十月可見也；午則陰生於五月，陽終於四月可見也。生陽莫如子，生陰莫如午。」（《太玄・玄圖》）變化的內在原因是陰陽消息的結果。冬至陰氣至盛而一陽生，夏至陽氣至盛而一陰生，陰陽轉換，一年乃成。人事的發展也分「思福禍」三段，三者又各分三段，共有九段，稱為九事：「九事：一為規模，二為方沮，三為自如，四為外宅，五為中和，六為盛多，七為消，八為耗，九為盡弊。」（《太玄・玄數》）九事的變化是：「思心乎一，反復乎二，成意乎三，條暢乎四，著明乎五，極大乎六，敗損乎七，剝落乎八，殄絕乎九。」（《太玄・玄圖》）人事由設想開始，經反覆思考，形成觀念，然後行動，取得成功，然後轉入衰敗以至滅亡。在這九個階段之中，「一至三者，貧賤而心勞；四至六者，富貴而尊高；七至九者，離咎而犯災。五以下作息，五以上作消。數多者見貴而實索；數少者，見賤而實饒。息與消紃，貴與賤交。」（《太玄・玄圖》）一至三是事物的開始階段，「貧賤而心勞」；四至六是發展階段，「富貴而尊高」；七至九是衰落階段，「離咎而犯災」。從一至九，數越多，看似順利富足（見貴），實則是不順利而貧乏（實索）；數越少，看似不順利不富足（見賤），實則是順利和富足（實饒）。而社會歷史的發展則是因和革，他說：「夫道有因有循，有革有化。因而循之，與道神之；革而化之，與時宜之。故因而能革，天道乃得；革而能因，天道乃馴。夫物不因不生，不革不成。故知因而不知革，物失其則；知革而不知因，物失其均。革之匪時，物失其基；因之匪理，物喪其紀。因革乎因革，國家之矩笵也。矩笵之動，成敗之效也。」（《太玄・玄瑩》）有因有革，推動著社會歷史的變化與發展。這確實包含有很深刻的哲理。

揚雄不但重視變，而且強調變的條件。沒有一定的條件，變是不會發生的。變的條件，一個是「極」。「陽不極則陰不萌，陰不極則陽不牙，極寒生熱，極熱生寒。信道致詘，詘道致信。其動也日造其所無而好其所新，其靜也日減其所為而損其所成。」（《太玄・玄攡》）「盛則入衰，窮則更生；有實有虛，流止無常。」（同上）事物發展到了極限就向它的反面轉化，月滿則缺，器滿則傾，這是事物發展的規律。另一個條件是「人為」。揚雄說：「天地福順而禍逆，山川福卑而禍高，人道福正而禍衰。故君子內正而外馴，每以下人，是以動得福而無禍也。福不醜不能生禍，禍不好不能成福，醜好乎醜好，君子所以亶表也。」（《太玄・玄瑩》）禍福的轉化在乎人為的好醜。君子行為端正，所以動得福而無禍。第三個條件是「時」。揚雄說：「陰不極則陽不生，亂不極則德不形。君子修德以俟時，不先時而起，不後時而縮，動止微章，不失其法者，其唯君子乎！」（《太玄・玄文》）事物的變化以時間為轉移，君子的行動能掌握適當的時機，所以能夠「不失其法」。

這種變的思想不但貫穿於《太玄》，也表現於其他一些作品。「觀大《易》之損益兮，覽老氏之倚伏。省憂喜之共門兮，察吉凶之同域。」（〈太玄賦〉）憂喜吉凶是可以轉化的。「炎炎者滅，隆隆者絕；觀雷觀火，為盈為實，天收其聲，地藏其熱。」（〈解謿〉）太盛的事物是要走向它的反面的。

揚雄這種變的觀點雖然帶有濃厚的機械論的色彩，但是他強調變，特別強調變是有條件的，這對當時那些天人感應和符命祥瑞的封建迷信，也是最有力的批判。而且是揚雄立身行事的準則。他之所以始終不敢捲入當時統治階級內部那場爭權奪利的鬥爭而自甘貧賤，自甘寂寞，就是這種變的思想指導的結果。

揚雄在文字訓詁學方面也取得了很大成就。他著有《訓纂》一篇、《蒼頡訓纂》一篇、《方言》十三卷。《訓纂》與《蒼頡訓纂》皆為文字學著作。漢平帝元始四年，徵天下通小學者以百數，各今記字於庭中，揚雄取其有用者以作《訓纂篇》，順續《蒼頡》，去其與《蒼頡篇》相重複之字，凡得二千零四十字，每四字為一句，十五句六十字為一章，凡三十四章，與《蒼頡篇》五十五章共三千三百字合併，使當時的文字凡八十九章共五千三百四十字得到整理，成為許慎《說文解字》收字的重要來源。許慎特別重視《訓纂》，《說文解字・序》說：「孝平皇帝時，徵禮等百餘人，令說文字未央廷中，以禮為小學元士。黃門侍郎揚雄采以作《訓纂篇》，凡《蒼頡》以下十四篇，凡五千三百四十字，群書所載，略存之矣。」這五千三百四十字，就是合《蒼頡》與《訓纂》而言的。《說文》中引用《訓纂》作異說的有十二處之多。《訓纂》今佚。馬國翰《玉函山房輯佚書》輯得一十八字，並說：「《說文》中明提雄說者，特存異解。然如拜字從兩手下，疊訓三日宜，皆深得製字本意云。」

《蒼頡篇》本身即是文字學著作，是漢初書師合李斯的《蒼頡》、趙高的《爰歷》、胡毋敬的《博學》三篇，斷以六十字為一章，凡五十五章，併為《蒼頡篇》。《蒼頡訓纂》當是對《蒼頡篇》的訓釋，該書久佚，僅王國維《重輯蒼頡篇》一書中輯得十一條，已無由窺其全貌矣。

《方言》是揚雄一部訓詁學著作，全名為《輶軒使者絕代語釋別國方言》。據揚雄在〈答劉歆書〉中說，此書他親自調查，手寫筆錄，花了二十七年時間尚未完成定稿。此書原為十五卷，《隋書・經籍志》以後定為十三卷。該書仿《爾雅》體例，先訓釋其字的意義，然後集古今各地同義詞語，分別著明通行範圍，如：

黨曉哲，知也。楚謂之黨，或曰曉，齊宋之間謂之哲。

虔儇，慧也。秦謂之謾，晉謂之懇，宋楚之間謂之倢，楚或謂之𫍐，自關而東，趙魏之間謂之黠，或謂之鬼。（均見《方言・卷一》）

於此可見漢代語言的分布情況，為研究我國古代詞語的重要資料。此書揚雄自信為可以「扶聖朝遠照之明」，當時張竦就稱「是懸諸日月不刊之書」（均見〈答劉歆書〉）。郭璞稱贊說：

故可不出戶庭而坐照四表，不勞疇咨而物來能名，考九服之逸言，標六代之絕語，類離詞之指韻，明乖途而同致，辨章風謠而區分，曲通萬殊而不雜，真洽見之奇書，不刊之碩記也。（〈方言序〉）

《方言》有晉郭璞《方言注》，清戴震《方言疏證》，錢繹《方言箋疏》，杭世駿《續方言》，可見歷代學者對它的重視。

揚雄對文字訓詁學的貢獻是不可磨滅的。

揚雄又是漢代著名的文學家。特別是辭賦創作的成就傑出，與司馬相如、班固、張衡並列為漢賦四大家。揚雄的創作以善於模仿著稱：他作賦模仿司馬相如，擬東方朔〈答客難〉作〈解嘲〉、〈解難〉，擬司馬相如〈封禪文〉作〈劇秦美新〉，擬《周易》作《太玄》，擬《論語》作《法言》，擬《蒼頡》作《訓纂》，擬《爾雅》作《方言》，擬〈虞箴〉作〈州箴〉、〈官箴〉，幾乎所有著作皆有所依託而作。但揚雄的模仿絕不是亦步亦趨，而是十分注意有所創新，只是有些創新反而走向晦澀。如仿《周易》而作的《太玄》，使用許多自造的概念（如方、州、部、家），生僻的字詞，晦澀的文句，使《太玄》艱深難懂，遠不如《周易》之明白曉暢。如仿《論語》而作的《法言》，語句過於簡淨，筆法過於生硬，遠不如《論語》之生動流利。這種模仿是失敗的。但是多數的模仿是富有創造性的。

先說辭賦。《漢書・藝文志》著錄有「揚雄賦」十二篇。今存有〈蜀都賦〉、〈甘泉賦〉、〈河東賦〉、〈羽獵賦〉、〈長楊賦〉、〈太玄賦〉、〈逐貧賦〉、〈酒賦〉、〈反離騷〉、〈解謿〉、〈解難〉，還有〈覈靈賦〉殘文，十二篇賦赫然俱在。他的體物大賦是模仿司馬相如的，但他特別注重變化。孫鑛評〈甘泉賦〉說：「大約是模仿〈大人賦〉，然只是語言色態間彷彿似之。至立格卻又不同，此謂之脫胎換骨。」（《文選評》）這種脫胎換骨表現在：

第一，結構形式上，他改變了司馬相如確立的「述客主以首引」的結構形式。他的〈蜀都賦〉等五篇大賦，除〈長楊賦〉外均未採用或基本上未採用客主問答，而是一開篇就直接進行描寫。而且篇幅亦不如〈子虛賦〉、〈上林賦〉之長大，句式亦多用騷體，篇末有亂辭，較多保留有騷體賦的特點。

第二，在表現手法上，他的每篇賦集中描寫一個事物。〈蜀都賦〉集中描寫蜀都，開創京都賦一派；〈甘泉賦〉集中描寫甘泉宮，從遠觀到近觀，層層展開，比司馬相如賦更細膩，更生動，開創宮殿賦一派；揚雄長於議論，他的〈長楊賦〉通篇皆以議論為主，而描寫較少，開創以辭賦議論一派，劉勰稱其賦「理贍而辭堅」（《文心雕龍・才略》），就看到了揚雄賦的這一特點。

第三，風格精悍莊重，不似司馬相如賦之意氣風發。孫鑛說：「子雲字句卓鍊變於長卿，風華之意微而精悍之思勝矣。」（《文選評》）這就道出了他與司馬相如賦風格的不同。

揚雄的抒情賦更富創造性。〈反離騷〉是模仿屈原的〈離騷〉的。但其中表現了自己的見解，抒發了自己的感情，因而富有個性，遠非漢代那些無病呻吟的擬騷之作所可比擬。方苞說：「弔屈子之文，無若〈反騷〉之工者。其隱痛憂憤，非特東方、劉、王不及也，視賈、嚴猶若過之。今人遘疾罹災禍，其泛交相慰勞，必曰此無妄之災也。戚屬至，則將咎其平時起居之無節，作事之失中，所謂垂涕泣而道之也。雄之斯文，若是而已矣。知〈七諫〉、〈九懷〉、〈九嘆〉、〈九思〉之雖正而不悲，則知雄之言雖反而實痛也。」（《評注古文辭類纂》引）朱熹雖鄙薄揚雄之為人，但《楚辭後語》還是收錄了這篇作品。這絕不是偶然的。〈解嘲〉、〈解難〉是模仿東方朔〈答客難〉的。然東方朔〈答客難〉重在揭露專制君主對士人隨意與奪的威勢，揚雄〈解嘲〉則重在揭露統治階級上層的腐朽和內部鬥爭的激烈，兩者雖然同樣以安於卑位自我寬解，而揚雄卻多了一層保身全生的欣慰之感。孫鑛說：「此仿〈客難〉體而文卻過之。氣蒼勁，詞精腴，姿態復橫逸，可謂青出於藍。」（《文選評》）〈逐貧賦〉異想天開地將貧擬人化，透過作者自己——揚子與貧的對話，運用輕鬆詼諧的筆調來抒發作者不滿現狀的悲憤感情，立意更新穎，構思更巧妙，開創出寓言賦一派。「韓文公〈送窮文〉，柳子厚〈乞巧文〉，皆擬揚子雲〈逐貧賦〉。」（洪邁《容齋隨筆》）「王振又作〈送窮文〉，孫樵〈逐痁鬼文〉，其源正出於〈逐貧賦〉。」（王楙《野客叢談》）左思〈白髮賦〉亦是它的嫡傳。

再說箴。劉勰說：「箴者，所以攻病防患，喻鍼石也。」「箴全禦過，故文資确切。」（《文心雕龍・箴銘》）古代的箴大都是一種古拙的格言。揚雄仿〈虞箴〉作十二「州箴」、二十五「官箴」，共三十七篇，今存包括缺殘者還有三十三篇（其中可能還有偽作）。由於揚雄在創作中吸收了辭賦的一些藝術手法，因而使箴既具有告誡的作用，又具有文學的意味。如〈執金吾箴〉云：

溫溫唐虞，重襲純孰，經表九德。張設武官，以御寇賊。如虎有牙，如鷹有爪。國以自固，獸以自保。牙爪蔥蔥，動作宜時。用之不理，實反生災。秦政暴戾，播其威虐。亡其仁義，而思其殘酷。猛不可重任，威不可獨行。堯咨虞舜，惟思是尚。吾臣司金，敢告執璜。

此箴以牙爪比喻衛士，已具有形象性而生動貼切，加以「牙爪蔥蔥」一筆描寫，其張牙舞爪之狀就更如在目前了。

再說文。揚雄完整的單篇散文不多，只有〈答劉歆書〉、〈上書諫勿許單于朝〉、〈劇秦美新〉三篇。〈答劉歆書〉使用較多的方言口語，來描寫撰寫《方言》一書的過程，很能表現出揚雄執著和剛毅的性格。而〈上書諫勿許單于朝〉則純用雅言寫成，文章論述華夏族與匈奴族的關係，指出勿許單于朝的危害，剖析利害，指陳形勢，言之鑿鑿；語言華妙，氣勢流暢，很有些賈誼、晁錯的文風。〈劇秦美新〉則駢偶氣息很濃，有人視之為駢文的開端，可見在形式上也有創新。揚雄的散文就得到過唐代古文運動的倡導者韓愈的稱讚。柳宗元說「退之所敬者司馬遷、揚雄」（〈答韋珩示韓愈相推以文墨事書〉），韓愈將揚雄與司馬遷並提，可見評價之高。

揚雄還創造了一種新文體——連珠。連珠的特點是：「辭麗而言約，不指說事情，必假喻以達其旨，而覽者微悟，合於古詩勸興之義。欲使歷歷如貫珠，易覩而可悅，故謂之連珠也。」（傅玄〈連珠序〉）連珠設譬取喻，篇幅短小，語言華麗而駢偶，對駢文的產生有過重要影響。揚雄的連珠，現在完整的僅有兩首，內容闡述儒家仁政愛民的思想，乃為規勸皇帝而作。後世擬之者甚眾，較著者有陸機〈演連珠〉五十首，庾信〈擬連珠〉四十四首。

揚雄的創作比較嚴重的缺點是語言有艱深之弊。他是語言文字學家，又立意追求標新立異，所以在大多數作品中，使用一些奇僻的字和詞語，自造一些奇怪的概念，因而給讀者造成一定困難。當時就有人「難《玄》大深，眾人之不好」，揚雄卻堅持「貴知我者希」，可見他是很自覺的故作艱深的。柳宗元批評「雄之遣言措意，頗短局滯澀」（〈答韋珩示韓愈相推以文墨事書〉），蘇軾亦譏其「好為艱深之詞，以文淺易之說」（〈答謝師民書〉），這些批評不是沒有道理的。當然他也有比較淺易的作品，如〈逐貧賦〉、〈酒賦〉、〈解謿〉、〈上書諫勿許單于朝〉等就很少僻詞奇字。但總的傾向是艱深，卻是不可否定的事實。

總之，揚雄是西漢末年一位著名的學者和作家，在中國哲學史、漢語史、中國文學史上都占有一席地位。

四

揚雄的著作，《漢書．藝文志．諸子略．儒家類》著錄有「揚雄所序三十八篇」，注云：「《太玄》十九，《法言》十三，樂四，箴二。」《詩賦略．陸賈賦》類著錄有「揚雄賦十二篇」。文集之名，始於阮孝緒《七錄》。至《隋書．經籍志》始著錄有《漢太中大夫揚雄集》五卷，《新唐書．藝文志》、鄭樵《通志．藝文七》亦著錄有《揚雄集》五卷，為何人所編，收有揚雄哪些作品，均未予以說明。而陳振孫《直齋書錄解題》著錄《揚雄集》五卷，並曰：「大抵皆錄《漢書》及《古文苑》所載。案：宋玉而下五家，皆見唐以前〈藝文志〉，而《三朝志》俱不著錄，《崇文總目》僅有《董集》一卷而已。蓋古本多已不存，好事者於史傳、類書中鈔錄，以備一家之作，充藏書之數而已。」這裡說明了《揚雄集》不是古本，是好事者輯錄而成的。但好事者為誰，所輯有多少篇，不得而知。同時還著錄有〈二十四箴一卷考〉，說明道：「揚雄撰。今廣德所刊本校集中無〈司空〉、〈尚書〉、〈博士〉、〈太常〉四箴，集中所有，皆據《古文苑》，而此四箴，或云崔駰，或云崔子玉，疑不能明也。」至馬端臨《文獻通考．經籍考》卷五十七著錄「揚子雲集五卷」，並引晁氏曰：「漢揚雄子雲也。古無雄集，皇朝譚愈好雄文，患其散在篇籍，離而不屬，因綴繹之，四十餘篇。」這裡指出輯錄者為譚愈，篇數為四十餘篇。又著錄有〈二十四箴一卷〉。故《宋史．藝文志》著錄亦同。

《四庫全書・揚子雲集提要》云：「雄集，漢〈藝文志〉、隋〈經籍志〉、唐〈藝文志〉皆著錄五卷，其本久佚。宋譚愈始取《漢書》及《古文苑》所載四十餘篇，仍輯為五卷，已非舊本。明萬曆中，遂州鄭樸又取所撰《太玄》、《法言》、《方言》三書及類書所引《蜀王本紀》、《琴清英》諸條，與諸文賦合編之，釐為六卷，而以逸篇之目附卷末。」《四庫全書》所收《揚子雲集》六卷就是鄭樸輯的這個本子，計卷一《法言》，卷二《太玄》，卷三《方言》，卷四「上書」：包括〈諫不受單于朝書〉、〈答劉歆書〉、〈答茂陵郭威〉、〈答桓譚〉、〈劇秦美新〉；「解」：包括〈解難〉、〈解謿〉。卷五「賦」：包括〈甘泉賦〉、〈羽獵賦〉、〈長楊賦〉、〈蜀都賦〉、〈河東賦〉、〈逐貧賦〉、〈太玄賦〉、〈覈靈賦〉（節文）；「騷」：〈反騷〉；「頌」：〈趙充國頌〉。卷六「箴」：包括〈冀州牧箴〉、〈兗州牧箴〉、〈青州牧箴〉、〈徐州牧箴〉、〈揚州牧箴〉、〈荊州牧箴〉、〈豫州牧箴〉、〈益州牧箴〉、〈雍州牧箴〉、〈幽州牧箴〉、〈并州牧箴〉、〈交州牧箴〉、〈光祿勳箴〉、〈衛尉箴〉、〈太僕箴〉、〈廷尉箴〉、〈大鴻臚箴〉、〈宗正箴〉、〈大司農箴〉、〈少府箴〉、〈執金吾箴〉、〈將作大匠箴〉、〈城門校尉箴〉、〈上林苑令箴〉、〈司空箴〉、〈太常箴〉、〈尚書箴〉、〈博士箴〉、〈太官令箴〉（節文）、〈太史令箴〉、〈酒箴〉；「誄」：〈元后誄〉；〈連珠〉一；「紀、記、琴清英」：《蜀王本紀》、《蜀王記》、《琴清英》凡四；「闕」：〈訓纂〉、〈家牒〉、〈繡補〉、〈靈節〉、〈龍骨〉之銘詩三章、〈綿竹頌〉、〈廣騷〉、〈畔牢愁〉。而張溥《漢魏六朝百三名家集・揚侍郎集》則不分卷，校《四庫全書》所收的鄭樸本，不收《太玄》、《法言》、《方言》，賦少〈蜀都賦〉，多〈酒賦〉（與〈酒箴〉同），書多〈與桓譚書〉，〈答茂陵郭威〉有錄無文，箴少〈太史令箴〉，〈太官令箴〉，連珠收二首，文多〈太玄攡〉，〈難蓋天八事〉，補箴收〈潤州牧箴〉，〈太史令箴〉，〈太樂令箴〉，〈太官令箴〉，〈國三老箴〉，〈司命箴〉，卻有錄無文，所收篇目與鄭樸本不盡相同。

嚴可均《全上古三代秦漢三國六朝文・全漢文・揚雄》則分四卷，丁福保據以編成《漢魏六朝名家集・揚子雲集》四卷。此本校張溥本及《四庫全書》本，不收《法言》，《太玄》，《方言》，無〈答茂陵郭威〉，多〈對詔問災異〉，《蜀王本紀》多二十三條，〈連珠〉多二條，箴多〈侍中〉（殘）、〈國三老〉（殘）、〈太樂令〉（殘）三箴，《琴清英》多一條。卷末附有〈家牒〉，注明了每條材料的出處，對其中的異文作了校注，是最完備的本子。本書即據此本注譯，只是將校注及案語移入注釋或解題，以保持原文的連續，補入了《四庫全書》所收的〈答茂陵郭威〉，在目錄後附了揚雄已佚作品的存目及《揚子雲集》的有關序跋和《漢書・揚雄傳》，以供讀者參考。

揚雄喜歡故作艱深，其作品使用了不少僻詞奇字和生僻的雙聲疊韻聯綿詞，素稱難讀。同時，他的作品多為辭、賦、頌、箴、誄之類的有韻之文，為大體保持原文的風格，語譯時有時不得不增損詞句或顛倒原文語序，這樣處理不知當否？譯注者學識淺薄，文詞拙笨，錯誤和不盡如人意之處必定不少，希望專家和讀者批評指正。

葉幼明

一九九七年九月十五日

卷一

蜀都賦

【題解】蜀都，即今四川成都市，在漢代屬蜀郡，故稱蜀都。賦，古代文體之一。《文心雕龍・詮賦》云：「賦者，鋪也，鋪采摛文，體物寫志也。」可知這種文體的特點是，以華麗的詞藻，鋪陳的手法，描繪事物，抒寫作家的情志。〈蜀都賦〉就是描寫蜀都。賦中，描述了蜀都的地理位置，山川形勝；讚美了蜀都的物產豐富，貿易發達，風俗淳厚，人們生活富裕愉快；表現了作者揚雄對其家鄉山水人情的熱愛與讚頌。文章充分發揮了賦這種文體的特點，對蜀都的各個方面都作了鋪陳描寫，用了很多雙聲疊韻聯綿詞，今天來讀，還覺得音律和諧，琅琅上口。這篇賦是揚雄未出蜀之前的早期的作品，就充分顯示了他作賦的才華。他後來成為著名辭賦大家，不是偶然的。

蜀都之地，古曰梁州❶。禹❷治其江❸，渟❹皐❺彌❻望。鬱❼乎青蔥，沃野❽千里。上稽❾乾❿度，則井⓫絡儲精；下案地紀，則坤宮⓬奠位。東有巴賨⓭，緜亘⓮百濮⓯，銅梁金堂⓰，火井⓱龍湫⓲。其中則有玉石嶜岑⓳，丹青⓴玲瓏㉑。邛節㉒桃枝㉓，石鱅㉔水螭㉕。南則有犍牂潛夷㉖，昆明㉗峨眉㉘。絕限㉙峎嵣㉚，堪巖㉛亶翔㉜。靈山㉝揭㉞其右，離堆㉟被其東。于近則有瑕英菌芝，玉石江珠㊱。于遠則有銀鉛錫碧㊲，馬犀㊳象㊴僰㊵。西有鹽泉鐵冶，橘林銅陵㊶。邛㊷連㊸盧池㊹，澹漫㊺波淪㊻。其旁則有期牛㊼兕㊽旄㊾，金馬碧雞㊿。北則有岷山(51)，外羌(52)白馬(53)。獸則麙羊(54)野麋(55)，罷(56)犛(57)貘(58)貒(59)。麡(60)麂(61)鹿麝(62)，戶豹(63)能黃(64)。貙胡(65)蛦玃(66)，猨(67)蠝(68)玃猱(69)，猶(70)㲉(71)畢方(72)。

【章　旨】以上描寫蜀都的地理位置及其豐富的物產。

【注　釋】❶梁州　古〈禹貢〉九州之一。《尚書·禹貢》「華陽黑水惟梁州」，轄區為華山以南西至黑水的廣大地區。漢武帝元封五年（西元前一〇六年）改梁州為益州，蜀郡就隸屬益州。❷禹　夏禹王，遠古傳說時代以治理水災著稱的水利專家。❸江　長江。❹渟　水積聚不流的地方。❺皐　水邊高地。❻彌　滿。❼鬱　茂盛貌。❽沃野　肥沃的原野。❾稽　考察。❿乾　《周易》卦名。乾為天。這裡代指天。⓫井　井宿，天上二十八宿之一，主蜀之分野。⓬坤宮　《周易·說卦》注謂坤為西南方之卦，蜀居中國之西南，故於九宮為坤宮。⓭巴賨　《晉書·李特載記》：「巴人呼賦為賨，因謂之賨人焉。及漢高祖募賨人平定三秦，既而求還鄉里。高祖以其功，復同豐沛，不供賦稅，更名其地為巴郡。」巴，古國名，在今四川東部一帶，與蜀合稱巴蜀，為秦惠文王所滅，置巴郡和漢中郡，漢置巴郡。賨，古代對巴人的稱呼。⓮亘　貫串；橫貫。⓯百濮　我國古代西南地區的少數民族。種類很多，故稱百濮。⓰銅梁金堂　皆山名。銅梁山在今四川合川縣南，有石梁橫亙，色如銅，故名。金堂山在今四川金堂縣。堂，原本作「臺」，臺堂當為形近而譌，此據《古文苑》改。⓱火井　產可燃天然氣之井。古人多以火井煮鹽，故又稱鹽井。⓲龍湫　龍潭。巴東有澤，人謂神龍宅其中，故稱龍湫。⓳嶜岑　高峻貌。此言所產玉石之多，堆積如山之高峻。⓴丹青　丹砂、青雘。兩種可製顏料的礦石。丹砂出涪陵，青雘出越巂。㉑玲瓏　層出之狀。㉒邛節　邛竹，中實而節高，可製杖。㉓桃枝　竹名。八角，可製杖。㉔石鱛　即鮰鱛。魚名。㉕水螭　水中怪物。螭，通「魑」。魑魅。迷信傳說中的山神鬼怪。㉖犍牂潛夷　犍為、牂柯、潛水、和夷。漢武帝通巴蜀，置犍為、牂柯二郡。犍為，漢武帝建元六年（西元前一三五年）置，治僰道，屬益州。牂柯，漢武帝元鼎六年（西元前一一一年）置，治且蘭，轄境包括今貴州大部及雲南東境和廣西北境之一部。潛水，嘉陵江之支流。今四川廣元縣龍門水之別名。和夷，地名。《尚書・禹貢》：「沱潛既道，蔡蒙旅平，和夷底績。」孔穎達疏：「和夷，平地之名。」不詳所在。㉗昆明　漢代昆明，即今雲南大理市。㉘峨眉　山名。在今四川峨眉縣西南，山勢雄偉，有兩峰相對如峨眉，故名。㉙絕限　陡絕險峻。形容山勢極其險峻。限，險阻。㉚峎嵣　山名。在今雲南昭通縣西南，俗訛為螳螂山。㉛堪巖　形容山勢之幽深。㉜亶翔　形容山勢之飛舞。亶，即「翧」字。飛也。㉝靈山　靈關山。在今四川廣漢縣界。㉞揭　舉；高聳。㉟離堆　一作「離碓」。山名。在今四川灌縣西，秦蜀守李冰鑿此山以分江水，為四川古代著名之水利工程。㊱瑕英菌芝玉石江珠　皆石之比珠玉者。瑕英，赤色之玉。菌芝，石芝。江珠，即琥珀。㊲碧　青綠色玉石。㊳犀　犀牛。㊴象　大象。㊵僰　我國古代西南地區少數民族名。多被販賣作奴隸，稱僰童。《史記・西南夷列傳》：「巴蜀民或竊出商賈，取筰馬、僰童、髦牛，以此巴蜀殷富。」㊶西有鹽泉鐵冶二句　巴蜀盛產井鹽、銅鐵、柑橘。《史記・貨殖列傳》：「巴蜀亦沃野，地饒巵、薑、丹砂、石、銅、鐵、竹、木之器。」又云：「蜀漢江陵千樹橘。」西有，原校：「《御覽》九百六十六作於西則。」鹽泉，即鹽井。鐵冶，冶煉鐵器。銅陵，產銅的山。㊷邙　即「邛」字。邛池。在今四川西昌縣東南。《後漢書・西南夷傳》云：「邛都夷者，武帝所開，以為邛都縣。無幾而地陷為汙澤，因名為邛池，南人以為邛河。」注：「邛河縱橫二十里，深百餘丈。」㊸連　言地勢相聯屬。㊹盧池　即黑水。其所在眾說不一，一說即怒江上游，當古代梁雍二州之分界。一說即瀾滄江。㊺澹漫　猶蕩漾。水波動蕩貌。㊻淪　水波微起貌。㊼期牛　郭璞《山海經注》云：「蜀山中有大牛，肉重數千金，名曰夔牛。」期牛，即夔牛。「夔」、「期」聲近相通。㊽兕　獸名。似牛，角可為酒器，謂之兕觥。㊾旄　旄牛。尾可為麾。㊿金馬碧雞　神物名。《後漢書・西南夷傳》云：「越巂郡青蛉縣禺同山有金馬碧雞，光景時出見。」注：「金形似馬，碧形似雞，漢宣帝嘗使王褒祠其神。」今昆明市有金馬山，西南有碧雞山，二山皆有神祠。51岷山　山名。在今四川松潘縣北，為黃河、長江之分水嶺，岷江、嘉陵江之發源地。52羌　我國古代西部少數民族名。漢武帝元鼎六年（西元前一一一年）置武都郡。53白馬　城名。亦曰白馬戍，在陝西勉縣西。54麢羊　細角羚羊。55野麋　麋鹿。鹿屬。56罷　即「羆」。猛獸名。俗呼為人熊，比熊大。57犛　長髦牛。黑色。58貘　似熊而黃黑色。即今大熊貓。《說文》作「貊」。59貒　亦作「猯」。獸名。豬獾。似豕而肥。60麡　麡狼。獸名，大如麋，角向前。61麢　獸名。似鹿而大。62鹿麝　獸名。亦名射父。似鹿而小，腹部有香腺，分泌濃香物，名麝香。63戶豹　文彩斑斕之豹。戶，借作「昈」。文彩貌。64能黃　傳說中獸名。《國語・晉語》八云：「今夢黃能入于寢門。」注：「能，似熊。」65獑胡　獸名。似獮猴，頭上有髦。66蜼玃　猴類。似獮猴而大。67猨　即猿猴。68蠝　即鼯鼠。狀如兔而鼠尾。69玃猱　猴屬。70猶　獸名。亦名猶猢。似猴而足短。71豰　獸名。亦名黃腰。似鼯而大，食獮猴。72畢方　傳說中之怪鳥。《山海經・西山經》：「有鳥焉，其狀如鶴，一足，赤文青質而白喙，名曰畢方，其鳴自叫也，見則其邑有譌火。」

【語　譯】蜀都這片土地，古代就叫做梁州。大禹治理好這段長江，湖泊旱地就一望無涯。茂盛啊青翠葱蘢，肥沃的原野無邊無際。向上考察天的度數，蜀都上應天象，其精髓儲蓄為井宿的維絡；向下考察地的綱紀，蜀都地處西南，奠定了坤卦的宮位。東面有賨人居住的巴郡，綿延橫貫著許多不同種姓的濮人。有銅梁山，有金堂山，有火井，有龍潭。其中有堆積如高山的玉石，丹砂青雘，取之不盡。

有可製手杖的邛竹、桃枝竹，有石鱛水螭等珍奇水產。南面有犍為郡、牂柯郡，有潛水，有和夷，有昆明，有峨眉。有陡絕險峻的峎嵣山，幽深莫測而又飛揚高聳。靈關山高矗在它的右側，離堆覆蓋著它的東面。在近處就有瑕英、菌芝、江珠等多種玉石，在遠處則有銀、鉛、錫、碧玉，有駿馬、犀牛、大象、僰童。西面有鹽井、鐵礦石、柑橘和銅山。邛池連接著黑水，水面蕩漾著微微的水波。它的旁側則出產夔牛、兕牛、旄牛，還有神物金馬和碧雞。北面有岷山，岷山外面有住著羌人的武都郡、白馬戎。野獸有麢羊、麞鹿，有人熊、長髦牛，有大熊貓、豬貛。有麡狼、射父，有文彩斑斕的野豹，有奇特的黃熊。有形似獮猴的獑胡和蜼玃，有猿猴、鼯鼠和玃猱，有猶猢、黃腰和怪鳥畢方。

爾(1)乃蒼山(2)隱天(3)，岎崟(4)迴叢(5)，增嶄重崒(6)。坩石(7)𡾊崔(8)，岐嵭(9)嶵嵬(10)。霜雪終夏(11)，叩(12)巖岭嶙(13)，崇隆(14)臨柴(15)。諸徼(16)崼嵲(17)，五屼(18)參差(19)。湔山(20)巖巖(21)，觀上(22)岑嵓(23)，龍陽(24)累峗(25)。漼粲(26)交倚(27)，嶉崒(28)崛崎(29)，集嶮(30)脅施(31)。形精出偈(32)，堪嶒(33)隱倚(34)。彭門(35)嶋崵(36)，岍嵾(37)嵑岢(38)，方彼碑池(39)，岬岈輵嶰，礫乎岳岳(40)，北屬(41)崑崙(42)。泰極涌泉醴，凝水流津，漉集成川(43)。于是乎則左沈犁(44)，右羌庭(45)，漆水(46)浡(47)其匈(48)，都江(49)漂(50)其脛(51)。乃溢(52)乎通溝(53)，洪濤(54)溶沈(55)。千湲(56)萬谷，合流逆折(57)。必瀄(58)乎爭降，湖潧(59)排碣(60)，反波(61)逆濞(62)，磟(63)

石洌(64)巘(65)，紛茹(66)周溥(67)，旋溺(68)冤綏(69)。頹(70)嶃(71)摶岸(72)，敵呷猝瀨(73)。磴(74)巖樘(75)汾(76)，忽溶闛沛(77)。踰(78)窘(79)出限(80)，連混(81)陁隧(82)。鉦釘鍾涌(83)，聲讙(84)薄泙(85)龍歷(86)。豐隆(87)潛延(88)，雷扶(89)電擊(90)，鴻鴻(91)康濭(92)，速遠(93)乎長喻(94)，馳山下卒(95)。湍降疾流，分川並注，合乎江州(96)。于木則楩櫟豫章(97)樹榜(98)，檐(99)櫨樿柙(100)，青稚(101)雕梓(102)，枌梧橿櫪(103)，槲楢木櫻(104)，枒(105)信(106)楫(107)叢(108)，俊幹(109)湊集(110)，枇樍枖楬(111)，㐌沈(112)樘椅(113)，從風(114)推參(115)，循崖(116)撮捼(117)，淫淫溶溶(118)，繽紛(119)幼靡(120)，汎閎(121)野望，芒芒菲菲(122)。其竹則鍾龍(123)箊篁(124)，野篠(125)紛鬯(126)，宗生(127)族攢(128)。俊茂(129)豐美(130)，洪溶(131)忿葦(132)。紛揚(133)搔翕(134)，與風披拖(135)。夾江緣山，尋卒(136)而起，結根才業(137)，填衍(138)迥(139)野，若此者方(140)乎數千里(141)。于氾(142)則汪汪(143)漾漾(144)，積土崇隄(145)。其淺濕則生蒼葭(146)蔣(147)蒲(148)，藿(149)芧(150)青蘋(151)。草葉(152)蓮藕(153)，茱華(154)菱根(155)，其中則有翡翠(156)鴛鴦，裊鸕鶂鷺(157)，鸌鶤(158)鷫鷞(159)，其深則獱獺(160)沈鱓(161)，水豹(162)蛟虵(163)，黿蟺鼈龜，眾鱗鰨鱚(164)。

【章　旨】以上描寫蜀中的山水及其物產。

【注　釋】❶爾　指示代詞。此；這。❷蒼山　深青色的山。蒼，原作「倉」。原校云：「《文選．西都賦》注、〈南都賦〉注作蒼。」按《古文苑》亦作「蒼」，今據改。❸隱天　言其高聳隱入半天。❹岎崟　山高峻貌。❺迴叢　迂迴叢聚。❻增嶄重崒　山勢重疊，高聳而險峻。增，借作「層」。重疊。嶄、崒，高聳險峻。重，重疊。❼岨石　大石。岨本山名，此形容石之大。❽巇崔　高險貌。❾㟪嶷　高峻貌。❿嶵嵬　同「崔嵬」。高聳貌。⓫霜雪終夏　原校云：「《文選．南都賦》注作夏含霜雪。」終夏，整個夏天。⓬叩　敲擊。⓭岭嶙　敲擊石塊發出的重濁之聲。⓮崇隆　高峻貌。⓯臨柴　高積。臨，借作「隆」。臨隆一聲之轉，厚；高。⓰諸徼　漢代設置用以巡防諸羌，其處非一，故稱諸徼。徼，邊防巡查哨所。⓱嵔峴　不齊貌。⓲五屼　山名。《文選》左思〈蜀都賦〉注云：「五屼，山名也，一山有五重，在越嶲當犍為南安縣之南也。」屼，原作「岏」。原校云：「《文選．蜀都賦》劉逵注作屼。」按《古文苑》亦作「屼」，今據改。⓳參差　不齊貌。⓴湔山　山名。一名玉壘山，在四川灌縣西北，湔水所出。㉑巖巖　高峻貌。㉒觀上　山名。㉓岑嵓　高聳貌。㉔龍陽　山名。㉕累峗　高險貌。㉖灌槩　堆積貌。㉗交倚　交相依倚。㉘崔崪　同「崔崒」。山高峻貌。㉙崛崎　陡峭貌。㉚巘　高險。㉛脇施　脅迫施置。㉜偈　借作「揭」。勇武高大貌。㉝堪嶍　巉巖險峻。㉞隱倚　倚靠。隱，倚；靠。㉟彭門　山名。都安縣有兩山相對如闕，號彭門。㊱嶋峴　山石高峻貌。原校云：「《文選．蜀都賦》劉逵注作鴻屼。」㊲岍嵼　高峻貌。㊳嵑峒　山石高峻貌。㊴碑池　山坡傾斜貌。池，原作「地」，《古文苑》作「池」。按池地形近而譌，碑池皆屬支韻，疊韻聯綿詞，作池是，今據改。㊵嶱岮嵑嶫二句　這裡形容眾山如小石子般高低不平。嶱岮，群山森列貌。嵑嶫，群山並聳貌。礫，小石。岳岳，挺立貌。㊶屬　連綴。㊷崑崙　山名。在新疆、西藏之間，西接帕米爾高原，東延入青海境內。群峰疊嶺，勢極高峻。崑崙，原校云：「《文選．蜀都賦》注作昆侖。」㊸泰極涌泉醴三句　古謂黃河之源出於崑崙之北，東注蒲昌海，凝注為大澤，廣袤三百里，其水亭居，冬夏不增減，潛行地下，南出積石，為中國河。泰極，崑崙山最高大，眾山視之為極尊，故稱之為泰極。泉醴，如醴酒般甘甜的泉流。醴，甜酒。凝水，凝注的水。津，潤澤。此指濕潤的沼澤地。漉，滲入。此謂水潛行地下。集，謂會集眾流。(44)沈犁　郡名。漢武帝元鼎六年置。(45)羌庭　諸羌所居之王庭。時尚未屬漢。(46)漆水　當為沫水之譌。沫水，岷江支流，即今大渡河。(47)浡　湧流。(48)匈　同「胸」。(49)都江　本沱水。東流經過成都，謂之都江。(50)漂　流。(51)脛　小腿。此代指足。(52)溢　水滿外流，湧出。(53)通溝　四通的溝壑。(54)洪濤　大波濤。(55)溶沇　水盛貌。(56)湲　水流貌。此用作名詞，指水流。(57)逆折　倒流回折。形容水流過阻礙回流曲折而下。(58)必瀄　即「泌瀄」。水流相碰擊貌。(59)湖潧　水奔流貌。(60)排碣　排擊超出。此形容水流互相碰擊排出。碣，同「揭」。高舉。(61)反波　反回的波濤。(62)逆溭　逆轉而發出噼噼的響聲。溭，水暴發之聲。(63)磟　同「磔」。借作「料」。觸動；撩動。(64)洌　潔。用作使動詞，沖刷。(65)巘　山峰。(66)紛莈　雜亂貌。(67)周溥　周遍；普遍。(68)旋溺　形容大水很快將物淹沒。(69)冤綏　未詳其義。疑形容大水很快退卻，如枉曲之得到安撫。(70)頹　崩塌；沖垮。(71)塹　同「塹」。壕溝。(72)搏岸　搏擊堤岸。(73)敵呷䃁瀨　皆象聲詞。形容水流奔騰碰撞，發出噼哩啪啦的響聲。(74)磴　借作「蹬」。履；踐踏。這裡作衝擊之意。(75)樘　距；觸。這裡亦為衝擊之意。(76)汾　借作「墳」。堤岸。(77)忽溶闛沛　皆象聲詞。形容水流湍急，發出轟隆闛闛的響聲。(78)踰　越過。(79)窘　困迫。(80)限　險阻。(81)連混　艱難地奔流。連，艱難。混，大水奔流貌。(82)陁隧　崩塌般地旋轉。陁，崩塌。隧，旋轉。(83)銍釘鍾涌　皆象聲詞。形容水流奔騰發出的呹叮轟隆的響聲。(84)聲讙　喧鬧聲。(85)薄泙　象聲詞。相當於乒乓。(86)龍歷　雙聲聯綿詞。字亦作「礱礪」。磨刀時發出的響聲。(87)豐隆　雷聲。(88)潛延　暗中延展。(89)雷抶　如雷之轟擊。(90)電擊　如電之轟擊。(91)鴻鴻　同「轟轟」。象聲詞。(92)康濭　猶言「訇礚」。水流鼓怒之聲。濭，借作「礚」。(93)速遠　迅速地流向遠方。(94)喻　借作「愉」。(95)馳山下卒　言若士卒之眾馳山而下。形容其迅疾。(96)湍降疾流三句　此句言眾流至江州會合。湍降，急速下降。湍，水勢急速。疾流，很快地奔流。江州，縣名。在今重慶市。(97)梗櫟豫章　皆木名。(98)樹榜　二字疑衍。(99)櫓　《古文苑》作「榰」。音義未詳，疑為木名。(100)櫨欂栯　皆木名。(101)青稚　疑亦木名。(102)雕梓　可雕刻之梓木。(103)枌梧橿櫪　皆木名。橿，一名橀。木質堅韌，古時用作車輪外周。櫪，同「櫟」。又名棫或栩，俗稱柞櫟或麻櫟。(104)槲楢木樱　皆木名。槲，榑槲，小樹。楢，木質堅硬，可作車材，古時用以取火。樱，即水松。有刺，理細密。(105)枒　枒杈。樹枝縱橫雜出貌。(106)信　借作「伸」。伸展。(107)揖　借作「戢」。收斂。(108)叢　叢聚。(109)俊幹　高大的樹幹。(110)湊集　聚集。(111)榌檹柍棉　皆形容樹林繁茂稠密。(112)圠沇　深邃。(113)樘椅　形容樹木枝葉紛披，互相糾結。(114)從風　跟隨著風。(115)推參　推動交會。形容樹木隨風搖動時分開又聚攏。(116)循崖　隨著山崖。(117)撮捼　互相摩擊。(118)淫淫溶溶　搖動不定貌。(119)繽紛　雜亂貌。(120)幼靡　深密貌。(121)汎閎　廣闊貌。(122)芒芒菲菲　眾木繁茂貌。(123)鍾龍　疊韻聯綿詞，字亦作「龍鍾」。竹名。(124)箊簹　竹名。皮白如霜，大者宜為篙。(125)篠　小竹，可為箭。(126)紛㚄　多而茂盛貌。(127)宗生　成叢地生長著。(128)族攢　成簇地聚集在一起。攢，聚。(129)俊茂　高大而茂盛。(130)豐美　豐富而美麗。(131)洪溶　震盪貌。(132)忿葦　動搖貌。(133)紛揚　糾結伸展。(134)搔翕　擾亂聚攏。搔，通「騷」。騷亂。(135)披拖　隨風伏倒。(136)尋卒　相繼猝然。卒，同「猝」。突然。(137)才業　疊韻聯綿詞，字亦作「崨嶫」。山勢高峻貌。這裡用作名詞，高峻的山。(138)衍　低下平坦之處。(139)迴　繹；連綿不斷。(140)方　見方；周長。(141)數千里　《古文苑》作「數十百里」。(142)氾　水漲溢延漫。這裡用作名詞，水漫溢的地方。(143)汪汪　深廣貌。(144)漾漾　震盪貌。(145)崇隄　加高堤防。崇，高。用作使動詞，加高。(146)蒼葭　深青色的蘆葦。(147)蔣　菰屬植物。即茭白。(148)蒲　香蒲。草名，可食，葉可供編織席、扇、簍等用具。(149)藿　藿香；香草。(150)茅　即三棱草，又稱荊三棱。(151)青蘋　青色的田字草。蘋，田字草。生淺水中，葉有長柄，柄端四片葉成田字形，故名。夏秋開小白花。(152)草葉　植物名。即聚藻，生水底，莖如釵股，葉如蓬蒿。(153)蓮藕　芙蕖，其實曰蓮，其根曰藕。(154)茱華　茱萸花。茱，茱萸。植物名，生於川谷，其味香烈。舊俗重陽節佩茱萸以祛邪避災。(155)菱根　菱角之根，可為菜茹。菱，一名芰。水生草本植物。(156)翡翠　一名翠鳥。羽有藍綠赤棕等色，可為飾品。雄赤曰翡，雌青曰翠。(157)㚖鸕鷁鷺　皆鳥名。㚖，未詳。疑為鳧之譌。鳧，野鴨。鸕，鸕鷀。

俗稱水老鴨，似鴉而大，善潛水捕魚。鷁，似鷺而大，羽色蒼白，善翔。鷺，俗稱鷺鷥。羽毛潔白，高足長頸，喙尖，棲息於水邊。158霙鶤　即鶤雞。似鶴，黃白色。159鷫鷞　雁之一種。長頸，其羽毛可製裘。160猵獺　獺類動物，捕食魚類。161沈鱓　同「鼉」。鼉龍，或稱揚子鱷，皮可為鼓。162水豹　狀似豹，生水中。163蛟虵　傳說中龍類蛇形的動物。164黿蟺鼈龜二句　原校云：「案《文選・南都賦》注、〈江賦〉注、〈七啟〉注並引『蜯含珠而擘裂』，當是此下尚有脫文。」黿，大鼈。背青黃色，頭有疙瘩，俗稱癩頭黿。蟺，即「鱔」。俗稱黃鱔。鼈，水魚。眾鱗，各種魚類。鱗，代指魚。鰨鱅，猶言雜遝。眾多貌。

【語　譯】青蒼色的高山隱入半天，高峻迂迴而叢茂，高聳峭拔，重重疊疊。大石矗立，十分險峻。山勢高而險要，霜雪長夏不融。敲擊巖石，發出笨濁的響聲，聳立高積。邊境設置的那些哨所星羅棋布，五屼山五重山峰參差不齊。湔山高聳，觀上山矗立，龍陽山直挺。這些山攢聚擁簇，交相倚靠，險峻陡峭，集聚險要脅迫施置，形勢精神顯現出勇士般勇武高大。巉巖險峻，互相依倚，呈現出奇形怪狀。彭門高聳簇立，而逐漸向下傾斜。群峰森列並聳，一座座如石子般布列，向北連綴著崑崙山。極尊貴的崑崙山湧出甘甜的泉水，凝注而匯成濕潤的大澤，有時滲入地中，集匯而成河流。左邊有沈犁郡，右邊有羌族的王庭。沫水在其胸前洶湧，都江在其足下漂流，溢出於四通八達的山溝，波濤洶湧。千條溪流，萬道山谷，會合奔流，遇到阻礙就回流轉折，水流互相碰擊，爭相向下。澎湃奔騰，互相碰擊，互相超出。反回的波濤發出噼啪的碰擊聲，衝擊巖石，沖刷崖岸。雜亂周遍，旋即淹沒而又退卻，如冤案得到昭雪。沖垮壕溝，搏擊崖岸，發出噼哩啪啦的響聲。踐踏崖岸，沖擊堤防，轟隆闐闐，越過窘困，跨過險阻，艱難地奔流，崩塌般地旋轉，發出咲叮噹啷的響聲。喧鬧聲乒乒乓乓，霍霍隆隆，如雷之轟，如雹之擊，轟隆吭磕，迅速而愉快地流向遠方，若士卒之馳山而下，迅疾下降，迅速奔流，各道川流一併注入，匯合在江州地界。

在樹木方面，就有楩樹、櫟樹、豫章樹，有檜樹、櫨樹、櫸樹、柙樹，有青稚，有雕梓，有枌樹、梧樹、橿樹、櫪樹，有櫯樹、楢樹、木櫻樹。這些樹木，縱橫伸展，聚集叢簇，大樹幹湊聚密集，繁茂稠密，深邃茂盛，枝葉紛披，互相糾結。跟隨著風分開又聚攏，隨著山崖，互相摩擊。動搖不定，雜亂而又深密。向廣闊的原野一望，只見樹木葱蘢繁茂。那竹子則有龍鍾竹、笭竹、篁竹，野生的小竹多而茂盛，成叢地生長著，成簇地聚集著，高大茂密，眾多而美麗。震盪搖擺，糾結伸揚，雜亂地聚在一起，隨風起伏。夾著江岸，沿著山坡，相繼地猝然而起。生長在叢山峻嶺，長滿低下平坦的山谷，綿延不斷伸向原野。像這樣的竹木，周圍有數千里。在水漫溢的地方，則深廣震盪，積土築成高大的隄防。那些水淺潮濕的地方，則生長著青蒼的蘆葦、茭白、香蒲。還有藿香、荊三稜、青色的田字草，以及聚藻、蓮子與藕、茱萸花與菱花。那些香草當中，有翡翠鳥、鴛鴦鳥，有野鴨、鷛鷞、鵁鳥、鷺鷥，以及鶂雞和鸕鷀。那深水之處則有猵獺，沈入水中的鼉龍，有水豹、蛟蛇、癩頭黿、黃鱔、水魚和烏龜，各種魚類數量眾多。

爾乃都門二九❶，四百餘閭❷。兩江❸珥❹其前，九橋❺帶❻其流。武儋❼鎮都❽，刻削成蘝❾。王基既夷，蜀侯尚叢❿。幷石石屛⓫，岓⓬岑⓭倚從⓮。秦漢之徙，元以山東⓯。是以隤山厥鐃，水貢其獲⓰。苴⓱竹浮流⓲，龜鼈⓳磧竹⓴。石蝎相救，魚酌不收㉑。鶖鶬鴝鵒㉒，風胎雨鷇㉓。眾物駭目㉔，單㉕不知所禦㉖。爾乃其裸㉗，羅㉘諸圃㉙歐㉚，緣畛㉛黃甘㉜，諸蔗㉝柿桃，杏李枇杷㉞。杜樼栗柰，棠黎離支㉟。雜以梴橙㊱，被以櫻㊲梅㊳，樹㊴以木蘭㊵。扶㊶林禽㊷，爚㊸般關㊹。旁支何若，英絡其間㊺。春机㊻楊柳，褭㊼弱蟬杪㊽，扶施㊾連卷㊿。⿰豸巨貕(51)螗蛦(52)，子鸛(53)呼焉。爾乃五穀(54)馮戎(55)，瓜瓠(56)饒多，卉(57)以部麻(58)。往往薑梔(59)，附子(60)巨蒜(61)，木艾(62)椒(63)蘺(64)。蒟醬(65)酴清(66)，眾獻儲(67)斯(68)。盛冬育筍，舊菜增伽(69)。百華(70)投春，隆隱(71)分芳(72)，蔓茗(73)熒翠(74)，藻蕤(75)青黃。麗靡摛爥，若揮錦布繡，望芒芒兮無幅(76)。

【章　旨】以上描寫成都的形勝及物產。

【注　釋】❶都門二九　秦惠文王二十七年，使張若、張儀築成都城，漢武帝元鼎二年，立成都十八門。都門，指成都城的城門。二九，十八。❷闠　坊巷門。這裡借指街巷。❸兩江　《史記・河渠書》載李冰「穿二江成都之中」，《正義》引《益州記》曰：「二江者，郫江、流江也。」併在益州成都縣界。❹珥　貫耳。言二江旁貫其市，如以物貫耳。❺九橋　《華陽國志》載：李冰造七橋，上應七星。《益州記》曰：七星橋：一曰長星，二曰員星，三曰璣星，四曰夷星，五曰尾星，六曰沖星，七曰曲星。其餘不可復考。❻帶　言九橋跨江，如帶之東。⑦武儋　山名。在成都西北。舊記言蜀王開明遣五丁力士負土成之。⑧鎮都　為一都會之主山。一方之主山曰鎮。⑨蔚　草木叢蔓貌。⑩王基既夷二句　揚雄《蜀王本紀》載：蜀之先稱王者，有蠶叢、柏濩、魚鳧、蒲澤、開明。至秦惠文王後九年，討滅蜀，封公子通為蜀侯。此二句言，蜀王的王基既被夷滅，蜀侯通可匹配蜀王蠶叢，同為開國之君。夷，平；削滅。尚，匹配。叢，蠶叢。蜀王名。⑪井石石䣕　《後漢書・西南夷傳》云：「汶山郡夷皆依山居止，累石為室，高者至十丈餘，為邛籠。」井石，依石。井，借作「傍」。依；靠。䣕，古「屖」字，借作「棲」。⑫岍　山旁石。⑬岑　崖岸。⑭倚從　倚靠依從。⑮秦漢之徙二句　成都在蜀王蠶叢、望帝時治郫城，在岷山之陽，至秦惠文王、漢武帝時遷於山之東。徙，遷徙。元以，始以。元，始。元，原作「充」。原校云：「本作充以，從《文選・魏都賦》劉逵注改。」按《古文苑》亦作「元」，作「元」是，「元」、「充」形近而譌，今據改。山東，岷山之東。⑯隤山厥饒二句　言開掘山，其物產豐富，水也貢獻其收穫。隤山，毀壞山。厥，其。饒，多；豐富。貢，貢獻。⑰苴　苴麻。⑱浮流　蔽流而積於水次。⑲龜鼈原校云：「本無鼈字，從《藝文類聚》補。」⑳磧竹　砂石間的竹。㉑石蝎相救二句　謂任人取用而不掩藏。石蝎，蝎子。有毒，可入藥。救，治病。魚酌，皆取用之意。收，掩藏。㉒鶱鷈鴝鷬　皆鳥名。鶱，未詳。鷈，鵰類。鴝，鴝鴿。貓頭鷹之一種，即鵂鶹。鷬，即凰。鳳鳥。㉓風胎雨鷇　言眾鳥品類不同，皆不待交合，遇風遇雨，即可生子。《莊子》「鶂相視而風化」注：「不待合而生子。」鷇，鳥雛出殼貌。㉔駭目　使目驚駭。㉕單　同「殫」。盡。㉖禦　防禦。㉗裸　同「蓏」。果蓏，指果類。㉘羅　羅列；布滿。㉙圃　園圃。㉚敺圃之四周。㉛畛　邊界。㉜黃甘　柑橘類果實，有成都平蒂柑，大如升，色蒼黃。㉝諸蔗　甘蔗，可製糖。㉞柿桃杏李枇杷　皆果名。㉟杜樼栗柰二句　皆果名。棠黎，即棠梨。離支，即荔枝。㊱椺橙　柚屬果名。㊲櫻　櫻桃。㊳梅　黃梅。㊴樹　栽種。㊵木蘭　實如小柿，甘美。㊶扶　謂駢生，其實相扶。㊷林禽　即林檎。味甘。㊸㷍　光彩貌。㊹般關　美梨，梨之一種。㊺旁支何若二句　言果木旁枝柔美，交錯其間。支，借作「枝」。何，應作「阿」。柔美貌。《詩・小雅・隰桑》「隰桑有阿」傳：「阿然美貌。」若，詞尾。無義。何若，即「阿然」。英絡，美好地交錯。(46)机　木名。榿木樹，似榆，出蜀中。(47)裛　通「嫋」或「裊」。柔弱搖曳貌。(48)蟬杪　相牽引貌。(49)扶施　繁茂紛披貌。(50)連卷　屈曲貌。(51)𧳜貕　蟲名。《方言》：「齊謂之螇螰，楚謂之蟪蛄。」(52)螗蛦　蟲名。《方言》郭璞注：「胡蟬，江南呼螗蛦。」(53)子巂　鳥名。即子規，一名杜宇，俗傳蜀王望帝之魂化為此鳥。(54)五穀　黍、稷、菽、麥、稻，合稱五穀，皆人所食。(55)馮戎　富盛。(56)瓜瓠　瓜類植物。(57)卉　草之總稱。(58)部麻　麻類作物。(59)薑梔　《史記·貨殖列傳》：「巴蜀地饒卮薑。」生薑，可食，可入藥。梔子樹，常綠灌木。果實名梔子，可入藥，可作黃色染料。(60)附子　植物名。有毒，可入藥。(61)蒜　大蒜。味辛，可食。(62)木艾　植物名。莖葉有香氣，可入藥。(63)椒　花椒。樹似茱萸，有刺，實可作調料。(64)蘺　江蘺。香草名。(65)蒟醬　蒟子所作之醬。蒟子，如桑葚，熟時色正青，可作醬，稱蒟醬。(66)酴清　酒名。即酴酒，俗稱酒釀、酒娘，味如甜酒，不能醉人。(67)儲　儲藏。(68)斯　此；這裡。(69)盛冬育筍二句　言隆冬季節就孕育竹筍，蔬菜裡增加有茄子。筍，竹之嫩芽，有籜包裹，可食。伽，今作「茄」。蔬類植物，可食。(70)華　即「花」。(71)隆隱　茂盛貌。(72)分芳　即「芬芳」。芳香。(73)蔓茗　蔓生的茗茶。茗，茶芽。(74)熒翠　茂盛青翠。(75)藻葢　美麗的花。葢，花。(76)麗靡摛爥三句　《御覽》九百七十七作「萬條縈翠，藻若丹黃。離錦布繡，望之無疆。」麗靡，華美。摛爥，原校云：「本作摛燭，從《文選·西都賦》改。」按爥同「燭」。摛，舒展。爥，照耀。形容有光澤。揮錦，揮動錦緞。布繡，張布刺繡。芒芒，多盛貌。幅，邊。望芒芒兮無幅，原校云：「本作望芒芒子於無鹽，從《藝文類聚》改。」

【語　譯】　成都有十八座城門，四百餘條里巷。兩江穿貫著它的前面，九座橋如帶束縛著它的主流。武儋山是成都的主山，峻峭如刻削而成，草木叢生。蜀王的基業既被秦惠文王削平，只有受封的蜀侯公子通可匹配蜀王蠶叢。那裡的人們，依石而居，山石崖岸倚靠依從。到秦漢時期，治所才開始從郫城遷徙到岷山之東。因此，開掘其山則物產豐饒，水也貢獻其收藏。苴麻竹木浮流而下，有龜有鼈，還有生長砂石間的竹。石間的蝎子可以治病，任人取用，全不掩藏。鶬鳥、鷹鳥、鴝鴿、鳳凰，或風化而生，或雨孵而出。各種物類，使人相視驚駭，全不知如何防禦。那果實，布滿園圃的四周。有黃柑、甘蔗、柿、桃、杏、李，還有枇杷、杜梨、榛子、板栗、柰李和棠梨、荔枝。夾雜有樋橙，覆蓋著櫻桃、黃梅，栽種著木蘭。林檎駢生相扶，美梨放著光彩。旁邊的小枝柔嫩美茂，交錯於眾果之間。春机、楊柳，柔弱搖曳，互相牽引。茂盛紛披，柔細屈曲。其間有鉅鋈、螗蛦等昆蟲，有子規鳥啼叫著。還有五穀富盛，瓜瓠饒多，花卉有部麻。四處有生薑、梔子、附子、大蒜，蒿艾、花椒和江蘺。有蒟醬，有醃酒，各種奉獻都儲積在此。隆冬季節孕育竹筍，蔬菜還有茄子。百花逢春開放，茂盛而又芳香。蔓延不斷的茗茶茂密青翠，美麗的花或青或黃。美麗柔茂而散射著光澤，如同揮動錦緞，張布刺繡，望去又多又美，無邊無際。

爾乃其人自造奇錦❶，紌繏緋纈❷，縿緣盧中❸。發文❹揚采，轉代❺無窮❻。其布則細絺弱折❼，緜❽繭❾成衽❿。阿⓫麗纖靡⓬，避晏⓭與陰。蜘蛛作絲，不可見風。筩中黃潤⓮，一端⓯數金⓰。雕鏤釦器，百伎千工⓱。東西鱗集⓲，南北並湊⓳。馳逐⓴相逢，周流㉑往來。方㉒轅㉓齊轂㉔，隱軫㉕幽輵㉖。埃敦塵拂㉗，萬端異類㉘。崇戎總濃㉙，般旋㉚闤闠㉛。齊咯楚而，喉不感槩㉜。萬物更㉝湊㉞，四時迭㉟代，彼㊱不折㊲貨，我㊳罔乏㊴械㊵。財用饒贍㊶，蓄積備具㊷。

【章　旨】以上描寫成都貨物的精美豐富，貿易的繁盛。

【注　釋】❶錦　用彩色絲線織出各種圖案花紋的絲織品。成都有錦江，織錦洗濯其中，則色澤鮮明，稱錦里，所產錦名聞遐邇。❷紌繏緅緽　皆蜀錦名。❸縿緣盧中　謂絳色緣其外，黑色居其中。縿，絳色；紅色。緣，邊緣；外緣。盧，黑色。❹文　文彩。❺轉代　謂相互轉運販賣。❻窮　盡。❼細絺弱折　皆布名。細絺，原校云：「本作細都，從《御覽》八百二十改。」按《古文苑》亦作「細都」。❽緜　絲緜。❾繭　蠶繭。❿衽　緝，謂析麻接搓成線。⓫阿　通「婀」。柔美貌。⓬纖靡　細密。⓭旻　清朗無雲；晴朗。⓮筩中黃潤　皆布名。原校云：「《文選・蜀都賦》注作筩中。」⓯端　古布帛長度名。絹曰匹，布曰端。絹以四丈為一匹，布以六丈為一端。⓰金　漢時黃金一斤為一金。⓱雕鏤釦器二句　原校云：「二語本但存雕鏤釦三字，從《藝文類聚》補。」雕鏤，雕刻。釦器，以金銀緣飾之器。釦，以金飾器口。原作「鉛」。原校云：「一作釦。《御覽》七百五十六作釦。」按《古文苑》亦作「釦」，今據改。伎，通「技」。技巧。工，精緻；精工。⓲鱗集　如魚鱗般聚積。⓳湊　聚集。⓴馳逐　馳騁追逐。㉑周流　周轉流行。周遍各地。㉒方　並列。㉓轅　車轅。㉔轂　車軸頭。㉕隱軫　車聲。原作「隱隱軫軫」。原校云：「本不重言隱軫，從《文選・西京賦》注補。」按《古文苑》亦不重言，今據刪。㉖幽輵　縱橫交錯貌。㉗埃敦塵拂　塵土飛揚。形容車輛眾多。敦，同「勃」。興起。㉘萬端異類　言貨物各種各樣不同品類。㉙崇戎總濃　皆形容貨物之豐富多樣。㉚般旋　即「盤旋」。迴旋周轉。㉛闤闠　市肆；市集。闤，市垣。闠，市之外門。古代市道即在垣與門之間，故稱市肆為闤闠。㉜齊咯楚而二句　此言齊楚之人重遝聚集於成都，爭售貨物，莫不意氣飛揚。齊咯，言齊人重遝而至。咯，通「遝」。雜遝；重積。楚而，言楚人亦如鬚叢聚於口邊一般聚集於成都。而，《說文》：「須也。」即鬍鬚。喉不，猶言弗不；莫不。喉弗雙聲通用。感槩，意氣飛揚，感情激越。㉝更　更替；交相。㉞湊　湊集。㉟迭　更迭；輪流。㊱彼　指交易的對方。㊲折　虧損。㊳我　指交易的己方。㊴乏　缺少。㊵械　器械；器物。㊶饒贍　豐足；富足。㊷備具　一應全齊；一切齊備。

【語譯】這裡的人自己織造的奇特的錦緞，有紞、纙、纚、纈等不同名色，紅色緣飾其外，黑色雜居其中，文彩飛揚，互相轉運販賣而無窮無盡。其布有細絺、弱折等不同品類，用絲緜蠶繭搓接成線，柔軟艷麗而又細密。既不暴曬，亦不陰閉，如蜘蛛絲一般纖細，不可被風吹拂。名叫筒中、黃潤等名稱的細布，一匹就可以賣黃金幾斤。雕刻有花紋的以金銀緣飾器口的器物，做工非常講究精緻。從東西南北，四面八方，如魚鱗般一齊湊集。馳騁追逐，互相匯聚，周行各地，來往不絕。車轅相並，車軸相齊，車聲隱隱甸甸，車輛縱橫交錯，塵土飛揚。貨物各色各樣，數量極其繁多，周旋迴轉於市集。齊國楚國的商人也紛紛聚集成都，爭售貨物，一個個意氣風發。萬種貨物更相湊集，不同季節更互交換。交易的彼方不虧損，交易的己方也不缺乏，財物豐富充足，蓄積一應俱全。

若夫①慈②孫孝子，宗厥祖禰③，鬼神④祭祀。練⑤時選日，瀝豫⑥齊戒⑦。龍⑧明衣⑨，表⑩玄⑪縠⑫。儷吉日⑬，異清濁⑭。合疎明，綏離旅⑮。乃使有伊⑯之徒，調夫五味⑰。甘甜之和，勺藥之羹⑱，江東鮐鮑，隴西牛羊⑲。糴米⑳肥豬，麞㉑麀㉒不行㉓。鴻⿰犭爽⿰犭亶乳㉔，獨竹孤鶬㉕。炮㉖鴞㉗被紕㉘之胎㉙，山麕髓腦，水遊之腴㉚。蜂豚應雁，被鵠晨鳧㉛。戳㉜鶂㉝初乳㉞，山鶴既交㉟。春羔秋⿰鼠卯㊱，膾㊲鮻㊳龜肴㊴。秔田㊵孺鷩㊶，形不及勞㊷。五肉㊸七菜㊹，朦猒腥臊㊺。可以頤精神，養血脈者，莫不畢陳㊻。

【章　旨】以上描寫成都的慈孫孝子祭祀的虔誠與食物祭品之豐盛珍奇。

【注　釋】❶若夫　發語詞。相當於「至於」。❷慈　愛。此指對父母的孝敬供養。❸宗厥祖禰　宗有繼祖者，有繼禰者。宗，祖廟；祖先。這裡用作意動詞，以……為宗。厥，其。代詞。祖，祖父。父之父曰祖。禰，父死在宗廟裡立神主曰禰。❹鬼神　渾言之，皆指人死後的靈魂。析言之，人死之靈曰鬼，自然之靈曰神。此指前者。❺練　通「揀」。選擇。❻灑豫　事先作好準備。❼齊戒　古人在祭祀前，沐浴更衣，不飲酒，不吃葷，不與妻妾同寢，整潔身心，以示虔誠，叫齋戒。齊，通作「齋」。❽龍　借作「襲」。加衣；穿衣。❾明衣　《論語・鄉黨》「齊，必有明衣，布。」何晏注引孔安國曰：「以布為沐浴衣。」邢昺疏：「齊戒必沐浴，浴竟而著明衣，所以明潔其衣。」明衣，即用布縫製的浴衣。❿表　外衣；外表。這裡用作意動詞，以……為表。⓫玄　黑。⓬縠　縐紗。輕薄如霧，故又稱霧縠。⓭儷吉日　選擇一個成偶的吉祥的柔日。儷，偶；成雙的數字。吉日，指祭祀用的柔日。古代以干支紀日，天干逢乙、丁、己、辛、癸的日子稱柔日。因均為偶數，故亦稱偶日。⓮異清濁　《周禮・司尊彝》曰：「醴酒尤濁，和以明酌，泲之以茅，縮去滓也。盎齊差清，和以清酒，泲之而已。」異清濁，是說祭祀要區分酒的清濁。清濁，古代祭祀，使用五種味薄的酒，一曰泛齊，二曰醴齊，三曰盎齊，四曰緹齊，五曰沈齊，稱五齊。其醴齊即甜酒，汁滓相將，其色混濁。盎齊即白清，漉去渣滓，其色較清。⓯合疎明綏離旅　調和輯關係疏遠及親密之人。合，會合。疎，「疏」之異體字。疏遠。指親屬疏遠之人。明，顯著。此指宗屬親近之人。綏，安撫；和輯。離，《穀梁傳·定公十年》「公至自頰谷，離會不致」注：「二國相會曰離。各是其所是，非其所非，是非不同，故曰離。」又《管子》「昭穆之離」注：「離，謂次之別也。」此謂關係不親密之人。旅，即旅酬。古祭畢而宴，舉杯酬賓，賓交錯互答，謂之旅酬。此指關係親密之人。⑯有伊　指伊尹。名摯，古代輔佐商湯王滅夏桀王建立商朝的開國大臣，也是古代著名的烹飪專家。相傳他曾負鼎俎以滋味干湯，才得到湯的重用。有，詞頭。無義。⑰五味　指酸、苦、甘、辛、鹹五種滋味。⑱甘甜之和二句　即烹飪調和之意。和，調和。指用各種調料，經過烹飪，加工成各種食物，使成羹和。《左傳·昭公二十年》：「和如羹焉，水火醯醢鹽梅以烹魚肉，燀之以薪，宰夫和之。」勺藥，五味調料調和。《史記·司馬相如列傳·子虛賦》「勺藥之和具而後御焉」《集解》引郭璞曰：「勺藥，五味也。」《漢書》顏師古注：「勺藥，藥草名，其根主和五藏，又辟毒氣，故合之於蘭桂以助諸食，因呼五味之和為勺藥耳。」⑲江東鮐鮑二句　言食物因產地不同而獨具風味。江東，地區名。指自安徽蕪湖以下長江南岸地區。鮐，海魚名。鮑，乾魚。隴西，秦漢時郡名。地在今甘肅東南部一帶。⑳羅米　言養之以米，所以滌其穢。羅，通「滌」。滌，古代養祭生之所。謂之滌者，取其蕩滌清潔。㉑麛　一歲之鹿。㉒麀　母鹿。㉓不行　言祭祀所供之獸，皆射獵所獲，不用販買者。㉔鴻貘獮乳　貘貴大者，獮貴初生。鴻，通「洪」。大。貘，獸名。獮，亦獸名。乳，《說文》：「人及鳥生子曰乳，獸曰產。」按此泛指初出生。㉕獨竹孤鶬　鳥不雌雄交配則味全。竹，通「屬」。屬玉。水鳥名，似鴨而大，長頸赤目，紫紺色，一說即鸑鷟。鶬，亦水鳥名。㉖炮　燒烤。㉗鴟　猛禽。晝潛夜出，俗稱貓頭鷹，可燒烤為炙，稱鴞炙。㉘被紕　被著毛的紕。紕，通「貔」。傳說中的一種猛獸。㉙胎　指孕育於母體內的幼獸。胎獸肉質細嫩，古以為美食。㉚山麕髓腦二句　山獸以髓腦為珍，水族以腹腴為美。麕，即獐。獸名。髓腦，骨髓與腦髓。水遊，指生活於水中的水族，如魚鼈之類。腴，腹下的肥肉。㉛蜂豚應雁二句　封大之豚，應候之雁，被羽之鴳，晨飛之鳧，皆味之美者。蜂，蜂、封古字通用。封，大。豚，小豬。應雁，應氣候而遷徙的雁。被鴳，斥鴳。即鵪鶉。晨鳧，野鴨。常以晨飛，故名晨鳧。㉜戳　通

「鴚」。野鵝。㉝鶃　即鷁。水鳥名，形似鷺而大，羽色蒼白，善翔。㉞初乳　剛剛孵化。㉟交　交配。㊱春羔秋䶉　動物因季節不同而味道有別，春天的羔羊，秋天的竹鼠味道最佳。羔，小羊；羔羊。䶉，竹鼠。《食物本草》：「䶉鼠，食竹根，居土穴中，大如兔，人多食之，味如鴨。」㊲膾　細薄切之曰膾。㊳鮻　魚名。㊴龜肴　龜裂之肴。熟肉連骨曰肴。將肉切成塊放入俎內，蒸之令龜坼曰龜肴。㊵秔田　種秔稻的田。秔，不黏的稻。㊶孺鶩　初孵化的鶩。孺，通「乳」。孵化而生。鶩，即鵔鸃。有文彩的赤雁。㊷形不及勞　言初乳之鶩，食於稻田，未能飛翔，故不勞而肥也。㊸五肉　牛、羊、雞、犬、豕五種家畜之肉。㊹七菜　蔥韭之類。㊺朦猒腥臊　這裡指除去魚肉的腥臊氣味。朦，豐；大。猒，借作「壓」。腥，指魚類的氣味。臊，牛羊等獸類的氣味。㊻可以頤精神三句　原校云：「本作可以練神養血脈者，從《北堂書鈔》未改本一百四十二補校。案脈俗作脉，因變為脈。」頤，保養。畢陳，全部具備。

【語　譯】至於那些孝順的子孫，以他們的祖父或父親為祖廟，祭祀鬼神。選擇吉祥的日子，預先整潔身心以表示虔誠，浴後穿上用布縫製的祭祀專用的浴衣，外面罩著黑色的縐紗。選擇祭祀專用的成偶數的吉祥的柔日，區分祭祀專用的較清的白酒或混濁的醴酒，會合關係疏遠和親近之人，和輯關係不密切和關係密切之人。於是使著名烹飪專家伊尹一類廚師，調和五種滋味，甘甜的和羹，五味調和的菜肴，江東地區的海魚乾魚，隴西一帶的牛肉羊肉，專養於飼養祭祀牲畜圈內的餵米以滌除了濁穢的肥豬，小鹿和麃是專門獵獲而非販買而得。大的貗與初生的貆，單獨生活的屬玉鳥與鶬鳥，燒烤的鴟炙，還在母腹的貎的幼獸，山麢的骨髓與腦髓，水族腹下的肥肉，大的小豬與應候遷徙的雁，被羽的鷫鷞與晨飛的野鴨，剛剛孵化的野鵝鷁鳥，已經交配過的山鶴，春天的小羔羊，秋天的䶉鼠，細切的鮻魚，蒸至龜裂的肉塊，生活在秔稻田裡的剛孵化的小鶩鳥，因不飛翔而肥實。五種肉類，加入七種葱韭之類的菜蔬做香料，大大除去魚肉的腥臊。可以調養精神，調養血脈的食物，無不具備。

爾乃其俗❶，迎春送冬❷。百金之家，千金之公❸。乾池❹泄❺澳❻，觀魚❼于江❽。若其❾吉日嘉會❿，期⓫于倍□⓬，送春⓭之陰⓮，迎夏之陽⓯。侯羅司馬，郭范畾楊⓰。置酒乎榮川⓱之閒宅⓲，設坐乎華都⓳之高堂⓴。延帷揚幕，接帳連岡㉑。衆器雕琢㉒，藻刻㉓將皇㉔。朱緣㉕之畫，邠盼㉖麗光㉗。龍蛇蜿蜷錯其中，禽獸奇偉髦山林㉘。昔天地降生杜鄠㉙密促之君㉚，則荊上亡尸之相㉛。厥女作歌，是以其聲呼吟靖領，激呦喝啾㉜。戶音六成，行夏低徊㉝。胥徒㉞入冥㉟，及廟㊱噆吟㊲，諸連㊳單㊴情。舞曲轉節㊵，踃馺㊶應聲㊷。其佚㊸則接芬錯芳㊹，襜㊺袩㊻纖延㊼。蹦溪秋，發陽春㊽。羅儒吟，吳公連㊾。眺㊿朱顏(51)，離(52)絳唇(53)。眇眇(54)之態(55)，吡噉(56)出焉。若其遊怠，漁弋郤公之徒(57)，相與(58)如(59)平陽(60)，瀕(61)巨野(62)。羅(63)車百乘(64)，期會(65)投宿，觀者方隄(66)，行船(67)競逐(68)。偃衍(69)撇曳(70)，絺索(71)恍惚(72)。羅罻(73)彌(74)澥(75)，蔓蔓(76)汾汾(77)。龍(78)睢睋(79)兮罧(80)布列，枚(81)孤(82)施兮纖(83)繳(84)

出。驚雌(85)落兮高雄(86)蹶(87)，翔鶤(88)掛(89)兮奔(90)縈(91)畢(92)。俎飛膾沈，單然後別(93)。

【章　旨】以上描寫成都的遊玩漁獵之樂。

【注　釋】❶俗　風俗；習俗。❷送冬　原校云：「本脫冬字，從《文選．蜀都賦》劉逵注補。」❸千金之公　言家有千金的富貴之人。千金，原校云：「本作斤，從《文選》注改。」公，對人的尊稱。❹乾池　將池水放乾。❺泄　通「洩」。洩漏。亦放乾之意。❻澳　水灣可泊船處。這裡指湖泊。❼觀魚　觀看漁人捕魚。❽江　當指岷江。流經成都平原，為長江上游主要支流。❾若其　相當於「若夫」。至於之意。❿嘉會　美好的集會。⓫期　邀約；期會。⓬倍□　倍，原校云：「疑作涪。」涪，涪江。水名，源出川北，流經武平、油江、綿陽、遂寧，至合川入嘉陵江。姑從原校作「涪」解。倍下原缺一字。⓭送春　春上原缺一字，《古文苑》作「送春」，今據《古文苑》補。⓮陰　春天多陰雨，故曰陰。⓯陽　夏日多晴朗，故曰陽。⓰侯羅司馬二句　七姓皆漢時蜀郡著姓。⓱榮川　繁榮的平川。⓲閈宅　閈置之宅。漢時，司馬相如、嚴君平舊宅，皆在成都。⓳華都　繁華的都市。⓴高堂　高大的殿堂。㉑延帷揚幕二句　原校云：「本脫連字，從《文選．顏延之．曲水詩序》注補。」帷、幕，指施於堂室的帳幕，相當於今日之屏風。延，連延。揚，高張。帳，指施於空曠之地的帷幕，相當於今日之帳篷。岡，山脊。㉒雕琢　雕刻琢磨。均指精細加工。㉓藻刻　藻飾刻畫。原作「早刻」，此據《古文苑》改。㉔將皇　璀璨華美貌。㉕朱緣　紅色邊緣。㉖邠盼　雙聲聯綿詞，字亦作「繽紛」。雜盛貌。此形容繪畫色彩繁盛。㉗光　光澤。㉘龍虵蛩蜷錯其中二句　皆言器具上的彩繪。虵，「蛇」的異體字。蛩蜷，即蜿蜷。形容龍蛇蜿蜒蜷曲之狀。錯，交錯。髦，本指古代幼兒下垂至眉的短髮。此指四散分布之狀。㉙杜鄗　原作「壯鄗」。此據《古文苑》改。杜鄗，即杜宇。古蜀王望帝姓名。據揚雄《蜀王本紀》載：朱提有男子曰杜宇，從天而降，自稱望帝，蜀人尊之為帝。㉚密促之君　據《蜀王本紀》，上古之時，蜀之君長，治國長久，後皆仙去。自望帝以來，傳授始密。密促，稠密短促。㉛荊上亡尸之相　據《蜀王本紀》載：荊有一人名鼈靈，其尸亡去，荊人求之不得。鼈靈尸隨江而上，至郫，遂復活，與望帝相見，望帝即以鼈靈為相。荊，春秋時楚國之古稱。㉜厥女作歌三句　據《古文苑》章樵注引《成都古今記》曰：「蜀王尚納王丁之妹為妃，不習水土，欲出，王固留之，為作東平之歌。無幾物故，王悲悼不已，乃作臾斜之歌，就歸之曲而哀之。」厥女，其女。呼吟，嘆息。靖領，幽深美好。靖，通「靜」。領，通「令」。激呦，悲哭聲。激，哭聲。喝啾，聲音悲咽低沈。㉝戶音六成二句　言歌曲合商周古曲之音。戶，讀若「濩」。濩，商湯之樂名，亦稱韶濩、韶護、大濩。六成，六變；六遍。樂曲一終為一成。夏，古樂章名。《禮記・玉藻》「行以肆夏」，故又稱行夏。低徊，即徘徊。此指節奏舒徐。㉞胥徒　古代官府中供役使之人。此指樂工之屬。㉟入冥　言其歌聲響入青冥。即響遏行雲之意。冥，指幽深的太空。㊱廟　漢時，望帝、鼈靈皆有廟在成都，士女出遊，必謁其廟。㊲嘈吟　謂吟唱蜀王尚為其妃所作之歌曲。㊳連　猶後世歌曲所謂疊、遍。㊴單　同「殫」。盡。㊵轉節　舞時旋轉之節奏。㊶踃馺　舞時節奏之遲速。㊷應聲　與歌聲之節奏相應。㊸佚　猶「佾」。古代樂舞的行列。㊹接芬錯芳　言芬芳的香氣連接交錯。㊺襘　衣袖。㊻袥　衣襟。㊼纖延　細而長。㊽蹈溪秋二句　蹈，猶踏歌，指以足踏地而歌。溪秋、陽春，皆古代歌曲名。發，放聲歌唱。㊾羅儒吟二句　羅儒、吳公，皆古代善謳歌者，後人多仿其音。羅儒，崔豹《古今注》曰：「〈陌上桑〉，秦氏女羅敷曲也。羅敷採桑，趙王見而悅之，欲載以歸，羅敷不從，作是曲以明意。」。羅儒即指羅敷。吳公，劉向《別錄》云：「漢興以來，善雅歌者，魯人虞公，發聲清哀，蓋動梁塵。」虞公即吳公。虞、吳漢人多通用。連，見注㊳。㊿眺　遠視。(51)朱顏　紅顏。指美女。(52)離　張口。(53)絳脣　紅脣。(54)眇眇　高遠。(55)態　神情意態。(56)吡噉　抑揚美妙的歌聲。(57)若其遊怠二句　原校云：「本作若其遊怠魚弋群公之徒，從《文選・蜀都賦》劉逵注、《藝文類聚》改。」遊怠，遨遊倦怠。魚弋，釣魚射鳥。魚，同「漁」。捕魚。弋，以絲繩繫箭射鳥曰弋。郤公，郤姓之蜀郡大富豪。(58)相與　互相一起。(59)如　往。(60)平陽　平坦開闊的原野。平，原作「乎」。原校云：「本作如平陽頖，從《文選・南都賦》注改。」按《古文苑》亦作如平陽，今據改。61瀕　臨近；來至。62巨野　巨大的原野。原校云：「本作臣沼，從《文選・蜀都賦》劉逵注改。」63羅　列；陳。64百乘　百輛。65期會　預約；約定。66方隄　原校云：「《藝文類聚》作方防。」按隄、防義同。方，並；傍。67行船　原校云：「《文選・吳都賦》注作行舟。」按舟、船義同。68競逐　爭相追趕。69偃衍　繁雜紛亂。70撇曳　碰擊牽拉。71絺索　紛沓貌。72恍惚　不清楚。73畏　原校云：「一作隈。」是其證。隈，水灣曲處。74彌　滿。75澥　本指海。這裡指湖泊。76蔓蔓　延伸貌。77沕沕　紛亂貌。78蘿　筌笱之類的捕魚的竹器。79睢瞟　雙聲聯綿詞，字亦作「睢矐」、「揮霍」。任意放置之意。80罧　積柴於水中以取魚。81枚　量詞。相當於個、件。82孤　借作「罛」。大魚網。83纖　細微。84繳　射鳥時繫在箭上的絲繩。85驚雌　受驚的雌鳥。86高雄　高飛的雄鳥。87蹶　顛仆；掉下。88鶡　鶡雞。鳥名，似鶡，黃白色。89掛　觸；礙；被網住。90奔　奔跑的獸。91縈　拘牽；被絆住。92畢　古代用以捕捉禽獸的長柄網。這裡用作動詞，被網住。93俎飛膾沈二句　言捕獲魚禽以供俎膾，至暮鳥飛魚沈，不可復取而後已。俎，古代祭祀時陳置牲體的禮器。即置肉的几。這裡指獵獲的禽類。膾，細切的肉。這裡指捕取的魚類。單，借作「殫」。盡。

【語譯】這裡的習俗，每當迎接春天，送走冬天，那些擁有百金的中產之家，擁有千金的富豪之人，放乾池塘湖泊裡的水，在江邊觀捕魚以取樂。至於遇到吉祥的日子，美好的集會，相約會於涪水之濱，送走陰雨連綿的春天，迎來驕陽高照的夏天，侯、羅、司馬、郭、范、晶、楊等蜀中七大家族，在繁榮的平川開置的大宅裡擺設酒宴，在繁華的都市殿堂裡設置座席，帷幕連延高張，帳蓬連接布滿山岡。那些器具，雕刻琢磨，藻飾刻畫，璀璨輝煌。用紅色緣飾的繪畫，文彩繁縟，色澤鮮明，美麗而有光澤。繪畫中，龍蛇蜿蜒曲折，交錯其中，奇禽怪獸，分散在畫中的山林之間。昔日天地降生了杜宇這些壽命短促之君，從荊楚上浮的鼈靈屍體復活之相，蜀王尚為其妃所作之曲。因此，那歌曲悲愴深沈，嗚咽低沈，像商湯王的韶濩演奏六遍，像古樂行夏徘徊舒徐。樂工們的演唱高妙入雲。遊人來到杜宇、鼈靈的廟宇，吟唱這些歌曲，每一遍都盡情抒發。舞蹈旋轉的節奏，快慢亦與歌聲相應。舞隊的行列，芳香接連交錯，襟袖輕柔而細長。踏足低詠溪秋曲，放聲高歌陽春曲，歌聲如羅敷低吟，如吳公清唱。遠望著那些紅顏妙女，啟動朱唇，懷著高遠的情懷，唱出抑揚美妙的歌聲。至於遊玩倦怠，釣魚射鳥的郤公一類富豪，相約一道，來到平展開闊的地帶，親至廣闊的原野，陳列車駕百輛，約定一起投宿。觀看的人布滿河隄，行走的船競相追逐。繁雜紛亂，碰撞牽扯，紛至沓來，黑壓壓一大片，布滿河灣與湖泊，亂糟糟綿延不斷。捕魚的筌笱任意放置，藏魚的柴薪到處布列。一幅幅大漁網放置水中，繫有絲繩的射鳥的箭也放射出去。於是驚飛的雌鳥墜落，高翔的雄鳥顛仆，翱翔的鶤雞被網住，奔跑的野獸被絆倒。直至薄暮，鳥飛魚沈，一切盡了，然後歸去。

甘泉賦并序

（甘 ㄍㄢ　泉 ㄑㄩㄢˊ　賦 ㄈㄨˋ）

【題　解】甘泉，秦漢時宮殿名，在今陝西淳化縣西北甘泉山上，是漢代舉行郊祀典禮的地方。郊祀就是祭祀天地，是古代帝王的祭祀大典。本只祭天於京師南郊，祭地於京師北郊。漢武帝時，在甘泉宮立泰畤，祭祀太一神（天神之最貴者），在汾陰脽上立后土祠，祭祀地神。漢成帝建始三年又遷至長安南北郊。至永始三年冬十月，皇太后以成帝無子嗣，又命令恢復甘泉泰畤、汾陰后土祠。永始四年正月，成帝祀甘泉泰畤。時揚雄剛由四川成都召至長安，從祀甘泉，就寫了這篇賦。因祀於甘泉，故名〈甘泉賦〉。

關於這篇賦的寫作目的，揚雄自己說是為諷諫。他說：將甘泉宮「上比於帝室紫宮，若曰此非人力之所為，黨鬼神可也」；「盛言車騎之眾，參麗之駕，非所以感動天地，逆釐三神。又言屏玉女，卻虙妃，以微戒齋肅之事。」（《漢書．揚雄傳》）而賦描寫的中心是漢成帝去甘泉宮郊祀太一。從出行的兵衛車馬寫起，寫到途中所見通天臺之高峻，甘泉宮之富麗堂皇，祭祀前的齋戒，祭祀的儀式，以及祭罷歸來而得福蔭之多。還直接進行讚頌。至於說描寫甘泉宮的華麗是規勸漢成帝不要大興土木，寫齋戒時屏玉女，卻虙妃是規諫漢成帝不要迷戀女色。這層意思不看《漢書．揚雄傳》，實在難以猜著。所以王充批評說：「孝成皇帝好廣宮室，揚子雲上〈甘泉賦〉，妙稱神怪，若曰非人力所能為，鬼神力乃可成。皇帝不覺，為之不止。」（《論衡．譴告》）

為什麼會出現這種欲諷反頌的情況呢？這與漢賦的諷諫方式有關。賦要「主文而譎諫」，即採用戰國遊士說詞的欲抑先揚的手法，在正面的鋪陳描寫中說幾句反話以寓諷諫，以致諷與頌混一不分，從而造成欲諷反頌的局面。揚雄後來說賦是「勸百而諷一」，這確是他的創作體會的總結。

孝成帝時，客有薦雄文似相如者❶。上❷方郊祠❸甘泉❹泰畤❺、汾陰❻后土❼，以求繼嗣❽。召雄待詔❾承明❿之庭。正月⓫，從上甘泉還，奏〈甘泉賦〉以風⓬。其辭曰：

【章　旨】這是賦的序文，敘述作賦的背景及目的。序文錄自《漢書·揚雄傳》。《漢書·揚雄傳》基本照錄揚雄〈自序〉。這序文當是揚雄寫〈自序〉時的追述，非作賦時即有此序。

【注　釋】❶孝成帝時二句　揚雄〈答劉歆書〉曰：「先作縣邸銘、玉佴頌、階闥銘及成都城四隅銘，蜀人有楊莊者為郎，誦之於成帝，成帝好之，以為似相如，雄遂以此得外見。」孝成帝，名驁，在位二十六年（西元前三二～前七年）。客，指楊莊。薦，進；推薦。相如，司馬相如。漢代著名辭賦作家。❷上　對皇帝的稱呼。這裡指漢成帝。❸郊祠　古代天子祭祀天地。❹甘泉　本山名。在陝西淳化縣西北，秦始皇於此山建甘泉宮前殿，漢武帝加以擴建，有通天、高光、迎風諸殿，稱甘泉宮，一名雲陽宮。❺泰畤　漢武帝在甘泉宮建立的祭天神及五帝之處。❻汾陰　地名。以在汾水之南而名，在今山西萬榮縣境內。❼后土　古時稱地或土神為后土。

❽以求繼嗣　漢成帝無子，故借祭祀天地以求子嗣。繼嗣，傳宗接代的子嗣。❾待詔　等待天子之命。猶言候命。詔，詔書。專指帝王的文書命令。❿承明　殿名。在未央宮。⓫正月　指漢成帝永始四年（西元前一三年）正月。⓬風　諷諫。

【語　譯】漢成帝的時候，有人薦舉揚雄的文詞像司馬相如。皇上將要祭祀甘泉宮泰畤的天神和汾陰的后土神，來祈求繼承香火的子嗣，召喚揚雄在承明殿等待詔命。正月，揚雄跟從皇上到了甘泉宮，回到京師，就上奏這篇〈甘泉賦〉來進行諷諫。它的文辭說：

惟漢十世❶，將郊❷上玄❸，定泰畤❹，雍❺神休❻，尊明號❼。同符❽三皇❾，錄功❿五帝⓫。卹⓬胤⓭錫羨⓮，拓⓯迹⓰開統⓱。于是迺⓲命群僚⓳，歷⓴吉日，協㉑靈辰㉒，星陳㉓而天行㉔。詔招搖㉕與泰陰㉖兮，伏㉗鉤陳㉘使當㉙兵。屬㉚堪輿㉛以壁壘㉜兮，梢㉝夔㉞魖㉟而抶㊱獝狂㊲。八神㊳奔而警蹕㊴兮，振㊵殷轔㊶而軍裝㊷。蚩尤㊸之倫㊹，帶干將㊺而秉玉戚㊻兮，飛蒙茸㊼而走陸梁㊽。齊總總撙撙㊾其相膠葛㊿兮，猋(51)駭(52)雲訊(53)奮(54)以方攘(55)。駢羅列布(56)鱗以雜沓(57)兮，柴虒參差(58)魚頡而鳥䀏(59)。翕赫曶霍(60)霧(61)集而蒙(62)合兮，半散(63)照爛(64)粲(65)以成章(66)。

【章　旨】以上描寫兵衛之眾盛嚴整，寫得莊嚴整肅。

【注　釋】❶惟漢十世　漢自高祖、惠帝、呂后、文帝、景帝、武帝、昭帝、宣帝、元帝至成帝，恰為十世。惟，發語詞。十世，指漢成帝。❷郊　祭祀天神。❸上玄　指天。❹定泰畤　漢成帝建始二年（西元前三一年）罷甘泉泰畤，於長安南郊祭天。永始三年以皇太后詔，復甘泉泰畤。因其廢而復行，故曰「定泰畤」。❺雍　擁有；聚集。❻休　美好。❼明號　光輝的稱號。指太一、后土神的稱號。❽符　符契；符命。古謂天賜祥瑞與人君，以為受命的憑證，叫做符契或符命。❾三皇　伏羲、神農、黃帝（據《世本》）。❿錄功　記功。⓫五帝　黃帝、顓頊、帝嚳、帝堯、帝舜（據《史記・五帝本紀》）。⓬卹　同「恤」。憂慮；顧念。⓭胤　嗣；後代。⓮錫羨　賜與豐饒。漢武帝以來，郊祀甘泉泰畤，對當地臣民每有賞賜。這次漢成帝郊祀泰畤，即「大赦天下，賜雲陽吏民爵，女子百戶牛酒，鰥寡孤獨高年帛。」錫羨指此。錫，賜與。羨，豐饒。⓯拓　開拓；擴大。⓰迹　業績。⓱統　指皇位代代相傳的系統。⓲迺　同「乃」。⓳群僚　所有官吏。⓴歷　選擇。㉑協　合；和。㉒靈辰　美好的時辰。㉓星陳　言群僚如星之陳列。㉔天行　言天子如天之運行。㉕招搖　星名。在北斗杓端。㉖泰陰　太歲星的別稱。㉗伏　通「服」。用。㉘鉤陳　星名。在紫微垣內，最近北極。㉙當　主管；典領。㉚屬　同「囑」。囑託。㉛堪輿　天地之總名。一說，造圖宅書的神名。㉜壁壘　營壘；軍營的圍牆。作為進攻或退守的工事。㉝梢　擊。㉞夔　山林中的鬼怪。如龍，有角，人面。㉟魖　使人耗財的鬼。㊱抶　打。㊲獝狂　惡鬼名。㊳八神　八方之神。即四方四隅之神。㊴警蹕　古時帝王出入稱警蹕。警，左右侍衛。蹕，止人清道，以戒止行人。㊵振　振奮。一說，眾多。㊶殷轔　盛多貌。㊷軍裝　言身著軍裝。㊸蚩尤　神話傳說中古代九黎族的首領。相傳他作兵器，兄弟八十一人，皆獸身人語，銅頭鐵額，食砂石子，立造兵杖、刀、戟、大弩，威振天下。㊹倫　類；輩。㊺干將　劍名。㊻玉戚　以玉飾柄的大斧。戚，斧。㊼蒙茸　亂貌。㊽陸梁　跳躍。㊾總總撙撙　皆攢聚貌。㊿膠葛　猶言交加。雜亂貌。51猋　通「飆」。旋風；暴風。

52駭　驚擾。53訊　借為「迅」。迅速。54奮　迅疾。55方攘　分散貌。56駢羅列布　羅列分布。駢，並。
57鱗以雜沓　如魚鱗般眾多聚集。雜沓，眾多聚集貌。58柴虒參差　皆不齊貌。59魚頡而鳥䀮　此言如魚之躍，如鳥之翔。頡䀮，猶「頡頏」。上下翔躍貌。60翕赫曶霍　盛疾貌。一說，開合之貌。61霧　地氣。指近地之水蒸氣遇冷凝結成微細水點，瀰漫空中。62蒙　天氣。指陰雲密布，天氣陰暗。此言如霧之集，如蒙之合。63半散　分散；分布。64照爛　光明貌。65粲　燦爛。66章　彩色；文彩。

【語譯】大漢王朝的第十代皇帝，將要祭祀天神，定下祭祀之處為甘泉宮的泰畤。擁有神靈美好的祥瑞，尊崇太一、后土神的稱號。與三皇的符契相同，總有五帝的功業。憂慮沒有子嗣，希望神明賜與豐厚的福澤，開拓基業，開啟代代相傳的統緒。於是就命令所有官吏，選擇吉祥的日子，協合美好的時辰。出行的隊伍，如同星一般陳列，如同天一般運行。詔告招搖星與泰陰星啊，叫鉤陳星臣服，使他典領兵事。委託堪輿神來營造軍陣營壘啊，驅趕木石之怪，鞭打惡鬼獝狂。八方之神奔走警戒而清道啊，振奮旺盛而穿著軍裝。如蚩尤般勇武的警衛武士，帶著干將一類的利劍，持著玉飾的大斧啊，飛者紛亂而走者跳躍。一齊聚集而交錯雜亂啊，如飆風震駭，如飛雲迅疾，奮起而分散奔離。羅列分布，如魚鱗般相次而眾多紛雜啊，參差不齊，如魚之忽沈忽浮，如鳥之忽上忽下。隊伍眾盛迅疾，如地氣之發而聚集，如天氣之下而會合啊，四散分布，光彩絢爛，璀璨而文彩紛披。

于是乘輿❶迺登夫鳳皇❷兮而翳❸華芝❹，駟❺蒼螭❻兮六❼素虯❽，蠖略蕤綏❾，灕❿乎幓纚⓫。帥爾⓬陰閉，霅然⓭陽開。騰⓮清霄⓯而軼⓰浮景⓱兮，夫何旟⑱旐⑲郅偈⑳之旖柅㉑也。流星旄㉒以電燭㉓兮，咸㉔翠蓋㉕而鸞旗㉖。敦㉗萬騎于中營㉘兮，方㉙玉車㉚之千乘。聲駍隱㉛以陸離㉜兮，輕先疾雷㉝而馺㉞遺風㉟。陵㊱高衍㊲之嵱嵸㊳兮，超紆譎㊴之清澄㊵。登椽欒㊶而羾㊷天門兮，馳閶闔㊸而入凌兢㊹。

【章　旨】以上描寫漢成帝出行時車輿警衛之盛，寫得聲勢浩大，熱鬧非常。

【注　釋】❶乘輿　古代天子、諸侯所乘之車。亦用以代指天子。此指漢成帝。❷鳳皇　此指以鳳凰為裝飾之車。❸翳　遮蔽。❹華芝　指車蓋。言車蓋張開，狀如華芝。芝，靈芝菌。❺駟　駕車的四匹馬。這裡用作動詞，四匹龍馬駕車。❻蒼螭　青龍。螭，古代傳說中一種無角的龍。❼六　駕車的六匹馬。此用作動詞，六匹龍馬駕車。❽素虯　白龍。虯，傳說中的無角龍。❾蠖略蕤綏　皆龍行之貌。❿灕　流貌。此形容車上飾物下垂之狀。⓫幓纚　羽毛下垂貌。⓬帥爾　猶「帥然」。聚集貌。一說，猶「率爾」、「倏爾」。急遽貌。⓭霅然　分散貌。一說，猶「颯然」。疾迅貌。⓮騰　升起。⓯清霄　指天空。⓰軼　突過。⓱浮景　流動的雲光。一說，指日光。⓲旟　畫有鳥隼的旗幟。⓳旐　畫有龜蛇的旗幟。⓴郅偈　矗立之貌。㉑旖柅　猶「旖旎」。隨風飄揚貌。㉒星旄　畫有星文的以旄牛尾為飾的旗。㉓燭　照明。㉔咸　皆；都。㉕翠蓋　翠羽裝飾的車蓋。㉖鸞旗　畫有鸞鳥的旗。㉗敦　通「屯」。屯聚。㉘中營　中央之營。指天子之營。㉙方　並列。㉚玉車　以玉為飾之車。㉛駍隱　車聲大而盛。㉜陸離　奔馳貌。㉝先疾雷　在疾雷之先，超過疾雷。先，用作動詞，超過。疾，大。㉞馺　迅疾。用作動詞，快過。㉟遺風　疾風。㊱陵　升；登上。㊲高衍　高而平坦之處。㊳嵱

嵸　山峰眾多貌。㊴紆譎　曲折貌。㊵清澄　清澈。㊶椽欒　山名。在甘泉南。㊷狃　至。㊸閶闔　天門名。㊹凌兢　寒涼之貌。

【語譯】皇帝登上那飾以鳳皇的車駕啊，遮蔽著如華麗的靈芝菌般的車蓋。駕著四條青蒼的蛟龍啊，套著六條潔白的無角龍。龍行蜿蜒，車飾豪華。一忽兒聚攏，如陰雲滿布，一忽兒分散，如陽光四射。升至清虛的雲霄，突過流動的霞光啊，旗幟高懸，隨風飄揚，是多麼婀娜多姿。飾以旄牛尾的旗幟，如星之流，如電之照啊，都是飾以翠羽的車蓋和繡有鸞鳥的旗幟。屯聚萬騎在中心的營壘啊，並列著以玉為飾的車子有上千輛。車聲隆隆，奔馳迅疾啊，輕快得超過疾雷而快過遺風。跨過高平低濕的地方和高峻的山峰啊，越過曲折清澈的河流。登上椽欒山而到達天門啊，奔馳在閶闔門前而進入淒冷的太空。

是時未臻❶夫甘泉也，迺望通天❷之繹繹❸。下陰潛❹以慘廩❺兮，上洪紛❻而相錯❼。直嶢嶢❽以造❾天兮，厥❿高慶⓫而不可乎彊⓬度⓭。平原唐⓮其壇曼⓯兮，列新雉⓰于林薄⓱。攢⓲并閭⓳與茇苦⓴兮，紛㉑被麗㉒其亡㉓鄂㉔。崇㉕丘陵之駊騀㉖兮，深溝嶔巖㉗而為谷。往往㉘離宮㉙般㉚以相燭㉛兮，封巒石關㉜施靡㉝乎延屬㉞。

【章　旨】以上寫道中所見，主要描寫了通天臺的高峻。

【注　釋】❶轃　同「臻」。至。❷通天　臺名。在甘泉宮內，漢武帝元封二年（西元前一〇九年）造。《三輔黃圖》曰：「築通天臺於甘泉，去地百餘丈，望雲雨悉在其下，望見長安城。」❸繹繹　相連貌。一說，光彩甚盛貌。❹陰潛　幽暗隱晦。❺慘廩　寒涼貌。一說，幽暗不明貌。❻洪紛　洪大雜亂。❼錯　交錯。❽嶢嶢　高貌。❾造　至；達到。❿厥　其。⓫慶　語助詞。無義。⓬彊　借作「竟」。⓭度　量；計量。⓮唐　廣大貌。⓯壇曼　平坦寬廣之貌。⓰新雉　即辛夷。香草名。⓱薄　草木叢生。⓲攢　聚集。⓳并閭　棕樹。⓴茇苦　草名，即薄荷。莖葉有異香，可製薄荷油、薄荷腦等。㉑紛　雜盛貌。㉒被麗　即披離。分散貌。㉓亡　同「無」。㉔鄂　垠鄂；邊際。㉕崇　高大。㉖駊騀　高大貌。㉗嶔巖　深險貌。㉘迬迬　同「往往」。猶言處處。㉙離宮　古代帝王於正式宮殿之外別築宮室，以便隨時遊處，謂之離宮，言與正式宮殿分離。㉚般　同「班」。依次布列。㉛燭　照耀。㉜封巒石關　皆宮觀名。在甘泉山。《三輔黃圖》曰：「甘泉有石關觀、封巒觀。」㉝施靡　連綿不斷貌。㉞延屬　綿延相連綴。

【語　譯】這時還沒有到達甘泉宮，就望見通天臺光彩絢麗。它的下面陰暗幽深而寒氣逼人啊，上面則洪大雜亂而互相交錯。高高矗立而上至雲天啊，其高度全不可以終竟丈量。平原廣大而無邊無際啊，布列著香草新雉在草木之間。叢生著并閭樹與茇苦草啊，紛亂地向四邊披散而無有邊際。高高的丘陵如此地高大啊，深深的溪溝這般地深險而成為深谷。處處離宮別館依次布列而互相照映啊，封巒觀、石關觀互相連屬而綿延相接。

于是大夏❶雲譎❷波詭❸，摧嶉❹而成觀❺。仰撟首❻以高視兮，目冥眴❼而亡(8)見。正瀏濫(9)以弘惝(10)兮，指東西之漫漫(11)。徒回回以徨徨(12)兮，魂固眇眇(13)而昏亂。據(14)軨軒(15)而周流(16)兮，忽(17)軼軋(18)而亡(19)垠(20)。翠(21)玉樹(22)之青蔥(23)兮，壁馬犀(24)之瞵㻞(25)。金人(26)仡仡(27)其承鍾虡(28)兮，嵌巖巖(29)其龍鱗(30)。揚光曜(31)之燎燭(32)兮，乘景炎(33)之炘炘(34)。配(35)帝居之縣圃(36)兮，象泰壹(37)之威神(38)。洪臺掘其獨出兮，㩮北極之嶟嶟(39)。列宿(40)迺施(41)于上榮(42)兮，日月纔經于柍桭(43)。雷鬱律(44)于巖窔(45)兮，電儵忽(46)於墻藩(47)。鬼魅(48)不能自還(49)兮，半長途(50)而下顛(51)。歷倒景(52)而絕(53)飛梁(54)兮，浮(55)蔑蠓(56)而撇(57)天。左欃槍(58)而右玄冥(59)兮，前熛闕(60)而後應門(61)。陰(62)西海(63)與幽都(64)兮，涌醴(65)汩(66)以生川(67)。蛟龍連蜷(68)于東厓(69)兮，白虎敦圉(70)乎昆侖(71)。覽樛流(72)于高光(73)兮，溶(74)方皇(75)于西清(76)。前殿崔巍(77)兮，和氏(78)瓏玲(79)，炕(80)浮柱(81)之飛榱(82)兮，神莫莫(83)而扶傾(84)。閌(85)閬閬(86)其寥廓(87)兮，似紫宮(88)之崢嶸(89)。駢(90)交錯而曼衍(91)兮，㟪(92)嶵隗(93)乎其相嬰(94)。乘雲閣(95)而上下兮，紛蒙籠(96)以棍成(97)。曳(98)紅采(99)之流離(100)兮，颺(101)翠氣(102)之宛延(103)。襲(104)琁室(105)與傾宮(106)兮，若登高眇遠(107)，肅乎臨淵(108)。回猋(109)肆(110)其碭駭(111)兮，披(112)桂椒而鬱(113)栘(114)楊。香芬茀(115)

以穹隆[116]兮，擊薄櫨[117]而將[118]榮[119]。薌[120]呹肸[121]以棍根[122]兮，聲駍隱[123]而歷鍾[124]。排[125]玉戶[126]而颺金鋪[127]兮，發蘭惠[128]與穹窮[129]。帷[130]弸環[131]其拂汩[132]兮，稍暗暗[133]而靚[134]深。陰陽清濁穆[135]羽[136]相和[137]兮，若夔[138]牙[139]之調琴。般[140]倕[141]棄其剞[142]劂[143]兮，王爾[144]投其鉤[145]繩[146]。雖方[147]征僑與偓佺[148]兮，猶仿佛[149]其若夢。

【章旨】以上極力鋪陳甘泉宮的瑰麗堂皇。這裡反話正說，大概就是用以諷諫之處。

【注釋】❶夏　借作「廈」。房屋。❷譎　變幻莫測。❸詭　怪異多變。❹摧嶉　高大雄偉貌。❺觀　闕。宮門前兩邊的望樓。❻撟首　抬頭；舉首。❼冥眴　眼花撩亂而看不清楚。❽亡　同「無」。❾瀏濫　即「流覽」。環視；周覽。❿弘惝　高大開闊。惝，借作「敞」。⓫漫漫　無邊際貌。⓬回回以徨徨　即「回徨」。心神不定貌。⓭眇眇　高遠貌。⓮據　依；靠。⓯軨軒　即「櫺軒」。有窗格的長廊。⓰周流　周回流覽。⓱忽　恍惚。言其廣大而不清晰。⓲軮軋　廣大貌。⓳亡　同「無」。⓴垠　邊際。㉑翠　碧綠。㉒玉樹　玉雕飾之樹。顏師古曰：「玉樹者，武帝所作，集眾寶為之，用供神也，非謂自然生之。」㉓青蔥　即「青葱」。葱綠色。㉔壁馬犀　謂以瑪瑙及犀牛角裝飾牆壁。一本作「璧馬犀」，謂以璧玉製作馬與犀牛。㉕璘瑞　文彩斑斕貌。㉖金人　用銅鑄造的人像。㉗仡仡　壯勇之貌。㉘鍾虡　懸掛編鐘的木架。㉙嵌巖巖　即嵌巖。與嶄巖、嶔巖為同一語根之疊韻聯綿詞，本為險峻貌，此為鱗甲張開之貌。㉚龍鱗　指金人披的鎧甲如龍鱗。㉛光曜　光輝。㉜燎燭　如火炬般照耀。燎，火炬。㉝景炎　大火光。景，大。㉞炘炘　火焰熾盛貌。㉟配　匹敵；相配。㊱縣圃　神話中山名。相傳在崑崙山上，為天帝所居之處。㊲泰壹　即「泰一」、「太一」。天神之最貴者。

(38)威神　威嚴神聖。(39)洪臺掘其獨出兮二句　言高臺特別獨出於眾屋之上，高高聳立，幾至北極星旁。洪臺，大臺；高臺。掘，借作「崛」。特出貌。撴，至。北極，北極星，星座名。嶟嶟，聳立貌。(40)列宿　眾星宿。(41)施　安置；安施。(42)榮　通稱「飛檐」。屋檐兩端上翹的部分。(43)柍桭　屋端；屋檐。(44)鬱律　雷聲。(45)巖窔　山之深處。此指宮室的幽深之處。窔，原作「突」。《文選》作「窔」。按巖窔為雙聲聯綿詞，作巖窔是，今據改。(46)倏忽　閃電貌。(47)藩　籬笆。(48)鬼魅　鬼怪。(49)還　返回。(50)半長途　言於長途之半；在半途。(51)顛　墜落；跌下來。(52)倒景　指天之最高處。《文選》李善注引《陵陽子明經》曰：「倒景氣去地四千里，其景皆倒在下。」又引《郊祀志注》云：「在日月之上，日月反從下照，故其景倒。」景，古影字。(53)絕　橫渡；跨越。(54)飛梁　飛道之橋。即閣道、複道，樓閣之間以木架空的通道。(55)浮　漂過；經過。(56)蔑蠓　一種游氣。(57)撇　拂；挨。(58)欃槍　彗星的別名。(59)玄冥　北方之神。(60)熛闕　赤色的門樓。(61)應門　正門。在熛闕之內，故曰後。(62)陰　借作「蔭」。遮蔽；蔭蔽。(63)西海　神話中的西方之海。泛指西方。(64)幽都　北方極遠之地。舊稱日沒於此，萬象陰暗，故曰幽都。(65)醴　醴泉；甘泉。(66)汩　迅疾貌。(67)川　河流。(68)連蜷　捲曲貌。(69)厓　山邊。(70)敦圉　盛怒貌。(71)昆侖　此指甘泉宮中一座象徵崑崙山的山。昆侖，同「崑崙」。(72)繆流　猶「周流」。周回流覽。一說，屈折也。(73)高光　宮名。在甘泉山。(74)溶　閑暇貌。(75)方皇　即「彷徨」。徘徊不進貌。(76)西清　西廂清閑之處。(77)崔巍　高峻貌。(78)和氏　和氏璧。此指裝飾璧帶的美玉。《漢書》注引晉灼曰：「以黃金為璧帶，含藍田璧。」璧帶，顏師古謂指壁之橫木露出如帶者。(79)瓏玲　空明貌。一說，指玉聲。(80)炕　同「抗」。舉。(81)浮柱　凌空而立的柱。(82)榱　椽子。置於檁上架瓦的木條。(83)莫莫　隱蔽貌。(84)扶傾　扶持其傾危。(85)閌　高門貌。(86)閬閬　高大之貌。一說，空虛貌。(87)廖廓　虛靜貌。(88)紫宮　紫微宮。星座名，天帝所居之宮。(89)崢嶸　即「崢嶸」。高深貌。(90)駢　並列。(91)曼衍　相連不斷貌。(92)峻　山高貌。(93)嶵隗　猶崔巍。高峻貌。(94)嬰　繞。(95)雲閣　高與雲連的閣道。(96)蒙籠　覆蔽貌。一說，膠葛貌。(97)棍成　自然生成。(98)曳　拉；牽引。(99)紅采　紅色的雲彩。(100)流離　光彩分布貌。(101)颺　飄揚。(102)翠氣　翠綠的雲氣。

(103)冤延　同「蜿蜒」、「宛延」。長曲貌。(104)襲　繼續；仿效。(105)琁室　以琁玉修建的房屋。夏桀王曾作琁室。(106)傾宮　高大的宮殿。傾，形容其高聳如欲傾墜。商紂王曾作傾宮。《晏子春秋》曰：「夏之衰也，其王桀作琁室；殷之衰也，其王紂作傾宮。」(107)眇遠　望遠。(108)臨淵　面對深淵。(109)回猋　旋風。猋，同「飆」。(110)肆　放任；放肆。(111)碭駭　震盪。(112)翍　同「披」。分開。(113)鬱　聚集；鬱結。(114)栘　即「唐棣」。木名。(115)芬茀　香氣濃盛貌。(116)穹隆　盛貌。(117)薄櫨　柱上斗拱。(118)將　猶「與」。(119)榮　飛檐。(120)薌　通「響」。(121)呹肸　疾散貌。(122)棍根　疊韻聯綿詞。混同排擊之貌。(123)駍隱　形容聲大而盛。(124)歷鍾　言聲響傳至殿上之洪鐘。歷，經過；傳至。(125)排　推開。(126)玉戶　玉飾之戶。言其貴重。(127)金鋪　門上用以銜環的獸形底盤，飾以金銀，故稱金鋪。金屬門環。鋪，鋪首。(128)惠　借作「蕙」。香草名。(129)穹窮　即「芎藭」。香草名。(130)帷　帷帳。(131)弸彋　風吹帷帳鼓脹之貌。(132)拂汨　風動貌。(133)暗暗　幽隱貌。(134)靚　通「靜」。安靜。(135)穆　變音。(136)羽　正音。羽聲為古代五音之一。(137)和　應和。(138)夔　人名。相傳為虞舜時的樂官。(139)牙　伯牙。春秋時楚國著名琴師。(140)般　公輸般。春秋時魯國著名巧匠。(141)倕　堯時之巧工。一說，黃帝時之巧人。(142)剞　曲刀。(143)劂　曲鑿。(144)王爾　古代著名巧匠。(145)鉤　圓規。(146)繩　墨線。(147)方　等；類。(148)征僑與偓佺　皆古仙人名。(149)仿佛　同「髣髴」。約略的形跡；模糊不清的樣子。

【語　譯】高大的甘泉宮如雲彩般奇譎，如波濤般詭異，高峻雄偉而成觀闕之形。向上舉頭往高處一望啊，目光模糊而審視不清楚。從正面放眼望去只見十分高大啊，指向東西都漫漫無際。只見宮殿空闊廣大啊，神魂也因其幽深而昏蒙迷亂。倚靠著有櫺格的長廊而往四周一望啊，恍惚深廣而無邊無際。用翠玉製作之玉樹如此青蔥啊，牆壁用瑪瑙與犀牛角裝飾，多麼斑斕光潔。銅鑄的金人勇健地扛著懸掛編鐘的鐘架啊，身上披的鎧甲如龍鱗般片片張開。揚著光輝如火炬般照耀啊，散發著耀眼的光焰。可與天帝所居的縣圃相匹配啊，像泰壹神所居住的紫微宮一樣威嚴神聖。高大的臺榭突出地獨立啊，高至北極而嶙嶙峭立。星宿就延伸到了它的飛檐啊，太陽月亮纔經歷它的屋檐。雷聲在其峻峭幽深的房中殷殷振響啊，電閃在其牆藩間閃閃放光。鬼怪亦不能自極高返回啊，走到半途就往下顛墜。經過倒景而渡過飛梁啊，浮游於遊氣之中而拂拭天空。

宮門左邊畫著彗星，右邊畫著玄冥啊，前面是赤色的門樓，後面是宮殿的正門。其高蔭蔽著西海與幽都啊，醴泉汩汩湧出而成為川流。像蛟龍卷曲在東海岸邊啊，像白虎咆哮在崑崙山上。在高光宮裡曲折地流覽啊，在清閑的西廂悠閑地徘徊。前殿高聳啊，壁帶上裝飾的和氏璧色澤透明。承舉著浮柱與飛架的椽子啊，其形危竦，似有神明在冥冥中扶持，故不顛傾。宮門高大而虛靜啊，像天帝的紫微宮一樣深邃幽清。駢列交錯而綿延不斷啊，高峻崔巍互相嬰繞。登上聳入青雲的高閣而上下啊，紛然覆蔽如自然生成。拖曳著紅色的彩雲而色彩紛繁啊，飄揚著青翠的雲氣而蜿蜒曲折。仿效著夏桀王的琁室與商紂王的傾宮啊，如登高望遠，如嚴肅地面對深淵。

回旋的飆風放肆地震盪搖撼啊，使桂椒栘楊時而披散，時而聚攏。香氣芬芳而濃郁啊，薄近拱斗而飄上屋檐。響聲迅速振起而混同排擊啊，聲音隆隆而傳至殿上的洪鐘。吹開玉飾的門戶而振動金飾的鋪首啊，吹動蘭花蕙草與芎藭。殿上帳帷吹得篷篷鼓起啊，漸漸地吹入幽暗而寂靜的深宮。陽聲陰聲清聲濁聲變音正音互相唱和啊，如同夔與伯牙在鼓琴。公輸般與工倕將棄其曲刀曲鑿啊，王爾也將丟掉他的圓規與繩墨。即使像征僑與偓佺啊，亦將髣髣髴髴如在夢中。

于是事變物化，目駭耳回❶，蓋天子穆然❷珍臺閒館琁題❸玉英❹蜵蜎蠖濩❺

之中，惟❻夫❼所以澄心清魂，儲精垂思❽，感動天地，逆❾釐❿三神⓫者。迺搜⓬逑⓭索⓮耦⓯，皋⓰伊⓱之徒，冠倫⓲魁能⓳，函〈甘棠〉之惠⓴，挾東征㉑之意，相與齊㉒乎陽靈㉓之宮。靡㉔薜荔而為席㉕兮，折瓊枝以為芳㉖。噏㉗清雲之流瑕㉘兮，飲若木㉙之露英㉚。集乎禮神之囿㉛，登乎頌祇之堂㉜。建燿光之長旓㉝兮，昭㉞華覆㉟之威威㊱。攀璇璣㊲而下視兮，行遊目㊳乎三危㊴。陳眾車于東阬㊵兮，肆㊶玉釱㊷而下馳。漂㊸龍淵㊹而還㊺九垠㊻兮，窺地底而上回㊼。風傱傱㊽而扶轄㊾兮，鸞鳳紛其御㊿蕤(51)。梁(52)弱水之濎濙(53)兮，躡不周(54)之逶蛇(55)。想西王母(56)欣然而上壽(57)兮，屏(58)玉女(59)而卻虙妃(60)。玉女無所眺(61)其清盧(62)兮，虙妃曾不得施其蛾眉(63)。方(64)攬(65)道德之精剛(66)兮，眸(67)神明與之為資(68)。

【章　旨】以上描寫祭祀前的齋戒。「屏玉女，卻虙妃」，悟好色之敗德，此亦微諫處。

【注　釋】❶回　回皇；驚疑不定。此言宮內各種事物皆驚駭人之耳目。❷穆然　整肅恭謹之貌。❸璇題　用璇玉裝飾的椽頭。題，頭。❹玉英　玉之精華。❺蜵蜎蠖濩　皆深邃之貌。一說，刻鏤之形。❻惟　思。❼夫　語助詞。無義。❽垂思　俯思；留心。❾逆　迎。❿釐　通「禧」。福。⓫三神　天地人之神。⓬搜　擇。⓭逑　匹偶。⓮索　求。⓯耦　配偶。⓰皋　皋陶。堯時賢臣。⓱伊　伊尹。商湯王賢臣。⓲冠倫　為倫輩人之首。⑲魁能　才能第一。魁，首；第一。⑳甘棠之惠　邵伯的恩惠。《詩‧召南‧甘棠》：「蔽芾甘棠，勿翦勿伐，邵伯所茇。」毛序：「甘棠，美邵伯也。邵伯之教，明於南國。」㉑東征　周公東征的誠意。周成王時，周公之弟管叔、蔡叔挾武庚以叛，周公親征，誅武庚管蔡，平定叛亂，盡忠周王室。㉒齊　齋戒。㉓陽靈　宮名。為祭天之所。㉔靡　密織。一說，踏倒。㉕席　坐席。㉖芳　香。㉗噏　同「吸」。㉘流瑕　即朝霞。《楚辭章句‧遠遊》「餐朝霞」注引《陵陽子明經》：「春食朝霞。朝霞者，日始欲出赤黃氣也。」瑕，通「霞」。㉙若木　神話中之木名，即扶桑樹。㉚露英　含露的花。㉛禮神之囿　祭祀天神的處所。神，天神。㉜頌祇之堂　歌頌地神的殿堂。祇，地神。㉝旖　旗幟上的飄帶。㉞昭　明。㉟華覆　華蓋。華美的傘蓋。㊱威威　猶威蕤。鮮明貌。㊲琁璣　星名。指北斗魁之第四星。㊳游目　轉動目光，隨意瞻望。㊴三危　山名。一說在今甘肅敦煌，一說在今甘肅岷山之西南。㊵阬　同「岡」。丘陵；山岡。㊶肆　放任；任憑。㊷玉釱　玉飾的車轄。釱，同「軑」。車轂端的金屬帽。㊸漂　浮。㊹龍淵　龍潭。㊺還　旋繞。㊻九垠　九重。指九重深淵。㊼回　歸；回轉。㊽傱傱　疾行貌。㊾轄　車轄；車鍵。㊿御　乘。51蕤　車上下垂的飾物。52梁　橋梁。用作動詞，架起橋梁。53濎濙　小水之貌。54不周　不周山。神話中之山名。55透蛇　曲長貌。56西王母　神話中的女神。《山海經‧大荒西經》：昆侖之丘「有人，戴勝，虎齒，有豹尾，穴處，名曰西王母。」57上壽　敬酒。58屏　除；退。59玉女　神女。60虙妃　洛水女神。61眺　視；遠視。62盧　借作「矑」。瞳子；眼珠子。63蛾眉　蠶蛾的觸鬚，彎曲而細長。用以比喻女子長而美的眉毛。常以代指女子美貌。64方　正當。65擥　同「攬」。摘取。66精剛　精微剛強。67眸　低目而視。《文選》作「俾」。齊；取法。68資　資用。

【語　譯】宮殿裡的事物變化無窮，叫人目光驚駭，聽覺驚疑不定。而天子卻整肅恭謹地在這樣子用琁玉裝飾的曲折深廣的珍貴的臺榭閑靜的宮館之中，思考著用來澄清思慮，清潔神魂，儲蓄神精，著意思考著感動天地神祇，以迎接天地人三神降福的辦法。就搜求與皋陶、伊尹相匹配的賢臣，冠絕群輩，才能出眾，包含有邵伯遺澤甘棠的恩惠，擁有周公東征大義滅親的忠誠，跟他們一起齋戒於祭祀天神的陽靈宮中。密織香草薜荔而做成座席啊，折上瓊玉的枝條做為芳香的佩帶。吸著青雲裡的朝霞之氣啊，飲著若木花上的清露。集合在敬禮天神的園圃，登上頌揚地神的殿堂。建樹起光彩四射的長柄旗啊，讓華麗的傘蓋光明而下垂。攀著北斗星的琁璣而往下看啊，一邊行進，一邊隨意地望著三危山。在東岡陳列眾車啊，放開玉飾的車轄讓車下馳。漂過龍潭而回旋於九重深淵啊，窺視地底而向上回轉。風急急吹來扶持著車轄啊，鸞鳥鳳凰紛紛地登上了車蕤。架設橋梁渡過小小的弱水啊，登上了連綿不斷的不周山。想舉杯為西王母高興地祝壽啊，屏棄玉女，辭退虙妃。使玉女無處展示她黑白分明的眼珠子啊，使虙妃無法施展她美妙的蛾眉。正要攬道德精微剛正的精髓啊，看著神明，跟他們一樣，用做祀神的依據。

于是欽❶柴❷宗❸祈❹。燎❺熏❻皇天❼，招繇❽泰壹❾。舉洪頤❿，樹靈旗⓫。樵蒸⓬焜⓭上，配藜⓮四施⓯，東燭⓰倉海⓱，西燿流沙⓲，北爌⓳幽都，南煬⓴丹厓㉑。玄瓚㉒觩𧤗㉓，秬鬯㉔泔淡㉕，肸蠁㉖豐融㉗，懿懿芬芬㉘。炎㉙感黃龍兮，熛㉚訛㉛碩㉜麟。選巫咸㉝兮叫帝閽㉞，開天庭兮延㉟群神。儐㊱暗藹㊲兮降清壇，瑞㊳穰穰㊴兮委㊵如山。

【章　旨】以上正面描寫郊祭的隆重。

【注　釋】❶欽　敬。❷柴　燒柴以祭天，祭時積柴加牲其上而燔之。❸宗　尊。❹祈　求。對天或神祈求。❺燎　即柴祭。古祭名。按：以其積柴，故曰柴（或祡）；以其焚燎，故曰燎。❻熏　煙氣。❼皇天　偉大的天。皇，大。❽招繇　疊韻聯綿詞。猶招要、招邀，招請邀請。❾泰壹　即太一。天神之最貴者。❿洪頤　旗名。⓫靈旗　漢武帝元鼎五年冬禱祀甘泉太一時所製的旗，畫日月、北斗、龍於幡上，名曰靈旗。見《漢書・郊祀志》上。⓬樵蒸　祭天的柴。蒸，細小的木柴。⓭焜　借作「混」。混合；混同。⓮配藜　即披離。分散四布貌。⓯四施　四面擴散。⓰燭　照耀。⓱倉海　即滄海。大海。⓲流沙　即沙漠。⓳爌　照亮；照明。⓴煬　焚燒。引申有照耀之意。㉑丹厓　丹水之厓。㉒玄瓚　以玄玉裝飾的瓚。瓚，古禮器。禪祭時所用以盛灌鬯酒的勺，以圭或璋為柄，勺呈曲形，有鼻口，鬯酒從中流出。㉓觩膠　曲貌。形容瓚呈曲形。㉔秬鬯　祭祀時灌地所用的以鬱金草合黍釀造的酒，色黃而芳香。秬，黑黍。㉕泔淡　滿。一說，美味。㉖肹蠁　分布貌。㉗豐融　盛貌。㉘懿懿芬芬　香氣濃烈貌。㉙炎　火光。㉚熛　火花。㉛訛　化；感動。㉜碩　大。㉝巫咸　古神巫名。㉞帝閽　天帝的守門人。㉟延　迎；請。㊱儐　儐相；贊禮者；贊引賓客的人。㊲暗藹　眾盛貌。㊳瑞　祥瑞。㊴穰穰　多貌。㊵委　積。

【語　譯】恭敬地燒柴祭天，嚴肅地祈求福澤。燒柴的香氣上至皇天，進獻泰壹神。高舉洪頤旗，樹立靈旗。木柴的火焰一同上升，又披離四散。東面照亮了大海，西面照亮了流沙，北面照亮了幽都，南面照亮了丹崖。玄玉裝飾的瓚其形屈曲，祭祀用的秬鬯斟滿酒杯。香氣四散，芬芳濃烈。火光感動了黃龍啊，火花感動了碩麟。選拔巫咸去叫喚天帝的守門人啊，打開天庭啊迎接群神。儐從眾多啊降臨清潔的祭壇，降下的祥瑞眾多啊委積如山。

于是事畢功弘❶，回車而歸，度三巒❷兮偈❸棠梨❹，天閫❺決❻兮地垠❼開，八荒❽協❾兮萬國諧❿。登長平⓫兮雷鼓⓬磕⓭，天聲⓮起兮勇士厲⓯，雲飛揚兮雨滂沛⓰，于⓱胥德⓲兮麗⓳萬世。

【章旨】以上寫祭罷歸來並贊頌獲福之多。

【注釋】❶弘　大。❷三巒　即封巒觀。在甘泉山。❸偈　休息。❹棠梨　宮名。在甘泉苑垣外雲陽南三十里。❺天閫　天門。閫，門檻。❻決　開。❼地垠　地的邊限。❽八荒　八方極遠的荒涼之地。❾協　和。❿諧　和諧。⓫長平　涇水上阪名。⓬雷鼓　六面鼓名。一說，八面鼓名。祀天神用之。⓭磕　象聲詞。此形容鼓聲大。⓮天聲　聲至天。言聲響震天。⓯厲　猛勇；嚴整。⓰滂沛　雨多貌。⓱于　嘆詞。⓲胥德　皆獲德澤。胥，皆。⓳麗　美。一說，光輝。

【語譯】於是祭祀結束，功績巨大，因轉駕而回，經過三巒啊，休息於棠梨，天門打開啊，地限開啟。八荒協調啊，萬國和諧。登上長平阪啊，祭天用的雷鼓敲得鼕鼕響。響聲震天啊，勇士奮發。雲氣飛揚啊，時雨充足。呀！皆得福澤啊，光照萬世。

亂❶曰：崇崇❷圜丘❸，隆❹隱天❺兮。登降❻峛崺❼，單❽埢垣❾兮。增宮❿嵾差⓫，駢⓬嵯峨⓭兮。岭巆⓮嶙峋⓯，洞⓰亡厓⓱兮。上天之縡⓲，杳⓳旭卉⓴兮。聖皇㉑穆穆㉒，信㉓厥㉔對㉕兮。倈㉖祗㉗郊禋㉘，神所依兮。徘徊㉙招搖㉚，靈遲迡㉛兮。煇光㉜眩燿㉝，隆㉞厥福兮。子子孫孫，長亡極㉟兮。

【章旨】以上再次讚頌郊祀的隆重，並致祝福的讚詞。

【注釋】❶亂　總括的話。王逸《楚辭章句》：「亂，理也，所以發理辭旨，總撮其要也。」一說，樂曲的尾聲。❷崇崇　高貌。❸圜丘　祭天的大壇。圜，即圓。❹隆　高。❺隱天　遮蔽天空。言其高可遮天。❻登降　指天壇登降的道路。❼峛崺　曲折綿延貌。❽單　大貌。一說，周也。❾埢垣　圓貌。❿增宮　高聳多層的宮殿。增，通「層」。⓫嵾差　即「參差」。不齊貌。⓬駢　並列。⓭嵯峨　高峻貌。⓮岭巆　深邃貌。⓯嶙峋　層疊高聳貌。⓰洞　深。⓱亡厓　無邊際；無厓畔。亡，通「無」。⓲綷　事。⓳杳　高遠。⓴旭卉　幽晦貌。㉑聖皇　聖明的皇帝。指漢成帝。㉒穆穆　端莊盛美貌。㉓信　誠；真。㉔厥　其。㉕對　配。㉖倈　同「來」。㉗祗　恭敬。㉘郊禋　祭祀天神。禋，升煙祭天。㉙徘徊　回旋不進。㉚招搖　即逍遙。徘徊不前貌。㉛遲迡　游息；安處。㉜煇光　光輝。㉝眩燿　光彩奪目。㉞隆　盛；多；豐厚。㉟亡極　無盡；無止境。

【語譯】總結語說：高大的圓丘，遮蔽半邊天啊，上下之道曲折，四周圓圓啊。層層的宮殿參差不齊，並列而高入天半啊，深邃高峻，深無厓畔啊。上天的事情，高遠而幽昧啊，聖明的皇帝恭慎敬肅，的確可與上天匹配啊。來此敬祀天神，正是神所依憑的處所啊，在此徘徊徬徨，神靈遲遲不肯離去啊。光彩奪目，降福豐盛啊，子子孫孫，永無止境啊。

河東賦 并序

【題解】此賦作於〈甘泉賦〉之後不久。永始四年正月祭甘泉泰畤，其三月祭汾陰后土。此賦即作於祭后土神之後。以汾陰后土在河東地區，故曰〈河東賦〉。河東，地區名。黃河流經山西境內，自北而南，故稱山西境內黃河以東地區為河東。漢成帝祭后土神後，歸來時，途經唐虞殷周故跡，有思慕古風之想。揚雄即上此賦，鼓勵漢成帝自興至治，以擬帝皇之風。故賦的重點不在汾陰后土神祠及祭祀典禮的描寫，而在漢成帝去祭祀時出巡隊伍的浩大雄壯，祭罷歸來途經各地時的所見所想，以及應如何勵精圖治以建立不平凡的功業。賦寫得樸質莊重，不似揚雄其他賦之恢宏典麗。這種風格與其寫作目的是很一致的。

其三月，將祭后土。上迺帥群臣，橫大河，湊汾陰❶。既祭，行遊介山❷，回❸安邑❹，顧❺龍門❻，覽鹽池❼，登歷觀❽，陟❾西岳❿以望八荒⓫，迹殷周之虛，眇然以思唐虞之風⓬。雄以為臨⓭川羨⓮魚，不如歸而結網，還，上河東賦以勸⓯。其辭曰：

【章　旨】以上是賦的序，交代作賦的背景及作賦的目的。

【注　釋】❶其三月五句　漢武帝元鼎四年於汾陰脽丘立后土祠祭祀后土神。其三月，指漢成帝永始四年三月。后土，古時稱地神或土神為后土。上，古代對皇帝的稱呼。此指漢成帝。迺，同「乃」。橫，橫渡。絕流而渡。大河，指黃河。湊，奔赴。汾陰，地名。漢置縣，屬河東郡，即今山西萬榮縣地。❷介山　山名。在山西介休縣東南，春秋時晉人介之推隱居此山，因而得名。❸回　迂迴；繞過。❹安邑　縣名。相傳為夏禹的都城，秦置縣，屬河東郡，在今山西運城縣境內。❺顧　回視。❻龍門　山名。在陝西韓城縣與山西河津縣之間。❼鹽池　地名。即解池，在今山西運城縣境，以地出石鹽而名。❽歷觀　歷山上有觀。在今山西永濟縣東南有雷首山，一名歷山，有舜井。❾陟　登。❿西岳　指華山。五岳之一，在今陝西華陰縣南。⓫八荒　指八方極遠的荒涼之地。⓬迹殷周之虛二句　殷都河內（今河南沁陽縣境），周在岐豐（在今陝西鄠縣境），堯都平陽（今山西平陽縣），舜都蒲阪（在今山西永濟縣），皆可想見，故云迹殷周之虛，思唐虞之風。迹，追蹤。虛，處所。舊居之虛。眇然，深思貌。風，教化；風俗。⓭臨　面對。⓮羨　企望；想慕。⓯勸　勉勵；鼓勵。

【語　譯】那年三月，將祭祀后土神，皇上就率領群臣，橫渡大河，奔赴汾陰。祭祀完畢，行進中遊覽介山，繞道安邑，遠望龍門，視察鹽池，登上歷觀，攀登西岳華山，而遠望八方極遠之地，追蹤殷朝周朝的舊跡，深深地思念唐堯虞舜的教化。我揚雄以為面對河流而羨慕魚，不如歸去自己織魚網。歸來，就進獻這篇〈河東賦〉來鼓勵皇上。文辭說：

伊❶年暮春❷，將瘞❸后土，禮❹靈祇❺，謁❻汾陰于東郊❼，因茲❽以勒❾崇❿

垂⑪鴻⑫，發⑬祥⑭隤⑮祉⑯，欽⑰若⑱神明者，盛哉鑠⑲乎，越⑳不可載已㉑。于是命群臣，齊法服㉒，整靈輿㉓，迺撫㉔翠鳳之駕㉕，六㉖先景㉗之乘㉘，掉㉙奔星㉚之流旃㉛，矆㉜天狼㉝之威弧㉞。張燿日㉟之玄㊱旄㊲，揚左纛㊳，被雲梢㊴。奮㊵電鞭㊶，驂㊷雷輜㊸，鳴洪鍾㊹，建五旗㊺。羲和㊻司㊼日，顏倫㊽奉㊾輿，風發飆㊿拂(51)，神騰鬼趡(52)。千乘霆亂(53)，萬騎屈橋(54)，嘻嘻旭旭(55)，天地稠嶅(56)。簸丘跳巒，涌渭躍涇(57)。秦神下讋，跖魂負沴(58)，河靈矍踢，爪華蹈衰(59)。遂臻(60)陰宮(61)，穆穆(62)肅肅(63)，蹲蹲(64)如(65)也。

【章　旨】以上描寫漢成帝去河東祭后土神時出巡隊伍的浩大聲勢。

【注　釋】❶伊　是；這。謂祠甘泉的這一年。❷暮春　春末。指農曆三月。❸瘞　瘞埋。祭祀地神。❹禮　祭神以致福。❺祇　地神。❻謁　晉見。❼東郊　因汾陰在西漢京師長安之東，故曰東郊。❽茲　此。指祭祀后土神。❾勒　勒石。刻文於石以頌美勳德。❿崇　崇名。崇高的名聲。⓫垂　留傳。⓬鴻　鴻業。偉大的功業。⓭發　發揚。⓮祥　吉祥；祥瑞。⓯隤　降下。⓰祉　福澤。⓱欽　敬。⓲若　順。⓳鑠　同「爍」。輝煌。⓴越　發語詞。無義。㉑已　同「也」。語氣詞。㉒法服　符合禮法規定的標準服。㉓輿　車。㉔撫　據有；準備。㉕翠鳳之駕　鳳形而飾以翠羽的車駕。指天子所乘的車。駕，車駕。㉖六　天子乘六匹馬駕的車。這裡用作動詞，駕六匹馬。㉗先景　謂馬行速疾，比日光還快。景，日光。㉘乘　指馬。㉙掉　搖擺；晃動。

㉚奔星　流星。㉛旃　赤色曲柄的旗。這裡泛指旗。㉜彏　急張弓。㉝天狼　星名。一星，在東井南，為野將，主侵掠。㉞弧　星名。共有九星，位於天狼星東南，因形似弓弧，故名。㉟燿日　與日光相輝映。燿，同「耀」、「曜」。照耀。㊱玄　黑色。㊲旄　竿端用旄牛尾為飾的旗。㊳左纛　古代帝王乘輿的裝飾物，用犛牛尾或雉尾製成，設於車衡之左，故名。纛，旗。㊴雲梢　旗上以雲彩為裝飾的飄帶。梢，同「旓」。旗上的飄帶。㊵奮　揮動。㊶電鞭　以電為鞭。㊷驂　同駕一車的三匹馬。這裡用作動詞，駕。㊸雷輜　以雷為車。輜，有帷蓋可載重的車。這裡泛指車。㊹洪鍾　大鐘。㊺五旗　五色之旗。皇帝車駕所建。㊻羲和　羲氏、和氏。唐虞時掌管天地四時的官。㊼司　主持；掌管。㊽顏倫　古代善駕車的人。㊾奉　奉侍；駕御。㊿飆　回風；旋風。(51)拂　掠過。(52)趡　奔跑。(53)霆亂　言如雷霆之盛而亂動。(54)屈橋　壯捷貌。(55)嘻嘻旭旭　自得之貌。(56)稠嶽　動搖貌。(57)籛丘跳巒二句　言車騎之威，訇隱之盛，至於踊躍涇、渭，跳籛山丘。巒，小而銳的山。渭，渭水。源出甘肅渭源縣西北鳥鼠山，流經陝西境，東流至潼關入黃河。涇，涇水。源出陝西涇陽縣西岍頭山，東南流至陝西邠縣，再折而東南至高陵南入渭水。(58)秦神下讋二句　言此神怖讋，下入水中自蹈其魂而倚著水邊高地，蓋恐懼之甚。秦神，秦文公時，庭中有怪化為牛，走入南山梓樹中，伐梓樹，後化入豐水。文公惡之，作其像以鎮壓，即後世之茸頭神。讋，恐懼。跖，踐踏；蹈。沴，水邊高地。(59)河靈矍踢二句　形容河靈之恐懼。河靈，即巨靈。古代神話中劈開華山的河神。矍踢，驚動貌。爪，古「掌」字。據，手抓著。華，華山。五岳之一，在陝西華陰縣南。蹈，踐踏；蹂。衰，衰山。(60)臻　至。(61)陰宮　汾陰之宮。(62)穆穆　沈靜。(63)肅肅　恭敬。(64)蹻蹻　行有節貌。(65)如　詞尾。相當於「然」，無義。

【語　譯】祭祀甘泉這一年的暮春三月，將要祭祀后土神，敬禮神聖的地神。拜謁在京師東郊的汾陰。借憑這次祭祀來留下崇高的名聲，傳下偉大的功業，發揚祥瑞，降下福澤，欽敬和順神明，盛大呀輝煌啊，不可以將其全都記載哩！於是命令群臣，整齊法定的服飾，整頓威嚴的車駕。就準備飾以翠羽的鳳形的車，駕著六匹比日光還快的馬，晃動著流星般飄動的旗幟，急張著天狼星旁威嚴的弓弧。張掛著光彩耀日的黑色的旄旗，飄揚著設於車左的大纛，披掛著飾以雲彩的飄帶。揮動閃電般閃閃發光的馬鞭，駕著雷霆般轟隆震響的輜車，敲響著洪大的鐘，建樹著五彩旗。羲和掌管時日，顏倫駕御乘輿，如巨風般吹動，如回風般掠過，像神靈般騰躍，像鬼魅般奔跑，上千輛車如雷霆之盛而亂動，上萬騎馬壯健敏捷。歡騰得意，地動天搖。丘陵顛簸，山巒跳躍，渭水洶湧，涇水滾翻。秦神恐懼，下入水中自蹈其魂而倚著水邊高地；巨靈驚動，手抓著華山，足踩著衰山。於是到了汾陰的宮殿，靜穆肅敬，行動皆有節制。

　靈祇既鄉❶，五位❷時❸敘❹，絪縕❺玄黃❻，將❼紹❽厥❾後。于是靈輿❿安步⓫，周流⓬容與⓭，以覽乎介山。嗟文公⓮而愍⓯推⓰兮，勤⓱大禹⓲於龍門⓳。灑沈菑於豁瀆兮，播九河於東瀕⓴。登歷觀而遙望兮，聊浮游㉑以經營㉒。樂往昔之遺風㉓兮，喜虞氏㉔之所耕㉕。瞰帝唐之嵩高兮㉖，眽㉗隆周㉘之大寧㉙。汨㉚低徊㉛而不能去兮，行㉜睨㉝陔下㉞與彭城㉟。濊㊱南巢㊲之坎坷㊳兮，易㊴豳㊵岐㊶之夷平㊷。乘翠龍㊸而超河㊹兮，陟西岳㊺之嶢崝㊻。雲霏霏㊼而來迎兮，澤㊽滲灕㊾而下降㊿。鬱(51)蕭條(52)其幽藹(53)兮，滃(54)汎沛(55)以豐隆(56)。叱風伯於南北兮，呵雨師於西東57。參天地58而獨立兮，廓59盪盪60其亡雙61。

【章　旨】以上描寫祭畢歸來時，途中所經過的地方及其所見所想。

【注　釋】❶鄉　通「饗」。祭祀。❷五位　五方之神位。❸時　是。指示代詞。❹敘　次序。❺絪縕　古代指天地間陰陽二氣交互作用的狀態。❻玄黃　指天地。天玄而地黃，故以玄黃代指天地。玄，黑色。❼將　大。❽紹　繼。❾厥　其。指祭祀后土。❿靈輿　天子之車。⓫安步　安閑地走。⓬周流　周行流覽。⓭容與　安閑自得之貌。⓮文公　晉文公。姬姓，名重耳，春秋時五霸之一。⓯愍　哀憐。⓰推　介之推。晉文公臣，重耳遇驪姬之難，逃亡在外十九年，介之推隨從輔佐，晉文公回晉國後，賞從亡者，賞不及推，推遂隱居介山而死，後來晉文公想起了他，求之不得，非常思念他。⓱勤　勞苦。用作意動詞，慰勞贊嘆之意。⓲大禹　即夏禹王。⓳龍門　即龍門山。相傳夏禹治水時，鑿開龍門山以通河水。⓴灑沈菑於豁瀆兮二句　言大禹分治洪水之災通之四瀆，布散九河於東海之濱。灑，清除。沈菑，洪水的災害。菑，同「災」。豁，開。瀆，四瀆。四瀆，指江、淮、河、濟。播，分布；分散。九河，古代黃河自孟津而北，分為九道，叫做九河。東瀕，東海之濱。瀕，通「濱」。水邊。㉑浮游　漫遊。㉒經營　周旋往來。㉓遺風　遺留下來的風尚。㉔虞氏　指虞舜。舜，姚姓，有虞氏，名重華。㉕所耕　相傳舜曾耕於歷山。㉖瞰帝唐之嵩高兮　《孟子・滕文公上》：「巍巍乎唯天為大，唯堯則之。」言唐堯如天一般崇高偉大。瞰，遠望。帝唐，指唐堯。堯，姓伊祁氏，名放勳，號陶唐。嵩高，崇高。㉗脈　視。㉘隆周　隆盛的周王朝。㉙寧　安定；平安。㉚汩　往意；想離開。㉛低徊　猶言徘徊。回旋不進貌。㉜行　且；將。㉝睨　斜視。㉞陔下　地名。在今安徽靈壁縣東南，項羽曾於此被劉邦打敗。㉟彭城　今江蘇徐州市。項羽自立為西楚霸王，都彭城。㊱濊　同「穢」。污穢。用作意動詞，鄙視之意。㊲南巢　地名。即今安徽巢縣，商湯王曾放夏桀王於南巢。㊳坎坷　不平貌。㊴易　欣賞悅樂。㊵豳古國名。在今陝西栒邑縣、邠縣一帶，周代公劉始遷於豳。㊶岐　岐山。在陝西岐山縣東北，岐山下有周原，周代古公亶父始居岐下。㊷夷平　平安。夷，平。㊸翠龍　穆天子所乘之馬。龍，龍馬。古代傳說中的瑞馬，赤文綠色，故曰翠龍。馬八尺以上為龍。㊹超河　渡過黃河。㊺西岳　即華山。㊻嶢崝　嶕嶢崝嶸。嶕嶢，高聳貌。崝嶸，即崢嶸。高峻貌。㊼霏霏　紛飛貌。㊽澤　雨露。㊾滲灕　流貌。㊿降　下。按與下面隆、東，雙叶韻。當讀「洪」的音。51鬱　蘊結。52蕭條　寂寥；深靜。53幽藹　蔭藹；陰暗。54滃　雲湧起貌。55汛沛　雲雨之貌。56豐隆　雨量充足。57叱風伯於南北兮二句　二句為互文，言叱喝風伯雨師普施於東西南北。叱，大聲呵斥。風伯，風神。呵，大聲喝斥。雨師，雨神。58參天地　與天地並列而三。天地曰二儀，王者大位，與之合德，故曰參天地。參，通「三」。59廓　大；廣闊。60盪盪　廣大貌。61亡雙　無可與匹敵而成雙。極言其偉大。

【語　譯】神聖的地神既已祭祀，五方之神位皆得其次序。天地間陰陽二氣交合以化育萬物，將大大地成為它的後繼。於是皇帝的車駕安閑地行進，周行流覽，安閑自得，而遊覽介山。嗟嘆晉文公而哀憐介之推啊，在龍門贊嘆大禹的功績。他消除洪水的災害而疏濬江、淮、河、濟啊，分散為九河直到東海的邊際。登上歷山的宮觀而放目遠望啊，姑且在此漫遊而來往周旋。欣賞過去遺留下來的風尚啊，喜悅虞舜曾經耕種過的土田。遠望唐堯的崇高偉大啊，遙見隆盛的周王朝的穩定平安。想啟行而徘徊不忍離去啊。將去考察項羽兵敗的陔下與建都的彭城。鄙視夏桀王流放南巢的坎坷不平啊，贊賞曾居豳岐的周王室的安定太平。乘著赤文綠色的龍馬而渡過黃河啊，攀登上西岳華山的高峻崢嶸。雲氣紛飛而來迎候啊，雨露揮灑而普遍降落。雲氣蘊結而深靜陰暗啊，雨澤普施而豐沛充足。喝令風伯吹遍南北東西啊，呵斥雨師普降到東西南北。與天地並列成三而巍巍獨立啊，崇高偉大無可與之匹配。

遵❶逝❷乎歸來，以函❸夏❹之大漢❺兮，彼❻曾何足與比功？建乾坤之貞兆兮，將悉總之以群龍❼。麗鉤芒與驂蓐收兮，服玄冥及祝融❽。敦❾眾神使式道❿兮，奮⓫六經⓬以攄頌⓭。隃⓮於穆⓯之緝熙⓰兮，過〈清廟〉⓱之雝雝⓲。軼⓳五帝⓴之遐迹㉑兮，躡㉒三皇㉓之高蹤㉔。既發軔㉕於平盈㉖兮，誰謂路遠而不能從。

【章　旨】以上寫祭罷回京，並鼓勵漢成帝勵精圖治，不畏艱難，以建立超過唐虞殷周的功業。

【注　釋】❶遵　循。❷逝　路。❸函　包容；包含。❹夏　華夏；諸夏。與蠻夷戎狄相對，為古代漢族人之自稱。亦指漢族居住的地區，古代稱為中國。❺大漢　指大漢王朝。❻彼　謂堯、舜、殷、周。❼建乾坤之貞兆兮二句　言將效法乾坤二卦之剛健溫順，自強不息，以化育萬物。乾、坤，皆《周易》卦名。既為八卦之一，又為六十四卦之一。貞，正。兆，徵兆；徵候。悉，全；都。群龍，《周易》乾、坤二卦皆從龍取象，如乾卦：「初九，潛龍勿用。」「九二，見龍在田。」「九四，或躍在淵。」「九五，飛龍在天。」「上九，亢龍有悔。」坤卦：「上六，龍戰於野，其血玄黃。」按乾，健也；坤，順也。❽麗鉤芒與驂蓐收兮二句　以駕車為喻，言皆使群神服役。麗，偶；成對；並駕。鉤芒，東方之神。蓐收，西方之神。驂、服，駕車的馬，居中駕轅者稱服，位於兩旁者稱驂。玄冥，北方之神。祝融，南方之神。❾敦　督促；勉勵。❿式道　標識道路。式，表；標記；標識。⓫奮　發揚；發揮。⓬六經　謂《易》、《詩》、《書》、《春秋》、《禮》、《樂》。⓭攄頌　言抒發其志而為歌頌。攄，散布；抒發。頌，即詩頌。所以美德之形容也。按頌與下隆、東雙叶韻，讀「庸」的音。⓮隃　越過；超過。⓯於穆　《詩．周頌．清廟》：「於穆清廟，肅雝顯相。」於，嘆詞。穆，美。⓰緝熙

《詩・周頌・昊天有成命》：「於緝熙，單厥心。」緝，繼續。熙，光。⓱清廟　《詩・周頌》篇名。⓲雝雝　和樂。《詩・周頌・雝》：「有來雝雝，至止肅肅。」〈清廟〉、〈昊天有成命〉、〈雝〉這三首頌詩皆歌頌周文王、周武王、周成王之功德。此言漢德之盛皆過之也。⓳軼　突過；越過。⓴五帝　黃帝、顓頊、帝嚳、帝堯、帝舜為五帝（此據《史記・五帝本紀》）。㉑遐迹　遠迹。㉒躡　踩；緊隨其後。㉓三皇　傳說中遠古帝王。其名傳說不一，據《白虎通・號》為伏羲、神農、燧人。㉔高蹤　崇高的蹤跡。㉕發軔　啟行；動身。軔，止車木，將行，即拿去。㉖平盈　平坦無高低之地。

【語　譯】遵循道路回到京師，憑藉著包含所有華夏族的大漢帝國啊，那唐、虞、殷、周怎麼能與它比擬功績？建立起乾坤二卦的美好徵兆啊，將全都用龍來加以總括。並駕鉤芒和以蓐收為驂馬啊，以玄冥及祝融為服馬駕車奔馳。督促眾神使標識通路啊，發揚六經來抒寫讚美的頌詩。踰越了於穆與緝熙詩的頌揚啊，超過了〈清廟〉與〈雝〉詩的讚美。超越了五帝高遠的足印啊，追上了三皇崇尚的蹤跡。既已在平盈的大道上啟行啊，誰說路程太遠而不能趕上前人的業績。

羽獵賦并序

【題　解】羽獵，古代帝王狩獵，士卒負羽箭隨從，稱為羽獵。此賦即描寫天子的狩獵，故以〈羽獵賦〉命篇。此賦當作於漢成帝永始四年（西元前一三年）十二月。正月作〈甘泉賦〉，三月作〈河東賦〉，十二月即作此賦。故《漢書・揚雄傳》錄於〈甘泉賦〉、〈河東賦〉之後。賦的寫作目的，賦序說得很清楚，是「聊因校獵，賦以風之」。但賦一開始就批駁「或稱羲農」，指出古今奢儉不同，是「各以並時而得宜」，不必「同條而共貫」，為天子的大規模出獵尋找理論根據。中間則充分發揮賦體文學鋪陳描寫的特點，以華麗的語言，誇張的手法，鋪敘了天子狩獵場面的雄偉壯觀。接著又通過鴻生巨儒之口頌揚這是「崇哉乎德」，其偉大超過了唐、虞、大夏、成周，將頌揚推至頂峰。直至最後纔讓天子自己「謙讓而未俞」，於是他主動發政施仁，崇尚節儉，反對奢侈，開放苑囿「與百姓共之」，而且「回軫還衡，背阿房，反未央」，結束了這種勞民傷財的活動，與前面「奢麗誇詡」形成鮮明的對比。這就是所謂諷諫。其實讀賦的人已沈醉於前面那種熱鬧的鋪陳，而對後面的諷諫已經引不起興趣。漢武帝好神仙，司馬相如上〈大人賦〉以風，漢武帝讀罷，反飄飄而有凌雲之志。這就是實例。這種欲擒先縱的諷諫手法，實際是「勸百而諷一」，起的作用不大。這種賦歷來受到批評，不是偶然的。

這篇賦在形式上是模仿司馬相如的〈上林賦〉，但不是機械地模仿而有其獨自的特點。第一，賦的開頭雖有「或」與「論者」的對答，篇末有「鴻生巨儒」的稱頌與「上」的「謙讓而未俞」，但那只是全篇創作意圖的說明與歸納，跟賦的正面描寫部分了不相涉，與〈上林賦〉之設主客問答以展開描寫不同，顯然是作者有意加以變化。第二，〈上林賦〉花很大篇幅描寫上林苑的環境與物產，獵後的歌舞與遊樂。而此賦則逕以羽獵名篇，只描寫羽獵之規模及聲勢，而不敘山川物產，不敘歌舞遊樂。這就比〈上林賦〉寫得更集中，更突出。文學史上總是揚、馬並稱，有以夫！

孝成帝時羽獵，雄從。以為昔在二帝[1]三王[2]，宮館臺榭，沼池苑囿，林麓藪澤，財[3]足以奉郊[4]廟[5]，御[6]賓客，充[7]庖廚[8]而已。不奪百姓膏腴[9]穀土桑柘之地，女有餘布，男有餘粟，國家殷[10]富，上[11]下[12]交足。故甘露零[13]其庭，醴泉流其唐[14]，鳳凰巢其樹，黃龍游其沼[15]，麒麟臻[16]其囿，神爵[17]棲其林。昔者禹[18]任益[19]虞[20]而上[21]下[22]和，草木茂；成湯[23]好[24]田[25]而天下用[26]足；文王囿百里，民以為尚小；齊宣王[27]囿四十里，民以為大；裕[28]民之與奪民也。武帝[29]廣開上林[30]，東南至宜春[31]、鼎湖[32]、御宿[33]、昆吾[34]，旁[35]南山[36]，西至長楊、五柞[37]，北繞黃山[38]，濱[39]渭而東，周袤[40]數百里。穿昆明池[41]，象滇河[42]，營[43]建章[44]、鳳闕[45]、神明㊻、馺娑㊼、漸臺㊽、泰液㊾，象海水周流方丈、瀛洲、蓬萊㊿。游觀侈靡，窮妙極麗，雖頗割其三垂(51)以贍(52)齊民(53)，然至羽獵，甲車戎馬，器械儲偫(54)，禁禦(55)所營(56)，尚(57)泰(58)奢麗誇(59)詡(60)，非堯、舜、成湯、文王三驅(61)之意也。又恐後世復修前好，不折中(62)以泉臺(63)，故聊因校獵(64)，賦以風(65)之。其辭曰：

【章　旨】以上是賦序，說明賦的創作意圖。揚雄認為，上古帝王雖有園囿，但十分節儉。而漢武帝廣開上林，奢麗誇詡。他恐後世帝王效法，故作賦以諷。

【注　釋】❶二帝　帝堯、帝舜。❷三王　夏禹王、商湯王、周文王。❸財　副詞。僅。❹郊　郊祀；祭祀天地。❺廟　祖廟。這裡用作動詞，祭祀祖廟。❻御　侍奉；款待。❼充　供備；滿足。❽庖廚　廚房。❾膏腴　肥沃。❿殷　殷實；富裕。⓫上　在上者。指君。⓬下　在下者。指民。⓭零　落；降。⓮唐　道路。《爾雅》：「廟中路謂之唐。」⓯沼　水池。⓰臻　至。⓱爵　通「雀」。爵、雀古今字。⓲禹　夏禹王。⓳益　伯益。一作「翳」。舜臣，助禹治水有功。⓴虞　掌管山澤之官。(21)上　指山。(22)下　指平地。一說，謂澤。(23)成湯　即商湯王。(24)好　喜愛；愛好。(25)田　打獵。(26)用　財用。(27)齊宣王　戰國時齊國國王。田氏，名辟彊，在位十九年，周顯王二十七年（西元前三四二年）到四十五年（西元前三二四年）。(28)裕　富足。這裡用作使動詞，使之富足。(29)武帝　漢武帝。名徹，在位五十四年（西元前一四〇～前八七年）。(30)上林　上林苑。秦舊苑，漢武帝擴建，周圍至三百里，有離宮七十所，苑中養禽獸，供皇帝春秋打獵。(31)宜春　漢宮名。在渭南杜縣東。(32)鼎湖　漢宮名。在藍田縣。(33)御宿　漢宮苑名。在長安城南御宿川中。(34)昆吾　地名。有亭，在藍田縣東。

㉟旁　通「傍」。依；靠近。㊱南山　終南山。在長安城南。㊲長楊五柞　皆漢宮名。在盩厔縣。㊳黃山　漢宮名。在槐里。㊴濱　水邊。用作動詞，沿水邊。㊵衺　長。㊶昆明池　漢武帝欲通身毒，為昆明國所阻，乃於元狩三年（西元前一二〇年）在長安城郊穿地作昆明池，以習水戰，以其像昆明滇池，故名。㊷滇河　即滇池。亦稱昆明池、昆明湖，在雲南昆明市西南，周三百里，北流入金沙江。㊸營　治。㊹建章　宮名。㊺鳳闕　闕名。㊻神明　臺名。㊼馺娑　宮名。㊽漸臺　臺名。高二十餘丈，在泰液池中。㊾泰液　池名。在長安西，建章宮北，周回十頃，中築三山，以像瀛洲、蓬萊、方丈三神山。㊿方丈瀛洲蓬萊　傳說中海中仙山。在東海中央，上專是群龍所聚，有金玉琉璃之宮，三天司命所治處，群仙不欲升天者，皆往來於此。(51)三垂　三邊。謂西、南、東三面。(52)贍　給。(53)齊民　即平民。因無有貴賤，故謂之齊民。(54)儲偫　存備；儲備。(55)禁禦　禁苑。謂禁止人不得往來。(56)營　經營；造作。(57)尚　副詞。猶；還。(58)泰　副詞。過；甚。(59)誇　大。(60)詡　大。(61)三驅　古代射獵的等次。即一為籩豆，即前所云「奉郊廟」；二為賓客，即前所云「御賓客」；三為充君之庖，即前所云「充庖廚」。(62)折中　謂調和二者，取其中正，無所偏頗。(63)泉臺　臺名。春秋時魯莊公所築，以不合禮制，魯文公於十六年將其毀壞，亦不合禮制。《春秋公羊傳》批評云：「先祖為之，已毀之，不如勿居而已矣。」此句意謂宮觀之盛，非成帝所造，勿修而已，當以泉臺為折中。(64)校獵　圍獵。設柵欄圍住禽獸然後獵取。(65)風　託辭婉言勸說。

【語　譯】漢成帝率士卒負羽箭去打獵，揚雄跟從著去。揚雄認為過去在二帝三王的時候，宮館臺榭，沼池苑囿，林麓藪澤，僅僅夠用來祭祀天地祖宗，招待賓客，供給廚房膳食需要罷了。不掠奪老百姓的肥沃的種穀和種植桑樹柘樹的土地，因此女子織布就有多餘的布匹，男子種田就有多餘的糧食，國家殷實富裕，君民交相富足。故而甘露灑落在他們的庭院，醴泉流淌在他們的道路，鳳凰在他們的樹上築巢棲息，黃龍在他們的水池裡游息，麒麟來到了他們的園囿，神雀棲息在他們的樹林。過去夏禹王任用伯益做掌管山林的官，就山林平地協調，草木茂盛；商湯王愛好田獵，就天下財用充足；周文王的園囿有百里地大，老百姓還以為太小；齊宣王的園囿只有四十里地，老百姓卻以為太大；這是使民富足與掠奪人民的不同。漢武帝大大地擴建上林苑，南面到了宜春、鼎湖、御宿、昆吾，緣著終南山，西面到了長楊宮、五柞宮，北面繞過黃山宮，沿著渭水邊向東延伸，周長數百里。在其中挖掘昆明池模擬滇池，營造了建章宮、鳳闕、神明臺、駁娑宮、漸臺、太液池，在太液池築了方丈、瀛洲、蓬萊三座仙山，像海環繞它們周轉流動。遊玩觀賞，奢侈浪費，窮盡奇妙，極其華麗。雖然略微劃割它的三面，給平民百姓打柴放牧，然而到了他來打獵的時候，打獵用的車，被甲的馬，使用的器械，儲備的物品，禁苑的營造，還是過於奢侈華麗，鋪張浪費，不是唐堯、虞舜、商湯王、周文王打獵只是為供祭祀、待賓客、供庖廚的用意。又恐怕後代人再次追求漢武帝這種愛好，不用既已修好就不毀壞也不使用的《公羊春秋》評論泉臺的標準來衡量折衷，故聊且因漢成帝又去打獵，就寫了這篇賦來諷諫。它的文辭說：

或❶稱羲農❷，豈或帝王之彌❸文❹哉？論者❺云否，各以並時❻而得宜❼，奚❽必同條而共貫❾？則泰山之封❿，焉⓫得七十而有二儀⓬？是以創業垂統者，俱不見其爽，遐邇五三，孰知其是非⓭？遂作頌曰：麗哉神聖，處于玄宮⓮，富既與地乎侔⓯訾⓰，貴正與天乎比崇⓱。齊桓⓲曾不足使扶轂⓳，楚嚴⓴未足以為驂乘㉑；狹㉒三王之阨僻㉓，嶠㉔高舉而大興㉕；歷㉖五帝之寥廓㉗，涉三皇之登閎㉘；建道德以為師，友㉙仁義與之為朋。

【章　旨】以上說明文質只是時代的差別，沒有是非的區分。同時頌揚天子的偉大超過三皇五帝，為下文描寫盛大規模的田獵張本。

【注　釋】❶或　有人。作者假設的論敵。❷羲農　伏羲氏、神農氏。傳說中遠古時代的帝王。❸彌　猶稍稍；漸漸之意。❹文　文飾。❺論者　揚雄自謂。❻並時　與時相合。並，合。❼宜　合適；相稱。❽奚　疑問代詞。何。❾同條而共貫　事理相通；脈絡連貫。按指政教措施相同。❿封　古代帝王在泰山上築土為壇以祭天。⓫焉　疑問代詞。哪裡。⓬七十而有二儀　相傳遠古時代登封泰山的共有七十二家，各家禮儀不同，故留下七十二種封泰山的禮儀。而有，皆連接詞，連結整數與零數。儀，禮儀。⓭是以創業垂統者四句　意謂創業垂統者，各隨時立制，皆不見其差錯，故五帝三王，誰知其是非？言文質不同，明無是非之分。創業垂統，開創基業，留傳給子孫後代。統，謂世代相傳的系統。爽，差錯。遐，遠。邇，近。五，指五帝。三，指三王。⓮玄宮　位於北面的宮殿。古代禮制規定，天子在季冬要居住在玄堂的右廂房。此次漢成帝出獵，正是十二月，故處於玄宮。玄，黑。⓯侔　齊；相等。⓰訾　通「資」。資財。⓱崇　高。⓲齊桓　齊桓公。春秋五霸之首。⓳扶轂　推車；扶持車。轂，本指車輪中心車軸貫入處之圓木。此借指車。⓴楚嚴　即楚莊王。春秋五霸之一。東漢明帝名莊，因避諱改莊為嚴。㉑驂乘　即陪乘。乘車時居於車右。古代乘車，尊者居左，御者居中，又有一個居車之右，以備傾側。戰車稱車右，其餘則稱驂乘。㉒狹　窄小。用作意動詞，以之為狹。㉓阨僻　狹小；仄陋。㉔嶠　舉步貌。㉕大興　謂大舉興作，創建功業。㉖歷　度超、超越。下句之「涉」意亦同。㉗寥廓空曠貌。㉘登閎 高遠。㉙友 用作意動詞，以之為友、交結之意。

【語譯】有人稱頌伏羲氏、神農氏的儉樸，難道是後世帝王漸加文飾而不合禮制嗎？議論的人回答說：不！只不過是各人的作為與時代相合而得其適宜，何必要事理相同而脈絡聯貫呢？（假如一定要同條共貫），那麼古代帝王封禪泰山，怎麼會留下七十二種禮儀呢？因此開創基業留傳子孫的人，（各隨時宜創立制度）都看不到他們的差錯，遠而五帝，近而三王，誰知他們誰是誰非呢？於是創作頌詩說：華麗啊神聖的天子，處在位於北面的宮中。富有既可與地啊資財相等，尊貴正可與天啊比其高崇。齊桓公不夠資格給他推車，楚莊王不夠資格給他驂乘。輕視三王功業的狹小，邁開大步大規模去創建功業，從事振興。超越五帝的空曠高遠，勝過三皇的偉大恢宏。建立道德以為尊師，結交仁義以為友朋。

于是玄冬季月，天地隆烈，萬物權輿于內，徂落于外❶。帝❷將惟❸田❹于靈之囿❺，開北垠受不周之制❻，以奉❼終始❽顓頊玄冥❾之統。迺詔虞人❿典⓫澤⓬，東延⓭昆鄰⓮，西馳閶闔⓯。儲積共偫⓰，戍卒⓱夾道，斬叢棘，夷⓲野草，御自汧渭，經營酆鎬⓳，章皇⓴周流㉑，出入日月，天與地沓㉒。爾迺虎路㉓三嵕㉔以為司馬㉕，圍經㉖百里而為殿門㉗。外則正南極㉘海，邪㉙界㉚虞淵㉛，鴻濛沆茫㉜，揭㉝以崇山㉞。營合圍會，然後先置㉟乎白楊㊱之南，昆明㊲靈沼㊳之東。賁育㊴之倫㊵，蒙[41]盾[42]負[43]羽[44]，杖[45]鏌邪[46]而羅[47]者以萬計，其餘荷[48]垂天之畢[49]，張[50]竟壄之罘[51]，靡[52]日月之朱竿[53]，曳[54]彗星之飛旗[55]。青雲為紛[56]，紅蜺[57]為緄[58]，屬[59]之乎崑崙之虛[60]，渙[61]若天星之羅，浩[62]如濤水之波，淫淫與與[63]，前後要遮[64]。欃槍[65]為闉[66]，明月為候[67]，熒惑司命[68]，天弧[69]發射，鮮扁[70]陸離[71]，駢衍[72]佖[73]路。徽車[74]輕武[75]，鴻絧[76]緁獵[77]，殷殷軫軫[78]，被[79]陵緣阪[80]，窮夐[81]極遠者，相與列乎高原之上；羽騎[82]營營[83]，昈分[84]殊事[85]，繽紛[86]往來，轠轤[87]不絕，若光若滅[88]者，布乎青林之下。

【章　旨】以上描寫天子出獵之前獵場的準備情況。

【注　釋】❶于是玄冬季月四句　意謂至十二月，草木萌芽生於內，而枝葉凋落枯死於外。玄冬，冬季。冬季在五行中配屬北方，配屬水，配屬黑色，故稱冬季為玄冬。季月，每季三個月，用孟仲季表示。季月指每季的最後一個月。這裡指十二月。隆烈，這裡指陰氣隆盛，氣候寒冷。權輿，開始；萌芽。徂落，死亡。❷帝　指漢成帝。❸惟　語助詞。無義。❹田　同「畋」。打獵。❺靈之囿　即靈圃。美好的園囿。❻不周之制　謂北方之制或主殺戮之制。不周，不周風。《史記・曆書》云：「不周風居西北，主殺生。」❼奉　《漢書・揚雄傳》無。按終始即奉承之意，奉字當據《漢書》刪。❽終始　終其所始。即繼承、奉行之意。❾顓頊玄冥　皆北方之神。主殺戮。❿虞人　古代掌管山澤的官。⓫典　主管。⓬澤　山澤；山林藪澤。⓭延　伸延。⓮昆鄰地名。顏師古《漢書》注云：「昆明池邊也。」⑮閶闔　門名。⑯共偫　《文選》李善注：「共，具物也。偫，具事也。」共，通作「供」。供給。偫，具；備辦。⑰戎卒　這裡指警衛。⑱夷　平；殺。⑲御自汧渭二句　言汧渭酆鎬，皆為射獵範圍，故需禁禦規劃。御，通「禦」。《漢書》正作「禦」，禁禦，將獵其中，故禁止人行，並不讓野獸跑掉。汧，汧水。渭水支流，源出甘肅六盤山南麓，東南流經陝西隴縣千陽入渭水。渭，渭水。經營，規劃；規度。酆，古地名。在今陝西鄠縣東。鎬，地名。在今陝西西安市西南灃水東岸。⑳章皇　猶彷徨。徘徊。㉑周流　周匝流行。㉒杳　合。杳，《漢書‧揚雄傳》作「沓」。顏師古注云：「謂苑囿之大，遙望日月皆從中出，而天地之際杳然懸遠也。說者反以杳為沓，解云重沓，非唯乖理，且以失韻。」錄以供參考。㉓虎路　即籬笆。以竹篾相連圍繞遮攔。㉔三嵕　猶言三重、三疊。形容山勢高峻。㉕司馬　司馬門。營之外門。㉖經　直徑。㉗殿門　營的內門。㉘極　至。㉙邪　同「斜」。㉚界　邊界。用作動詞，以之為界。㉛虞淵　古代神話所說日入之處。㉜鴻濛沆茫　廣大貌。㉝揭　表。用作動詞，以之為表。㉞崇山　高山。㉟先置　謂先置辦供具。㊱白楊　觀名。在昆明池東。㊲昆明　昆明池。㊳靈沼　《文選》李善注引《三秦記》曰：「昆明池中有靈沼神池。」㊴賁育　孟賁、夏育。皆古代著名勇士。㊵倫　類；輩。㊶蒙　翳蔽。謂持盾遮蔽。㊷盾　盾牌。古代作戰時的防護武器。㊸負　肩；扛。㊹羽　羽箭。㊺杖　執；持。㊻鏌邪　劍名。一說，大戟。㊼羅　羅列。㊽荷　扛；肩負。㊾垂天之罼　遮蔽天空的捕鳥網。罼，即畢。古代用以捕捉禽獸的長柄網。㊿張　張掛。(51)竟壄之罘　籠罩整個原野的捕獸網。壄，即「野」字。罘，捕兔的獵具。(52)靡　即「麾」。麾動。(53)日月之朱竿　太常旗的紅色旗竿。太常旗上畫有日月，是帝王的儀仗。(54)曳　拖；拉。(55)彗星之飛旗　畫有彗星的飄動的旗。彗星，星名。俗名掃帚星。(56)紛　旗旒。旗幟下懸垂的飄帶。(57)蜺　虹。(58)纓　旗上的帶子。(59)屬　連綴。(60)崑崙之虛　即崑崙山。虛，同「墟」。大山丘。(61)渙　光彩燦爛貌。(62)浩　浩瀚廣大。(63)淫淫與與　往來奔走貌。(64)要遮　要擊遮攔。要，通「邀」。(65)欃槍　彗星的別稱。(66)闉　通「堙」。阻塞。這裡指作戰時用以障蔽自己和阻擋敵人的設施。(67)候　斥候。放哨或偵察情況的人。一說，邊境上伺望偵察的設施。⑱熒惑司命 《文選》李善注：「熒惑主命。」熒惑，火星的別稱。司，主持。⑲天弧 星名。位於天狼星東南，形似弓箭，故名。⑳鮮扁 輕疾貌。一說，鮮明光燦貌。扁，借作「媥」。媥爛，鮮明貌。㉑陸離 參差不齊貌。㉒駢衍 廣大貌。一說，相連貌。㉓佖 滿。一說，相次並列。㉔徽車 有徽幟之車。一說，疾迅之車。㉕武 矯健。㉖鴻絧 相連貌。一說，直馳貌。㉗緁獵 相次貌。㉘殷殷軫軫 盛大貌。㉙被 覆蓋。㉚皈 同「阪」。山坡；斜坡。㉛夐 遠。㉜羽騎 負羽箭之馬兵。㉝營營 周旋往來貌。㉞肸分 職分分明。肸，明。分，職分；職守。㉟殊事 事務不同。殊，異；不同。事，言各人主管的事務。㊱繽紛 雜盛貌。㊲輻轤 連屬貌。一說，環轉也。㊳若光若滅 猶乍明乍暗。

【語譯】於是在冬季十二月，天地之間陰氣隆盛猛烈，萬物在內部開始萌發，而外表的枝葉卻枯萎凋落。皇帝將在美好的園囿裡打獵，敞開北邊，承受不周風主殺生的法則，來完成北方之神顓頊、玄冥主殺戮的準則。就命令虞人主管山澤，東面延伸到昆明池邊，西面奔馳到閶闔門下。儲積器物，準備供給，警衛的士兵夾侍道路，砍掉刺棘，劃去野草，從汧水、渭水就要警戒禁禦，酆地、鎬地也要經營規劃。徬徨徘徊，周遍流行，只見日月從其中出入，天與地亦似重合。這就用藩籬遮圍高峻三重的山做為營地的外門，周圍直徑百里做為營地的內門。營外正南面到了大海，斜著跟落日的虞淵為界，範圍遼闊廣大，而以高山為外表。營衛包圍會合了，然後預先置供具於白楊觀的南面，昆明池中靈沼的東面。孟賁、夏育一類人物，擁著盾牌，負著羽箭，持著鏌邪寶劍而羅列圍場中的人以萬計數。其餘扛著遮蔽天空的捕鳥網，張掛著遮蔽原野的捕獸網，麾動畫有日月的太常旗的紅色旗竿，拖曳著畫有彗星的飄動的旗幟，以青雲做旗旒，以紅虹為旗帶，一直連接到崑崙山上，光彩燦爛如天上星星的羅列，浩瀚廣大如波濤洶湧的大海，往來奔走，前前後後，遮攔邀擊。掃帚星做為障蔽自己阻攔敵人的工事，明月做為偵察敵情的兵士。熒惑星主管命令，天弧星掌握放箭。打獵的隊伍輕捷迅速，參差不齊，並列相連而布滿道路。樹有徽幟的車輛輕便矯健，一輛輛相連相接，依次而進。浩浩蕩蕩，布滿山岡，緣著山坡，窮極深遠，一起陳列在高原之上。背負羽箭的騎兵周旋來往，職守分明，各人主管不同的事務，雜亂眾多，往來不絕，互相連綴，乍明乍暗，分布在青林之下。

於是天子乃以陽晁❶始出乎玄宮，撞鴻❷鍾，建九旒❸，六白虎❹，載靈輿❺，蚩尤❻並轂❼，蒙公❽先驅❾。立歷天之旂，曳捎星之旃❿，霹靂烈缺，吐火施鞭⓫。萃傱⓬沇溶⓭，淋離⓮廓落⓯，戲⓰八鎮⓱而開關⓲；飛廉⓳雲師⓴，吸㉑濞㉒潚率㉓，鱗羅㉔布列㉕，攢㉖以龍翰㉗。啾啾㉘蹌蹌㉙，入西園，切㉚神光㉛；望平樂㉜，徑竹林，蹂㉝蕙圃㉞，踐㉟蘭唐㊱。舉熢烈火，轡者㊲施技㊳。方馳㊴千駟㊵，狡騎㊶萬帥㊷。虓虎㊸之陳㊹，從㊺橫膠轕㊻，猋㊼拉㊽雷厲㊾，駢驞㊿駍磕(51)，洶洶旭旭(52)，天動地岌(53)。羨漫(54)半散(55)，蕭條(56)數千萬里外。

【章旨】以上寫天子出獵時扈從隊伍的雄壯及路上行進的浩大聲勢。

【注釋】❶陽晁　陽明之朝。清朗的早晨。晁，通「朝」。早晨。❷鴻　通「洪」。大。❸九旒　龍旗九旒，天子之旗。❹六白虎　以六匹白虎馬駕車。六，用作動詞。白虎，馬名。❺靈輿　天子之輿。即美好的神聖的車。❻蚩尤　神話傳說中的人物。相傳他作兵器，又能興霧。❼並轂　猶言扶轂。伴傍扶持車子。❽蒙公　指蒙恬。秦始皇時大將。一說，即旄頭。古代帝王儀仗披髮前驅的騎士。❾先驅　前驅；先鋒。❿立歷天之旂二句　極言旗幟之高。歷天，高聳入天。歷，至；犯。旂，上畫龍形，竿頭繫鈴的旗。梢星，拂拭星星。梢，拂拭。旃，赤色曲柄的旗。⓫霹靂烈缺二句　言威德之盛，役使百神，故霹靂烈缺，吐火施鞭而為衛。霹靂，雷之急擊者；響聲很大的雷。烈缺，閃電。火，電光。施鞭，放雷。⓬萃從　萃集；聚集。⓭沇溶　盛多貌。⓮淋離　長貌。⓯廓落　大。⓰戲　指麾；指揮。⓱八鎮　四方四隅為八鎮。即八方之神。⓲開闔　開門。闔，門栓。閉門的横木。⓳飛廉　風神。⓴雲師　即雲神。名屏翳。㉑吸　喘息。㉒濞　喘息聲。㉓潚率　吸嗅之貌。㉔鱗羅　若魚鱗之羅列。㉕布列　散開陳列。㉖攢　聚集。㉗龍翰　龍之毛翰。翰，毛之長大者。㉘啾啾　象聲詞。形容聲音多而雜。㉙蹌蹌　行貌。㉚切　靠近。㉛神光　宮名。一說，言車之眾飾相切，摩而光起，若有神也。㉜平樂　館名。在上林苑中。㉝蹂　踩；踐踏。㉞蕙圃　長滿蕙草的花圃。㉟踐　踩；踏。㊱蘭唐　長滿蘭草的道路。唐，路。㊲轡者　執轡之人。執，持。轡，馬韁繩。㊳施技　施展技巧。㊴方馳　並馳。方，並列。㊵千駟　千輛車。古代一車套四匹馬，因稱四馬之車為駟。㊶狡騎　狡捷的騎兵。㊷萬帥　言其眾多。㊸虓虎　咆哮的虎。虓，虎怒吼。㊹陳　同「陣」。行陣。㊺從　同「縱」。直。東西曰横，南北曰縱。㊻膠轕　交加；交錯。㊼猋　同「飆」。旋風。㊽拉　風聲。㊾厲　淩厲；猛烈。㊿駍驞　象聲詞。形容風雷的聲響。《漢書》、《文選》均作「驞駍」。(51)駖礚　車騎眾多之聲。(52)洶洶旭旭　鼓動之聲。(53)岌　動搖貌。(54)羨漫　猶衍漫。散漫貌。(55)半散　同「泮散」。分離；分散。(56)蕭條　零落；凋零。

【語譯】於是天子就在一個清朗的早晨，從冬天居住的黑色宮殿出來，撞擊大鐘，樹建有九條飄帶的龍旗，駕著六匹白虎馬，乘著美好神聖的車子，蚩尤持扶車轂，蒙恬前驅開道，插著高聳入雲的龍形繫鈴的大旗，拖著拂拭星星的曲柄的赤幟，雷霆閃電，閃著電光，轟隆隆響著大雷。師旅眾多，聚集攢聚，隊伍漫長，分布廣闊，指揮著八方之神打開大門。風神雲神，喘著粗氣，布開則如魚鱗之羅列，聚攏則如龍翰之集結。啾啾唧唧，匆匆行進，進入西園，靠近神光宮，遙望平樂館，經過竹林，蹂躪長滿蕙草的花圃，走過長滿蘭花的道路。舉起烽燧，點燃大火，駕車之人施展技巧。並列奔馳的車成千輛，狡捷的騎士上萬個。勇士奮勇如咆哮的猛虎般的行陣，縱橫交錯，如飆風般嘩啦啦作響，如雷霆般轟隆隆淩厲，發出乒乓吭哴的聲響，鼓動的聲音，如天搖地動，散漫分離，蕭條零落在數千萬里之外。

若夫壯士慷慨❶，殊鄉❷別趣❸，東西南北，騁❹耆❺奔欲❻。拕❼蒼豨❽，跋❾犀犛❿，蹶⓫浮麋⓬。斮⓭巨狿⓮，搏⓯玄蝯。騰⓰空虛，距⓱連卷⓲。踔⓳夭蟜⓴，娭㉑澗門㉒，莫莫紛紛㉓，山谷為之風猋，林叢為之生塵。及至獲夷㉔之徒，蹶㉕松柏，掌㉖蒺藜㉗；獵㉘蒙蘢㉙，轔㉚輕飛㉛；屨㉜般首㉝，帶㉞脩㉟蛇；鉤赤豹，摼㊱象犀；跇㊲巒㊳阬㊴，超唐陂㊵。車騎雲會㊶，登降闇藹㊷，泰華㊸為旒㊹，熊耳㊺為綴㊻。木仆山還㊼，漫㊽若天外，儲與㊾乎大浦㊿，聊浪(51)乎宇內。

【章　旨】以上寫扈從武士打獵的盛況。

【注　釋】❶慷慨　意氣風發，情緒激昂。❷鄉　方向。❸趣　興趣；愛好。❹騁　馳騁；放任。❺耆　通「嗜」。欲望；嗜好。❻欲　希望；期願。❼抴　同「拖」。曳；引；拉。❽狶　豬。❾跋　踩；踐踏。❿犀犛　犀牛、長旄牛。⓫蹶　踏；踢。⓬浮麋　游麋。麋，獸名。麋鹿，鹿屬。⓭斮　斬。⓮狿　獸名。似狸而長。⓯搏　擊。⓰騰　升。⓱距　躍；跳。⓲連卷　屈曲貌。此指屈曲之木。⓳踔　騰躍。⓴夭蟜　樹木盤曲貌。此指盤曲的樹枝。㉑娭　嬉戲。㉒澗門　山澗的出口處。㉓莫莫紛紛　塵埃飛揚貌。㉔獲夷　能俘獲夷狄之人。一說，指烏獲、夷羿，皆為古代有名之勇士。㉕蹶　踏。㉖掌　手掌。用作意動詞，用手掌擊。㉗蒺藜　草名。一名茨，布地蔓生，實表面突起如針狀，可入藥。㉘獵　通「躐」。踐踏。㉙蒙蘢　草木繁茂之貌。㉚轔　輾；軋。㉛輕飛　輕獸、飛禽。㉜屨　踐踏。㉝般首　虎類猛獸。㉞帶　用作動詞，以之為帶。㉟脩　長。㊱摼　古「牽」字。㊲跐　跨過。㊳巒　小而銳的山。㊴阬　土丘；土岡。㊵唐陂　蓄水的池塘。㊶雲會　如雲之會合。㊷闇藹　眾盛貌。一說，不分明也。㊸泰華　泰山、華山。為五岳中之東岳、西岳。㊹旒　古旗幟下之懸垂飾物。即旗幟上之飄帶。㊺熊耳　山名。在河南省，為秦嶺東段支脈，以東西兩峰對峙，狀如熊耳而名。㊻綴　亦旒屬。㊼山還　山為之回旋。還，回旋。㊽漫　放縱；無拘束。㊾儲與　徜徉無主之貌。㊿浦　水邊。河流注入江海之處。(51)聊浪　放蕩；游放。

【語　譯】至於壯士們意氣風發，奔向不同的方向，懷著不同的興趣，向東，向西，向南，向北，為各自的嗜好欲望而馳騁奔跑。曳住青黑色的大豬，踩死犀牛和長旄牛，踐踏遊走的麋鹿，斮殺巨大的狿獸，擊殺黑色的猿猴。騰躍到空虛的空中，跳過卷曲的樹木，躍過盤曲的樹枝，在山澗的出口處嬉戲，只見塵土飛揚，山谷為此而飆風襲捲，叢林為此而塵埃蔽天。及至烏獲、夷羿一類人物，踏倒松柏，掌擊蒺藜，踩倒繁茂的草木，輾死輕捷的狡獸和飛翔的禽鳥。足踏猛虎，腰繫長蛇。鉤住赤豹，牽著大象和犀牛。跨過山巒和土丘，超越蓄水的塘池。車輛馬騎如烏雲般會合，或升或降，遮天蔽地。

泰山、華山做為旗幟的飄帶，熊耳山做為旗幟的裝飾。樹木倒地，山岳旋轉，無拘無束好像翱遊天外，無所事事地徘徊於廣闊的水邊，自由自在地漫遊在宇宙之內。

於是天清日晏❶，逢蒙❷列眥❸，羿氏❹控弦❺。皇車❻幽輵❼，光純天地❽，望舒❾彌轡❿，翼乎⓫徐至於上蘭⓬。移圍徙陣，浸淫⓭蹴⓮部⓯，曲隊⓰堅重⓱，各案⓲行伍⓳。壁壘⓴天旋㉑，神抶㉒電擊，逢之則碎，近之則破，鳥不及飛，獸不得過，軍驚師駭，刮野掃地㉓。及至罕車㉔飛揚，武騎㉕聿皇㉖；蹈飛豹㉗，羂㉘嘄陽㉙；追天寶㉚，出一方㉛；應駍聲，擊流光㉜。埜盡山窮，囊括其雌雄㉝，沇沇溶溶㉞，遙噱㉟乎紘㊱中。三軍芒然㊲，窮冘㊳閼與㊴，亶㊵觀夫剽禽㊶之紲隃㊷，犀兕㊸之抵觸㊹，熊羆之拏㊺玃，虎豹之凌遽㊻，徒㊼角槍㊽題㊾注㊿，蹙竦(51)讋怖(52)，魂亡魄失，觸輻(53)關(54)脰(55)。妄(56)發(57)期(58)中(59)，進退(60)履(61)獲，創(62)淫(63)輪夷(64)，丘累(65)陵聚(66)。

【章　旨】以上描寫天子親自在陸地上打獵的盛況。

【注釋】❶晏　清朗無雲。❷逢蒙　古之善射者。相傳為后羿的弟子。❸列眥　同「裂眥」。睜大眼睛。眥，指眼眶。❹羿氏　即后羿。亦稱夷羿，古之善射者，唐堯時十日並出，草木枯焦，羿射落九日。一說，夏有窮氏之國君，因夏民以代夏政。以不修民事，為家臣寒浞所殺。❺控弦　拉開箭弓。控，拉；引。❻皇車　天子之車。❼幽輵　車聲。❽光純天地　猶言光耀天地。純，緣繞。一說，明也。❾望舒　月御。即給月神駕車的人。❿彌轡　即「弭轡」。按轡徐行。放鬆馬韁繩讓馬慢慢走。彌，通「弭」。止也。⓫翼乎　莊嚴地。⓬上蘭　觀名。在上林苑中。⓭浸淫　漸進之貌。⓮蹴　借作「蹙」。促；收斂。⓯部　軍隊的部伍。⓰曲隊　部曲隊伍。⓱堅重　堅密而重疊。意指層層圍住。⓲案　同「按」。依次。⓳行伍　行列部伍。⓴壁壘　營壘。軍中進攻或退守的工事。㉑天旋　如天之回旋。㉒抶　鞭打。㉓刮野掃地　言殺獲皆盡，原野土地似乎打掃剷刮。㉔罕車　裝有捕鳥網的車。罕，捕鳥網。㉕武騎　勇猛的騎兵。㉖聿皇　輕快敏捷。㉗飛豹　飛奔的豹。㉘羂　同「罥」。用繩索羅網捆縛住。㉙嘄陽　即狒狒。人面黑身，有毛，反踵，見人則笑。㉚天寶　即陳寶。傳說中的神名，雞頭人身。㉛出一方　言追之而出於一方。㉜應駍聲二句　言天寶神下來時駍然有聲，又有光彩流動，故應其聲而擊其光。㉝雌雄　天寶神有雌雄，相傳得雄者王，得雌者霸。㉞沇沇溶溶　同「沇溶」。盛多之貌。㉟噱　口之上下名噱。一說，借作「谻」。疲倦之極。㊱紘　網。㊲芒然　同「茫然」。㊳窮冘　言窮追其行進者。冘，行進。㊴闕與　言遏止其猶豫者。闕，遮攔；遏止。與，猶豫不決。㊵亶　古「但」字。祇；僅。㊶剽禽　輕疾之禽。㊷紲踰　超越。㊸兕　雌犀牛。㊹抵觸　冒突；頂撞。㊺拏　搏鬥；張牙舞爪。㊻淩遽　戰慄恐懼。㊼徒　但；只。㊽槍　碰撞；抵觸。㊾題　額。㊿注　投；擊。(51)蹷竦　蹷縮竦立。(52)讋怖　恐懼。讋，同「慴」。(53)輻　即輻條。車輪中連接軸心和輪圈的直木條(54)關　卡住。一說，讀作「貫」，穿。(55)脰　頸。(56)妄　亂；無目的。(57)發　放箭。(58)期　必；必定。(59)中　射中。(60)進退　指獵者前進或後退。(61)履　踐踏。(62)創　傷。(63)淫　過分。(64)輪夷　言獸被殺傷過分而流血與車輪相平。一說，謂獲獸與輪相平。極言獲獸之多。夷，平。(65)丘累　如山丘般積累。(66)陵聚　如山陵般聚積。

【語譯】於是天氣清明，晴朗無雲。逢蒙睜大眼睛，后羿拉開箭弓。天子的車輿轟隆隆震響，光彩照亮了天地，駕車的望舒神放鬆了馬韁繩讓車緩緩前進，嚴肅整齊的隊伍慢慢地到達了上蘭觀。移動獵圍，遷徙營陣，漸漸行進，收縮部伍。部隊行伍堅密而重疊，各自依據自己的行伍。營壘陣式移動如天旋地轉，如鬼神抶打，如雷電轟擊，碰上它的就被粉碎，靠近它的就被打破，鳥來不及飛走，獸來不及跑掉，軍隊驚震，師旅駭懼，如剷刮了原野，如灑掃了大地。等到裝有捕鳥網的獵車滾動飛揚，勇猛的騎士輕快敏捷，踩死飛奔逃跑的虎豹，絆倒人面黑身的狒狒，追擊獲之則可以霸王的天寶神，窮追至天的盡頭。根據天寶神來時砰砰的聲響，打擊牠閃動的精光，追到原野的盡頭，山盡處，把雞頭人身的天寶神的雄雌二性全都捉住。獵獲的禽獸極多極多，遠遠地在大網中張嘴吐舌。三軍茫茫然不知先打哪一個，只好窮追那些奔跑的，遮攔那些猶疑不知所措的，只見那些輕疾的禽鳥在奔逃，犀牛兕牛在衝撞，熊羆在張牙舞爪，虎豹在戰慄恐懼，只是以角碰地，以額投地，蹙縮驚恐，魂亡魄失，自觸車輻而卡住脖子。無目的隨便放箭也必定射中，或進或退，皆可踩著或捕獲禽獸。殺傷過分，流血淹沒車輪，獵獲如土丘般積累，如山陵般堆積。

於是禽殫❶中❷衰❸，相與集於靖冥之館❹，以臨珍池❺。灌以岐梁，溢以江河❻，東瞰❼目盡❽，西暘❾無崖❿，隨珠⓫和氏⓬，焯爍⓭其陂⓮。玉石嶜崟⓯，眩燿⓰青熒⓱，漢女⓲水潛⓳，怪物暗冥⓴，不可殫形㉑。玄鸞孔雀，翡翠垂榮㉒，王雎㉓關關㉔，鴻雁嚶嚶㉕，群娛乎其中，噍噍㉖昆㉗鳴；鳧㉘鷖㉙振鷺㉚，上下砰磕㉛，聲若雷霆。乃使文身㉜之技㉝，水格㉞鱗蟲㉟，凌㊱堅冰，犯嚴淵㊲，探巖排㊳碕㊴，薄㊵索㊶蛟螭，蹈㊷獱㊸獺，據㊹黿㊺鼉㊻，抾㊼靈蠵㊽。入洞穴，出蒼梧㊾，乘巨鱗㊿，騎京魚(51)。浮彭蠡(52)，目(53)有虞(54)。方(55)椎夜光(56)之流離(57)，剖明月(58)之珠胎(59)，鞭洛水之虙妃(60)，餉(61)屈原(62)與彭(63)胥(64)。

【章旨】以上寫天子在水上漁獵的盛況。

【注釋】❶殫　盡。❷中　射中。❸衰　殺；減少。❹靖冥之館　幽深閑靜的館舍。❺珍池　當是上林苑中之池，以其中多珍異之物，故名珍池。❻灌以岐梁二句　言以岐梁二山之水灌入珍池，溢滿則流入江河。岐，岐山。在陝西岐山縣東北。梁，梁山。在陝西韓城縣境。溢，滿而外流。❼瞰　遠望。❽目盡　放眼望不到邊。❾暘　通；達。❿無崖　沒有厓岸。言其甚廣。⓫隨珠　隨侯珠。傳說中的寶珠。相傳隨侯見大蛇傷斷，以藥敷之，後蛇於江中銜大珠以報之，因名隨侯珠。⓬和氏　和氏璧。春秋時楚人卞和所得寶玉，因名和氏璧，亦稱和璧。⓭焯爍　光彩貌。⓮陂　池塘。此指珍池。⓯嶜崟　尖銳貌。⓰眩燿　光彩奪目。⓱青熒　疊韻聯綿詞。光明貌。一說，言其色青而光熒。⓲漢女　漢水女神。相傳周時鄭交甫在漢水邊遇二女，解佩相贈，忽然不見，即此漢水女神。⓳水潛　在水中潛藏。⓴暗冥　言處於幽暗不明之處。亦潛藏之意。㉑殫形　盡其形容。㉒玄鸞孔雀二句　言玄鸞、孔雀、翡翠諸鳥，羽毛華美，散發出光彩。榮，榮光；光彩。㉓王雎　即「雎鳩」。水鳥名，俗稱魚鷹。㉔關關　鳥和鳴聲。㉕嚶嚶　鳥鳴聲。㉖噍噍　同「啾啾」。眾鳥相鳴聲。㉗昆　同；一起。㉘鳧　野鴨。㉙鷖　即「鷗」。一名水鴞。㉚振鷺　振翅飛翔的鷺鷥。㉛砰磕　聲音很宏大。㉜文身　文飾身體。指在身上刺畫圖案或花紋。這是古代越人的習俗。《莊子・逍遙遊》云：「越人斷髮文身。」越人居今江浙一帶，善泅水，因以文身代指善泅水的人。㉝技　指入水取物的技能。㉞水格　在水中搏擊。格，殺；鬥。㉟鱗蟲　魚類和蛟蛇類水中動物。㊱淩　冒犯；輕視。㊲巖淵　巖峻可畏的深潭。巖，岸側險峻之處。㊳排　批；分開。㊴碕　曲岸。㊵薄　迫；逼近。㊶索　求。㊷獱　猵獺。似狐，青色，居水中，食魚。㊸獺　水獺。如小狗，居水中，食魚。㊹攄　引。㊺黿　大鱉。背青黃色，頭有疙瘩，俗稱癩頭黿。㊻鼉　鼉龍。又名豬婆龍，或稱揚子鱷。㊼抾　捉取。㊽蠵　大龜。雄曰瑇瑁，雌曰觜蠵。㊾入洞穴二句　言潛行水底，無所不通。洞穴，深穴。江蘇吳縣南大湖中有包山，相傳山下有洞庭道。蒼梧，郡名。郡治在今廣西梧州，轄今廣西東部及廣東肇慶以西地區。㊿巨鱗　巨大的有鱗甲的動物。指蛟螭黿鼉之類。(51)京魚　大魚。京，一作「鯨」。大。(52)彭蠡　湖名。即今江西鄱陽湖。(53)目　用作動詞，望。(54)有虞　指舜。傳說舜南巡，死於蒼梧之野。有，詞頭。無義。(55)方　且；將。(56)夜光　夜光珠。(57)流離　猶「陸離」。光彩貌。(58)明月　明月珠。(59)珠胎　珠生於蚌，如懷孕，故曰珠胎。(60)虙妃　即「宓妃」或「伏妃」。洛水女神。(61)餉　饋贈。(62)屈原　戰國時楚國著名愛國詩人。(63)彭　彭咸。殷賢大夫，自投水而死。(64)胥　伍子胥。春秋時楚人，名員，父兄被楚平王殺害，子胥逃至吳，輔佐吳王闔閭伐楚，五戰入郢，掘平王墓，鞭屍三百。吳王夫差敗越，越請和，子胥諫不從，夫差聽伯嚭讒，迫子胥自殺，投屍於江。

【語　譯】於是禽獸盡被射中而減少，相互一起集合在幽閑深靜的館舍，面對充滿珍奇之物的池沼。池沼用岐山、梁山的山水灌溉，水滿了就溢出流向江河。池沼之大，向東遠望，放眼望不到邊界，西邊通向無邊無際，隨侯珠、和氏璧，在珍池裡閃閃發光。玉一般的石塊尖銳突出，光芒奪目，光芒四射。漢水女神潛藏水底，珍奇怪物處於幽暗不明的去處，不可以全都形容說出。黑色的鸞鳳鳥、孔雀鳥、翡翠鳥都羽毛艷麗而放射著光彩。雎鳩關關和鳴，鴻雁嚶嚶歌唱，成群地嬉戲在池沼之中，唧唧啾啾地一同鳴叫。野鴨、水鴞，振翅飛翔的鷺鷥，飛上飛下，振翅聲砰砰磕磕，聲如雷霆般震響。於是就使善於泅水的勇士，施展水中取物的技巧，在水裡格殺大魚與蛟螭，輕視堅厚的冰層，藐視嚴峻可畏的深潭，探視險峻的側巖，批擊漫長起伏的曲岸。迫近洞穴去尋找蛟螭，踩死猵獺，引出黿鼉，抓住神異的大龜。進入四通八達的深穴，直至舜的死處蒼梧之野，乘著巨大的鱗介動物，騎著巨大的鯨魚。浮游在彭蠡湖中，目望著有虞舜帝。方將椎碎光彩斑斕的夜光珠，剖開孕育在蚌中的明月珠，鞭打洛水女神宓妃，而餽贈愛國詩人屈原與屈死的彭咸和伍子胥。

於茲乎鴻生①鉅②儒，俄③軒④冕⑤，雜⑥衣裳，脩〈唐典〉⑦，匡⑧雅頌⑨。揖讓⑩於前，昭⑪光振⑫燿⑬，蠁曶⑭如神。仁聲惠於北狄，武誼動於南鄰⑮。是以旃裘之王，胡貉之長⑯，移⑰珍⑱來享⑲，抗手⑳稱臣。前入圍口，後陳盧山㉑。群公㉒常伯㉓，陽朱墨翟㉔之徒，喟然㉕並稱㉖曰：「崇哉乎德，雖有唐㉗、虞㉘、大夏㉙、成周㉚之隆，何以侈茲㉛！夫古之覲㉜東嶽㉝，禪㉞梁基㉟，舍此世也，其誰與㊱哉？」

【章旨】以上寫鴻生巨儒頌揚漢成帝的功業偉大超過唐、虞、三代。賦的頌揚至此達到了極限。

【注　釋】❶鴻生　大先生；大學者。鴻，通「洪」。大。生，自漢代始，儒者皆號生，乃先生之省稱。❷鉅同「巨」。大。❸俄　卬；高。❹軒　軒車。一種曲轅有幡的車，為卿大夫所乘。❺冕　古代帝王、諸侯、卿大夫所戴的禮帽。❻雜　指彩色不一。古時不同等級、不同官品的人，其服色亦不同。❼唐典　〈堯典〉。堯帝的典章制度。《尚書》有〈堯典〉篇。❽匡　正；訂正。❾雅頌　《詩經》中的雅詩與頌詩。雅詩多為反映朝政得失的詩，頌詩為宗廟樂章。❿揖讓　賓主相見時的禮儀。揖，古時的拱手禮。讓，謙讓；退讓。⓫昭明揚。⓬振　振起；振興。⓭燿　與上「光」字，均指美好的政治教化。⓮鑾習　同「鑾忽」。疾速。⓯仁聲惠於北狄二句　仁聲、武誼、北狄、南鄰為互文，言仁聲即包括武誼，言北狄即包括南鄰。仁聲，仁愛的聲教。惠，恩惠；惠愛。用作動詞，給與恩惠。北狄，指北方的少數民族。武誼，指合乎正義的武事、武功。誼，同「義」。南鄰，指南方的鄰邑、鄰邦。⓰旃裘之王胡貉之長　泛指北方少數民族的君長。旃，借作「氈」。毛織品。裘，皮衣。皆北方少數民族的衣著。《史記・匈奴列傳》：「自君王以下，咸肉食，衣其皮革，披旃裘。」胡，我國古代泛稱北方邊地與西域的民族。貉，通「貊」。古代泛指居於北方的民族。⓱移　以物與人。⓲珍珍寶；貴重物品。⓳享　獻。⓴抗手　舉手而拜。㉑前入圍口二句　言貢物前者已入獵圍之口，後者猶陳列於盧山。極言其多。圍口，獵圍營門之口。盧山，山名。在匈奴王庭之南。㉒群公　群臣。㉓常伯　周官名。以從諸侯中選拔而得名，秦漢時稱侍中。㉔楊朱墨翟　皆戰國時思想家。㉕喟然　嘆息聲。㉖並稱　同聲稱頌。㉗唐　唐堯。㉘虞　虞舜。㉙大夏　夏王朝。㉚成周　周王朝。㉛侈茲　大於此。比這更侈大。㉜覲　朝見。㉝東嶽　指泰山。㉞禪　封地為壇，掃而祭地。㉟梁基　即「梁父」。山名。在泰山下。㊱與　稱譽；推許。一說，讀作「歟」。與下「哉」均為語氣助詞。

【語　譯】在這時，大先生、大儒士，坐著高車，戴著禮帽，穿著不同色彩的衣著，講求唐堯的典則，匡正雅詩與頌詩，在人前行拱手謙讓的古禮，明揚美好的政治，振起光輝的教化，迅疾如神靈一般。

仁愛的聲教遠施於北方的戎狄，正義的武功震動了南面的鄰邦。因此披著氈裘的北方各少數民族的君長，都拿出珍寶前來貢獻，恭肅地舉手而拜，自稱臣下。進貢之物，前面的已到了獵圍營門之口，後面的還陳列在匈奴王庭之南的盧山。群臣侍中等各種官員如古代學者楊朱、墨翟一類人物，都贊嘆著同聲稱頌說：「偉大崇高啊，我們皇帝的功德，即使有唐堯帝、虞舜帝、偉大的夏王朝、周王朝的隆盛，怎麼能超過這個呢！遠古時候的帝王朝見東嶽泰山，築壇祭祀泰山腳下的梁父山，捨棄我們現在這個時代，那還推許誰呢？」

上[1]猶謙讓而未俞[2]也，方將上獵[3]三靈[4]之流[5]，下決[6]醴泉[7]之滋[8]，發黃龍[9]之穴，窺鳳凰之巢，臨麒麟之囿，幸神雀之林；奢雲夢[10]，侈孟諸[11]，非章華[12]，是[13]靈臺[14]，罕[15]徂[16]離宮[17]而輟[18]游觀。土事[19]不飾[20]，木功[21]不彫[22]，蒸民乎農桑[23]，勸之以弗怠[24]，儕[25]男女使莫違[26]；恐貧窮者不徧被[27]洋溢之饒，開禁苑[28]，散公儲[29]，創道德之囿，弘仁惠之虞[30]，馳弋[31]乎神明之囿，覽觀乎群臣之有亡[32]；放雉[33]兔，收罝罘[34]，麋鹿芻蕘[35]，與百姓共之，蓋所以臻茲[36]也。於是醇[37]洪鬯[38]之德，豐[39]茂世[40]之規[41]，加勞三皇[42]，勖勤五帝[43]，不亦至乎！乃祗莊[44]雍穆[45]之徒[46]，立君臣之節，崇賢聖之業，未遑[47]苑囿之麗，游獵之靡[48]也，因回軫還衡㊾，背㊿阿房(51)，反未央(52)。

【章　旨】以上寫天子在鴻生巨儒的頌聲中幡然悔悟，主動探求祥瑞，崇尚節儉，施惠於民，以希望發揚前代功業，從而主動結束了這種奢靡的遊獵。這與前面形成鮮明對照，為漢成帝樹立一個榜樣，以進行諷諫。

【注　釋】❶上　君上；皇上。此指漢成帝。❷俞　然。表示同意。❸獵　取。❹三靈　指日、月、星垂象的感應。一說，指天、地、人之神。按《禮記・禮運》篇云：「故天降膏露，地出醴泉。」正與此文相應，當為揚雄之所本，應以前說為是。❺流　即日、月、星之和液下流。❻決　開。❼醴泉　甘美的泉水。古以地出醴泉為祥瑞。❽滋　滋潤；潤澤。❾黃龍　古代所謂祥瑞之物。❿奢雲夢　《左傳・昭公三年》載：楚靈王與鄭伯田於江南之夢。楚靈王為春秋時楚國最奢華的君主，故以田雲夢為奢。奢，用作動詞，以之為奢。雲夢，澤名。大致包括今湖南益陽縣、湘陰縣以北，湖北江陵縣、安陸縣以南，武漢市以西地區。⓫侈孟諸　《左傳・文公十年》載：楚穆王伐宋，宋昭公導以田於孟諸，宋公為右盂獵陣，鄭伯為左盂獵陣，期思公復遂為右司馬，子朱及文之無畏為左司馬，命令早起駕車，還要載上柴火準備夜獵，規模甚大，故以田孟諸為侈。侈，用作動詞，以之為侈。孟諸，宋藪澤名。故地在今河南商丘東北。⓬非章華　《左傳・昭公七年》載：楚靈王築章華臺，招納犯罪逃亡在外者住在裡面，故以章華臺為非。非，用作動詞，以之為非；否定。章華，臺名。在今湖北監利縣西北，春秋時楚靈王建造。⓭是　用作動詞，以之為是，肯定。⓮靈臺　臺名。周文王修築的臺觀，《詩・大雅・靈臺》云：「經始靈臺，經之營之，庶民攻之，不日成之。經始勿亟，庶民子來。」箋云：「觀臺而曰靈者，文王化行似神之精明，故以名焉。」《孟子・梁惠王上》說，文王雖「以民力為臺為沼」，但能「與民同樂」，故以靈臺為是。⑮罕　少。⑯徂　往。⑰離宮　古代帝王於正式宮殿之外別築宮室，以便隨時遊處，謂之離宮。⑱輟　止。⑲土事　指土木建築。⑳不飾　不加修飾雕鏤。㉑木功　同「土事」。指土木建築。㉒不彫　同「不飾」。不修飾雕鏤。㉓蒸民乎農桑　言援引人民使從事於農桑。蒸，進；引導。一作「丞」，即「拯」字。上舉；援引。㉔怠　懈怠；放鬆。㉕儕　偶；互相配偶。一說，等，齊。謂整齊劃一其結婚年齡。㉖莫違　莫錯過婚嫁的適宜時機。㉗徧被　普遍受到。㉘禁苑　帝王的苑囿。因禁止進入，故名禁苑。㉙公儲　公家的儲積。㉚虞　本指掌管園囿田獵的官。此即以虞代指田獵。㉛馳弋　馳騁弋射。弋，用末端繫有絲繩的箭射鳥。㉜有亡　即「有無」。㉝雉　鳥名。鶉雞類，雄者羽色美麗，尾長，可作裝飾品；雌者羽黃褐色，尾短。俗稱野雞。㉞罝罘　捕獸的網。㉟芻蕘　柴草。㊱臻茲　至此。茲，此。指前所言「崇哉乎德」。㊲醇　厚。㊳洪鬯　洪大通暢。鬯，通「暢」。暢達。㊴豐　廣；擴大。㊵茂世　使時世繁榮。㊶規　規劃；規模。㊷加勞三皇　比三皇更勞苦。㊸勗勤五帝　比五帝更努力。㊹祗莊　恭敬嚴肅。㊺雍穆　溫和肅靜。㊻徒　指臣僚。㊼遑　暇。㊽靡　侈靡。㊾回軫還衡　比喻其將背反以前之奢麗誇詡而歸於正道。回，轉。軫，車後橫木。代指車。還，同「旋」。旋轉。衡，車前橫木。亦代指車。㊿背　背棄；背離。(51)阿房　秦宮殿名。故址在今陝西長安縣西。秦惠文王造宮未成而亡。秦始皇廣其宮規，恢三百餘里，離宮別館，彌山跨谷，輦道相屬，閣道通驪山八百餘里，極其奢麗，故背之。(52)未央　西漢宮殿名。故址在今陝西西安市西北長安故城內西南角，漢高祖七年蕭何主持營造。倚龍首山建前殿，立東闕、北闕、武庫、太倉等，周圍二十八里。《史記・高祖本紀》云：「蕭丞相營作未央宮，立東闕、北闕、前殿、武庫、太倉，高祖還，見宮闕壯甚，怒，謂蕭何曰：『天下匈匈苦戰數歲，成敗未可知，是何治宮室過度也？』」漢高祖崇尚節儉，反對未央宮的壯麗，故反還以思之。

【語　譯】皇上還謙遜退讓而不以為然，正將向上獵取日、月、星流下的和液，向下開決甘美的泉水的滋潤，發掘黃龍的洞穴，窺探鳳凰的窠巢，臨視麒麟的苑囿，遊覽神雀的樹林；以楚靈王的雲夢之獵為奢華，以楚穆王的孟諸之田為侈靡，否定楚靈王建造的章華臺，肯定周文王營造的靈臺，很少去到離宮別館，停止了觀賞遊玩。土木建築工程都不加裝飾雕畫，引導民眾從事農耕桑植，勉勵他們不要懈怠，讓男女及時婚配，莫錯過婚嫁的時機。恐怕貧窮困苦的人不能普遍享受到廣泛無邊的富有，就開放禁止閑人進入的苑囿，散發公家的儲積，創立道德的規範，擴大仁惠的範圍，馳騁弋射在神明的園圃，觀看群臣的富有與貧困而加施恩惠。放走野雞與野獸，收起捕獸的羅網，苑中的麋鹿柴草與百姓共同享有。這大概就是達到這個境界的原因吧。於是加厚洪大暢達的德政，擴大繁榮時世的規模，比三皇更加辛勞，比五帝更加勉勵，不是達到了最高境地嗎？於是恭敬嚴肅溫和的臣僚，為建立君臣的節概，擴大賢聖的事業，沒有閑暇去講究苑囿的奢麗，遊獵的侈靡。因而掉轉車頭，背離秦始皇的阿房宮，回到了漢高祖的未央宮。

卷二

長楊賦 并序

【題　解】長楊，漢時宮名，以有長楊樹而得名。故址在今陝西盩厔縣東南。賦以寫漢成帝命胡人在長楊宮射熊館射獵禽獸以誇示胡人為中心，故名曰〈長楊賦〉。賦的寫作目的，揚雄自己說是針對漢成帝這次射獵擾害農民，使「農民不得收斂」而進行諷諫的。賦的描寫通過客（子墨客卿）、主（翰林主人）問答展開。但賦沒有對射獵的場面作直接的鋪陳，而且在子墨客卿提出這次射獵「擾於農民」的批評之後，由翰林主人敘述漢高祖取天下是為了救民，漢文帝崇節儉是為了富民，漢武帝事四夷是為了安民，而漢成帝的這次射獵也是為了「平不肆險，安不忘危」，而且很有節制，「車不安軔，日未靡旃」就「從者仿佛，骫屬而還」，百姓安居樂業，社會太平昌盛。即使讓「胡人之獲我禽獸」，也是為了籠絡胡人，安定邊疆，消弭戰爭，以駁斥子墨客卿的批評。最後以子墨客卿承認錯誤作結。賦形似為漢成帝的「大誇胡人」辯護，實是勸導漢成帝應該以先帝為榜樣，處處為民著想，「展民之所詘，振民之所乏」，而不要擾民。正言若反，以達到勸諫的目的。這種以頌為諷的方法，就是辭賦的諷諫。這層諷諫之意，不細心體察，確實不易領會，故不免「勸百而諷一」之譏。但這種替百姓說話而向皇帝進諫的用心是值得肯定的。此賦在藝術上亦不同於〈甘泉賦〉、〈羽獵賦〉。賦中以描寫歷史與理想的現實為中心，不似〈甘泉賦〉之主要描寫宮殿，〈羽獵賦〉之主要描寫田獵場面；行文亦縱橫開闔，頗多散文氣息，文字也比較平易，不似〈甘泉賦〉、〈羽獵賦〉重辭藻，重鋪排，風格典重而有艱澀之弊。藝術上亦有其特點。

明年❶，上將大誇胡人❷以多禽獸。秋，命右扶風❸發民入南山❹，西自褒斜❺，東至弘農❻，南敺❼漢中❽，張羅網罝罘，捕熊羆豪豬虎豹狖❾玃❿狐兔麋鹿，載以檻車⓫，輸⓬長楊射熊館。以網為周阹⓭，縱⓮禽獸其中，令胡人手搏之，自取其獲，上親臨觀焉。是時，農民不得收斂⓯。雄從至射熊館，還，上〈長楊賦〉，聊因筆墨之成文章，故藉⓰翰林以為主人，子墨為客卿⓱以風⓲。其辭曰：

【章　旨】這是賦序，交代作賦的原因是漢成帝要「大誇胡人以多禽獸」，妨礙農功。寫作的目的是諷諫。

【注　釋】❶明年　第二年。此指漢成帝永始四年的第二年，即元延元年（西元前一二年）。❷胡人　古代稱北方及西域的少數民族為胡人。❸右扶風　官名。漢武帝太初元年改主爵都尉為右扶風，治右內史地，其地在今陝西長安縣以西，與京兆、左馮翊為三輔。❹南山　終南山。屬秦嶺山脈，在今陝西西安市南。❺褒斜　山谷名。也稱褒斜道、褒斜谷，在陝西省西南，為緣褒水、斜水所形成的河谷。南口稱褒谷，在今勉縣褒城鎮北十里；北口稱斜谷，在今眉縣西南三十里。總長四百七十里，通道山勢險峻，歷代鑿山架木，於懸巖絕壁間修成棧道，舊時為川陝交通要衝。❻弘農　郡名。漢武帝元鼎四年置，轄境為今河南內鄉、宜陽縣以西，黃河、華山以南，陝西柞水縣以東地區，治弘農縣。❼敺　古「驅」字。驅趕。❽漢中　郡名。秦置，漢仍之，轄今陝西省南部及湖北省西北部之地，治南鄭縣。❾狖　亦作「貁」。獸名，長尾猿。❿玃　亦作「貜」。猴之一種。⓫檻車　裝載猛獸的有柵欄的車。⓬輸　輸送；轉運。⓭阹　圍獵禽獸之圈。用網或竹、木將禽獸遮攔在山谷之中以便捕獵叫圍獵。⓮縱　放。⓯收斂　收割；收穫。指秋季收割農作物。⓰藉　轉注為「借」。假借。⓱翰林以為主人子墨為客卿　賦中假設的兩個人物。⓲風　借作「諷」。諷諫。

【語譯】第二年，皇上將以禽獸眾多，大大地向胡人誇耀一番。這年秋天，命令右扶風發動民眾深入終南山，南面從褒斜谷開始，東面到達弘農郡，南面驅使漢中郡的農民，張掛羅網罝罘等捕獵鳥獸的工具，捕捉熊羆、豪豬、虎豹、猴猿、狐兔、麋鹿等動物，用有柵欄的車裝載著，輸送到長楊宮射熊館內，用網遮攔住四周，做成圍獵的圈，將禽獸放入其中，令胡人親手搏擊牠們，自己收取他們獵獲，皇帝親自站在高處觀看。這個時候，農民不能在家收割種植的農作物。我揚雄跟從皇帝到了射熊館，歸來，就奏上這篇〈長楊賦〉，用筆墨寫成文章，假借翰林做主人，子墨做客卿來諷諫。文辭說：

子墨客卿問于翰林主人曰：「蓋聞聖主之養民也，仁霑❶而恩洽❷，動不為身❸。今年獵長楊，先命右扶風，左太華❹而右褒斜，椓❺嶻嶭❻而為弋❼，紆❽南山以為罝❾，羅千乘于林莽❿，列萬騎于山隅⓫，帥軍踤阹，錫戎獲胡⓬。搤⓭熊羆，拖⓮豪豬，木擁⓯槍纍⓰，以為儲胥⓱，此天下之窮覽極觀⓲也。雖⓳然⓴，亦頗㉑擾于農民。三旬有餘，其廑㉒至矣，而功不圖㉓。恐不識者，外之㉔則以為娛樂之游，內之則不以為乾豆㉕之事，豈為民㉖乎哉！且人君以玄默㉗為神㉘，澹泊㉙為德，今樂㉚遠出以露㉛威靈㉜，數㉝搖動以罷㉞車甲㉟，本非人主之急務也，蒙㊱竊惑焉。」

【章旨】以上借子墨客卿之口，對漢成帝的誇示胡人的擾民舉措提出批評，以引出翰林主人的評述。這就是賦常用的所謂「述客主以首引」（《文心雕龍・詮賦》篇語），即借客與主人的問答以展開描寫。

【注釋】❶霑　潤澤；沾濡。❷洽　沾潤；潤澤。❸動不為身　言一切舉措都憂慮百姓而不為自身。❹太華　即西嶽華山。在陝西華陰縣南，因遠望其形如華（花），故稱華山，因其西南有少華山，故又稱太華。❺椓　椎築；敲擊。❻巀嶭　山名。一名嵯峩山又名慈峨山，在陝西涇陽、三原、淳化三縣交界處。❼弋　同「杙」。繫牲口的小木樁。❽紆　屈曲；回旋。❾罝　捕兔的網；捕獸的網。❿林莽　草木深邃平遠的境域。⓫隅　角落；邊側之地。⓬帥軍踤阹二句　言率軍士聚為圍陣，以禽獸賜與戎狄，令胡人獲取之。帥，率領；統率。軍，軍士；士兵。踤，聚集。一說，足蹴；踢。錫，給；賜與。戎，古代泛指我國西部的少數民族。⓭搤　通「扼」。捉住；掐住。⓮拕　牽引；奪取。⓯木擁　用木擁蔽。擁，遮蔽；壅塞。⓰槍纍　用繩索將竹槍綑綁連綴。⓱儲胥　木柵藩籬之類的東西，作為守衛距障之用。⓲窮覽極觀　最高級的觀覽，最好看的場面。⓳雖　雖然。⓴然　代詞。如此；這樣。㉑頗　很；甚。㉒廑　古「勤」字。勞苦；辛勞。㉓功不圖　即「不圖功」。不謀求事功。凡人之所為，皆有所圖，今則百姓甚勞苦而無圖，言勞而無益。一說，言百姓甚勞苦而不見謀贍恤之事。又一說，言其功不可圖畫以遺後人。三說當以第一說為近。圖，謀。㉔外之內之　猶言一方面、另一方面；第一、第二。㉕乾豆　祭祀用品。古代祭禮把乾肉放在豆中祭祀天地祖先，為古代統治者田獵的三個目的，即三驅（一為乾豆，二為賓客，三為充君之庖）之一。乾，乾肉。豆，祭器。㉖為民　為了民眾。㉗玄默　沈靜無為。㉘神　玄妙；神奇。㉙澹泊　恬靜寡欲。㉚樂　樂於；喜悅。㉛露　謂顯暴不深固。㉜威靈　威嚴神聖。㉝數　多次；屢次。㉞罷　借作「疲」。疲弊；勞苦。㉟車甲　車馬甲卒。㊱蒙　自稱謙詞。謂蒙蔽而不明事理。

【語譯】子墨客卿向翰林主人詢問道：「聽說聖明的君主養育民眾，用仁惠滋養，用恩德潤澤。一舉一動都不是為了自身。今年到長楊宮去打獵，首先命右扶風，左邊以太華山為界，右邊以褒斜谷為疆，椎築巀嶭山做為繫牲口的小木樁，屈曲終南山做為捕兔的羅網，張羅上千輛車子在草木叢生的平野，陳列上萬騎士卒在山的邊側，率領軍士聚集成為圍獵的圍圈，將禽獸賜予戎狄，讓胡人自己去獲取。捉住熊羆，抓住豪豬，用木蔭蔽遮攔，用繩索將竹槍綑綁連綴，做成柵欄藩籬，這確是天下最壯觀的場面。雖然如此，卻也對農民擾害太大。三十幾天的時間，那辛勞勤苦也實在太厲害了，可是對功業一點益處也沒有。恐怕不識事理的人，一方面認為是娛樂遊玩，另一方面認為不是為了祭祀天地祖先而準備乾肉以便充實禮器，這難道是為了民眾嗎？並且，人君以寂靜無為作為神聖，以恬澹寡欲作為德行，現在喜好遠遠地外出以顯露威嚴神聖，多次招搖出動以疲弊車馬兵卒，這本來不是人主最急迫的事務。我內心裡很感到迷惑而不能理解呢。」

翰林主人曰：「吁❶，客何謂之茲耶！若客，所謂知其一未睹❷其二，見其外不識其內也。僕❸嘗倦談，不能一二其詳❹，請❺略舉其凡❻，而客自覽其切❼焉。」

客曰：「唯唯❽。」

【章旨】以上寫翰林主人對子墨客卿的話提出總體的評論以引起下文。

【注釋】❶吁　表示驚異的感嘆詞。❷睹　看見。❸僕　自稱謙詞。❹詳　悉備；詳細地說明。❺請　表敬副詞。❻凡　大凡；大概。❼切　要領。❽唯唯　答應聲。

【語譯】翰林主人說道：「哎呀，客人為什麼這樣說呢！至于你客人，正如大家說的，只了解它的一個方面，而沒有看到另外一個方面，只看到它的外表，而沒有認識它的內在實質。我曾經很厭倦談話，不能夠詳盡地一條二條地給你說明，只能約略舉出它的大要，客人自己去體察它的要領。」客人回答說：「好的，好的。」

主人曰：「昔有強秦，封豕❶其士❷，窫窳❸其民。鑿齒之徒，相與摩牙而爭之❹，豪俊麋沸❺雲擾❻，群黎❼為之❽不康❾。于是上帝❿眷顧⓫高祖⓬，高祖奉命，順斗極，運天關⓭，橫⓮鉅海⓯，漂⓰昆侖⓱，提劍而叱⓲之，所過麾城⓳摲邑⑳，下將㉑降旗㉒，一日之戰，不可殫記㉓。當此之勤，頭蓬㉔不暇梳，飢不及餐，鞮鍪㉕生蟣蝨㉖，介胄㉗被霑汗㉘，以為萬姓請命㉙乎皇天㉚。迺展㉛民之所詘㉜，振㉝民之所乏㉞，規㉟億載㊱，恢㊲帝業，七年之間㊳，而天下密如㊴也。

【章　旨】以上敘述在暴秦肆虐之時，漢高祖上膺天命，提三尺劍，東征西討，以除暴安良，建立大漢王朝的功績，說明其目的是為了救民於水火。

【注　釋】❶封豕　大豬。比喻貪暴的首惡分子。這裡用作動詞，意謂如封豬一般對待其士。封，大。❷士　士子；士人。古時四民（士、農、工、商）之一，位於庶民之上。士原作「土」，《漢書》作「士」。按與民相對，作「士」是，今據改。❸窫窳　獸名。據《山海經・北山經》載：「其狀如牛，而赤身人面馬足，名曰窫窳。」此用以比喻暴虐殘害。❹鑿齒之徒二句　比喻強秦貪暴，殘食其民。鑿齒，獸名。《淮南子・本經》注云：「鑿齒，獸名，齒長三尺，其狀如鑿，下徹頷下，而持戈盾。」一說，古代傳說中的野人。《山海經・海外南經》注云：「鑿齒亦人也，齒如鑿，長五六尺。」此亦借指暴亂凶殘之徒。摩牙，謂磨礪其牙使之銳利。摩，通「磨」。❺糜沸　謂如粥在鍋中沸騰。比喻動亂紛擾。糜，粥。❻雲擾　如烏雲般翻滾擾亂。❼群黎　所有百姓。黎，黎民；庶民。❽為之　為此。❾康　安康；安寧。❿上帝　天神；天帝。⓫眷顧　垂愛關注。⓬高祖　漢高祖劉邦。漢王朝的開國皇帝。⓭高祖奉命三句　《文選》李善注引《洛書》曰：「聖人受命，必順斗極。」又引宋均《尚書・中候》注曰：「順斗極為政也。」言接受天命必須如北斗星圍繞北極星一樣。命，指天命。斗極，北斗星與北極星。北斗星即在北天排列成斗形的七顆亮星，七星的名稱是：一天樞，二天璇，三天璣，四天權，五玉衡，六陽關，七搖光。即今大熊星座的七顆較亮的星。北極星指小熊星座α星，距地球極遠，約七百八十二光年，自地球視之，覺其不動，眾星似皆繞之旋轉，故古人認為是最尊貴的星，有眾星拱北的說法。運，轉。天關，星名。即北極星。一說，指二十八宿中的牛宿和角宿。⑭橫　橫渡。⑮鉅海　即「巨海」。大海。⑯漂　搖蕩。⑰昆侖　即「崑崙」。崑崙山。⑱叱　大聲呵斥。⑲麾城　招降城池。麾，通「揮」。指揮；招手。⑳撕邑　掃蕩郡邑。撕，芟除；掃蕩。㉑下將　使將領降服。下，用作使動詞，降服。將，將領。軍隊的統帥。㉒降旗　使敵人降下旗幟。即使敵人降服。降，降落；降下。旗，旗幟。㉓殫記　盡記；全部記下。㉔頭蓬　頭髮亂如蓬蒿。蓬，蓬蒿。秋枯根拔，隨風飛轉，故又名飛蓬、轉蓬。引申為蓬鬆、紛亂。㉕鞮鍪　頭盔。㉖蟣蝨　蝨子和蝨卵。蟣，蝨子的卵。㉗介胄　甲胄。披甲戴盔。介，通「甲」。㉘霑汗　霑濕的汗水。㉙請命　祈求保全性命。㉚皇天　偉大的天。為對天的尊稱。古代天有五號：尊而君之，則曰皇天；元氣廣大，則曰昊天；仁覆閔下，則稱旻天；自上監下，則稱上天；據遠視之蒼蒼然，則稱蒼天。㉛展　伸張。㉜詘　冤屈；冤曲。㉝振　通「賑」。救濟。㉞乏　缺乏；窮困。㉟規　規畫；謀畫。㊱億載　億萬年的基業。載，年。㊲恢　擴大。㊳七年之間　劉邦從秦二世元年（西元前二〇九年）九月，響應陳涉，發動反秦起義，至西元前二〇六年十月攻入咸陽，推翻秦王朝，被項羽封為漢王，至西元前二〇二年十二月誅滅項羽，被尊為皇帝，結束秦末漢初的連年戰爭，前後歷時為七年。㊴密如　安定。如，詞尾。相當於「然」。

【語　譯】翰林主人說道：「從前有個強暴的秦王朝，像大野豬一般凶殘地對待他的士人，像窫窳獸一樣暴虐地對待他的民眾。如鑿齒一樣殘暴貪婪的一類人，相互一起磨牙礪齒而爭相殘害百姓。當時的英雄豪傑如鍋中煮粥一般地沸騰不安，如天上烏雲一般地滾翻不定，所有老百姓為此而不得安寧。於是皇天上帝特別垂愛關注高祖劉邦。高祖奉承天命，依順北斗星與北極星，運轉天關星，橫渡大海，搖動崑崙山，提著寶劍而大聲呵斥暴亂之徒，所經過的地方，招降城堡，攻破郡邑，降服敵軍將領，使他們落下旗幟投降，一天的戰鬥，都不可全部記載下來。當這種情況下的勤苦，頭髮如亂蓬也無暇梳洗，飢餓了也來不及進餐，頭盔裡長滿了蝨子和蝨卵，鎧甲也被汗水沾濕，這樣來為天下萬姓民眾向偉大的天祈求保全性命。於是就伸張民眾的冤屈，救濟民眾的窮困，規畫億萬年的宏圖，擴大帝王的基業，七年的時間，天下就安定太平了。

逮至❶聖文❷，隨風❸乘流❹，方❺垂意❻于至寧❼，躬服節儉，綈衣不弊，革鞜不穿，大廈不居，木器無文❽。于是後宮❾賤❿瑇瑁⓫而疏⓬珠璣⓭，卻⓮翡翠之飾，除彫琢⓯之巧⓰，惡⓱麗靡⓲而不近，斥⓳芳芬⓴而不御㉑，抑止絲竹㉒晏衍㉓之樂㉔，憎聞鄭衛㉕幼眇㉖之聲㉗，是以玉衡正而太階平也㉘。

【章旨】以上敘述漢文帝躬行節儉，從而百姓富裕，天下太平。

【注釋】❶逮至　到了。❷文　漢文帝劉恆。劉邦子，漢朝第四代皇帝，在位二十三年（西元前一七九～前一五七年），在位期間，躬行節儉，勵精圖治，天下安寧，史稱「文景之治」。❸隨風　隨從漢高祖之風。❹乘流　順從漢高祖之流。❺方　正。❻垂意　留心。❼至寧　最高的安寧。❽躬服節儉五句　《史記．孝文本紀》載：「孝文帝從代來，即位二十三年，宮室苑囿狗馬服御無所增益，有不便，輒弛以利民。嘗欲作露臺，召匠計之，直百金。上曰：『百金，中民十家之產，吾奉先帝宮室，常恐羞之。何以臺為！』上常衣綈衣，所幸慎夫人，令衣不得曳地，幃帳不得文繡，以示敦樸，為天下先。」此所記當非溢美之辭。躬，親自。服，從事；實行。綈，質地粗厚、平滑而有光澤的絲織品。不弊，言取其不破爛而已。革鞜，革履；皮鞋。不穿，言取其不穿破而已。大廈，大屋。文，文飾；文彩。❾後宮　宮中后妃所居。猶言後庭、內宮。此借指妃嬪、姬妾。❿賤　用作意動詞，以之為賤。輕視；看輕。⓫瑇瑁　形狀似龜的爬行動物。產於熱帶海中，甲殼可作裝飾品。⓬疏　疏遠；不重視；不親近。⓭珠璣　即珠寶。璣，不圓的珠或小珠。⓮卻　退；去掉。⓯彫琢　雕刻琢磨。言加工精緻。⓰巧　精巧；美好。⓱惡　憎惡；討厭。⓲麗靡　華美；奢華。⓳斥　廢棄；排斥。⓴芳芬　芳香。㉑御　進用。㉒絲竹　弦樂器和竹管樂器。此泛指音樂。㉓晏衍　邪聲。怪腔異調。㉔樂　音樂。㉕鄭衛　鄭衛之音。本指春秋、戰國時鄭國、衛國的俗樂，這種地方音樂，音調與雅樂不同，儒家因為《論語・衛靈公》篇有「鄭聲淫」之語，便附會鄭聲為《詩經》裡的鄭風。而鄭風、衛風多愛情詩，儒家以為皆為刺淫而作。因而以鄭衛之音為淫蕩的樂歌。㉖幼眇　微妙曲折。㉗聲　音樂。㉘是以玉衡正句　古代認為太階平，則陰陽和，風雨時，歲大登，民人息，天下平，是謂太平。故玉衡正，太階平，皆天下太平的象徵。玉衡，北斗星的第五星。太階，即「泰階」。星名。即三臺，上臺、中臺、下臺共六星，兩兩並排而斜上，形似階梯，故名。

【語　譯】到了漢文帝，隨著漢高祖創建的風氣，趁著漢高祖開創的潮流，正留心於最好的安寧，親自實行節省儉樸，穿著質地粗厚平滑的綈衣只求其不破爛，皮革的鞋子只求其不穿破，不居住高樓大廈，木製的器具也不加彩繪。於是後宮的妃嬪看輕瑇瑁，不重視珠寶，去掉翡翠羽毛的裝飾，除去雕刻琢磨的精巧，厭惡華美奢侈而不去接近，廢棄芳香之物而不使用，制止管弦樂器演奏異腔怪調的樂曲，憎惡聽到鄭衛之音一類淫靡放蕩的聲調，於是玉衡端正，泰階平整，天下太平了。

其後熏鬻❶作虐❷，東夷橫畔❸，羌❹戎❺睚眥❻，閩越❼相亂❽，遐眠❾為之❿不安，中國蒙被其難⓫。于是聖武⓬勃怒⓭，爰⓮整其旅⓯，迺⓰命驃衛⓱，汾沄⓲

沸渭⑲，雲合⑳電發㉑，猋騰㉒波流㉓，機駭㉔蠭軼㉕，疾㉖如奔星㉗，擊如震霆㉘，碎㉙轒轀㉚，破穹廬㉛，腦沙幕㉜，髓余吾㉝，遂躐㉞乎王庭㉟。敺㊱橐駝㊲，燒熐蠡㊳。分勢單于，磔裂屬國㊴。夷阬谷，拔鹵莽，刊山石㊵，蹂㊶尸輿㊷廝㊸，係累㊹老弱，兗鋋瘢耆，金鏃淫夷者㊺，數十萬人，皆稽顙㊻樹頷㊼，扶服㊽蛾伏㊾，二十餘年矣，尚㊿不敢惕息(51)。夫天兵四臨，幽都先加(52)，迴戈(53)邪指(54)，南越相夷(55)，靡節西征，羌僰東馳(56)。是以遐方(57)疏俗(58)，殊鄰(59)絕黨(60)之域，自上仁所不化(61)，茂德所不綏(62)，莫不蹻足(63)抗首(64)，請獻厥(65)珍，使海內(66)澹然(67)，永亡(68)邊城之災，金革(69)之患。

【章　旨】以上敘述漢武帝東征西討，外事四夷，目的是為了安民。

【注　釋】❶熏鬻　即匈奴。我國古代北方民族之一，先後叫鬼方、混夷、獫狁、熏鬻、山戎，秦漢時稱匈奴。散居大漠南北，過游牧生活，善騎射。自商、周至秦、漢，漢族居住的富庶地區，一直是其掠奪的對象。特別在秦漢之際，冒頓單于統一匈奴各部，有控弦之士三十餘萬，常侵擾邊地，成為北方的重要邊患。❷虐　侵害；殘暴。❸東夷橫畔　漢景帝三年，東甌從吳王劉濞叛亂。漢武帝建元三年，閩越發兵圍東甌，建元六年，閩越擊南越，元鼎五年，南越反叛，東越王餘善持兩端，陰使南越。元鼎六年，乃遂反，發兵距漢道，入白沙、武林、梅嶺，殺漢三校尉。東夷，指東越。古代越人的一支。相傳為越王句踐的後裔，居今福建、浙江一帶，秦末，越人無諸、搖助劉邦擊項羽，漢高祖五年立無諸為閩越王，都東冶；惠帝三年，立搖為東海王，都東甌。橫畔，橫行叛亂。畔，借作「叛」。❹羌　我國古代西部民族之一。❺戎　古代泛指我國西部少數民族。❻睚眥　怒目而視。借指怨忿。一說，猜忌不和貌。漢興，匈奴冒頓單于臣服諸羌，與漢對立，故曰睚眥。❼閩越　指閩越國與南越國。閩越，見前注❸。南越，在今廣東、廣西一帶。秦末，趙佗自立為南越王；漢武帝元鼎六年，擊滅南越，置南海、蒼梧、鬱林、合浦、交趾、九真、日南、珠厓、儋耳九郡。❽相亂　指漢武帝建元六年，閩越王郢興兵擊南越邊邑；元鼎五年漢興兵擊南越，東越王餘善又持兩端，陰使南越，元鼎六年乃遂反，發兵距漢。❾遐眠　遠方民眾。眠，即「氓」。草野之民。❿為之　為此。⓫難　災難；禍難。⓬武　漢武帝劉徹。漢朝第七代皇帝，在位五十四年（西元前一四〇～前八七年）。在位期間，內興禮樂，外事四夷，開疆拓土，為西漢一代軍事政治經濟文化的極盛時期。⓭勃怒　勃然大怒。勃，勃然。發怒變色。⓮爰　於是；乃。⓯旅　軍旅；軍隊。⓰迺　同「乃」。⓱驃衛　二人皆為漢武帝時抗擊匈奴的名將。驃，指驃騎將軍霍去病。衛，指大將軍衛青。⓲汾沄　眾盛貌。⓳沸渭　震動奮發貌。⓴雲合　如烏雲之聚合。㉑電發　如閃電之發射。㉒猋騰　如飆風之翻騰。猋，同「飆」。㉓波流　如波濤之奔流。㉔機駭　如弩機之突發。機，弩機。弓上發箭的裝置。㉕蠭軼　如群蜂之突發。蠭，昆蟲名，「蜂」的本字。蜂尾有毒刺能螫人。軼，突；襲擊。㉖疾速；快。㉗奔星　流星。天空墜落的星。㉘震霆　雷霆；霹靂；雷之急擊者。俗稱炸雷。㉙碎　用作動詞，打破；打爛。㉚轒轀　攻城的戰車。四輪，排大木為之，上蒙以生牛皮，下可容十人，往來運土填塹，木石所不能傷。此指匈奴的戰車。㉛穹廬　氈帳。大型的圓頂帳篷，為游牧的匈奴人的住處。㉜腦沙幕　腦血塗在沙漠地上。沙幕，即沙漠。㉝髓余吾　骨髓流入余吾水。髓，同「髓」。骨髓。骨中脂膠狀物質。用作動詞，骨髓流入。余吾，古水名。在今蒙古鄂爾斯西境。㉞躪　踐踏。㉟王庭　匈奴單于所居之處。㊱敺　古「驅」字。驅趕；趕走。㊲橐駝　即駱駝。家畜名，偶蹄類，體高大，背有一至二肉峰，能忍飢渴，善負重致遠，利於在沙漠中行走，有「沙漠之舟」的稱呼。㊳燒熐蠡　意謂壞其養生之具。熐蠡，乾酪。造酪母之原料。㊴分剺單于二句　匈奴北服渾庾、屈射、丁零、鬲昆、薪犁之國，西定樓蘭、烏孫、呼揭及其旁二十六國，皆為匈奴，東滅東胡王。匈奴屬國甚多，故分裂之。分剺，分割；割裂。剺，即「剺」。劃開；割開。單于，古代匈奴的君主稱單于。磔裂，分開；分離。屬國，附屬國。㊵夷阬谷三句　言兵騎平其坑谷，除其鹵莽，削其山石，以通道路。夷，平。阬，同「坑」。窪下去的地方。谷，山谷。拔，拔除；改變。鹵莽，雜草叢生的鹽鹼地。鹵，鹽鹼地。莽，叢生的草木。刊，削。㊶蹂　蹂躪；踐踏。㊷輿　車。用作動詞，用車輾。一說，用車載。㊸廝破折；傷殘。此指傷殘的人。㊹係累　拘繫；綑綁。累，繩索。引申為綑綁。㊺兗鋋瘢耆二句　原注云：「孟康讀耆字句絕句，蘇林讀瘢字、鏃字絕句。案鏃字協韻，似蘇讀為長。」按此句有不同句讀，錄此以供參考。兗，括；箭筈；箭的末端。鋋，鐵柄短矛。瘢耆，馬脊瘡痕。鏃，箭頭。淫夷，過分受傷。㊻稽顙　以額頭觸地，表示請罪降服。顙，額頭。稽，頭至地。㊼樹頷　叩頭時項向下，則下顎豎向上，亦叩頭之意。樹，通「豎」。豎立向上。頷，下巴；下顎。㊽扶服　即「匍匐」。伏地爬行。㊾蛾伏　如蟲蟻般伏地。蛾，同「蟻」。㊿尚　副詞。還。51愓息　不敢喘息。形容極其恐懼。52夫天兵四臨二句　漢武帝從元光二年（西元前一三三年）開始討伐匈奴，與匈奴連年作戰，將匈奴從漠南趕往漠北極遠之地，解除了北方的邊患。夫，發語詞，無義。天兵，王師。國家的軍隊。四臨，四至；到達四方各地。臨，至；及。幽都，指北方極遠之地。匈奴在漢之北境，此代指匈奴。先加，首先被討伐。加，加兵。53迴戈　掉轉戈矛。即迴轉軍隊，由北方轉向南方。54邪指　同「斜指」。斜著指向。55南越相夷　漢武帝於元鼎五年秋出兵，元鼎六年滅南越國，立九郡。夷，滅。56靡節西征二句　漢武帝從建元六年開始通西南夷，至元鼎六年誅且蘭、邛君，殺筰侯，冉駹皆恐，請臣置吏，乃置越巂、沈犂、汶山、武都四郡，西南夷皆內附。靡節，按節；奉著節。節，古代使臣執以示信之物。西征，向西行進。羌，羌族。僰，我國古代西南的少數民族。東馳，向東馳行。言馳入京師朝拜。57遐方　遠方。58疏俗　習俗疏遠；習俗不同。指與漢族習俗不同的邊遠地區。59殊鄰　鄉邑不同。鄰，邑。60絕黨　絕遠的地方。黨，古代一種地方基層組織，五百家為黨。61化　感化。62綏　安撫；安定。63蹻足　舉足；踮起腳尖。蹻，同「蹺」。64抗首　舉首；抬起頭。65厥　其。66海內　四海之內。猶言天下。古人認為我國疆土四面環海，故稱國境以內為海內。67澹然　恬靜；安定。68亡　借作「無」。69金革　猶言甲兵。借以代指戰爭。金，戈矛之屬。革，甲冑之屬。

【語　譯】那以後匈奴肆行殘害侵擾，東越橫行叛亂，羌族人怒目相視，閩越與南越互相攻擊作亂，遠方的民眾為此而不能安居樂業，中原人民也蒙受了他們的災難。於是聖明的孝武皇帝勃然發怒，整頓他的軍隊，就命令驃騎將軍霍去病、大將軍衛青，統帥大軍，奮力出擊，如烏雲般聚合，如閃電般發射，如飆風般翻騰，如波濤之奔流，如弩機般突發，如群蜂般突起，疾速如流星墜落，奮擊如雷霆震響，打破匈奴攻城的戰車，打爛匈奴居住的帳篷，腦血灑在沙漠地裡，骨髓流入余吾水中。於是踐踏了匈奴單于居住的王庭，趕走了他們的駱駝，燒燬了他們的乾酪，打破匈奴單于統帥的各個部落，分離匈奴征服的各個附屬國，填平坑窪山谷，拔除鹹地草莽，削平山丘巖石以開闢道路，蹂躪死屍，車輾傷病，拘繫老弱，被戈矛刺傷背脊，被羽箭過度射傷的人有數十萬人，他們都跪在地上叩首觸額，爬在地上像蟲蟻般伏著，有二十幾年了，還是不敢大聲喘氣。國家的軍隊四面出動，北方的匈奴首先被征討，掉轉槍頭斜指向南方，南越國就被削平，使臣奉著信節向西行進，羌族僰人就向東馳入京師朝見。因此，遙遠的地方，不同的習俗，跟中原久相殊絕的郡邑鄉黨那樣的區域，從來就是最高的仁愛所不能感化，豐茂的恩德所不能安撫，到這時，沒有誰不踮起腳尖，昂著腦袋，請求貢獻他們的珍寶。從而使天下恬靜安定，永遠沒有邊境城堡被侵擾的災禍，永遠沒有荷戈披甲奔赴疆場投入戰爭的憂慮。

今朝廷[1]純[2]仁，遵道顯[3]義，并包書林[4]，聖風[5]雲靡[6]；英華[7]沈浮[8]，洋溢[9]八區[10]，普天所覆，莫不沾濡[11]；士有不談王道[12]者，則樵夫[13]笑之。意者[14]以為事罔[15]隆[16]而不殺[17]，物靡盛而不虧，故平不肆險[18]，安不忘危。迺[19]時[20]以有年[21]出兵，整輿[22]竦戎[23]，振師[24]五柞[25]，習[26]馬長楊，簡力[27]狡[28]獸，校武[29]票[30]禽。迺萃[31]然登南山，瞰[32]烏弋[33]，西厭[34]月蜎[35]，東震[36]日域[37]。又恐後代迷于一時之事，常以此為國家之大務[38]，淫荒田獵，陵夷[39]而不禦[40]也，是以車不安軔[41]，日未靡旃[42]，從者[43]仿佛[44]，骫[45]屬[46]而還[47]；亦所以奉[48]太尊[49]之烈[50]，遵文武[51]之度[52]，復三王之田[53]，反五帝之虞[54]；使農不輟耰[55]，工[56]不下機[57]，婚姻以時[58]，男女莫違[59]；出凱弟[60]，行簡易[61]，矜[62]劬勞[63]，休力役[64]，見百年[65]，存[66]孤弱[67]，帥[68]與之同苦樂。然後陳鐘鼓之樂[69]，鳴鞀[70]磬[71]之和[72]，建碣磍[73]之虡[74]，拮隔[75]鳴球[76]，掉[77]八列[78]之舞；酌允鑠[79]，肴樂胥[80]，聽廟中之雍雍[81]，受神人之福祜[82]；歌投頌[83]，吹[84]合雅[85]。其勤若此，故真神之所勞[86]也。方將俟[87]元符[88]，以禪梁甫之基，增泰山之高[89]，延光[90]于將來，比榮乎往號[91]，豈徒欲淫覽[92]浮觀[93]，馳騁秔稻之地，周流(94)梨栗之林，蹂踐芻蕘(95)，誇詡(96)眾庶(97)，盛狖玃之收，多麋鹿之獲哉！且盲者(98)不見咫尺(99)，而離婁(100)燭(101)千里之隅(102)；客徒愛胡人之獲我禽獸，曾(103)不知我亦已獲其王侯(104)。」

【章　旨】以上說明漢成帝這次出獵的目的是為了「平不肆險，安不忘危」，而且很有節制，非但沒有擾民，還給了百姓許多德政，以致國泰民安。正如序言所說，漢成帝的作為全不如此。這裡描述的是揚雄的理想與希望。他希望漢成帝做這樣一個為民的好皇帝。形似為漢成帝辯護，實是向漢成帝進諫，說明不應如彼，應該如此。這就是賦的諷諫。

【注　釋】❶朝廷　帝王接受朝見和處理政事的地方。代指中央政府或國家。❷純　大；篤厚。❸顯　明顯。用作動詞，使之明顯，宏揚；尊顯。❹書林　書學之林，文人學者之群。❺聖風　聖人的風範。❻雲靡　如雲彩一樣華美。靡，富麗；華美。❼英華　本指美麗的花木。藉以比喻帝王的德化。❽沈浮　多；盛美。❾洋溢　充滿；廣泛傳播。❿八區　八方。⓫普天所覆二句　藉以比喻恩澤普施。普天，廣大的天。普，廣大。沾濡，浸潤。⓬王道　儒家稱施行仁政，以仁義治理天下，與實行武力統治的霸道相對。⓭樵夫　打柴的人。⓮意者　料想；抑或；也許是。⓯罔　無。⓰隆　興盛。⓱殺　凋落；衰退。⓲肆險　對險阻掉以輕心。肆，放縱；不留心。險，險阻，危險的地方。⓳迺　同「乃」。⓴時　有時；言不經常。㉑有年　大有之年；豐收之年。㉒整輿　整頓車馬。㉓竦戎　鼓勵士兵。竦，借作「慫」。勸說；鼓動。戎，軍隊、士兵的代稱。㉔振師　振奮軍隊。振，奮發；奮起；整頓。㉕五柞　宮名。在盩厔縣。㉖習　練習；訓練。㉗簡力　選拔才力之士。簡，選拔；選擇。力，指有力之人。(28)狡　凶猛；狂戾。(29)校武　考核武力。校，考校；考核。(30)票　借作「剽」。輕捷；輕疾。(31)萃　聚集。(32)瞰　遠望；俯視。(33)烏弋　國名。漢時西域三十六國之一，在西域之最西面。(34)厭　服；充塞。(35)蝟　洞穴；窟窿。(36)震　動。(37)日域　日出處。(38)大務　大的事務。(39)陵夷　逐漸下降。此指對田獵的愛好逐漸發展下去。(40)禦　制止；防禦。(41)車不安軔　車子不安放止車木。言一刻也不停留。軔，止車木。(42)日未靡旃　日光未移動旗幟的陰影。言一刻也不停留。靡，移動。旃，旗幟。(43)從者　隨從的人。(44)彷彿　約略的形跡，不真切。(45)骫　古「委」字。放棄。謂放棄其事。(46)屬　接連；跟隨。(47)還　旋轉。謂掉轉車頭而歸。(48)奉　遵循；遵守。(49)太尊　指漢高祖劉邦。(50)烈　功業；事業。(51)文武　孝文皇帝劉恆、孝武皇帝劉徹。(52)度　法制；法度。(53)三王之田　夏禹王、商湯王、周文王的田獵。如商湯王網開一面，周文王三驅之類。田，通「畋」。打獵。以罟取獸曰田。(54)反五帝之虞　恢復黃帝、顓頊、帝嚳、帝堯、帝舜的虞官。如帝舜命益作虞而草木暢茂，禽獸繁殖之類。反，返還；恢復。虞，管山澤之官。一說，虞，同「娛」。娛樂。(55)輟耰　停止耕種。輟，停止。耰，播種後，覆土保護種子。藉以泛指耕種。(56)工　女工。(57)機　織具；織布機。(58)時　時機；時宜。謂能及時婚嫁。(59)違　違棄婚嫁的恰當時間。(60)凱弟　同「愷悌」。和樂簡易。(61)簡易　簡略而便易。《周易・文言》：「乾以易知，坤以簡能，易則易知，簡則易從，易簡而天下之理得矣。」(62)矜　憐憫。(63)劬勞　辛勤；勞苦。(64)力役　勞役；徵用民力。(65)百年　年壽百歲的老人。(66)存　問候；省視。(67)孤弱　失去父母的無依無靠的嬰幼兒童。(68)帥　統領；率領。(69)樂　音樂；樂器。(70)鞀　同「鼗」。有柄的小鼓。(71)磬　樂器。以玉、石或金屬為材料，形似矩。(72)和　調和；協調。(73)碣磍　猛獸發威貌。言鐘架刻猛獸為之，其形碣磍而盛怒。(74)虡　懸掛鐘磬的木架。(75)拮隔　借作「戛擊」。敲打；敲擊。一說，彈鼓。(76)鳴球　玉磬。一說，以玉飾琴瑟。(77)掉　搖。謂搖身而舞。(78)八列　謂舞隊的八個行列。舞隊八行，每行八人，共六十四人，古代為天子使用的樂舞。(79)酌允鑠　言酌信義以當酒。允，信。鑠，美。《詩・小雅・車攻》曰：「允矣君子，展也大成。」《詩・周頌・酌》曰：「於鑠王師。」此句亦暗用《詩》意。(80)肴樂胥　言帥禮樂以為胥。樂，歡樂。胥，語助辭。無義。《詩・小雅・桑扈》曰：「君子樂胥，受天之祜。」此亦暗用《詩》意。81雍雍　和諧貌。此指宗廟裡和諧的樂曲。82祜　即福。83投頌　謂歌曲與頌聲相投。投，投合。頌，頌詩；頌聲。84吹　吹奏笙竽等樂器。85合雅　謂吹奏聲與雅聲相合。雅，雅詩；雅樂。86勞　慰勞；勸勉。87俟　等待。88元符　最大的符瑞。古代統治者自謂受命於天，上天就會降下相應的符瑞，也叫符應。89禪梁甫之基二句　登封泰山，禪梁父，是古代帝王出巡時最隆重的典禮，表示國家達到了最繁榮昌盛的時期。禪，封土為壇，掃地而祭。梁甫，即梁父。山名。泰山下的一座小山，在山東新泰縣。基，山腳下。增泰山之高，即登封泰山，在泰山頂上築土來祭祀天神以報答天的恩德。90延光　流傳榮耀。延，引伸；延長。91往號　往古之名號。如五帝三王之類。92淫覽　過分的遊玩。淫，過分。93浮觀　虛浮不實的遊覽。94周流　周遍遊行。95芻蕘　柴草。96誇詡　誇大；誇耀。詡，大言。97眾庶　民眾；老百姓。98盲者　瞎子。99咫尺　形容距離很近。咫，周代指八寸。100離婁　相傳為黃帝時人，目力極強，能於百步之外望見秋毫之末。101燭　照亮；看清楚。102隅　角落。103曾　副詞。乃；竟然。104獲其王侯　言使胡人之王侯慕我強盛而常來朝見，如同將他們俘獲一樣。

【語　譯】現在國家仁愛篤厚，遵循正道，宏揚德義，並有包羅文人學者之群，聖明的風範如雲彩一樣華美，皇帝的德化如花木一樣茂盛美好，廣泛傳播到了四面八方，被廣大的天所覆蓋下的事物，沒有誰不沾沐著皇帝的恩澤。士人有不談論仁政王道的，他就要被打柴的人所恥笑。這也許是認為事情沒有發展到頂峰而不衰減，事物沒有發展到極強盛而不虧損的。所以在平坦的道路上行走就不要對險阻掉以輕心，國家安定太平就不要忘記還可能有危難。於是有時候就在豐收的年成裡出動軍隊，整頓車馬，鼓動士兵，在五柞宮振奮士氣，在長楊宮訓練騎射，在獵獲凶猛的野獸時選拔才力之士，在弋射輕捷的飛禽中考核武士的技藝。於是集結一起登上終南山，遠望西域的烏弋國，聲威向西充塞了月亮降落的去處，向東震撼著太陽升起的地方。又恐怕後代子孫迷戀這種臨時採取的事件，經常將這種活動作為國家的重大事務，過分地沈迷於打獵，並逐漸地發展下去而不能制止，因此車輿還未安放止車木，日光還未移動旗幟的影子，（就一刻也不停留地回轉），跟從的人還未弄清楚是怎麼一回事，就丟棄一切，緊跟著掉轉了車頭；也是用來奉承高祖的事業，遵循文帝、武帝的法制，恢復三王田獵的規定，實行五帝任用虞官的最好措施；使農夫不停止耕種，婦女不走下織機，能及時地男婚女嫁，不違背婚姻的適宜的時機。制訂和樂簡易的政策，採取簡明易行的措施，同情辛苦勤勞的百姓，停止徵用眾民服事勞役；接見年壽百歲的老人，省視孤苦無依的嬰幼兒童，帥領他們，與他們同艱苦，共享樂。然後陳列鐘鼓之類的樂器，擊響小鼓玉磬使樂聲調和，建立刻有咆哮的野獸的鐘磬木架，敲打玉磬，八八六十四人的舞隊翩翩起舞；斟滿用信義釀造的美酒，以樂於禮樂為佳肴，聽著宗廟裡演奏的和諧的樂曲，接受神人降給的福澤，歌聲與頌聲相投，吹奏與雅聲合節。他的辛勤到了如此地步，真是神靈慰勞的對象。正將要等待最大的符瑞，而到梁甫山的腳下去築壇祭祀地神，登上泰山築壇增高泰山以祭祀天神，將光耀流傳給將來，可與以往五帝三王的稱號比榮譽，難道只是想要追求過分的遊玩，貪圖浮虛不實的遊覽，放馬奔馳於長滿粳稻等糧食作物的土地，周回行走於植滿梨栗等果木的果林，踐踏柴草，向民眾誇耀吹噓，來顯示猿狖麋鹿的獵獲盛多嗎？並且瞎子看不見很近的東西，而離婁能看清千里之外的角落；客人你只是吝惜胡人獲取了我們的禽獸，竟然不知道我們也獵獲了他們的王侯。」

言未卒❶，墨客降席❷再拜❸稽首❹曰：「大哉體❺乎！允❻非小人之所能及也。迺今日發矇❼，廓然❽已昭矣！」

【章旨】以上寫子墨客卿承認錯誤，實際是再次肯定帝王應該為民著想，以向漢成帝提出忠告。

【注釋】❶卒　終；畢。❷降席　從坐席上走下來；離開坐次。古人以席薦地而坐，故稱坐次或席位為席。❸再拜　拜兩拜。表示恭敬的禮節。❹稽首　叩頭。表示恭敬之極的禮節。❺體　法式；體統。❻允　誠；的確。❼矇　愚昧無知。❽廓然　開闊貌。言心中去其茅塞而豁然開闊。

【語譯】翰林主人的話還未說完，子墨客卿就從坐席上走了下來，拜了兩拜，叩頭說：「偉大啊，國家的體統！的確不是小人所能了解的。卻在今日除去了愚昧，心裡豁然開闊而明亮了！」

覈❶靈❷賦

【題解】《大戴禮・曾子天圓》云：「陽之精氣曰神，陰之精氣曰靈。」揚雄是一位具有唯物主義傾向的思想家。他認為渾沌未分的元氣是天地的根源。元氣分化而形成天地。有天地而後有萬物。萬物是天地互相作用的結果，而非上帝所創造。他從這種唯物主義自然觀出發，對迷信說法自然採取批判的態度。〈覈靈賦〉大概就是他用來批判神靈、靈魂等迷信說法的一篇賦，覈靈即考核神靈、靈魂之有無。可惜這篇賦殘缺得太厲害，衹剩下這零星的幾句，無法窺見其整個思想。就現存的幾句看，他講元氣，講「太易之始，太初之先，馮馮沈沈，奮搏無端」的渾沌狀態，唯物主義的端倪還是可以看到的。

自今推古，至于元氣❸始化，古不覽今，名號❹迭❺毀❻，請以《詩》、《春秋》❼言之。

太易之始，太初之先❽，馮馮❾沈沈❿，奮搏⓫無端⓬。

河出龍馬⓭，雒貢龜書⓮。

世有黃公⑮者，起于蒼州⑯，精神⑰養性⑱，與道浮游⑲。

二子⑳規游矩步㉑。

文王㉒之始起，浸仁漸義㉓，會賢儹智㉔。

枝附葉從，表㉕立景㉖隨。

【章　旨】此文殘缺，只剩殘句，已不成章。

【注　釋】❶覈　查驗；核實。❷靈　神靈；靈魂。❸元氣　指天地未分之前渾一之氣，是構成天地萬物的最原始的物質。因而它是我國古代唯物主義思想家的一個重要的哲學概念。❹名號　名稱。這大概是指古代帝王的稱號，如伏羲、神農、黃帝、顓頊之類。❺迭　更替；輪流。❻毀　廢除。❼詩春秋　指《詩經》及《春秋經》。二者皆儒家五經之一。❽太易之始二句　《列子．天瑞》云：「有太易，有太初，有太始，有太素。太易者，未見氣也；太初者，氣之始也；太始者，形之始也；太素者，質之始也。」太易，古代指原始渾沌狀態。太初，古代指天地未分以前的元氣。❾馮馮　盛滿貌。❿沈沈　茂盛之貌。⓫奮搏　此指元氣在運動中互相碰擊如相鬥一般。奮，震盪不定。搏，對打；相鬥。⓬無端　沒有起點；沒有盡頭；無邊無際。⓭河出龍馬　指傳說中的堯受河圖事。據《文選》陸倕〈石闕銘〉李善注引《春秋元命苞》曰：「堯游河渚，赤龍負圖以出，圖赤如綈狀，龍沒圖在。」⓮雒貢龜書　指傳說中的禹受洛書事。據《尚書．洪範》孔安國《傳》曰：「天與禹洛出書。神龜負文而出，列于背，有數至於九。禹遂因以第之，以成九類常道。」這就是〈洪範〉九疇。河出圖，洛出書，古代以為是帝王聖者受命的符瑞，故孔子亦有「河不出圖，吾已矣乎」的概嘆。雒，即「洛」。

⓯黃公　人名。生平事蹟不詳，大概是個道家的人物。據《尹文子・大道》上載：「齊有黃公者，好謙卑。有二女，皆國色。以其美也，常謙辭毀之，以為醜惡。醜惡之名遠布，年過而一國無聘者。衛有鰥夫，時冒娶之，果國色。然後曰：『黃公好謙，故毀其子不姝美。』」《尹文子》為道家著作，所載黃公好謙卑，近乎道家，此黃公當指此人。⓰蒼州　指蒼茫幽僻之地。隱者所居。⓱精神　指人的神志、心神。道家主張要精神專一而不分散。《莊子・列禦寇》云：「彼至人者，歸精神乎無始，而甘冥乎無何有之鄉。」⓲養性　涵養本性。道家主張寂靜恬淡以使本性不改變。《淮南子・俶真》云：「靜漠恬澹，所以養性也。」⓳浮游　漂浮流動；漫游。⓴二子　不詳指何許人。㉑規游矩步　猶規行矩步。指行為端正，一切都循規蹈矩。有謹守禮法之意。規矩，本為校正方圓的器具。引申有準則、禮法、法度之意。㉒文王　指周文王。㉓浸仁漸義　用仁愛道義浸潤沾濡。指用仁義慢慢地去感化人。㉔會賢儹智　把賢能才智之士會合聚集。儹，積聚。㉕表　古代測量日影以計時的標竿。㉖景　「影」本字。陰影。

【語譯】從現今推向遠古，一直推到元氣開始分化。古代人看不到今天的事，帝王的名號也更替廢除，請用《詩》、《春秋》來說明它。

在原始渾沌狀態的開始，在元氣尚未分化的當初，世界充滿元氣，震盪不定，互相碰擊，無邊無際。黃河獻出龍馬負的圖象，洛水貢出靈龜負的文書。

世上有一個叫黃公的人，從煙水蒼茫的洲渚出身，主張心神恬澹，跟大道一起漂浮流動。

這兩個人循規蹈矩，行為端正。

周文王剛開始興起的時候，用仁愛道義慢慢去浸潤感化人，把賢能才智之士都會集積聚起來。

枝條依附了，樹葉也就跟著依從了；測日影的標竿樹立了，陰影也就跟著產生了。

太玄賦

【題解】太玄，言世界萬事萬物發展變化的道理極其高深莫測，非一般常人所能理解。這篇賦就是說明這種道理的，故名曰〈太玄賦〉。其實賦中所闡明的無非是《周易》與《老子》宣揚的吉凶禍福互相倚伏包容的道理，因而有了福就要預防禍，遇到吉就要想到凶。而對付這種變化的最好的辦法就是謙退自守，少出頭露面，不要那無妄之福，也就沒有無妄之禍；不要那意外的吉，也就沒有意外的凶。這反映的實際上是包括揚雄在內的身處亂世的知識分子的一種極其矛盾的心理。如揚雄本是一個很有政治抱負的士人，漢成帝剛召他入京，他就連上〈甘泉賦〉等四篇賦，目的當然是為了爭取漢成帝的信任，給他一個施展抱負的機會。但揚雄看到當時統治階級內部爭權奪利的鬥爭十分激烈，他懼禍及身，加上他對《周易》中所講的盈虛消息之道浸潤很深，所以在當時劉氏集團與王氏集團的爭權鬥爭中，他始終與他們保持著一定距離，未積極參與。這篇賦就正是他這種懼禍心理的反映，當然也表現了揚雄不戚戚於貧賤，不汲汲於富貴的品德。

觀大《易》之損益兮❶，覽老氏之倚伏❷。省❸憂喜之共門兮，察吉凶之同域。

皦皦著乎日月兮，何俗聖之暗燭❹？豈愒❺寵以冒❻災兮，將噬臍❼之不及。若飄風不終朝兮，驟雨不終日❽。雷隱隱❾而輒❿息兮，火猶⓫熾而速滅。

【章　旨】以上闡明禍福無常，物盛必衰的道理。

【注　釋】❶觀大易之損益兮　意謂《周易》裡就既有損卦，又有益卦，損與益是互相聯繫，互相轉化的。大易，即《周易》，亦稱《易經》。我國古代有哲學思想的占卜書，儒家的重要經典。損，《周易》六十四卦之一，䷨，兌下艮上。兌為澤，艮為山，乃水浸潤、搖撼、抑損山丘之象，故曰損。《疏》曰：「損者減損之名，此卦明損下益上，故謂之損。損之為義，損下益上，損剛益柔。」益，《周易》六十四卦之一，䷩，震下巽上。震為雷，巽為風，乃雷乘風升騰向上，更加轟轟烈烈之象，故曰益。《疏》曰：「益者增足之名，損上益下，故謂之益。下已有矣，而上更益之，明聖人利物之無已也。」❷覽老氏之倚伏　《老子》云：「禍兮福所倚，福兮禍所伏。」說明禍福的互相依存轉化。老氏，即老聃。春秋戰國時楚國苦縣人，先秦時期著名思想家，曾為周藏書室史官，相傳他著有《老子》五千餘言。主自然無為，謙退守下。倚伏，指事物相互依存，相互影響，互相轉化。❸省　省察；明白。❹曒曒著乎日月兮二句　謂世俗之人不明此理，惟聖人見之甚明。曒曒，明亮。著，明顯；顯露。俗聖，俗人與聖人。暗燭，昏暗糊塗與清楚明白。❺愒　貪。❻冒　侵犯。❼噬臍　比喻後悔已晚。❽若飄風不終朝兮二句　比喻物盛必衰，不能持久。飄風，旋風；迴風。驟雨，暴雨；急雨。❾隱隱　象聲詞。形容雷聲很大。❿輒　即時；立即。⓫猶　借作「已」。猶已雙聲通假。太；過分。

【語　譯】察看《周易》的損卦與益卦啊，觀看老子講的禍福的互相依倚隱伏。省察憂患喜樂之共一門庭啊，觀察吉祥凶禍在同一地域。此理清楚明顯如同太陽月亮一樣顯著啊！為甚麼俗人暗昧而聖人清楚？難道不是貪圖榮寵而冒犯災禍啊，將會如噬臍一樣後悔莫及。如同旋風不能整早晨地吹啊，如同暴雨下不了整日。隆隆的雷聲很快就會止息啊，火燃燒太旺很快就會熄滅。

自❶夫❷物有盛衰兮，況❸人事❹之所極❺？奚❻貪婪❼于富貴兮，迄❽喪躬❾而危族❿？豐盈禍所棲兮，名譽怨所集。薰⓫以芳而致⓬燒兮，膏⓭含肥而見⓮焫⓯。翠羽⓰媺⓱而殃身兮，蚌含珠而擘⓲裂。聖作典⓳以濟時⓴兮，驅蒸民㉑而入甲㉒。張仁義以為綱㉓兮，懷忠貞㉔以矯俗㉕。指尊選以誘世㉖兮，疾㉗身歿㉘而名滅。豈若師㉙由聃㉚兮，執玄靜㉛于中谷㉜？

【章旨】以上闡明貪婪富貴必遭災禍。因此聖人的作則濟時，不如由聃退隱自全為妙。

【注釋】❶自　副詞。本來。❷夫　語助詞。無義。❸況　轉接連詞。何況。❹人事　人世間的各種事情。❺所極　達到最高限度；達到極限之處。❻奚　疑問代詞。何；為甚麼。❼貪婪　貪得無厭。❽迄　至。❾喪躬　亡身。亡失自身。喪，失去。躬，自身。❿危族　使族危；危害宗族。危，用作使動詞，危害。族，家族；宗族。⓫薰　香草。⓬致　招來。⓭膏　油脂。凝結者為脂，呈液態者為膏。⓮見　助動詞。表被動，被。⓯焫　本作「爇」。燃燒；燒。⓰翠羽　翡翠鳥的羽毛。翡翠，亦稱翠鳥。羽有藍、綠、赤、棕等顏色，可作裝飾品。雄赤曰翡，雌青曰翠。⓱媺　古「美」字。美麗。⓲擘　分剖；剖破。⓳典　準則；法則。⓴濟時　匡時救世；拯救時世。㉑蒸民　眾民。㉒甲　甲令。朝廷所頒發的法令。㉓綱　綱領。事物的主體。㉔忠貞　忠誠堅貞。㉕矯俗　矯正世俗。矯，糾正。㉖尊選以誘世　推崇選拔，以爵祿引誘世人。㉗疾　恨；患苦。

㉘歿　死。㉙師　用作動詞，以之為師。指學習、效法。㉚由聃　許由、老聃。許由，堯時高士。隱於箕山，相傳堯讓天下於許由，許由不受，遁耕於箕山之下，堯又召為九州長，由不欲聞之，洗耳於潁水之濱。老聃，見前〈太玄賦〉注❷老氏注。㉛玄靜　玄寂靜默。謂名聲不被人聞知。㉜中谷　谷中。指空虛寂靜之處。老子貴玄靜，以自處虛下為谷。谷，山谷。正是虛下之處，故以谷代指虛下。

【語　譯】本來事物都有盛有衰啊，何況人世事務達到了極高的限度。為甚麼對富貴貪得無厭啊，一直到滅亡自身並危害宗族。豐盛盈滿是災禍棲止的地方啊，高名美譽是怨恨集結的處所。薰草因為芳香而招致焚燒啊，油脂因為含有肥澤而被燃爇。翠鳥因羽毛美麗而殃及自身啊，蚌殼因含有珍珠而被剖裂。聖人制作法則以救時濟世啊，驅趕眾民進入朝廷頒發的法則。張揚仁義道德作為綱領主幹啊，懷抱忠誠堅貞來矯正世俗。指示著被推崇選拔去做官來引誘世人啊，疾恨自身死去而名聲跟隨著熄滅。這哪裡比得上效法許由、老聃啊，掌握著玄寂靜默之道深藏於山谷？

納傿祿于江淮兮，揖松喬于華岳❶。升崑崙❷以散髮兮，踞❸弱水❹而濯❺足。朝❻發軔❼于流沙❽兮，夕翱翔❾于碣石❿。忽萬里⓫而一頓⓬兮，過列仙以託宿⓭。役⓮青要⓯以承戈⓰兮，舞馮夷⓱以作樂⓲。聽素女⓳之清聲兮，觀宓妃⓴之妙曲。茹㉑芝英㉒以禦飢㉓兮，飲玉醴㉔以解渴。排㉕閶闔㉖以窺天庭㉗兮，騎騂騩㉘以踟躕㉙。載羨門㉚與儷㉛游兮，永覽周乎八極㉜。

【章　旨】以上描寫脫離塵俗，神遊世俗之外的閑適與快樂。與上文的描寫形成鮮明對照。

【注　釋】❶納僊祿于江淮兮二句　見《神仙傳》。納，引進；接納。僊祿，古代兩位神仙。其事蹟不詳。江淮，長江、淮河。為僊、祿二神仙得道之處。揖，古時拱手禮。用作動詞，恭候之意。松喬，赤松子、王喬。皆古代神仙。赤松子，相傳為神農時雨師。服水玉以教神農氏，能入火不燒，至崑崙山，常入西王母石室，隨風雨上下。王喬，即王子喬。周靈王太子晉，好吹笙作鳳鳴，遊伊、洛間，道士浮丘公接上嵩高山。華岳，即西岳華山。❷崑崙　山名。遠古神話中關於崑崙的神話極多，為神仙居住之處。❸踞　蹲；坐；憑靠。❹弱水　古代神話中水名。《山海經．大荒西經》云：「西海之南，流沙之濱，赤水之後，黑水之前，有大山名曰昆侖之丘，……其下有弱水之淵環之。」郭璞注云：「其水不勝鴻毛。」故名。❺濯　洗。❻朝　早晨。❼發軔　啟行；動身。軔，止車木。❽流沙　沙漠。沙常因風而流動，故稱。❾翱翔　猶言徘徊。往返回旋貌。❿碣石　古山名。在河北昌黎縣西北，遠望其山，穹窿似冢，山頂有巨石特立，其形如碑碣，故名。⓫忽萬里　很快經行萬里。忽，迅速。⓬頓　停留；止息。⓭託宿　寄宿；投宿。⓮役　使喚；役使。⓯青要　古代神話中女神名。即青要之山的女子。《山海經．中山經》云：「又東十里，曰青要之山，實為帝之密都。是山也，宜女子。」⓰承戈　捧著戈；扛著戈。即扛著戈開道做前導。⓱馮夷　黃河水神名。據說他是華陰潼鄉堤首人，服用道家用八種石質原料煉成的丹砂，得水仙，是為河伯。⓲樂　音樂。⓳素女　古代神話傳說中女神名。與黃帝同時，長於音樂。《史記．封禪書》：「太帝使素女鼓五十弦瑟。」⓴宓妃　神話傳說中洛水女神名。傳說她是伏羲氏之女，溺死洛水，遂為洛水之神。㉑茹　吃。㉒芝英　傳說中的瑞草名。一說，靈芝的花。㉓禦飢　抵禦飢餓。飢，原校云：「飢，本作餓，從《文選．琴賦》注改作飢。」㉔玉醴　用玉製作的醴酒。醴，甜酒。㉕排　分開；打開。㉖閶闔　天門。㉗天庭　神話中天帝的朝廷。㉘騂騩　即相傳為周穆王的八駿之一的赤驥。㉙踟躕　來回走動。㉚羨門　傳說中古代仙人，名高。㉛儷　偕；並。㉜八極　八方極遠的地方。

【語譯】我在江淮之間引進僊、祿二位仙人啊，在五岳之一的華山長揖仙人赤松子與王子喬。登上崑崙山而披散長髮啊，蹲在弱水岸邊把足洗滌。早晨從流沙啟程啊，傍晚到了碣石山往返回旋。迅速地走過萬里路程而略作停頓啊，訪問列仙而從之投宿。使喚青要扛著戈矛在前開路啊，使馮夷起舞而演奏樂曲。欣賞素女清脆的歌聲啊，鑑賞宓妃奇妙的歌曲。吃著芝英以抵禦飢餓啊，飲用玉釀製的醴酒以解除口渴。打開閶闔門而窺視天帝的朝廷啊，跨上騂騩駿馬而來回行走。載上羨門高而與之一道遊覽啊，長時間地歷覽周回於八方極遠之地。

亂曰：甘餌❶含毒，難數❷嘗兮。麟❸而可羈❹，近❺犬羊兮。鸞鳳❻高翔，戾❼青雲兮，不掛❽網羅❾，固足珍兮。斯錯❿位極，離⓫大戮⓬兮。屈子慕清，葬魚腹兮⓭。伯姬曜名，焚厥身兮⓮。孤竹二子，餓首山兮⓯。斷跡屬婁⓰，何足稱⓱兮。辟⓲斯⓳數子⓴，智若淵兮。我異于此，執太玄兮。蕩然㉑肆志㉒，不拘攣㉓兮。

【章旨】以上列舉位極身危的歷史事例，說明只有謙退而不貪圖富貴，才是全身遠禍的好辦法。

【注釋】❶甘餌　美味的誘餌。甘，甜；味美。餌，食物；誘餌。❷數　屢次；多次。❸麟　麒麟。古代傳說中的仁獸名，雄曰麒，雌曰麟，其狀麇身，牛尾，狼蹄，一角。❹羈　拘繫；綑縛。❺近　用作動詞，接近。❻鸞鳳　鸞鳥鳳凰。鸞鳥，傳說中鳳凰之類的神鳥，赤色，五采，雞形，鳴中五音。一說，鳳有五，多青色者為鸞。鳳凰，傳說中鳥名，雄曰鳳，雌曰凰。❼戾　至。❽掛　懸掛；牽掛。❾網羅　捕魚鼈鳥獸的用具。❿斯錯　李斯與晁錯。李斯，戰國末楚國上蔡人，大思想家荀卿的學生。西入秦，輔佐秦始皇兼併六國，統一天下，建立秦王朝，官至丞相，秦二世時，被趙高誣陷，腰斬咸陽市，夷三族。晁錯，西漢文帝、景帝時潁川人，著名政論家與政治家。官至御史大夫，力主削弱藩國諸侯王勢力，吳楚七國反叛，以「請誅晁錯，以清君側」為名，錯遂衣朝衣朝冠被漢景帝斬於東市。⓫離　借作「罹」。遭遇。⓬大戮　處以死刑。陳屍示眾為戮。⓭屈子慕清二句　屈原初得楚懷王信任，被任為左徒。他力主改革弊政，修明法度，聯齊抗秦，得罪舊貴族勢力。由於靳尚等人讒毀，被楚懷王疏遠。至楚頃襄王時，更被流放江南。屈原堅持自己的理想與節操，堅決不與腐朽勢力妥協，而自沉汨羅江以死。屈子，指屈原。戰國時楚國偉大愛國詩人。葬魚腹，即指沉江自殺。⓮伯姬曜名二句　伯姬出嫁宋國，有一次，宋國發生大火災，伯姬在宮中等待傅姆，傅姆不至。古代禮法規定，貴族婦女沒有傅姆陪侍不能出門，伯姬就在宮中被大火活活燒死。孔子修《春秋》，因她不惜以生命維護禮法，就特別表彰她，在《春秋》特別記載「宋伯姬卒」。伯姬，春秋時期魯國人。曜名，使名聲顯耀。指被載入《春秋》。厥，其。⓯孤竹二子二句　指孤竹君的兩個兒子伯夷、叔齊，兄弟互相讓國而逃去，後歸西伯周文王，及武王伐紂，伯夷、叔齊叩馬諫，武王不聽，伯夷、叔齊義不食周粟，隱於首陽山，采薇而食之，遂餓死於首陽山。孤竹，古國名。殷商時諸侯國，地在今河北唐山、承德一帶。首山，即首陽山。在今山西永濟縣南，即雷首山，又名首山。⓰斷跡屬婁　指伍子胥。春秋時楚國人，因父伍奢、兄伍尚被楚平王殺害，逃至吳國，輔佐吳王闔閭伐楚，五戰入郢，乃掘楚平王墓，出其屍，鞭之三百，使吳國西破強楚，北威齊晉，南服越人，成就霸業。至吳王夫差時，因在對待越王句踐的主張上與吳王夫差政見不合，被伯嚭讒毀，吳王夫差乃使使賜伍子胥屬鏤之劍，迫令自殺，並取子胥屍盛以鴟夷革，浮之江中。屬婁，即屬鏤。古劍名。⓱稱　贊揚；稱頌。⓲辟　同「譬」。比喻。⓳斯　此；這。⓴數子　指李斯、晁錯、屈原、宋伯姬、伯夷、叔齊、伍子胥等人。㉑蕩然　放縱；無拘無束。㉒肆志　縱情；快意；放縱心志。㉓拘攣　拘束。

【語　譯】結束語說：甘甜的誘餌包含有毒素，難以多次品嘗啊。麒麟如果可以拘繫，那牠的品質就接近於馴犬羔羊啊。鸞鳥鳳凰高高地飛翔，一直飛到了九天雲霄啊。牠們不被捕鳥獸的網羅掛住捕捉，這才值得珍視啊。李斯、晁錯政治地位達到極限，結果遭遇了殺身的大禍啊。屈原愛慕清潔不願受到污染，只能自沉汨羅，葬身於魚腹啊。宋伯姬使名聲顯耀，載入了《春秋》，可她自身卻被大火焚燒而死啊。孤竹君的兩個兒子伯夷與叔齊為堅守高節，卻餓死在首陽山巔啊。伍子胥盡忠吳王夫差，卻被吳王夫差賜與屬婁劍迫令自殺，並浮屍長江斷絕蹤跡，這又怎麼值得稱頌讚揚啊。譬如上述這些人物，本來智慧有如深淵啊。我跟他們就不一樣，掌握著太玄之道的寂靜無為啊。無拘無束地放縱我的情志，不受任何人的拘繫牽連啊。

逐貧賦

【題　解】這篇賦把貧這種社會現象擬人化，說自己貧困是由於貧在作祟，要驅逐它，故命篇曰〈逐貧賦〉。

這篇賦首先描寫了揚雄艱難窘困的物質生活，抒發了揚雄對其貧困生活的強烈不滿，表現了揚雄迷戀世俗的真正屬於人的血肉之軀的物質要求。《漢書》本傳說揚雄「不戚戚於貧賤」，那只不過是他懼怕受禍的扭歪了的性格。接著寫貧充當一位聖哲的角色，極力說明貧之樂與富之害，極力為貧辯護。這實際上也是盡情地抨擊那些貪得無厭的饕餮之徒，嘲笑他們因貪婪所造成的怵惕不安。這同樣是發牢騷，聲色俱厲地譴責剝削者。最後寫揚雄接受了貧的批評，願與貧長期共處，安貧樂道的思想似乎戰勝了血肉之軀的物質慾求。但這只是暫時的壓抑，聖潔的光環無論如何也代替不了生命的慾火，於平靜中我們似乎聽到了揚雄那顆躁動不安的心還在砰砰跳動。所以這篇賦揭示的是揚雄對世俗生活的追求與對聖賢安貧樂道思想的信守的深刻矛盾，反映了揚雄對貧困窘迫的強烈不滿與對豐厚的物質生活的熱烈追求。這正是身處亂世的知識分子在安貧與求富、避禍與慾求兩者之間徘徊不定的矛盾的心理狀態。

這篇賦在藝術上也有其獨特成就。它將貧這種抽象的社會現象具體化，通過作者與貧的對話來展開描寫，寓莊於諧，於幽默風趣之中揭示主旨，讀後令人忍俊不住，又深感沉痛不安。這種藝術構思對後世很有影響。左思〈白髮賦〉、韓愈〈送窮文〉都是採用這種寫法。

揚子遁居❶離俗獨處❷。左鄰崇山❸，右接曠野❹。鄰垣❺乞兒❻，終❼貧且窶❽。禮薄❾義弊❿，相與群聚。惆悵⓫失志⓬，呼貧與語⓭：

【章旨】以上寫揚子離俗獨處，與窮人住在一起，惆悵失志，因而呼貧與語，以開啟下文。

【注釋】❶遁居　遁世隱居。❷獨處　獨自居住。❸崇山　高山。❹曠野　空闊的原野。❺鄰垣　隔壁鄰居。垣，矮牆。❻乞兒　討乞的人。❼終　時間副詞。表過去，既。❽窶　因貧困而簡陋；寒傖；寒酸。❾薄　簡陋。❿弊　敗壞；殘破。⓫惆悵　因失意而煩惱、感傷。⓬失志　古人稱不能實現自己的理想願望叫失志。而實現理想願望的途徑就是做官，故不能做官也叫失志。⓭與語　與之語；跟它說。

【語譯】我揚先生逃離人世，獨自隱居，離開世俗，獨自居住。左邊與高山相鄰近，右邊連接著空曠的原野。隔壁鄰居的討乞的人，既貧窮又寒傖。禮節簡陋，道義敗壞，相互一起成群地集聚。因不能實現自己的理想願望而感傷煩惱，就把貧呼喚到跟前，跟它說道：

「汝在六極❶，投棄荒遐❷。好❸為庸卒❹，刑戮❺相加❻。匪惟幼稚❼，嬉戲土砂。居非近鄰，接屋連家。恩輕毛羽，義薄輕羅❽。進不由德，退不受呵❾。久為滯客⑩，其意謂何？人皆文繡⑪，余褐⑫不完⑬。人皆稻粱，我獨藜飧⑭。貧無寶玩⑮，何以接歡⑯？宗室⑰之燕⑱，為樂⑲不槃⑳。徒行㉑負笈㉒，出處易衣㉓。身服百役，手足胼胝㉔。或耘㉕或耔㉖，霑體㉗露肌。朋友道絕，進官凌遲㉘。厥㉙咎㉚安在㉛？職㉜汝為之！舍㉝汝遠竄㉞，崑崙之巔㉟；爾復我隨，翰飛㊱戾㊲天。舍爾登山，巖穴㊳隱藏；爾復我隨，陟㊴彼高岡。捨爾入海，汎㊵彼柏舟；爾復我隨，載㊶沈載浮。我行爾動，我靜爾休；豈無他人？從我何求？今汝去矣，勿復久留。」

【章　旨】以上寫揚子認為自己貧困，是因為貧在作祟，要貧趕快離開，揭示他內心厭惡貧困而追求富裕的物質慾望的一面。

【注　釋】❶六極　《尚書·洪範》云：「六極：一曰凶短折，二曰疾，三曰憂，四曰貧，五曰惡，六曰弱。」貧為六極之一，故曰「汝在六極」。❷荒遐　荒涼而遙遠的地方。遐，遠。❸好　喜好；喜悅。❹庸卒　受僱傭被役使的人。庸，同「傭」。僱傭；僱工。❺刑戮　刑罰和處死。❻相加　被施加的對象。相，助動詞。見；被。❼稚　幼小。❽羅　質地輕軟、經緯組織顯椒眼紋的絲織品。❾呵　同「訶」。大聲喝斥。❿滯客　流寓而不得歸的客人；滯留的客人。⓫文繡　繡有花紋的錦衣。⓬褐　粗布短衣。⓭不完　破爛。⓮藜飧　吃野菜。

藜，草名。又名萊，俗名紅心灰藋，初生可食，古蒸以為茹。此代指野菜。飧，同「餐」。⑮寶玩　珍寶玩物。⑯接歡　指交結朋友。⑰宗室　家族。⑱燕　通「宴」。酒宴；酒席。⑲樂　快樂。⑳槃　通「般」。快樂。㉑徒行　步行。謂無車馬。㉒賃笈　背著書箱。㉓出處易衣　意謂好衣服太少，出外時穿一下，回家就要換上破舊衣服。出處，外出或家居。易衣，更換衣服。㉔胼胝　手腳上因長久勞動而磨出的厚繭。㉕耘　除草。㉖耔　給莊稼的根部培土。㉗霑體　汗水打濕身體。㉘進宦淩遲　做官的希望越來越減少。淩遲，同「陵遲」。衰落；減低。㉙厥　其。㉚咎　罪責。㉛安在　在哪裡。安，疑問代詞。㉜職　主要。㉝舍　拋棄；捨棄。㉞竄　逃匿；隱藏。㉟顛　同「巔」。山頂。㊱翰飛　高飛。㊲戾　至。㊳巖穴　山巖洞穴。㊴陟　登；升。㊵汎　漂浮；漂流。㊶載　乃；則；又。

【語　譯】「你的名字列在〈洪範〉六極之內，應該流放到荒涼遙遠的地方。你喜歡做受僱傭被役使的工匠，成為刑罰與死刑施加的對象。我們並不是從幼小的時候，就在土砂中一起玩耍。我們居住也不是近鄰，屋相接近，家相連綴。我們的恩情像毛羽一樣輕微，我們的交誼也像輕羅一樣地淡薄。我進用為官不是由於你的恩德，我被貶斥退也不必受你的喝斥。你長久地滯留我家作客，你的用意到底是為了甚麼？別人都穿著繡有花紋的錦衣，我卻粗布短衣也破爛不堪。別人都吃精米細糧，我卻吃野菜抵禦飢寒。我貧困如洗無有珍寶玩物，用甚麼交結朋友，使朋友喜歡？家人族人的宴飲，要快樂也快樂不起來。我出外靠走路還要背著書箱，外出歸來還要更換衣裳。親自做各種各樣的雜事，手心足掌都起了厚繭。有時拔草，有時培苗，汗水浸透還要顯露肌膚。朋友的交情斷絕，做官的希望也越發模糊。這種罪過究竟在哪裡，這主要是你使我這般。我要捨棄你遠遠藏匿，直跑到崑崙山的山巔。你卻老是跟隨著我，高高地飛上了蔚藍的天。我要捨棄你登上高山，在山巖的洞穴裡深深躲藏。你卻老是跟隨著我，登上了那高高的山岡。我要捨棄你躲入大海，漂浮著一葉柏木的扁舟。你卻老是跟隨著我，也在大海一會兒沉下，一會兒漂浮。我一行走，你跟著動身，我一安靜，你也就罷休。難道就沒有其他的人？你老跟從著我，有何慾求？現在你趕快走開吧，不要在此久久停留。」

貧曰：「唯唯❶。主人見❷逐，多言益嗤❸。心有所懷❹，願得盡辭❺。昔我乃祖❻，宣❼其明德，克❽佐帝堯，誓❾為典則❿，土階茅茨，匪彫匪飾⓫。爰⓬及季世⓭，縱其昏惑⓮。饕餮⓯之群，貪富苟得⓰。鄙⓱我先人⓲，乃傲乃驕。瑤臺瓊榭⓳，室屋崇高。流酒為池，積肉為崤⓴。是用㉑鵠逝㉒，不踐㉓其朝㉔。三省㉕吾身，謂予無諐㉖，處君之家，福祿㉗如山。忘我大德㉘，思我小怨㉙。堪㉚寒能㉛暑，少而習焉。寒暑不忒㉜，等壽神仙。桀㉝跖㉞不顧，貪類不干㉟。人皆重蔽㊱，予獨露居㊲。人皆怵惕㊳，予獨無虞㊴。」

【章　旨】以上寫貧的回答，藉以說明貧之樂與富之害，揭示作者懼禍的一面。

【注　釋】❶唯唯　答應之聲。❷見　助動詞。表被動，被。❸益嗤　更加惹人譏笑。嗤，譏笑。❹懷　想。❺盡辭　說完要說的話。❻乃祖　祖先。乃，助詞。無義。❼宣　顯示明白。❽克　能夠。❾誓　發誓；立誓。

⑩典則　典範法則。⑪土階茅茨二句　《韓非子·五蠹》云：「堯之王天下也，茅茨不翦，采椽不斲，糲粢之食，藜藿之羹，冬日麑裘，夏日葛衣，雖監門之服養，不虧於此矣。」茅茨，用茅草蓋屋頂。匪，非；不。⑫爰　句首助詞。無義。⑬季世　末世。近於衰亡的時期。⑭昏惑　昏庸惑亂。昬，「昏」的本字。⑮饕餮　傳說中一種凶惡貪饞的野獸。此用以指貪婪的人。⑯苟得　苟且求得；不當得而得。⑰鄙　輕視；瞧不起。⑱先人　祖先。⑲瑤臺瓊榭　用瓊瑤等美玉築成的臺榭。瑤、瓊，美玉。臺、榭，泛指高地所建供遊觀的建築物。高而上平的建築物曰臺，在臺上建的高屋曰榭。⑳流酒為池二句　《史記·殷本紀》：「益廣沙丘苑臺，多取野獸蜚鳥置其中，慢於鬼神。大聚樂戲於沙丘，以酒為池，縣肉為林，使男女倮相逐其間，為長夜之飲。」崤，崤山。在河南洛寧縣北，西北接陝縣界，東接澠池縣界。㉑是用　因此。用，因。㉒鵠逝　像鴻鵠一樣地高飛而去。鵠，天鵝。㉓踐　踏；踩。㉔朝　朝廷。㉕三省　多次檢查反省。㉖僭　同「愆」。錯誤；過失。㉗福祿　福分和祿位。泛指一切好處、益處。㉘大德　大的恩德。指「堪寒能暑」以下十句所寫好處。㉙小怨　小的怨恨。指上文揚子對貧的責難。㉚堪　承當；忍受。㉛能　通「耐」。受得住；能忍耐。㉜忒　差錯；失誤。㉝桀　夏桀王。暴虐無道，為歷史上著名暴君，被商湯王流放南巢而死。㉞跖　盜跖。相傳為春秋時著名大盜。㉟干　侵犯。㊱重蔽　重重遮蔽。指住在保衛森嚴的重樓廣廈之中。㊲露居　在露天下居住。㊳怵惕　驚懼；害怕。㊴虞　憂慮；戒備。

【語譯】貧回答說：「是，是。既被主人驅逐，我再多說，祇會更加被嗤笑刺譏。但是心裏有些想法，希望能讓我把話說完。過去我的祖先，能顯示他們完美的德性。能夠輔佐古帝唐堯，發誓要成為世人的典範法則。住著土築的階臺，茅草蓋的房屋，不加彫琢，不加裝飾。等到到了衰敗的時代，放縱他們的昏庸迷惑。貪得無厭的一類人，貪圖財富，苟且求得。鄙視我的祖先，又是傲慢，又是虛驕。瑤玉建造的高臺，瓊玉裝飾木榭，房屋建築得又大又高。流出的酒成為池塘一樣滿，堆積的肉如同崤山一樣高。因此我就像鴻鵠一樣高翔而去，不踏上他們的朝廷。多次檢查反省我的作為，自己認為實在沒有過錯罪愆。我居住在你的家裡，你的福氣和祿位就堆積如山。你忘記了我大的恩德，記住了我小的缺陷。能經受寒冷，能忍耐暑熱，從小就習慣了這些。嚴寒酷暑都能不出差錯，壽命就可與神仙等量齊觀。像夏桀、盜跖一類壞人看也不看你一眼，貪暴的敗類也不把你侵犯。別人都要重重遮蔽以防不測，你卻露天居住亦無災患。別人都提心吊膽，你卻能無憂無慮。」

言辭既罄❶，色厲❷目張❸。攝齊❹而興❺，降階❻下堂❼：「誓將去汝，適彼首陽❽。孤竹❾二子❿，與我連行⓫。」

【章　旨】以上寫貧憤怒地將要離開，表現出揚雄躁動不安的求富慾望。

【注　釋】❶罄　盡；完結。❷色厲　神色嚴厲。❸目張　眼睛瞪著。❹齊　衣的下擺。❺興　站起來。❻降階　走下階臺。❼堂　廳堂。❽首陽　首陽山。在今山西永濟縣南，亦名雷首山。❾孤竹　殷商時諸侯國名。地在今河北唐山、承德一帶。❿二子　指孤竹君的兩個兒子伯夷、叔齊。武王伐紂，恥食周粟，餓死首陽山。⓫連行　行列相連。指屬同一類型的人。

【語　譯】貧的話既已說完，神色嚴厲而瞪著目光。提起衣的下擺站了起來，走下階臺，走出廳堂：「發誓要離你而去，去到那首陽山岡。祇有孤竹君的兩個兒子，才是我的志同道合的同行。」

余乃避席❶，辭謝❷不直❸。請不貳過❹，聞義則服。長與汝居，終無厭❺極❻。貧遂不去，與我遊息❼。

【章旨】以上寫揚子承認錯誤，求貧留下，表現出安貧樂道的思想戰勝了求富的慾望，矛盾暫時得到平息。

【注釋】❶避席　離開坐席。表示恭敬的行為。❷辭謝　道歉；認錯。❸不直　承認不正確；承認錯誤。❹貳過　不重犯第二次錯誤。❺厭　滿足；飽足。❻極　極限；終了。❼遊息　行走棲息。

【語譯】我就離開坐席，連忙道歉，承認過錯。請不再犯第二次錯誤，聽到了道理就要折服。長久地與你共居，永遠沒有滿足和極限。貧就留下不走，與我一道行動或止息。

酒賦 并序

【題解】這篇賦題下原本注云：「案《漢書》題作〈酒箴〉，《御覽》引《漢書》作〈酒賦〉，各書作〈酒賦〉。《北堂書鈔》作〈都酒賦〉。都酒者酒器名也。驗文當以〈都酒〉為長。」

此賦班固將其收入《漢書・游俠傳》，以為是諷諫漢成帝的。然此與文意殊不相合。其實，〈酒賦〉是一篇有深遠寓意的咏物小賦。瓶是比喻那些正道直行、剛強不屈的正直之士，鴟夷則比喻那些隨俗浮沉、趨炎附勢的小人。文章表面看去好像是不贊同前者而傾慕後者，實際上只是一種激憤之詞。它對貪榮慕利的小人作了譴責，而對高潔樸質的士人則深抱同情，只是以反語出之而已。故唐柳宗元〈瓶賦〉，將揚雄的話反過來正面敘述，實際上是相輔相成的。揚雄這樣寫，目的不是諷諫漢成帝，而是抒發他身處亂世之中而無所適從的內心矛盾與苦悶。在那樣的社會裡，做直道而行的正人君子，勢必被碰得頭破血流；而做阿諛逢迎的勢利小人，又為端直的人格所不忍為，何去何從，猶疑莫定。賦正反映了揚雄這種心理狀態。

這篇賦短小精悍，寓意深刻。全篇純用四言，借物喻人，描寫兩種盛器的命運遭遇，言近而旨遠，十分雋永，對後世咏物詩賦的發展有重要影響，對四言詩體賦的發展也有貢獻。

漢孝成皇帝好酒，雄作〈酒賦〉以諷之。

【章 旨】以上是賦序，交代作賦的背景與目的。按此序並不是原有的，而是《太平御覽》的編者根據班固《漢書・游俠傳》加上去的，故與賦的內容殊不相合。

【語 譯】漢朝的孝成皇帝喜好飲酒，揚雄就寫作〈酒賦〉來規諫他。

子猶瓶矣❶。觀瓶之居，居井之眉❷，處高臨深，動常近危。酒醪❸不入口，臧❹水滿懷，不得左右，牽于纆徽❺。一旦叀礙❻，為甇❼所轠❽，身提❾黃泉❿，骨肉為泥。自用如此，不如鴟夷⓫。

【章 旨】以上寫瓶的遭遇。瓶自甘淡泊，勤勤懇懇，而結果卻碰得粉身碎骨，沉入井底。

【注 釋】❶子猶瓶矣 此句下原校云：「《御覽》引《漢書》作『酒密壞法，譬之於物，子猶瓶兮』。」瓶，《說文》作「缾」。陶製的汲水器具。❷眉 顏師古注：「眉，井邊地，若人目上之有眉。」按眉即湄之假借字。《說文》：「水草交為湄。」即指井岸邊水草相交之處。❸醪 《說文》：「醪，汁滓酒也。」即帶有酒糟的濁酒。❹臧 同「藏」。收存。❺纆徽 繩索。本為刑具，此指繫瓶的繩子。❻叀礙 被牽掛阻礙。叀，牽。❼甇 磚砌的井壁。❽轠 碰擊；碰撞。❾提 拋擲。❿黃泉 地下深處。也指葬身之地。⓫鴟夷 盛酒的器具。

【語 譯】你就如同汲水器啊。看汲水器居住的地方，住在水井的旁邊，處在高高的井架，面對深深的水井，一舉一動都鄰近危險。一點兒酒糟也不入口，只是裝著滿肚子的清水。不能向左也不能向右，被繩索牽著鼻子走。有朝一日被甚麼牽掛阻礙，被磚砌的井壁碰擊。身子骨拋入極深的地底，骨肉都化成泥土。對待自己是如此困苦，還不如一個盛酒的器具。

鴟夷滑稽❶，腹如大壺❷，盡日❸盛❹酒，人復借❺酤❻。常為國器❼，託于屬車❽，出入兩宮❾，經營❿公家。繇是⓫言之，酒何過乎？

【章　旨】以上寫鴟夷的遭遇。鴟夷左右逢迎，卻「常為國器，託于屬車」，與瓶成為鮮明的對比。

【注　釋】❶滑稽　形容圓轉自如。❷大壺　大葫蘆瓜。壺，通「瓠」。葫蘆瓜。❸盡日　竟日；整日。❹盛　裝。以器受物。❺借　助。❻酤　買酒。❼國器　一國所看重的器具。❽屬車　天子出行隨從的車乘。大駕有屬車八十一乘，法駕有屬車三十六乘。屬車常載酒食，故有鴟夷。❾兩宮　漢代指皇帝和太后的宮殿。❿經營　周旋來往。⓫繇是　即由是。繇，通「由」。代詞。是；此。

【語　譯】鴟夷這種盛酒的器具隨人俯仰，圓轉自如，肚子大得像個葫蘆瓜。整天地裝滿著美酒，別人還借助它買酒回家。經常是整個國家都看重的器物，託身在皇帝的出巡的屬車。在皇帝與太后的宮中出出進進，周旋來往於公侯貴族之家。由這一點說來，酒有什麼過錯呢？

反離騷并序

【題　解】〈離騷〉是屈原最偉大的代表作。它表現了屈原進步的政治理想、強烈的愛國精神，以及他堅決不與腐朽黑暗勢力妥協的鬥爭精神。揚雄不贊同屈原的這種鬥爭精神，發表了與屈原相反的意見，故命篇曰〈反離騷〉。

〈反離騷〉是揚雄一篇招致毀譽截然相反的作品。毀之者以為是「〈離騷〉之讒賊」（朱熹《楚辭後語》），譽之者以為是「深悼三閭之淪沒，非愛原極切，不至有斯文」（胡應麟《詩藪・雜篇》）。其實，這兩種評價都有失偏頗，未能了解揚雄的創作意圖。揚雄對屈原蒙受濁世小人的毀謗打擊，是深表同情的。《漢書》本傳說揚雄「悲其文，讀之未嘗不流涕」，這一點賦中也有明顯的表露，如「惟天軌之不辟兮，何純絜而離紛」即是。揚雄對屈原也是深有不滿的。其不滿集中在一點，就是屈原那種對黑暗現實的堅決抗爭、義無反顧的鬥爭精神。揚雄認為，「君子得時則大行，不得時則龍蛇，遇不遇命也」，不必去抗爭。這是揚雄世界觀中消極退隱、明哲保身思想的表現。揚雄處於西漢末年統治階級內部矛盾十分激烈的時候，加上他對《周易》中的虛盈消長之道浸潤很深，因此他思想上出世與入世的鬥爭很激烈。一般知識分子的「立德」、「立功」的慾望驅使他想有所作為，而向漢成帝上勸百諷一的〈甘泉賦〉、〈河東賦〉、〈羽獵賦〉、〈長楊賦〉，又向王莽上〈劇秦美新〉；而「位極者宗危」的現實又驅使他自甘寂寞。這篇作品就是他這種自甘寂寞的思想的深刻流露。這種思想與屈原的精神是背道而馳的。

這篇作品在形式上是騷體。不過它跟那些完全步趨《楚辭》，如王褒的〈九懷〉、劉向的〈九嘆〉之類是不同的。它真實地表現了作者自己的思想感情，表現了作者獨特的個性，而絕不是無病呻吟。而且在前人作品的基礎上作翻案文章，也是從〈反離騷〉開始的。這對後世的詩、賦、文都有影響。如揚雄有〈酒賦〉，柳宗元則作〈瓶賦〉以反之，蔡邕有〈青衣賦〉，張超則作〈誚青衣賦〉以反之，淮南小山有〈招隱士〉，左思、陸機有〈招隱詩〉，王康琚則有〈反招隱詩〉等。這種就前人作品反其意而用之的寫法，就是從這篇作品開始的。

雄怪屈原文過相如❶，而主❷不容❸，作〈離騷〉，自投江而死，悲其文，讀之未嘗不流涕也。以為君子得時❹則大行❺，不得時則龍蛇❻，遇不遇命也，何必湛❼身哉！迺❽作書，往往摭❾〈離騷〉文而反之，自㟭山❿投諸⓫江⓬流以弔屈原，名曰〈反離騷〉。

【章　旨】以上是序文，錄自《漢書・揚雄傳》。它說明了揚雄寫這篇作品的原因。他不贊成屈原的沉江自殺，因而「摭〈離騷〉文而反之」。

【注　釋】❶相如　指司馬相如。西漢武帝時著名的辭賦作家，代表作有〈子虛賦〉、〈上林賦〉等。❷主　君主。指楚懷王、楚頃襄王。❸容　容納；寬容。❹得時　得到適合的時機。❺大行　大規模實行自己的政治主張。❻龍蛇　謂像龍和蛇一樣蟄伏潛藏。《周易．繫辭下》云：「龍蛇之蟄，以存身也。」❼湛　同「沈」。沈沒。❽迺　同「乃」。❾摭　拾取；摘取。❿嵋山　即岷山。在四川松潘縣北，綿延四川、甘肅兩省邊境，為長江、黃河分水嶺，岷江、嘉陵江發源地。⓫諸　「之於」的合音。之，代詞。指代〈反離騷〉這篇作品。於，介詞。到。⓬江　長江。

【語譯】揚雄認為奇怪的是，屈原的文辭超過司馬相如，而君主不寬容他，就創作了〈離騷〉，自己投到汨羅江淹死了。揚雄悲嘆他的文辭，讀它時沒有不流下眼淚的。認為君子得到適宜的時機就大行其道，得不到適宜的時機就像龍蛇一樣蟄伏起來。遇到遇不到適宜時機是命運決定的，何必去沉江自殺呢！就寫了這篇作品，處處摘取〈離騷〉的文辭而表示相反對的看法，從岷山把它投到長江的流水中來弔念屈原，命篇名叫〈反離騷〉。

有周氏之蟬嫣兮，或鼻祖于汾隅❶。靈宗初諜伯僑兮，流于末之揚侯❷。淑周楚之豐烈兮，超既離乎皇波❸，因江潭❹而淮❺記❻兮，欽❼弔楚之湘纍❽。惟天軌❾之不辟❿兮，何純絜⓫而離紛⓬。紛⓭纍⓮以其淟涊⓯兮，暗⓰纍以其繽紛⓱。漢十世之陽朔兮，招搖紀于周正⓲。正⓳皇天之清則⓴兮，度㉑后土㉒之方貞㉓。圖㉔纍承㉕彼洪族㉖兮，又覽纍之昌辭㉗，帶鉤矩而佩衡兮，履欃槍以為綦㉘。素初㉙貯㉚厥㉛麗服㉜兮，何文肆㉝而質䰪㉞！資娵娃之珍髢兮，鬻九戎而索賴㉟。

【章　旨】以上敘述揚雄自己的家世，抒發對屈原內懷美質而遭遇不幸的深切同情。

【注　釋】❶有周氏之蟬嫣兮二句　揚氏始祖伯僑，為周王朝之支庶，初食采邑於晉之揚邑，因以為氏。揚在河汾之間，故曰汾隅。有周氏，即周王朝。姬姓。有，詞頭。無義。蟬嫣，連綿不絕。鼻祖，始祖。汾隅，汾水之側。汾，汾水。源出山西武寧縣管涔山，南流至曲沃縣西折，至河津縣入黃河。隅，邊側之地。❷靈宗初諜伯僑兮二句　據《漢書・揚雄傳》載：晉國六卿爭權，韓、魏、趙興而范、中行、智伯失敗，逼迫揚侯，揚侯就逃到楚國的巫山，因家於此。靈宗，美好的宗族。靈，美好；神聖。諜，譜諜；宗譜。伯僑，揚氏的始祖名。揚侯，揚氏的遠祖。❸淑周楚之豐烈兮二句　此指揚氏從汾隅徙巫山，途經黃河、長江，歷周至楚，親見其豐美的功業。淑，善；贊美。周楚之豐烈，周王朝和楚的大功業。豐烈，大功。超，遠。離，歷；經歷。皇波，大波。指黃河、長江。❹江潭　長江的深淵。❺湼　同「往」。❻記　書記。謂弔慰的文章。即指這篇〈反離騷〉。❼欽　敬。❽湘纍　指屈原。屈原無辜而自沈湘水以死，故稱。一說，纍，因也。言其沈沒湘流，如纍囚一樣。纍，無罪而被迫致死。❾天軌　天道。❿辟　明。⓫純絜　即純潔。純粹不雜而潔淨。絜，借作「潔」。⓬離紛　遭遇災禍。離，遭，遭逢；遭遇。紛，紛亂；災難。⓭紛　用作使動詞，使之紛亂。⓮纍　指屈原。下並同。⓯溷淟　污濁。⓰暗　用作使動詞，使之昏暗。⓱繽紛　交錯雜亂。⓲漢十世之陽朔兮二句　此言自己於此時弔屈原。漢十世，指漢成帝。西漢自高祖劉邦，歷惠帝、呂后、文帝、景帝、武帝、昭帝、宣帝、元帝，至成帝劉驁，恰為十世。陽朔，漢成帝年號（西元前二四～前二一年）。招搖，星名。在北斗杓端。周正，周曆的正月。即夏曆的十一月。周曆正月建子，夏曆正月建寅，相差兩個月。⓳正　端正；正中。引申為法則、標準之意。用作動詞，以之為法則。⓴清則　清明的法則。㉑度　法度。用作動詞，以之為法度。㉒后

土　大地。㉓方貞　方正堅貞。㉔圖　按其係圖。根據圖書譜諜。㉕承　繼承；承接。㉖洪族　大族。屈原與楚王同姓，其始祖屈瑕乃楚武王之子，封於屈，因以為氏，故稱。㉗昌辭　美辭。指屈原的作品。㉘帶鉤矩而佩衡兮二句　此言屈原雖懷方正之行，卻蹈不祥之跡，以致放逐。鉤矩，即規矩。校正方形圓形之器，引申有準則、法則之意。衡，水平器，測量物體重量的器具，即稱。履，踩；踏。欃槍，彗星的別稱。古人認為彗星出現是不吉祥的徵兆，視為妖星。綦，履跡；足印。㉙素初　起初；始初。素，始。㉚貯　積。㉛厥　其。㉜麗服　美麗的服飾。謂「扈江離與辟芷兮，紉秋蘭以為佩」之類。㉝文肆　文彩放肆。㉞質䶒　質性狷狹。指恨世不用己而自沉。䶒，狹。㉟資娵娃之珍髢兮二句　言屈原以高行仕楚，如同採購美女假髮，賣於九戎而求利一樣，是白費氣力。資，採購；購置。娵娃，閭娵、吳娃。皆古代美女。髢，裝襯的假髮。鬻，出售。九，言其種族的多。九戎披髮，髢雖珍美，無所可用。索，求。賴，利。戎，古代指我國西部的少數民族。

【語　譯】我揚氏與周王朝親屬相連啊，始祖就受封在汾水之側的揚邑。揚氏這個美好宗族的譜諜就從伯僑開始啊，流傳到了後來的揚侯。贊美周與楚的豐功偉業啊，揚侯遠遠地經歷了黃河與長江的大波。我因長江的深淵而投去這篇弔文啊，敬弔楚國屈死湘水的屈原。真是天道也不清明啊，為甚麼純粹潔淨的人卻遭此災禍。用那污穢骯髒使你紛亂不安啊，用那交錯紛雜使你昏暗迷亂。在漢代十世皇帝的陽朔年間啊，北杓指向周曆正月的時候。以皇天清明的法則為標準啊，以大地的方正堅貞為法度。他承接那樣偉大的宗族啊，又看到他那華美的辭章。屈原雖佩帶著規矩和衡器啊，卻踩著了妖星足跡的不祥。起初貯積了那樣美好的服飾啊，為什麼文彩如此放肆而性質卻又如此狷狹？採購閭娵、吳娃的珍貴假髮啊，卻出售於九戎而求利潤，豈不是白費氣力？

鳳凰翔于蓬陼❶兮，豈駕鵝❷之能捷❸！騁❹驊騮❺以曲囏❻兮，驢❼騾❽連蹇❾而齊足❿。枳⓫棘⓬之榛榛⓭兮，蝯⓮貁⓯擬⓰而不敢下。靈脩⓱既信椒蘭⓲之唼佞⓳兮，吾纍忽⓴焉而不蚤㉑睹？衿芰茄之綠衣兮，被夫容之朱裳㉒。芳㉓酷烈㉔而莫聞兮，固不如襞㉕而幽之離房㉖。閨中容競淖約㉗兮，相態以麗佳㉘，知眾嫭㉙之嫉妒兮，何必颺㉚纍之蛾眉㉛？懿神龍之淵潛兮，竢慶雲而將舉，亡春風之被離兮，孰焉知龍之所處㉜？愍㉝吾纍之眾芬兮，颺爗爗㉞之芳苓㉟，遭季夏之凝霜㊱兮，慶㊲夭顇㊳而喪榮。橫㊴江湘㊵以南淮兮，云㊶走乎彼蒼吾㊷，馳江潭之汎溢㊸兮，將折衷㊹乎重華㊺。舒中情之煩或㊻兮，恐重華之不纍與㊼，陵㊽陽侯㊾之素波兮，豈吾纍之獨見㊿許(51)？

【章　旨】以上批評屈原遭逢亂世而不能獨善其身，卻炫耀才智而與小人去競爭。

【注　釋】❶蓬陼　蓬篙叢生的小島。陼，同「渚」。水中小塊陸地。❷駕鵝　野鵝。❸捷　及；趕上。❹騁　縱馬奔馳。❺驊騮　赤色駿馬。亦名棗騮。❻曲囏　屈曲艱阻之處。囏，古「艱」字。❼驢　家畜名。可供騎乘或役使。❽騾　家畜名。雄驢與雌馬交配所生，兼有馬之體力與驢之耐力，但不能生殖。❾連蹇　行走不利；行走艱難。❿齊足　足力相等；行進速度相等。⓫枳　通稱枸橘。落葉灌木或小喬木，小枝多硬刺。⓬棘　酸棗樹。落葉灌木，莖上多刺。⑬榛榛　草木叢生貌。⑭蝯　同「猿」。猿猴。⑮狖　亦作「貁」。似猴，卬鼻而長尾。⑯擬　揣度；估量。⑰靈脩　指楚王。〈離騷〉：「夫唯靈脩之故也」，王逸注：「靈，神也。脩，遠也。能神明遠見者，君德也，故以諭君。」⑱椒蘭　喻指隨俗變節的小人。〈離騷〉：「余以蘭為可恃兮，羌無實而容長。」又曰：「椒專佞以慢慆。」一說，指令尹子椒、子蘭。⑲唼佞　讒言。⑳忽　忽略；不經意。㉑蚤同「早」。㉒衿芰茄之綠衣兮二句　〈離騷〉：「製芰荷以為衣兮，集芙蓉以為裳。」衿，結。芰，即菱。一年生水生草本植物，果實有硬殼，四角或兩角，兩角者為菱，四角者為芰，俗稱菱角。茄，通「荷」。荷花。被，穿著。夫容，即芙蓉。荷花的別名。裳，古稱裙為裳。男女皆服。上曰衣，下曰裳。㉓芳　芳香；香氣。㉔酷烈　香氣濃厚。㉕襞　摺疊衣服。㉖離房　別房。㉗淖約　柔弱美好貌。㉘相態以麗佳　言競為佳麗之態以相傾軋。㉙嫭　美女。㉚颺　揚；張揚；宣揚。㉛蛾眉　眉如蠶蛾。美好貌。〈離騷〉：「眾女嫉余之蛾眉。」㉜懿神龍之淵潛兮四句　此言屈原不能隱德以自取禍。懿，美。用作意動詞，讚美。淵潛，在深淵潛藏。竢，等待。慶雲，五色雲彩。古以為祥瑞之物。亡，同「無」。被離，眾盛貌。所處，居住的處所。㉝愍　哀憐。㉞爗爗　明盛美茂貌。㉟苓　香草名。㊱凝霜　嚴霜；濃霜。㊲慶　語助詞。無義。㊳夭顇　夭折憔悴。顇，古「悴」字。㊴橫　橫渡。㊵江湘　長江、湘水。㊶云　語助詞。無義。㊷蒼吾　即「蒼梧」。山名。又名九疑山，在今湖南寧遠縣境，相傳虞舜南巡，死於蒼梧之野。㊸汎溢　汎濫溢滿。㊹折衷　同「折中」。調和二者，取其中正。㊺重華　虞舜名。㊻舒中情之煩或　〈離騷〉自「就重華而陳詞」以下至「霑余襟之浪浪」，即此所謂「中情之煩或」。舒，抒發。中情，內心的情感。煩或，煩悶疑惑。或，同「惑」。㊼與　援助；贊成。㊽陵　乘。㊾陽侯　傳說中的波神。㊿見　助動詞。表被動，被。(51)許　贊同；贊許。

【語　譯】鳳凰鳥在長滿蓬籗的小島上翱翔啊，哪裡能趕得上一隻野鵝的敏捷？讓駿馬騂騮在屈曲險阻的道路上奔馳啊，行走不利的驢騾行進的速度可與之並列。在枳棘叢生的處所啊，敏捷的猿猴也要揣度估量，不敢輕易下去與之相接。楚王既已聽信椒蘭這類小人的讒言啊，你屈原為什麼卻這樣漫不經心而不早點看到？繫好芰荷裁剪的綠衣啊，披上芙蓉縫製的朱裳。香氣濃烈而無人聞出啊，不如摺疊好而幽藏於別房。閨房中的婦女競爭容顏的美好柔媚啊，競為佳麗的姿態以相傾軋炫耀，既已知道那些美女都在嫉妒你啊，你又何必顯露你的美貌？讚美神龍潛藏在無底的深淵啊，等待五色祥雲才遠舉高飛，沒有被離的春風的吹拂啊，誰能知道神龍深藏在哪裡？哀憐屈原你披戴著眾多的芳草啊，還飄揚著鮮艷茂盛的香苓這類香花，卻遭遇到季夏時節的嚴霜啊，終於夭折憔悴而失去榮華。橫渡長江、湘水而往南啊，一直走到那蒼梧之野，馳向那汎濫溢滿的江潭啊，請虞舜重華來決斷這中正的道理。向重華抒發你內心的煩悶疑惑啊，還恐怕虞舜不會同意給你作主，你乘著波神陽侯的白波去沉江自殺啊，難道虞舜獨獨對此就加以讚許？

精瓊靡與秋菊兮，將以延夫天年；臨汨羅而自隕兮，恐日薄於西山❶。解扶桑之總轡兮，縱令之遂奔馳，鸞皇騰而不屬兮，豈獨飛廉與雲師❷。卷薜芷與若蕙兮，臨湘淵而投之；棍申椒與菌桂兮，赴江湖而漚之❸。費椒稰以要神兮❹，又勤索彼瓊茅，違靈氛而不從兮❺，反湛身於江皋❻。纍既攀夫傅說兮，奚不信而遂行❼？徒恐鷤鴂之將鳴兮，顧先百草為不芳❽！初纍棄彼虙妃兮，更思瑤臺之逸女，

抨雄鳩以作媒兮，何百離而曾不壹耦❾！乘雲❿蜺⓫之旖旎⓬兮，望昆侖⓭以樛流⓮，
覽四荒而顧懷兮，奚必云女彼高丘⓯？

【章　旨】以上就〈離騷〉的一些描寫與屈原的作為對照，批評屈原言行不一。

【注　釋】❶精瓊靡與秋菊兮四句　意謂屈原精瓊靡秋菊，將以延年，且憂年老與日暮，卻又自投汨羅以死，言行何其相反。精，用作使動詞，精細加工。瓊靡，瓊玉的末屑。〈離騷〉：「精瓊靡以為粻。」秋菊，「夕餐秋菊之落英。」汨羅，汨羅江。在湖南東北部。薄，迫；近。〈離騷〉：「老冉冉其將至。」「日忽忽其將暮。」❷解扶桑之總轡兮四句　乃是就屈原曾欲延年留日而加以發揮。意謂你原說總轡扶桑而聊以逍遙，何以忽然解轡，令車馬奔馳而自促其壽命？這種行為是別人無法追蹤的，言其太驚世駭俗了。扶桑，神話中木名。傳說日出其下。總，結；繫。轡，馬韁繩。〈離騷〉：「總余轡於扶桑。」「聊消搖以相羊。」縱，放縱；放開。屬，連綴；連接。〈離騷〉：「鸞皇為余先戒。」飛廉，風神。〈離騷〉：「後飛廉使奔屬。」雲師，名豐隆。〈離騷〉：「雷師告余以未具。」雷師，《漢書》應劭注引作雲師。疑當時別本雷師即作雲師。審揚雄之意，也是以雷師即雲師。❸卷薜芷與若蕙兮四句　言屈原廣集香草香木，皆以自喻德行芬芳，今何為自投江湘而喪此芳香？亦言其言行不一。卷，收藏；綑卷。薜芷、若蕙，薜荔、白芷、杜若、蕙草。皆香草名。〈離騷〉：「貫薜荔之落蕊。」「雜杜衡與芳芷。」「又樹蕙之百畝。」棍，綑束。中椒、菌桂，皆香木名。〈離騷〉：「雜申椒與菌桂。」漚，長時間浸泡。❹費椒稰以要神兮　〈離騷〉：「懷椒糈而要之。」費，耗費。椒，木名。香物，用以降神者。稰，通「糈」。精米。用以享神者。要，猶「迎」。❺又勤索彼瓊茅二句　〈離騷〉：「索藑茅以筳篿兮，命靈氛為余占之。」索，取；求。瓊茅，即藑茅。一種靈草。靈氛，古代善於占卜的人。❻江皋

江邊地。❼纍既𠬜夫傳說兮二句 〈離騷〉：「說操築於傅巖兮，武丁用而不疑。」𠬜，同「攀」。攀援；羨慕。傳說，人名。初築於傅巖，殷高宗舉以為相。奚，疑問代詞。何。❽徒恐鸊鴂之將鳴兮二句 〈離騷〉：「恐鵜鴂之先鳴兮，使夫百草為之不芳！」鸊鴂，即鵜鴂。杜鵑鳥。顧，反而。❾初纍棄彼虙妃兮四句 此言屈原所求過於苛刻。虙妃，即宓妃。洛水女神。〈離騷〉：「吾令豐隆乘雲兮，求宓妃之所在。」又曰：「雖信美而無禮兮，來違棄而改求。」瑤臺，用瑤玉所造的臺。瑤，玉之美者。逸女，同「佚女」。美女。指有娀氏之女簡狄，帝嚳妃。〈離騷〉：「望瑤臺之偃蹇兮，見有娀之佚女。」抨，使；派遣。雄，雄鳩。鳩，鳥名。似山鵲而小，短尾，青黑色，多鳴聲。鴆，鳥名。羽有毒。〈離騷〉：「吾令鴆為媒兮，鴆告余以不好。雄鳩之鳴逝兮，吾猶惡其挑巧。」百離，言所遇美女之多。離，遭遇；遇到。耦，通「偶」。成雙；配偶。❿雲 雲彩。⓫蜺 虹蜺。太陽光線與水氣相映，出現在天空的彩暈。⓬旖旎 輕盈柔順貌。⓭昆侖 即崑崙山。我國遠古神話中眾神居住的地方。⓮繆流 猶周流。周行流覽。⓯覽四荒而顧懷兮二句 〈離騷〉：「忽反顧以流涕兮，哀高丘之無女。」「忽反顧以遊目兮，將往觀乎四荒。」四荒，四方荒涼極遠之地。女，娶。以女嫁。女以喻仕，高丘喻楚，言何必要仕於楚呢？

【語譯】你精細地加工瓊玉的末屑與秋天的菊花啊，將用來延長天年，臨近汨羅江卻又自隕其身啊，恐怕就等於太陽迫近了西山。解開繫在扶桑樹上的馬韁繩啊，放縱牠讓牠奔馳，即使鸞鳥鳳皇飛騰也追趕不上啊，難道只是飛廉和雲師？捲藏起薜荔、白芷與杜若、蕙草啊，來到湘江卻把它們投入深淵，綑縛起申椒與菌桂啊，奔赴江湖卻將它們浸泡起來。你耗費香椒與精米去迎接神靈啊，又辛勤地索取藑茅，卻又違背靈氛吉祥的占卜啊，反而自沉其身於江濤。你既羨慕而援引傳說啊，為什麼又不相信他的遭遇，像他一樣等待任用而就匆匆離去？你徒然擔心杜鵑鳥將要鳴叫啊，卻反而百草枯萎之前你就預先凋落！你起初拋棄那無禮的宓妃啊，更思念著那瑤臺上有娀氏的美女，使雄鳩與鴆鳥去為媒作伐啊，為什麼遇到那許多美女卻找不到一個配偶？你乘坐的雲彩和虹蜺是那麼輕盈柔媚啊，望著崑崙山而往返猶疑，看到四處荒蕪而無限感慨傷悲啊，為什麼定要在這高丘娶妻？

既亡鸞車之幽藹兮，焉駕八龍之委蛇？臨江瀕而掩涕兮，何有九招與九歌❶？夫聖哲之不遭兮，固時命之所有；雖增欷以於邑兮，吾恐靈修之不纍改❷。昔仲尼之去魯兮，斐斐遲遲而周邁，終回復於舊都兮，何必湘淵與濤瀨❸！溷漁父之餔歠兮❹，絜沐浴之振衣❺，棄由聃之所珍兮，蹠彭咸之所遺❻！

【章　旨】以上惋惜屈原不慕由聃而從彭咸，批評屈原不該沉江自殺。

【注　釋】❶既亡鸞車之幽藹兮四句　言〈離騷〉之言不實，並譏其哀樂亦不相副。亡，同「無」。鸞車，裝有鸞鳥形的車鈴的車。幽藹，猶晻藹。暗冥貌。〈離騷〉：「揚雲霓之晻藹兮，鳴玉鸞之啾啾。」委蛇，屈曲自得之貌。〈離騷〉：「駕八龍之婉婉兮，載雲旗之委蛇。」瀕，通「濱」。水邊。掩涕，掩面垂淚而哭泣。涕，眼淚。九招，即九韶。相傳為舜的韶樂，「簫韶九成」，故稱九招。九歌，古樂曲名。相傳為天帝之樂，夏啟王登天而竊之以下。事見《山海經・大荒西經》。〈離騷〉：「奏九歌而舞韶兮，聊假日以媮樂。」❷雖增欷以於邑兮二句　〈離騷〉：「曾歔欷余鬱邑兮，哀朕時之不當。」增欷，屢次嘆息。增，重複；屢次。於邑，即於悒；嗚唈；嗚咽。愁苦鬱結；哽咽。❸昔仲尼之去魯兮四句　《孟子・萬章》曰：「孔子去齊，接淅而行；去魯，曰：『遲遲吾行也。』去父母國之道也。」仲尼，孔丘的字。我國春秋時期大思想家、大教育家，儒家學派的創始人，後世尊為大成至聖先師。去魯，離開魯國。魯，古國名。故址在今山東曲阜縣。斐斐，往來不進貌。遲遲，徐行貌。周邁，周行。謂孔子周遊列國。舊都，故鄉；故國。指孔子的故鄉魯國。濤，大波。瀨，急流。❹溷漁父之餔歠兮 〈漁父〉載漁父謂屈原曰：「眾人皆醉，何不餔其糟而歠其釃？」溷，混濁；混亂。用作意動詞，以為混濁。漁父，漁翁；捕魚的老人。餔，食。歠，飲；喝。❺絜沐浴之振衣 〈漁父〉載屈原曰：「新沐者必彈冠，新浴者必振衣。」絜，借作「潔」。清潔。用作意動詞，以為清潔。沐浴，洗髮曰沐，洗身曰浴。振衣，抖去衣上的灰塵。❻棄由聃之所珍兮二句 此惜屈原不慕由聃隱退之高蹤，而遵循彭咸投水之遺跡。由，許由。相傳為堯時高士，隱於箕山。聃，老聃。春秋戰國時思想家，著有《老子》五千言。二人皆能保全自己而不為時俗所污。蹠，蹈；走上。彭咸，殷時耿介之士。不得其志，投江而死。遺，遺蹤；遺跡。

【語　譯】你既然沒有鸞車的遮天蔽日啊，哪裡又有八龍蜿蜒屈折地來駕車？面對江邊你掩面垂淚而哭泣啊，哪裡又有閑心欣賞那九招與九歌？聖哲之人不能遭遇盛世啊，這本是時機命運中常有的事，即使頻頻嘆息而鬱結哽咽啊，我恐怕楚王不會為你而改變態度。過去孔子離開他的父母之邦魯國的時候啊，往來反覆，遲遲繫戀，才去列國周遊，到了晚年還是回復到他的故國啊，你又何必自投湘水的深淵和急流？又何必以漁父說的餔糟歠釃為混濁啊？又何必以沐浴後彈冠振衣為淨潔？終於拋棄許由與老聃所珍視的守身之道啊，而走上彭咸投水自殺的老路！

廣騷

【題　解】廣有擴大、寬廣之意。騷即指屈原的代表作品〈離騷〉。言其內容比屈原〈離騷〉更寬廣，有擴大，故曰〈廣騷〉。這篇作品久已失傳，僅《漢書．揚雄傳》載其篇目，其詳細內容不詳。

旁❶〈離騷〉作重❷一篇，名曰〈廣騷〉。

【注　釋】❶旁　依；近。❷重　增益；加重。

【語　譯】依傍〈離騷〉寫了一篇增益加重〈離騷〉內容的作品，命名叫〈廣騷〉。

畔❶牢❷愁

【題　解】言屈原離開楚王，無所依靠而憂愁，故曰〈畔牢愁〉。這篇作品久已失傳，僅《漢書·揚雄傳》載其篇目，其詳細內容不詳。

旁❸〈惜誦〉❹以下至〈懷沙〉❺一卷，名曰〈畔牢愁〉❻。

【注　釋】❶畔　離。❷牢　聊。❸旁　依；近。❹惜誦　屈原《九章》中篇名。❺懷沙　屈原《九章》中篇名。❻畔牢愁　此後原註云：「謹案《漢志》揚雄賦十二篇，今蒐輯群書，得完篇九，殘篇一，〈廣騷〉、〈畔牢愁〉僅存篇名。」

【語　譯】又依傍〈惜誦〉以下一直到〈懷沙〉，寫了一卷，命名叫做〈畔牢愁〉。

上書❶諫❷勿許單于❸朝❹

【題　解】漢哀帝建平四年（西元前三年），匈奴烏珠留單于遣使入朝，請求親自朝見漢哀帝。當時漢哀帝正患病。有人認為這是單于詛咒漢哀帝，希望漢哀帝早死，因為漢宣帝黃龍元年、漢元帝竟寧元年，單于入朝，而漢宣帝、漢元帝即於是年病逝。漢哀帝就猶豫不決，以問公卿。而公卿竟認為單于入朝，需要大量賞賜，徒然虛耗財物，不應允許。已經辭去單于使者。揚雄就上了這封諫書，說明匈奴是個難以馴服的民族，不讓其入朝，勢必產生嫌隙；不如允其入朝以改善雙方關係為好。漢哀帝就採納了揚雄的意見，召回使者，允許單于入朝。

匈奴是我國古代北方的一個強悍的游牧民族。有山戎、獫狁、熏鬻、葷粥等稱呼。每當秋盛馬肥之時，富裕的漢族地區北方邊境就成為他們掠奪的對象。故自夏、商、周以來，一直是北方的邊患。防胡是北方的重要邊防，當時修築長城就是為了防胡。特別是在秦漢之際，匈奴由原始社會進入奴隸社會。在冒頓單于的統治下，統一了匈奴各部，征服了四周各族，東起遼東，西至西域，有控弦之士三十萬，成為一個強大的帝國。連年入侵，與漢朝對峙。至漢武帝時，連年征討，雙方都犧牲很大，才將匈奴趕至漢北，邊境稍得安寧。至漢宣帝，匈奴發生內亂，五單于爭立，呼韓邪單于借助漢朝力量，才得以穩定內部。自此臣服於漢，連年入朝，北方大定。揚雄不相信厭勝的迷信說法，從漢王朝邊防大局著想，勸諫漢哀帝應允許單于入朝，改善與匈奴的關係，以安定北方邊境。這是有遠見卓識，符合當時國家利益的。

文章論述秦以來漢族與匈奴族的相互關係，指明不受單于入朝的危害，剖析利害，指陳形勢，言之鑿鑿；而且語言明白曉暢，氣勢流利通暢，與其艱深古奧的文氣大不一樣，可謂別具一格。

單于上書願朝，哀帝❺以問公卿❻。公卿以虛費府❼帑❽，可且勿許。單于使辭去，未發❾，雄上書諫。

【章　旨】以上文字是原來《揚雄集》的編者用來說明這篇文章的寫作背景的，非原文所原有。《御覽》收入此文時一併收入，故得保存。此文之寫作背景，《漢書·匈奴傳》引錄此文時言之更詳，茲引錄以供參考。

「建平四年，單于上書願朝五年。時哀帝被疾，或言匈奴從上游來厭人，自黃龍、竟寧時，單于朝中國輒有大故。上由是難之，以問公卿，亦以為虛費府帑，可且勿許。單于使辭去，未發，黃門郎揚雄上書諫曰。」

【注　釋】❶上書　用文字向君主或上官陳述意見或反映情況。❷諫　下級向上級直言規勸。❸單于　漢時匈奴對其君主的稱呼。單于者廣大之貌，言其像天之單于然。❹朝　朝見。❺哀帝　漢哀帝劉欣，在位六年（西元前六～前一年）。❻公卿　指三公九卿。漢代三公為丞相、太尉、御史大夫，九卿為太常、光祿勳、衛尉、太僕、廷尉、大鴻臚、宗正、大司農、少府。❼府　府庫。國家儲藏財物的地方。❽帑　庫藏的金帛。❾發出發；動身走。

【語　譯】單于上了一封意見書希望入京朝見，漢哀帝以此事詢問三公九卿。三公九卿都認為是白白地耗費國家的財物金帛，可以暫且不允許。單于使者告辭離去，尚未動身出發，揚雄就上了這封意見書直言規勸。

臣聞六經❶之治，貴於未亂；兵家❷之勝，貴於未戰。二者皆微❸，然而大事之本，不可不察❹也。今單于上書求朝，國家不許而辭之，臣愚❺以為漢與匈奴從此隙❻矣。夫北地之狄❼，五帝❽所不能臣❾，三王❿所不能制⓫，其不可使隙甚明。臣不敢遠稱⓬，請引秦以來明⓭之。

【章　旨】以上首先指明不允許匈奴入朝，勢必加深漢王朝與匈奴的嫌隙，這樣做是危險的，提出全篇大旨。

【注　釋】❶六經　指儒家的六部經典著作：《詩》、《書》、《易》、《禮》、《樂》、《春秋》。今文家說樂本無經，附於《詩》中；古文家說有《樂經》，秦焚書後亡失。❷兵家　研究軍事的學者。《漢書・藝文志・兵書略》著錄漢以前兵家著作，分權謀、形勢、陰陽、技巧四家。❸微　幽深；精妙。❹察　考核。仔細研究。❺愚　表謙敬的詞。意謂愚蠢之見。❻隙　嫌隙；怨忿。❼狄　我國古代對北方少數民族的泛稱。❽五帝　據《史記・

五帝本紀》為黃帝、顓頊、帝嚳、帝堯、帝舜。❾臣　用作使動詞，臣服。❿三王　指夏禹王、商湯王、周文王。⓫制　控制；制服。⓬稱　稱舉；稱述。⓭明　用作使動詞，說明。

【語譯】我聽說六經講治國的道理，貴在未混亂之前就治理好；軍事家講戰爭的勝利，貴在未戰之前就戰勝敵人。這二者的道理都極為精深，然而這是重大事情的根本，不可以不仔細認真地了解研究。現在匈奴單于上書請求朝見，國家卻不允許而推辭他，我的愚蠢之見認為漢與匈奴從此就要產生嫌隙怨忿了。本來北方狄人，是五帝所不能臣服的，三王所不能控制的，那不可以使他們產生嫌隙怨忿是很明白的事。我不敢稱述遠古，請讓我引用秦以來的事實說明它。

以秦始皇❶之彊❷，蒙恬❸之威，帶甲❹四十餘萬，然不敢窺西河❺，迺❻築長城❼以界❽之。會漢初興，以高祖之威靈，三十萬眾，困於平城，士或七日不食❾。時奇譎❿之士、石畫⓫之臣甚眾，卒⓬其所以脫者，世莫得而言⓭也。又高皇后嘗忿匈奴，群臣廷議，樊噲請以十萬眾橫行匈奴中⓮，季布曰：「噲可斬也，妄阿順旨⓯！」於是大臣權書遺之，然後匈奴之結解，中國之憂平⓰。及孝文時，匈奴侵暴北邊，候騎至雍甘泉，京師大駭，發三將軍屯細柳、棘門、霸上以備之，數月乃罷⓱。孝武即位，設馬邑之權，欲誘匈奴，使韓安國將三十萬眾，徼於便墜，匈奴覺之而去⑱，徒費財勞師，一虜不可得見，況單于之面乎！其後深惟⑲社稷⑳之計，規㉑恢㉒萬載之策㉓，迺大興師數十萬，使衛青、霍去病操兵，前後十餘年㉔。於是浮西河，絕大幕，破寘顏，襲王庭，窮極其地，追奔逐北，封狼居胥山，禪於姑衍，以臨瀚海，虜名王貴人以百數㉕。自是之後，匈奴震怖，益求和親㉖，然而未肯稱臣也。

【章　旨】以上敘述從秦至漢武帝時，與匈奴連年作戰，雖打擊了匈奴氣焰，然始終未能臣服，說明匈奴強悍，不可輕易得罪，以證不許入朝之非。

【注　釋】❶秦始皇　姓嬴，名政。初為秦王，先後消滅六國，統一天下，建立秦朝，稱皇帝，自為始皇帝，在位凡三十七年（西元前二四六～前二一〇年）。❷彊　通「強」。強盛有力量。❸蒙恬　秦始皇時，官至內史。秦統一天下，使蒙恬率兵三十萬眾北逐匈奴，收河南地，築長城，暴師於北十餘年，居上郡，威振匈奴，後被趙高殺害。❹帶甲　披甲的將士。❺西河　古稱黃河上游南北流向的一段為西河。❻迺　同「乃」。❼長城　秦始皇統一六國，以戰國時諸侯國原有長城為基礎興建，因地形西起臨洮，東至遼東，稱萬里長城。❽界　間離；隔離。❾會漢初興五句　漢高祖七年，韓王信投降匈奴，引匈奴攻太原，至晉陽下。漢高祖親率三十二萬眾往討之。漢高祖先至平城，冒頓單于縱精兵三十餘萬騎圍高帝於白登，七日，漢兵中外不能相救餉。會，恰逢；適逢。高祖，指漢高祖劉邦。威靈，威武神聖。平城，漢縣名。屬雁門郡，其地在今山西大同市東。❿奇譎　奇特詭詐。⓫石畫　大計謀。石，通「碩」。大。畫，計策。⓬卒　終。⓭莫得而言　謂自免之計，其事醜惡，故不傳。按《史記‧陳丞相世家》「其計秘，世莫得聞」下《集解》引桓譚《新論》曰：「或曰：『陳平為高帝解平城之圍，則言其事秘，世莫得而聞也。此以工妙踦善，故藏隱不傳焉。子能權知斯事否？』吾應之曰：『此策乃反薄陋拙惡，故隱而不泄。高帝見圍七日，而陳平往說閼氏，閼氏言於單于而出之，以是知其所用說之事矣。彼陳平必言漢有好麗美女，為道其容貌天下無有，今困急，已馳使歸迎取，欲進與單于，單于見此人必大好愛之，愛之則閼氏日以遠疏，不如及其未到，令漢得脫去，去，亦不持女來矣。閼氏婦女，有妬媢之性，必憎惡而事去之。此說簡而要，及得其用，則欲使神怪，故隱匿不泄也。』」又《漢書‧匈奴傳》載：「高帝乃使使間厚遺閼氏，閼氏乃謂冒頓曰：『兩主不相困。今得漢地，單于終非能居之，且漢主有神，單于察之。』冒頓與韓信將王黃、趙利期，而兵久不來，疑其與漢有謀，亦取閼氏之言，乃開圍一角。於是高皇帝令士皆持滿傅矢外嚮，從解角直出，得與大軍合，而冒頓遂引兵去。」今詳錄以備參考。⓮又高皇后嘗忿匈奴三句　《漢書‧匈奴傳》載：「孝惠、高后時，冒頓寖驕，乃為書，使使遺高后曰：『孤僨之君，生於沮澤之中，長於平野牛馬之域，數至邊境，願遊中國。陛下獨立，孤僨獨居。兩主不樂，無以自虞，願以所有，易其所無。』高后大怒，召丞相平及樊噲、季布等，議斬其使者，發兵而擊之。」「樊噲曰：『臣願得十萬眾，橫行匈奴中。』」高皇后，指漢高祖皇后。姓呂，名雉。樊噲，漢沛人。隨劉邦起義，劉邦稱帝，樊以軍功封舞陽侯。橫行，率意而行。⓯季布曰三句　《漢書‧匈奴傳》載：「問季布，布曰：『噲可斬也！前陳豨反於代，漢兵三十二萬，噲為上將軍，時匈奴圍高帝於平城，噲不能解圍。天下歌之曰：「平城之下亦誠苦！七日不食，不能彀弩。」今歌唫之聲未絕，傷痍者甫起，而噲欲動搖天下，妄言以十萬眾橫行，是面謾也。且夷狄譬如禽獸，得其善言不足喜，惡言不足怒也。』高后曰：『善。』」季布，楚人。為項羽將，數困劉邦，劉邦滅項羽，以千金購布，布匿朱家處，後劉邦赦布，召拜為郎中。妄，狂妄；荒誕。阿，迎合；曲從。順旨，順從意旨。⓰於是大臣權書遺之三句　《漢書‧匈奴傳》載：「令大謁者張澤報書曰：『單于不忘敝邑，賜之以書，弊邑恐懼。退日自圖，年老氣衰，髮齒墮落，行步失度，單于過聽，不足以自汙。弊邑無罪，宜在見赦。竊有御車二乘，馬二駟，以奉常駕。』冒頓得書，復使使來謝曰：『未嘗聞中國禮義　陛下幸而赦之。』因獻馬，遂和親。」權書，權宜作書。用變通的辦法寫回信。遺，交付；給與。⓱及孝文時六句　漢文帝十四年，匈奴單于十四萬騎入蕭關朝那，殺北地都尉卬，虜人民畜產甚多，遂至彭陽，使騎兵入燒回中宮，候騎至雍甘泉。文帝後六年，匈奴大入邊，乃以宗正劉禮為將軍，軍霸上；祝茲侯徐厲為將軍，軍棘門；以河內守周亞夫為將軍，軍細柳，以備胡，月餘，三軍皆罷。按此乃合漢文帝十四年與後六年之史事而言之。孝文，漢文帝劉恒。劉邦之子，在位二十三年（西元前一七九～前一五七年）。候騎，巡邏偵察的騎兵。雍，地名。在今陝西鳳翔縣南。甘泉，宮名。在今陝西淳化縣西北甘泉山。細柳，地名。在今陝西咸陽市西。棘門，地名。故址在今陝西咸陽市東北。霸上，地名。在陝西長安縣東。⓲孝武即位六句　《漢書・匈奴傳》載：漢武帝元光二年，「漢使馬邑人聶翁壹間闌出物與匈奴交易，陽為賣馬邑城以誘單于。單于信之，而貪馬邑財物，乃以十萬騎入武州塞。漢伏兵三十餘萬馬邑旁，御史大夫韓安國為護軍將軍，護四將軍以伏單于。單于既入漢塞，未至馬邑百餘里，見畜布野而無人牧者，怪之，乃攻亭。時雁門尉史行徼，見寇，保此亭，單于得，欲刺之。尉史知漢謀，乃下，具告單于。單于大驚，乃引兵還。漢兵約單于入馬邑而縱，單于不至，以故無所得。」孝武，漢武帝劉徹。景帝子，在位五十四年（西元前一四〇～前八七年）。馬邑，漢縣名。故地在今山西朔縣境。權，計謀。韓安國，字長孺，漢成安人。後徙睢陽，初仕梁孝王為中大夫，景帝三年，吳楚七國反，安國為將，禦吳兵於東界，由此顯名。武帝時，官至將軍、御史大夫。徼，攔截；徼擊。便墜，便利的地方。墜，古「地」字。⓳惟　謀慮；思考。⓴社稷　歷代帝王建國必先立社稷壇墠，因以社稷代指國家。社，土神。稷，穀神。㉑規　規劃。㉒恢　擴大。㉓策　謀略。㉔使衛青霍去病操兵二句　按自漢武帝元光二年發動對匈奴的討伐戰爭，至元狩四年命衛青、霍去病深入漢北擊匈奴止，歷時十五年，發動了九次大規模討伐，將匈奴驅趕至漠北，基本上解除了北方邊患。衛青，字仲卿，西漢河東平陽人。官至大將軍。自元朔二年至元狩四年，前後七次出擊匈奴，屢立戰功，收河南地，置朔方郡，封長平侯。霍去病，漢河東平陽人。衛青姊子。曾六次出擊匈奴，涉沙漠，遠至狼居胥山，封冠軍侯，官至驃騎將軍。操，掌握；控制。㉕於是浮西河十句　漢武帝元朔五年，漢遣衛青將六將軍十餘萬人出朔方高闕，出塞六七百里，夜圍右賢王，右賢王大驚，脫身逃走。漢將軍得右賢王人眾男女萬五千人，裨小王十餘人。元狩四年，發十萬騎，私負從馬凡十四萬匹，令衛青、霍去病各率一半，咸約絕幕擊匈奴。衛青出定襄，遇單于，接戰一日，漢兵縱左右翼圍單于。單于自度不能勝漢兵，遂獨與壯騎數百潰圍西北遁走。漢兵夜追之不得，行捕斬首虜凡萬九級，北至窴顏山趙信城而還。霍去病出代二千餘里，與左王接戰，漢兵得胡首虜凡七萬餘人，左王將皆遁走。霍去病封於狼居胥山，禪姑衍，臨瀚海而還。高闕，即今內蒙古杭錦後旗，位於西河。絕，橫渡。大幕，大沙漠。窴顏，古山名。王庭，匈奴單于所居之處。奔，逃亡之人。北，敗逃之人。狼居胥山，亦名狼山。在內蒙古五原縣西北黃河北岸。封，築壇祭天。禪，封土為壇，掃地而祭山川。姑衍，山名。在漠北。瀚海，北海。在蒙古高原東北。一說，指今內蒙古之呼倫湖、貝爾湖。㉖和親　與敵議和，結為婚姻。

【語　譯】憑著秦始皇的強盛，蒙恬的威武，統率全副武裝的軍隊四十餘萬人，然而不敢窺視西河地區，就修築長城來阻隔它。恰逢大漢剛剛建立興起，憑著高祖的威武神靈，他統率的三十萬部眾在平城被匈奴圍困，士兵有的七天七夜吃喝不上飲食。當時奇特詭詐的謀士，有大計謀的臣子非常多，但是最終用來逃走脫身的辦法，世人是無法能說出口的。又高祖的皇后呂氏曾經忿恨匈奴，召集群臣當廷議論，樊噲要求率領十萬軍隊橫行於匈奴之中。季布說：「樊噲應該斬首，狂妄地迎合高皇后，順從高皇后的旨意。」於是大臣用權宜之計寫了封回信交付匈奴。這樣之後才解開了和匈奴的怨結，中國的憂患才得到平息。到了孝文皇帝的時候，匈奴入侵危害北方邊境，偵察的騎兵到了雍地的甘泉宮，京城大為震動驚駭，出動劉禮、徐厲、周亞夫三位將軍駐軍在細柳、棘門、霸上三個地方來防備匈奴的入侵，幾個月才罷兵。孝武皇帝登上皇位，設置了在馬邑伏擊匈奴的計謀，想要引誘單于，派遣韓安國統率三十萬部眾在便利的地方邀擊攔截匈奴，被匈奴發覺逃去，白白地耗費資財，勞苦軍隊，一個敵人也沒有看到，何況是單于的面目呢！那以後深深地思考著國家的計劃，規劃擴大萬年的謀策，就大規模地出動軍隊幾十萬人，派遣大將軍衛青、驃騎將軍霍去病掌管兵權，前後花了十多年的時間。於是才渡過西河，穿過大沙漠，打破窴顏山，襲擊單于的駐地，踏遍了整個匈奴，追擊逃跑的人，追逐敗退的人，在狼居胥山築壇祭天，在姑衍山封土祭山川，來到了瀚海岸邊，俘虜名王貴人以百計數。從此以後，匈奴才震驚畏懼，漸漸地要求議和，結為婚姻，然而它還是不肯稱臣歸服。

且夫前世豈樂❶傾❷無量❸之費，役❹無罪之人，快心❺於狼望❻之北哉？以為不壹❼勞者不久佚❽，不暫費者不永寧，是以忍❾百萬之師，以摧❿餓虎之喙⓫，運⓬府庫⓭之財，填盧山⓮之壑⓯而不悔也。至本始之初，匈奴有桀心，欲掠烏孫，侵公主⓰，迺發五將之師十五萬騎獵其南，而長羅侯以烏孫五萬騎震其西，皆至質而還⓱。時鮮⓲有所獲⓳，徒奮揚威武，明漢兵若雷風耳。雖空行空反，尚誅兩將軍⓴。故北狄㉑不服，中國未得高枕安寢㉒也。逮至元康、神爵㉓之間，大化㉔神明㉕，鴻恩㉖溥洽㉗，而匈奴內亂，五單于㉘爭立，日逐㉙、呼韓邪㉚攜國歸死㉛，扶伏㉜稱臣，然尚羈縻㉝之，計不顓制㉞。自此之後，欲朝㉟者不距㊱，不欲者不彊㊲。何者？外國天性忿㊳鷙㊴，形容㊵魁㊶健㊷，負㊸力怙㊹氣，難化以善，易隸㊺以惡㊻，其彊㊼難詘㊽，其和難得。故未服之時，勞師遠攻，傾國殫貨，伏尸流血，破堅㊾拔敵㊿，如彼之難也；既服之後，慰薦(51)撫循(52)，交接(53)賂遺(54)，威儀(55)俯仰(56)，如此之備也。往時嘗屠大宛之城(57)，踏烏桓之壘(58)，探姑繒之壁(59)，籍蕩姐之場(60)，艾朝鮮之旃(61)，拔兩越之旗(62)，近不過旬月(63)之役，遠不離(64)二時(65)之勞，固已犁其庭(66)，掃其閭(67)，郡縣(68)而置之，雲徹(69)席卷(70)，後無餘菑(71)。惟北狄為不然，真中國之堅敵也，三垂(72)比之懸(73)矣，前世重之茲(74)甚，未易可輕也。

【章　旨】以上敘述自漢宣帝以來，匈奴歸化臣服，漢王朝對待匈奴還是特別優待禮遇，就是因為匈奴強悍，不易臣服，其和難得，再證不許匈奴入朝之非。

【注　釋】❶樂　喜歡；高興。❷傾　竭盡。❸量　度量；估量。❹役　驅使；役使。❺快心　快意。意氣用事而祇圖一時痛快。❻狼望　匈奴中地名。一說，邊人謂舉烽火報警為狼望，謂狼煙望候之地。❼壹　通「一」。一次。❽佚　同「逸」。安逸。❾忍　忍心；殘酷。❿摧　摧毀。⓫喙　口；嘴。⓬運　運用；使用。⓭府庫　泛指倉庫。府，儲藏財物或文書的地方。庫，收藏甲兵戰車的地方。⓮盧山　匈奴中山名。⓯壑　山谷。⓰至本始之初四句　《漢書．匈奴傳》載：漢昭帝后元二年，匈奴「即使使之烏孫，求欲得漢公主。擊烏孫，取車延、惡師地。烏孫公主上書，下公卿議救，未決。昭帝崩，宣帝即位，烏孫昆彌復上書，言：『連為匈奴所侵削，昆彌願發國半精兵人馬五萬匹，盡力擊匈奴，唯天子出兵，哀救公主！』」本始，漢宣帝年號（西元前七二～前七〇年）。桀，凶暴；桀驁不馴。烏孫，漢代西域國名。在今新疆伊黎河流域。公主，漢武帝以江都王劉建女為江都公主，以楚王劉戊孫女為解憂公主，先後嫁烏孫昆彌（王）。⓱迺發五將之師三句　《漢書・匈奴傳》載：「本始二年，漢大發關東輕銳士，選郡國吏三百石伉健習騎射者，皆從軍。遣御史大夫田廣明為祁連將軍，四萬餘騎，出西河；度遼將軍范明友三萬餘騎，出張掖；前將軍韓增三萬餘騎，出雲中；後將軍趙充國為蒲類將軍，三萬餘騎，出酒泉；雲中太守田順為虎牙將軍，三萬餘騎，出五原；凡五將軍，兵十餘萬騎，出塞各二千餘里。及校尉常惠使護發兵烏孫西域，昆彌自將翕侯以下五萬餘騎從西方入，與五將軍兵凡二十餘萬眾。匈奴聞漢兵大出，老弱犇走，毆畜產遠遁逃，是以五將少所得。……校尉常惠與烏孫兵至右谷蠡庭，獲單于父行及嫂、居次、名王、犁汙都尉、千長、將以下三萬九千餘級，虜馬、牛、羊、驢、贏、橐駞七十餘萬。漢封惠為長羅侯。」五將，指田廣明、范明友、韓增、趙充國、田順等五人。獵，震動；威脅。長羅侯，指常惠。漢太原人，漢武帝時隨蘇武出使匈奴，被拘留十九年始放還，通曉西域國情況，官至右將軍，封長羅侯。質，信。謂預先約定會師的地方。⓲鮮　少。⓳獲　俘獲。⓴誅兩將軍　在本始二年對匈奴的戰爭中，虎牙將軍田順出塞八百餘里，至丹余吾水上即止兵不前，未到達期約的地方即引兵還；祁連將軍田廣明出塞千六百里，至雞秩山，山西有敵，田廣明逗留不進，即引兵還；皆下吏自殺。㉑北狄　古代泛指北方少數民族。這裡指匈奴。㉒高枕安寢　謂安然而臥，無所顧慮。㉓元康神爵　皆漢宣帝年號。元康共四年（西元前六五～前六二年）。神爵共四年（西元前六一年～前五八年）。㉔大化　廣遠深入的教化。㉕神明　神聖英明。㉖鴻恩　大恩。此指皇恩。㉗溥洽　廣博周遍。㉘五單于　指呼韓邪單于、屠耆單于、呼揭單于、車黎單于、烏藉單于。㉙日逐　日逐王。名先賢撣，因與握衍朐鞮單于有隙，神爵二年即率其眾數萬騎歸漢，漢封日逐王為歸德侯。㉚呼韓邪　匈奴單于稱號，名稽侯狦，神爵四年立為單于。五鳳四年被郅支單于戰敗，甘露元年稱臣入朝事漢，多次入朝。

㉛歸死　接受死刑。按中華書局校點本《漢書・匈奴傳》「歸死」作「歸化」，謂歸順漢朝教化，於義為長。㉜扶伏　同「匍匐」。伏地爬行，表示敬畏。㉝羈縻　比喻聯絡；維繫。羈，馬絡頭。縻，牛韁。㉞顓制　即專制。獨斷行事。㉟朝　朝見。㊱距　通「拒」。拒絕；抗拒。㊲彊　通「強」。勉強；強制。㊳忿　忿戾。蠻橫不講理。㊴鷙　凶猛。㊵形容　形狀容貌。㊶魁　高大魁偉。㊷健　強健。㊸負　憑仗；仗恃。㊹怙　依靠；倚仗。㊺隸　附屬。用作使動詞，使之附屬。㊻惡　威武；暴力。㊼彊　同「強」。強悍。㊽詘　屈服；折服。用作使動詞，使之屈服。㊾破堅　攻破堅固的營陣。㊿拔敵　拔取敵軍；攻克敵軍。(51)慰薦　盡意撫慰。(52)撫循　安撫。(53)交接　交往；往來。(54)賂遺　以財物送人。餽贈財物。(55)威儀　禮儀細節。(56)俯仰　周旋應付。(57)屠大宛之城　漢武帝太初元年（西元前一〇四年），派貳師將軍李廣利進攻大宛。太初二年，兵達大宛，攻破其外城，宛大恐，走入中城。宛貴人共殺其王毋寡，持其頭降漢。此即屠大宛之城，事具《史記・大宛列傳》。屠，殘殺；破滅。大宛，古西域國名。北通康居，西南鄰大月氏，盛產名馬。(58)蹈烏桓之壘　漢昭帝元鳳三年（西元前七八年），匈奴發二萬騎擊烏桓，霍光拜范明友為度遼將軍，將二萬騎出遼東。匈奴聞漢兵至，引去。范明友既後匈奴，因乘烏桓弊，擊之，斬首六千餘級，獲三王首，還，封平陵侯。此即蹈烏桓之壘。事具《漢書・匈奴傳》。蹈，踐踏。烏桓，我國古民族名。東胡別支。秦末匈奴冒頓單于強盛，滅其國，避徙至烏桓山以自保，遂稱烏桓，地在今內蒙古阿魯科爾沁旗西北。壘，壁壘；營壘。(59)探姑繒之壁　漢昭帝始元元年（西元前八六年），益州廉頭、姑繒、牂柯、談指、同並等二十四邑皆反，遣水衡都尉呂破胡募吏民及發犍為、蜀郡的應急部隊擊益州，大破之。始元三年，姑繒、葉榆復反，遣軍正王平及大鴻臚田廣明等並進，大破益州，斬首捕虜五萬餘級，獲畜產十餘萬。此即探姑繒之壁。事具《漢書・西南夷傳》。探，試探；窺探。姑繒，漢西南夷別種名。壁，營壘；壁壘。(60)籍蕩姐之場　漢元帝永光二年（西元前四二年），隴西羌彡姐旁種反，遣右將軍馮奉世、奮武將軍任千秋將六萬餘人討之。羌虜大破，斬首數千級，餘皆走出塞。見《漢書・馮奉世傳》。彡姐疑即此之蕩姐。籍，借作「藉」。踐踏；淩辱。蕩姐，西羌別種名。(61)艾朝鮮之旃　漢武帝元封二年（西

元前一〇九年），朝鮮殺漢使涉何，漢武帝遣樓船將軍楊僕、左將軍荀彘出兵討之，數月未能下。元封三年夏，尼谿相參乃使人殺朝鮮王右渠來降，遂定朝鮮，為真番、臨屯、樂浪、玄菟四郡。此即艾朝鮮之旃。事具《史記・朝鮮列傳》。艾，通「刈」。割斷；砍倒。朝鮮，國名。在古營州外域，傳周初箕子封此。旃，赤色曲柄的旗。(62)拔兩越之旗　漢武帝元鼎五年（西元前一一二年），南越相呂嘉殺漢使韓千秋，漢武帝遣伏波將軍路博德、樓船將軍楊僕出兵討之。元鼎六年，南越降，呂嘉被獲，南越亡，置儋耳、珠厓、南海、蒼梧、鬱林、合浦、交趾、九真、日南九郡。事具《史記・南越列傳》。元鼎六年，東越反，漢武帝遣橫海將軍韓說、樓船將軍楊僕出兵討之。元封元年，東越建成侯敖殺其王餘善，以其眾降。漢武帝徙其眾處江淮間，東越地遂虛。事具《史記・東越列傳》。此即拔兩越之旗。拔，拔取；攻克。兩越，南越、東越。(63)旬月　滿一月。(64)離　歷；經歷。(65)二時　兩個季度。三個月為一時。(66)犁其庭　將其王庭變為耕地耕種。即滅其國之意。犁，耕種。庭，王庭。少數民族首領居住的地方。(67)閭　里門。泛指鄉里。(68)郡縣　用作動詞，建立郡縣。(69)雲徹　像雲一樣被吹散。徹，除去。(70)席卷　像席子一樣被捲起。(71)菑　古「災」字。(72)三垂　其他三方的邊境。匈奴在北，此指東、南、西三方。垂，邊陲；邊境。(73)懸　遙遠。(74)茲　益；更加。

【語　譯】況且前代君主難道是樂意竭盡無法估量的費用，驅使無罪的人眾，到狼望的北邊去意氣用事而圖一時的痛快嗎？而是認為不勞苦一次就無法得到長久的安逸，不暫時耗費就不能得到永遠的安寧，因此忍心以百萬的部眾去摧毀餓虎的嘴巴，運送府庫的財物去填塞盧山的山谷而不後悔。到漢宣帝本始初年，匈奴還有桀驁不馴的野心，想要掠奪烏孫，侵犯公主。漢宣帝就派遣五位將軍統率的軍隊十五萬騎兵威脅它的南面，而長羅侯常惠率領烏孫的五萬騎兵震撼它的西面，皆達到預定的目的地才返回。當時俘獲的敵人很少，祇是奮發張揚威嚴武力，表明漢朝的軍隊若迅雷疾風而已。即使空手而去，空手而回，還是誅殺了兩位將軍。所以匈奴不馴服，中國就不能安然高臥而無憂無慮。等到了元康、神爵年間，廣遠深入的教化神聖清明，皇恩浩蕩，而匈奴內部也發生了動亂，五個單于爭奪王位，日逐王、呼韓邪單于帶領整個國家歸順教化，俯伏稱臣，然而國家還是祇籠絡他們，並不強制。從此以後，想來朝見不拒接，不想來朝見不勉強。為什麼這樣呢？匈奴人橫蠻凶猛，形體魁梧壯健，憑恃力量，依仗意氣，難以用善良去感化，易於用暴力使之歸附，他們的強悍難以折服，他們的和順難以得到。所以在沒有馴服的時候，就勞苦軍隊，遠遠地去攻打，動員全國，竭盡財物，橫屍遍野，流血成河，攻破堅固的營壘，攻克敵軍，像那樣地艱難；已經征服之後，盡意慰勞安撫，加強交往，餽贈財物，禮儀細節，周旋應付，像這樣地周備。過去曾經破滅大宛國的城堡，踐踏烏桓人的營陣，窺探姑繒人的壁壘，蹂躪蕩姐人的場圃，砍倒朝鮮國的戰旗，拔取南越國與東越國的旗幟，時間短的不過個把月的傜役，時間長的也不過經歷兩個季度的勞苦，就已經踏平了他們的朝廷，掃蕩了他們的鄉野，把他們的國家設置為郡縣，如雲彩被吹散，如墊席被綑捲，後來也沒有什麼災禍。只有北方的匈奴不是這樣，真正是中國最頑強的敵手，東、南、西三方邊境，跟它比就相差很遠，前代的君主重視他們更加厲害，絕對不可以輕視他們。

今單于歸義❶，懷款誠❷之心，欲離其庭，陳見於前，此迺上世之遺策，神靈之所想望，國家雖費，不得已者也。奈何距以來厭❸之辭，疏以無日之期，消往昔之恩，開將來之隙！夫款而隙之，使有恨心，負前言，緣❹往辭❺，歸怨於漢，因以自絕，終無北面❻之心，威之不可，諭之不能，焉得不為大憂乎！夫明者視於無形，聰者聽於無聲，誠先於未然，即蒙恬、樊噲不復施，棘門、細柳不復備，馬邑之策安所設，衛、霍❼之功何得用，五將之威安所震？不然，壹有隙之後，雖智者勞心於內，辯者轂擊❽於外，猶不若未然之時也。且往者圖❾西域❿，制⓫車師⓬，置城都護⓭三十六國，歲費以大萬⓮計者，豈為康居⓯、烏孫能踰⓰白龍堆⓱而寇西邊哉？迺以制匈奴也。夫百年勞之，一日失之，費十而愛一，臣竊為國不安也。惟陛下⓲少⓳留意於未亂未戰，以遏⓴邊萌㉑之禍。

【章　旨】以上言不許單于入朝，必使匈奴歸怨於漢，而重開邊釁，造成大憂，再證不許單于入朝之非。

【注　釋】❶歸義　歸服於正義。即歸順。❷款誠　懇摯；忠誠。款，忠誠懇摯。❸厭　厭勝。古代迷信謂能以詛咒制勝，當時漢哀帝正患病，有人認為單于來朝是詛咒他，要他早死，故漢哀帝不許其入朝。❹緣　援引；憑藉。❺往辭　往昔和好的言辭。❻北面　面向北。古代君長面向南坐著，臣下面向北朝見，因而以北面指向人稱臣。❼衛霍　衛青、霍去病。❽轂擊　謂使車交馳，車轂相擊。轂，車輪中心車軸貫入處的圓木，安裝在車輪兩側軸上，使車輪保持直立，不致內外傾斜。❾圖　謀劃。❿西域　古地區名。指玉門關以西、巴爾喀什湖以東及以南的廣大地區此稱始於漢。漢武帝遣張騫出使西城，漢宣帝時，置都護，治烏壘城，去陽關二千七百餘里，於西域為中。⓫制　控制；制服。⓬車師　漢西域國名。分為車師前國、車師後國。前國一名前部，治交河城；後國治務塗谷，分別在今新疆吐魯番縣及吉木薩爾縣一帶。漢武帝遣諸國兵共破車師，其王內屬。⓭都護　官名。漢置西域都護，督護西域諸國。因為並護南北道，故號都護。此用作動詞，總護之意。都，凡；總；全。護，衛，衛護；庇護。⓮大萬　古稱億為大萬或巨萬。⓯康居　漢西域國名。東臨烏孫、大宛，南接大月氏、安息，西與奄蔡交界，最盛時有今中亞細亞錫爾河北方吉利吉思草原一帶之地，漢成帝時，其王遣子入朝。⓰踰　越過。⓱白龍堆　沙漠名。在新疆天山南路，亦簡稱龍堆。其地一片流沙，形如臥龍，沙岡起伏，綿延不絕。⓲陛下　古代對帝王的尊稱。蔡邕《獨斷》上：「陛下者：陛，階也，所由升堂也。天子必有近臣執兵陳於殿側，以戒不虞。謂之陛下者，群臣與天子言，不敢指斥天子，故呼在陛下者而告之，因卑達尊之意也。」⓳少　副詞。稍微；略微。⓴遏　阻止；制止。㉑萌　通「氓」。民眾。

【語　譯】現在單于歸順，懷抱著懇摯忠誠的心意，想離開他的王庭，到皇上跟前來陳述拜見，這就是上代祖先遺留下來的謀略，神靈所希望的局面，國家雖然要耗費，這是不得已的事情。怎麼能用他們是要詛咒制勝的言辭來拒絕他們，用不可預定的期限來疏遠他們，失去往昔的恩義，開啟將來的仇隙呢？他們誠誠懇懇請求入朝，我們卻疏遠他們，使他們懷有怨恨之心，憑仗我們說過的話語，援引我們從前要和好的言辭，對我們漢朝產生怨恨，因而我們自己與他們斷絕交往，使他們最終沒有北面稱臣的心意，那時威懾他們不可以，曉諭他們不能夠，怎麼能不成為最大的憂患呢？視力好的人在事物還未成形之前就能看得清楚，聽力好的人在事物尚未發聲之前就能聽得分明。的確能在事故發生之前就預先防備，那就是蒙恬、樊噲的威懾不要再施展，棘門、細柳的軍事不要再準備，馬邑伏擊的計謀到哪裡去運用，衛青、霍去病的功勳到何處去建立，五位將軍的威武到哪裡去震驚？如果不是這樣，一旦有了仇隙之後，即使明智的人在朝廷絞盡腦汁，能說會道的人在外面車馬交馳，還是不如沒有出現這種狀況的時候呢。並且我們過去規劃西域，制服車師，設置城廓督護西域三十六國，每年的耗費要用億來計算，難道是因為康居國、烏孫國能夠越過白龍堆而進攻西部的邊境嗎？那都是用來制服匈奴的。為它勞苦了上百年，卻在一天裡失去它，寧肯耗費十倍的代價，卻吝惜一成的賞賜，我私下裡為國家深感不安呢。希望皇帝在沒有動亂、沒有戰事之前就稍微加以留意，來遏止邊境民眾的災禍。

書奏，天子召還匈奴使者，復報❶單于書而許之，賜雄黃金十斤。

【章　旨】以上文字亦為《揚雄集》編者用以說明這封上書的積極效果的，非原文所原有。《御覽》收入此文時一併收入，故得保存。

【注　釋】❶報　回答；回覆。

【語　譯】這封上書呈交上去，漢成帝就召回了匈奴的使者，重新回覆了給單于的書信，允許單于來朝見，並賜給揚雄黃金十斤。

對詔問災異

【題　解】這段文章出自《漢書・五行志》，是揚雄回答漢哀帝召問時說的。據《漢書・五行志》載：漢哀帝建平二年（西元前五年），御史大夫朱博為丞相，少府趙玄為御史大夫。臨要延入登殿接受策書時，有大聲像鐘鳴。大房子裡有人走動，產生回音，發出嗡嗡的回聲本是極其自然的事。而陰陽五行家卻認為，這種不常見的自然現象是某種政治事件的預兆。所以漢哀帝就召問揚雄這預兆意味著什麼。揚雄是一位古文經學家，不相信陰陽五行家的迷信說法。所以他認為，鐘鳴聲是聽力的錯覺。而從朱博的為人來說明朱博「宜將不宜相」。這說明揚雄是位唯物主義的思想家。

鼓妖，聽失之象也。朱博❶為人彊❷毅，多權謀❸，宜將❹不宜相❺，恐有凶惡亟疾之怒❻。

【章　旨】這是揚雄回答漢哀帝召問時說的一段話。他認為鼓妖是聽失之象，預見朱博的失敗是其性格強毅造成的，不相信陰陽五行家的迷信說法。

【注　釋】❶朱博　字子元，漢杜陵人。官至丞相，封陽鄉侯，漢哀帝建平二年，坐為奸謀自殺。❷彊　同

「強」。❸權謀　權變謀略。❹將　將領。用做動詞，當將帥。❺相　宰相；丞相。用做動詞，當丞相。❻恐有凶惡亟疾之怒　按此下原注云：「哀帝建平二年四月，御史大夫朱博為丞相，少府趙玄為御史大夫，臨延登受策，有大聲如鐘鳴。上以問黃門侍郎揚雄、李尋。尋對，揚雄亦以為。」這段文字錄自《漢書・五行志》中之下，說明揚雄說這幾句話的歷史背景。凶惡，凶暴；凶險。亟疾，急躁。

【語　譯】鼓聲的妖異，是聽覺失常的現象。朱博為人剛強果毅，多權變謀略，宜做將帥而不宜做丞相，恐怕有凶暴急躁的怒氣。

答劉歆書

【題解】劉歆，字子駿，後改名秀，字穎叔，劉向子。漢成帝河平中，與父向總校群書。向死，歆為中壘校尉，繼父業，整理六藝群書，編成《七略》，對經籍目錄學作出了貢獻。王莽建立新政權，歆任國師。後參與謀殺王莽，事敗自殺。

揚雄著《方言》十三卷（本文稱《殊言》十五卷），劉歆寫信向他索取，揚雄就寫了這封信回絕他。信說明自己年輕時愛好文學，並不知有什麼「輶軒之使，奏籍之書」。自為郎後，纔逐漸從上計孝廉、內郡衛卒口中收集殊方異語，但尚未修正定稿，故不能奉命，要劉歆不要勉強索取，希望能寬延時日，使該書得以完成。文章寫得冠冕堂皇，實所言皆他與劉歆之間的個人交往。信中使用了許多當時的口語，這對研究當時語言甚有參考價值。

關於這篇文章的真偽，《古文苑》章樵注引洪邁語云：「世傳揚子雲《輶軒使者絕代語釋別國方言》凡十三卷，郭璞序而解之。其末又有漢成帝時劉子駿與揚書從取《方言》及雄答書。以予考之，殆非也。雄自序所為文，初無所謂《方言》，觀其答劉子駿書，稱蜀人嚴君平。按君平本姓莊，漢顯宗諱莊，始改曰嚴。《法言》所稱『蜀莊沉冥』，『蜀莊之才之珍』，『吾珍莊也』，皆是本字，何獨至此書而曰嚴？又子駿只從之求書，而答云『必欲脅之以威，陵之以武，則縊死以從命也』，何至是哉？既云『成帝時子駿與雄書』，而其中乃云孝成皇帝，反覆牴梧。又書稱汝潁之間，先漢人無此語也，必漢魏之際好事者為之云。」茲錄以供參考。

雄叩頭①。賜命②謹③至，又告以田儀事④，事窮竟⑤，白案⑥顯出⑦，甚厚甚厚。田儀與雄同鄉里⑧，幼稚為鄰，長艾⑨相更視⑩，覬動⑪精采⑫，似不為非者。故舉至日⑬，雄之⑭任也。不意⑮淫迹⑯暴⑰於官朝⑱，令舉者懷赧⑲而低眉⑳，任者含聲㉑而宛舌㉒。知人㉓之德，堯㉔猶病㉕諸㉖，雄何慚焉。叩頭叩頭。

【章　旨】以上就劉歆來信中提到的田儀事，說明自己跟田儀的關係，並說明田儀犯事出乎自己的意料之外。

【注　釋】①叩頭　以頭叩地。舊時最敬重的禮節。這是舊時寫信的客氣話。②賜命　賜與的教令。即指劉歆的來信。命，教令。③謹　表敬副詞。無實義。④田儀事　據劉歆來信，指「五官郎中田儀與官婢陳徵駱驛等私通盜刷越巾事」，餘不詳。⑤窮竟　窮治終竟。徹底查辦完結。竟，終結。⑥白案　查明白的案件。⑦顯出　明確公布。⑧鄉里　地方行政區劃單位，萬二千五百家為鄉，二十五家為里。⑨長艾　從長大到年老。艾，對老年人的敬稱。⑩相更視　互相輪流照顧。《古文苑》作「相愛視」。互相親近照顧。於義為長。⑪覬動　猶言舉動。指一舉一動，所作所為。覬，望；希冀。⑫精采　出色；精絕。⑬舉至日　指選拔出來的那一天。舉，選拔；薦舉。舉至日三字《古文苑》作「舉至之」。之，代詞。代指田儀。言將他選拔出來，於義較勝。⑭之　結構助詞。的。⑮不意　沒有料想到。⑯淫迹　放蕩的行為。⑰暴　顯露。⑱官朝　官府朝廷。⑲赧　因慚愧而面赤。⓴低眉　猶言低頭。㉑含聲　猶吞聲。心有怨恨而不敢聲張。㉒宛舌　猶言卷舌。指閉口不言。宛，屈曲。㉓知人　了解人。認識人的好壞賢愚。《尚書・皐陶謨》：「知人則哲。」㉔堯　唐堯。古代五帝之一。㉕病　為難；憂慮。㉖諸　「之乎」的合音詞。

【語譯】揚雄叩頭。賜與的書信已經收到。又告訴我關於田儀的事件，事件已經徹底查辦完畢，查明白的案件已經明確公布，非常看得起我，非常看得起我。田儀與我揚雄是老鄉，幼稚時就是鄰居，長大一直到年老都互相親近關照，他的一舉一動精妙絕倫，不像做壞事的人。所以薦舉他出來，是我揚雄的責任。沒有料想到放蕩的行為在官府朝廷顯露，使薦舉他的人懷抱羞愧而低下了頭，任用他的人滿懷怨恨而不敢聲張。了解人的德行，堯帝還感到為難呢，我揚雄有什麼覺得慚愧的呢？叩頭！叩頭！

又敕❶以《殊言》❷十五卷，君何由知之？謹歸誠❸底裏❹，不敢違信❺。雄少不師章句❻，亦於五經❼之訓❽所不解❾，嘗聞先代輶軒之使❿，奏⓫籍⓬之書，皆藏於周秦之室。及其破也，遺棄無見之者。獨蜀⓭人有嚴君平⓮、臨邛⓯林閭翁孺⓰者，深好訓詁⓱，猶見輶軒之使所奏言。翁孺與雄外家⓲牽連⓳之親，又君平過誤⓴，有以私遇㉑少㉒而與㉓雄也。君平財㉔有千言耳，翁孺梗概㉕之法略㉖有。

翁孺往數歲死，婦蜀郡掌氏子，無子而去。而雄始能草文㉗，先作〈縣邸銘〉、〈玉佴頌〉、〈階闥銘〉、及〈成都城四隅銘〉㉘，蜀人有楊莊者為郎㉙，誦之於成帝㉚，成帝好㉛之，以為似相如㉜，雄遂以此得外見㉝。此數者皆都水君㉞常見也，故不復奏㉟。

【章旨】以上說明方言一類的古書皆已失傳，有嚴君平、林閭翁孺好之而僅存梗概，自己雖與他們有交往，但因年幼，而且所好在文學，不在方言。

【注釋】❶敕　指示。漢代官長告諭僚屬的文字稱敕。此指劉歆來信。❷殊言　異言；不同的語言。此指揚雄的《方言》，今本《方言》為十三卷。❸歸誠　拿出誠心交給你。❹底裏　內心的真情。❺違信　違背信實之言；不誠實的虛假話。❻不師章句　揚雄為古文經學家，祇舉大義，通訓詁，故不師章句之學。師，學習。章句，章句之學。指漢代今文經學家逐章逐句地煩瑣地解釋經書。❼五經　儒家的五部經典著作。即《易》、《詩》、《書》、《禮》、《春秋》。❽訓　解說。❾解　理解；曉悟。❿輶軒之使　乘坐輕車的使節。輶軒，輕車。使者所乘之車。⓫奏　臣下給皇帝的奏章、上書。⓬籍　簿冊；圖書。⓭蜀　蜀郡。轄有今四川成都市及溫江地區大部分縣境。⓮嚴君平　名遵，漢蜀郡人。賣卜於成都，日得百錢，足以自養，即閉肆下簾讀《老子》。揚雄少時曾從其游學，稱為逸民，一生不仕，卒年九十餘。⓯臨邛　漢縣名。屬蜀郡，今四川邛崍縣地。⓰林閭翁孺　人名。生平事蹟不詳。林閭，複姓。⓱訓詁　訓詁之學。解釋古書字義的學問。《方言》屬訓詁一類的書。⓲外家　外祖父母家，舅家。⓳牽連　互相關聯。⓴過誤　過失錯誤。此為謙遜語，謂與己交往為失誤。

㉑私遇　私下待遇；私下接待。㉒少　年輕。㉓與　稱譽。㉔財　通「纔」。副詞。僅；只。㉕梗概　大略；大概。㉖略　副詞。粗略；大體。㉗草文　起草文章；撰寫文章。㉘縣邸銘玉佴頌階闥銘成都城四隅銘　揚雄這些作品今皆亡佚。㉙郎　官名。漢時光祿勳屬官有議郎、中郎、侍郎、郎中，統稱曰郎，主宿衛侍從。㉚成帝　漢成帝劉驁，在位二十六年（西元前三二～前七年）。㉛好　喜好。㉜相如　司馬相如。西漢著名辭賦作家。㉝得外見　謂被漢成帝召見。此下原校云：「《文選・甘泉賦》注無外字。」按無外字於義較勝。㉞都水君　指劉歆之父劉向。劉向曾官護左都水使者。㉟奏　進；上。謂進言、上言。

【語　譯】又以《殊言》十五卷指示我，您是從何處知道它的？現在我拿出誠意，將內心的真情告知您，不敢違背誠實。我揚雄從小不學習章句之學，對於五經的解說也不很了解。曾經聽說從前有乘坐輕車的使者，奏章簿冊一類的書籍，都收藏在周王朝、秦王朝的王室裡。等到它們被攻破滅亡，這些書籍都被丟失而沒有人看到它們。只有蜀郡有個叫嚴君平、臨邛有個叫林閭翁孺的人，非常愛好訓詁之學，還看見乘坐輕車的使者進獻的言詞。翁孺跟我揚雄的外祖父母家有互相關聯的親戚，又嚴君平犯有過失，錯誤地私下接待我，看見我年輕就贊譽我揚雄。嚴君平只不過留下千把字的文字，林閭翁孺也只有大概的說法。早幾年前林閭翁孺死了，他的妻子是蜀郡一位姓掌的人的女兒，無子被休棄。那時我揚雄剛剛學會撰寫文章，先作了〈縣邸銘〉、〈玉佴頌〉、〈階闥銘〉和〈成都城四隅銘〉，蜀郡有個叫楊莊的人，把它們朗誦給孝成皇帝聽，孝成皇帝很愛好它們，認為跟司馬相如的文章差不多，我揚雄因此得以召見。這幾件事都是您父親都水君曾經看到的，所以我不再說。

雄為郎之歲，自奏少不得學，而心好沈博❶絕麗❷之文，願不受三歲之奉❸，且休脫❹直事❺之繇❻，得肆心❼廣意❽，以自克就❾。有詔可不奪奉，令尚書❿賜筆墨錢六萬，得觀書於石渠⓫。如是後一歲，作〈繡補〉、〈靈節〉、〈龍骨〉之銘詩三章⓬，成帝好之，遂得盡意⓭。故天下上計⓮孝廉⓯及內郡衛卒⓰會者，雄常把三寸弱翰⓱，齎⓲油素⓳四尺，以問其異語，歸即以鉛摘⓴次㉑之於槧㉒，二十七歲於今矣。而語言或交錯相反，方覆論思詳悉集之，燕其疑㉓。

【章旨】以上說明及至京師為郎，於創作之餘，才開始收集殊方異語，歷時二十七年，正準備加以修訂整理。

【注釋】❶沈博　深沉廣博。❷絕麗　特殊華麗。❸奉　通「俸」。俸祿。❹休脫　休止解除。❺直事　在宮中值勤的事務。為郎必須在宮中宿衛值勤。❻繇　通「傜」。傜役；差使。❼肆心　縱情；盡心。❽廣意　寬心；快意。❾克就　能夠有成就。❿尚書　官名。秦時為少府屬官，掌殿內文書，職位很低。漢成帝時設尚書員，群臣奏章皆經尚書，位低而權大。⓫石渠　石渠閣。漢代宮中藏書之處，在未央宮北。漢初蕭何建造，用以藏入關時所得秦之圖書。其下礱石為渠以導水，因為閣名。至漢成帝時又於此藏中秘書。⓬繡補靈節龍骨之銘詩三章　揚雄這些作品久已亡佚。繡補，當即是裀褥之類加繡其上。靈節，即靈壽杖。有木似竹，有枝節，長不過八九尺，圍三四寸，自然合杖制，不須削治。龍骨，水車。禁苑池沼中或用以引水。銘詩，即描寫這些物件。⓭盡意　盡情；從心所欲。⓮上計　漢時，每到年終，地方官本人或遣吏至京師上簿記，將全年人口、錢糧、盜賊、獄訟等事報告朝廷，稱上計。⓯孝廉　本為漢代選拔官吏的兩種科目。孝，指孝順。廉，指廉潔。

漢武帝元光元年初，令郡國舉孝、廉各一人，後合稱孝廉。⑯衛卒　警衛京師的士卒。⑰弱翰　毛筆。⑱齎　攜帶。⑲油素　平滑的絹。多用於書畫。⑳鉛摘　猶筆錄、摘要。鉛，鉛粉。古人用以書寫。摘，選取；摘要。㉑次　排比；編列。㉒槧　書版。古代削木為牘，未經書寫的素版稱槧。㉓燕其疑　使疑者得其所安，妥貼地解決其疑難之處。

【語譯】我揚雄做郎官的那些日子，自己上奏皇帝，年輕時沒有學得其他學問，可是心裡喜好深沈廣博高絕華麗的文詞，願意不受三年的俸祿，並且休止解除我在宮中直宿的差使，讓我能縱情快意地寫作，而能有所成就。有皇帝的詔命可以不奪去我的俸祿，命令尚書賜給筆墨錢六萬，能夠到石渠閣去看書。這樣一年之後，創作有〈繡補〉、〈靈節〉、〈龍骨〉的銘或詩三篇，孝成皇帝喜愛它們，這就使我能夠從心所欲。所以天下各地來京的上計吏、選拔來京的孝廉，以及內地各郡來京警衛的士卒相會聚的，我揚雄經常拿著一枝三寸長的毛筆，攜帶著四尺寫字用的平滑的白絹，向那些人詢問各種不同的語言，歸來後就用鉛粉摘錄編次在書版上，從那時起到現今有二十七年了。而語言有的交縱錯雜而互相反對，正在反覆研討思考，詳細地全部編輯這些，使疑難能得到妥貼地解決。

張伯松❶不好雄賦頌❷之文，然亦有以奇之，常為雄道言其父及其先君憙典訓，屬❸雄以此篇目頻❹示其成者。伯松曰：「是懸諸❺日月不刊❻之書也。」又言：恐雄為《太玄經》❼，由❽鼠坻❾之與牛場❿也，如其用，則實⓫五稼⓬，飽⓭邦民⑭；否則為牴糞，棄之於道矣。而雄般⑮之。伯松與雄獨何德慧⑯，而君與雄獨何譖隙⑰，而當匿⑱乎哉？其不勞戎馬⑲高車⑳，令人君坐幃幕㉑之中，知絕遐㉒異俗之語，典㉓流於昆嗣㉔，言列於漢籍㉕，誠雄心之所絕極㉖，至精㉗之所想遘㉘也。扶㉙聖朝㉚遠照㉛之明，使君求㉜此，如君之意，誠雄散㉝之之會，死之日，則今之榮也，不敢有貳㉞，不敢有愛㉟。

【章　旨】以上說明該書已給張竦看過，得到張竦肯定。今君求此，本應獻出，以取大名。

【注　釋】❶張伯松　名竦，河東平陽人。張敞孫，以善為奏章著稱，初為京兆史，累遷至丹陽太守。王莽居攝，封為淑德侯，後免官，以列侯居長安，莽敗，客於池陽，為亂兵所殺。❷賦頌　皆古代文體名。❸屬　通「囑」。囑咐；囑託。❹頗　悉；皆。❺諸　「之於」的合音詞。❻不刊　不可削除；不可磨滅。❼太玄經　揚雄的重要著作，十卷。此書模仿《周易》，分八十一首，以擬六十四卦；分〈首〉、〈衝〉、〈錯〉、〈測〉、〈攡〉、〈瑩〉、〈數〉、〈文〉、〈捝〉、〈圖〉、〈告〉十一篇。因太深奧，「觀之者難知，學之者難成」，在當時就受到批評。❽由　同「猶」。如同。❾鼠坻　鼠糞；老鼠屎。❿牛塲　牛糞；牛屎。⓫實　用作使動詞，使壯實。⓬五稼　五種莊稼，即五穀：黍、稷、麥、菽、稻。一說指麻、菽、麥、稷、黍。⓭飽　用作使動詞，使吃飽，使飽足。⓮邦民　國民；一國民眾。⓯般　樂。⓰德慧　恩惠。慧，通「惠」。恩惠；惠愛。⓱譖隙　怨恨；紛爭。⓲匿　隱藏。⓳戎馬　大馬。戎，大。⓴高車　高蓋車。可立乘的車。㉑幃幕　同「帷幕」。帳幕。㉒絕遐　絕遠；非常遠。㉓典　典則；法則。㉔昆嗣　後裔；子孫。㉕漢籍　漢人的典籍。㉖絕極　極端想望的事。

㉗至精　至高的精神，全身心。㉘想遘　想要遇到。遘，遇。㉙扶　扶持；輔助。㉚聖朝　聖明的朝廷。㉛遠照　照耀遠方。㉜宷　同「求」。搜求；索取。㉝散　散布；分散。劉歆來書云：「誠以隆秋之時，收藏不殆；饑春之歲，散之不疑。」㉞貳　懷疑；不信任。㉟愛　吝惜。

【語　譯】張伯松不喜歡我揚雄賦和頌的文辭，然而也有認為不平常的。他常常向我說及他父親和他的祖父輩喜愛典籍訓詁，囑咐我揚雄把這類篇目已經寫成的全都給他看。張伯松說：「這是像日月懸掛在空中一樣不可削除消滅的書籍。」又說：「恐怕我寫《太玄經》，那就如同鼠糞與牛糞一樣，如果用它肥田，就會使五種莊稼壯實，使全國民眾吃飽；如果不用，那就是一堆糞便，丟棄在道路上了。可是我揚雄喜愛它。張伯松與我有什麼恩惠，而您與我有什麼怨恨，而要向您隱藏呢？不需要勞苦大馬高車，就能使君主坐在帳幕之中，知道絕遠的不同習俗的地方的言語，法則流傳給後代子孫，言語列為漢家的典籍，這的確是我揚雄心裡極端盼望的事，也是全副心思所想遇到的事。輔佐聖明的朝廷照耀遠方的英明，使您來索取此書，正如您的意思一樣，這的確是我揚雄散播此書的機會，那我死的那一天，也像現今一樣榮耀，我不敢有懷疑，不敢有吝惜。

少而不以行❶立于鄉里，長❷而不以功顯於縣官❸，著❹訓❺於帝籍❻，但❼言詞博覽翰墨❽為事，誠欲崇❾而就❿之，不可以遺，不可以怠。即君必欲脅之以威，陵⓫之以武，欲令入之於此，此又未定，未可以見，今君又終⓬之，則縊死⓭以從命也。而可且寬假⑭延期，必不敢有愛，雄之所為，得使君⑮輔⑯貢⑰於明朝，則雄無恨，何敢有匿？唯執事⑱圖之。長監於規⑲，繡之⑳就死㉑以為小，雄敢行之。謹因還使，雄叩頭叩頭。

【章　旨】以上說明《方言》尚未定稿，不能從命，不可勉強。希望能寬延期限，使能完成此書。

【注　釋】❶行　品行；德行。❷長　長大。❸縣官　朝廷。❹著　撰述；著述。❺訓　解說。此指解說經書的著作。❻帝籍　皇家圖書館。❼但　只；僅。❽翰墨　筆墨。借指詩文之類。❾崇　高。用作意動詞，推重；看重。❿就　成就。⓫陵　通「淩」。侵侮；淩辱。⓬終　竟。言必欲求索到底。⓭縊死　上吊而死。⓮寬假　寬容；寬貸。⓯使君　漢時對刺史或太守的稱呼。劉歆曾任五原太守，故稱之為使君。⓰輔　輔助；幫助。⓱貢　進獻。⓲執事　供役使的人。用作對對方的敬稱，表示不敢直指其人，故指其供役使之人言之，猶言足下。⓳長監於規　對於規戒當長以為鏡鑒。監，借作「鑒」。照視；鑒戒。規，規勸；規戒。⓴繡之　成之。謂完成《方言》的修訂。繡，修。㉑就死　歸於死；走向死。

【語　譯】我年輕時不能品行端正立身於鄉里，長大了不能以功業卓著顯赫於朝廷，撰述訓解於皇家圖書館。祇是以言語廣博閱覽詩文為自己的事業，的確想要推重而成就它，不可以遺棄，不可以怠惰。假如您一定要用威武脅迫我，用武力淩辱我，想要我走到這一地步，此書又未定稿，不可以見人，現在您又要索取到底，那麼我只有用上吊自殺來服從命令了。可以寬貸延長一些時日，一定不敢有所吝惜。我揚雄所做的，得到使君輔助貢獻給聖明的朝廷，那麼我揚雄沒有遺憾，怎麼敢於有隱藏？希望您考慮。對於您的規戒我當長時間引為鑒戒，為完成這本書即使是走向死我也認為是小事，我揚雄敢於堅持到底。現憑返回的信使寫了此信，揚雄叩首叩首。

附錄

劉歆與揚雄求《方言》書

雄為郎一歲，作〈繡補〉、〈靈節〉、〈龍骨〉之銘詩三章，及天下上計孝廉雄問異語紀十五卷，積二十七年。漢成帝時，劉子駿與雄書從取《方言》曰：歆叩頭。昨受詔宓五官郎中田儀與官婢陳徵駱驛等私通盜刷越巾事，即其夕竟。歸府，詔問三代周秦軒車使者、遒人使者，以八月巡路求代語僮謠歌戲，欲得其最目。因從事郝隆求之有日，篇中但有其目，無見文者。歆先君數為孝成皇帝言，當使諸儒共集訓詁，爾雅所及五經所詁不合爾雅者詁籀為病，及諸經氏之屬皆無證驗。博士至以窮世之博學者偶有所見，非徒無主而生是也。會成帝未以為意，先君又不能獨集。至於歆身，脩軌不暇，何偟更創！屬聞子雲獨採集先代絕言、異國殊語以為十五卷，其所解略多矣，而不知其目。非子雲澹雅之才，沈鬱之思，不能經年銳精以成此書，良為勤矣。歆雖不遘過庭，亦克識先君雅訓三代之書，蘊藏於家，直不計耳。今聞此，甚為子雲嘉之已。今聖朝留心典誥，發精於殊語，欲以驗考四方之事，不勞戎馬高車之使，坐知傜俗，適子雲攘意之秋也。不以是時發倉廩以振贍，殊無為明語，將何獨挈之寶，上以忠信明於上，下以置恩於罷朽，所謂知蓄積，善布施也。蓋蕭何造律，張倉推曆，皆成之於帷幕，貢之於王門，功列於漢室，名流乎無窮，誠以隆秋之時，收藏不殆；餞春之歲，散之不疑，故至於此也。今謹使密人，奉手書，願頗與其宲目，得使入籙，令聖朝留明明之典。歆叩頭！叩頭！

與桓譚書

【題　解】桓譚，字君山，漢沛國相人，著名唯物主義思想家。因宋弘薦拜議郎給事中。漢光武帝信讖緯，桓譚極言其非，觸怒光武帝，出為六安郡丞，在赴任途中病卒。著有《新論》二十九篇。桓譚極為賞識揚雄的著作，說：「今揚子之書文義至深，而論不詭於聖人。若使遭遇時君，更閱賢知，為所稱善，則必度越諸子矣。」〈與桓譚書〉嚴重殘缺，僅餘此二句，已無由窺其主旨。但從此二語亦可窺見揚雄對桓譚的仰慕。

望風❶景附❷，聲訓❸自結❹。

【注　釋】❶望風　仰望上風。❷景附　如影隨形一樣緊相依附。❸聲訓　猶言聲教。聲威教化。❹自結　自行聯結。

【語　譯】仰望在上風的您，就如影隨形一樣地緊相依附，自己主動與您的聲威教化相聯結。

答桓譚書

【題解】這篇〈答桓譚書〉輯自楊慎《赤牘清裁》。它書記載，揚雄曾說過前面的幾句話，諺曰以下幾句則出自桓譚《新論》。因此，對此文，原書編者曾提出過懷疑。茲悉錄以供參考。

按《西京雜記》：「子雲曰：『長卿賦不似人間來，其神化所至邪！』」《意林》載桓譚《新論》云：「揚子雲工於賦，王君大習兵器，余欲從二子學。子雲曰：『能讀千賦則善賦。』君大曰：『能觀千劍則曉劍。』諺曰：伏習象神，巧者不過習者之門。」《北堂書鈔》一百二引桓子《新論》云：「余少好文，見揚子雲賦，欲從學。子雲曰：『能讀千賦則善之矣。』」《藝文類聚》五十六引桓子《新論》云：「余素好文，見子雲工為賦，欲從之學。子雲曰：『能讀千賦則善為之矣。』」用修綴拾成文，唯加大諦二字。然諺云以下是桓譚語，非子雲語也。此與〈答郭威書〉，張溥《百三家》、楊鼎祚《文紀》皆入錄，今姑不刪。

長卿❶賦，不似從人間來，其❷神化❸所至邪❹！大諦❺能讀千賦則能為之。

諺❻云：伏習❼眾神❽，巧者不過習者之門。

【章　旨】這段文章說出了一個重要真理：熟能生巧。不管什麼事，只要潛心學習，一定可以達到神化的境界。它還總結了揚雄重要的創作經驗：即「能讀千賦則能為之」。要創作，要成為作家，就要認真學習前人的作品，從中學習技巧，學習創作經驗。故此文雖短而意義重大。

【注　釋】❶長卿　漢代著名辭賦作家司馬相如的字。❷其　副詞。表示估量、推測、不肯定。相當於大約、大概、可能。❸神化　神靈的化育。❹邪　同「耶」。語氣助詞。❺大諦　猶大抵；大概；大體；大致。❻諺語。長期流傳下來文詞固定的常言。❼伏習　潛心學習。❽眾神　《意林》引桓譚《新論》作「象神」。按作「象神」於義較勝，今從之。

【語　譯】司馬長卿的賦，不像是從人間來的，大概是神靈化育所達到的境界吧！大致能閱讀千篇賦，就能寫作賦了。諺語說：潛心學習可以通向神化。技藝高明的人不經過潛心學習者的門。

答茂陵郭威

【題　解】這段文章，丁福保《漢魏六朝名家集・揚子雲集》、嚴可均《全上古三代秦漢六朝文・全漢文》均未收入，《四庫全書・集部》所收鄭樸輯《揚子雲集》卷四收入此文，但未注明出處，不知出自何書，依據為何。

此文是答茂陵郭威的一封信。茂陵是漢武帝的墓陵，在今陝西興平縣東北。郭威，其人不詳。信中闡明了揚雄對《爾雅》這部書的看法。《爾雅》，現代學者認為，係秦漢間經師綴輯舊文，遞相增益而成，不出於一時一人之手。而揚雄說《爾雅》是孔門游、夏之徒所記以解釋六藝的，又說是周公所記的古籍。這正是傳統的說法。

《爾雅》，孔門❶游❷、夏❸之儔❹所記以解釋六藝❺者也。記言，史佚❻教其子以《爾雅》。《爾雅》者小學❼也。又言孔子教魯哀公❽學《爾雅》，《爾雅》之出遠矣，學者皆云周公❾所記也。「張仲孝友」❿之類，後人所增耳。

【注　釋】❶孔門　孔子的門下。❷游　姓言名偃，字子游。吳國人，孔子弟子，習於「文學」，為孔門十哲之一。❸夏　姓卜名商，字子夏。衛國人，孔子弟子，習於「文學」，為孔門十哲之一。❹儔　同「輩」。同一類人。❺六藝　即六經。指儒家的《詩》、《書》、《禮》、《樂》、《易》、《春秋》六部經典著作。❻史佚　人名。周初史官，名佚。❼小學　文字訓詁之學。❽魯哀公　姬姓名將。春秋時魯國國君，在位二十七年（西元前四九四～前四六八年）。❾周公　姬姓名旦。周文王之子，周武王之弟，輔助武王伐紂滅商，建立周朝，受封於魯。武王死，成王年幼，周公攝政，周代的禮樂制度相傳皆為周公所制訂。❿張仲孝友　《詩・小雅・六月》中的詩句。張仲，周宣王時賢臣，尹吉甫之友。《爾雅・釋訓》引用這句詩，說：「張仲孝友，善父母為孝，善兄弟為友。」周公在周宣王之前，故曰後人所增。

【語　譯】《爾雅》是孔子的門徒子游、子夏一輩人所記錄用來解釋六藝的著作，記錄語言，史佚就用《爾雅》教育他的兒子。《爾雅》是講訓詁之學的。又說孔子教魯哀公學《爾雅》，《爾雅》的產生是很久遠了。學者都說是周公記錄的。「張仲孝友」一類的話是後人增加進去的。

卷三

難❶蓋天八事❷

【題解】這是揚雄站在渾天說的角度對蓋天說提出質問的八個問題。蓋天、渾天都是古代解釋天體的學說。蓋天說認為，天像一把無柄的撐開的傘蓋，地像一隻覆置著的盤子。北極是天地的中心。天體覆蓋著大地，由西向東旋轉。日月星辰附著在天體上，也由西向東運動，只是天體旋轉快，故感到日月星辰向西流，而形成晝夜和一年四季。而渾天說則認為，天體像一隻雞蛋，天就是蛋白，地就是蛋黃，天包地外，像蛋白裹著蛋黃，日月星辰隨天體轉動而形成晝夜和一年四季。揚雄是贊成渾天說的，故向蓋天說對天體的解釋提出質問，以證明蓋天說的不合實際。

其實，從現在的科學觀點來看，蓋天說、渾天說對天體的解釋都是不科學的。不過，比較而言，渾天說比較接近於現代科學，對日月星辰運行的說明也比較符合實際。漢代張衡造的渾天儀，據說運轉的時候，就與天上日月星辰的運行相吻合。

其一云❸：日之東行循黃道❹，晝夜❺中❻規❼。牽牛❽距北極❾北百一十度，東井❿距北極南七十度，并百八十度。周三徑一⓫，二十八宿⓬，周天當五百四十度。今三百六十度，何也？

【章　旨】這是就天體的度數向蓋天說提出質問。一周天是一個圓為三百六十度。二十八宿沿黃道分布，為一周天。但按蓋天說計算，應為五百四十度，證明蓋天說的解釋不合天體實際。這是責難之一。

【注　釋】❶難　詰責；質問；責難。❷八事　八件事；八個問題。❸云　說。❹黃道　古人認為太陽繞地球運行，黃道就是想像中太陽繞地球運行的軌跡。❺晝夜　原本無夜字，中華書局校點本《隋書．天文志》補一夜字。按晝下當有一夜字，今據補。❻中　符合；恰好合上。❼規　圓規。畫圓的工具。這裡指圓形。❽牽牛　星名。即河鼓，俗稱牛郎星，隔銀河與織女星相對。按此當指二十八宿中的牛宿。從牛宿開始，經女、虛、危、室、壁、奎、婁、胃、昴、畢、觜、參，到井宿，共十四宿，為黃道之半，恰一百八十度。❾北極　北極星。又稱北辰，居天之中，不動，眾星皆繞其旋轉，故《論語》有「譬如北辰，居其所而眾星拱之」的話。❿東井　星宿名。二十八宿之一。⓫周三徑一　指圓周率。圓周與直徑之比為三．一四一六……。周三徑一，乃言其大略。周，周長。徑，直徑。⓬二十八宿　古代天文學家把黃道附近的恒星分為二十八個星座，四方各七宿，東方：角、亢、氐、房、心、尾、箕；南方：斗、牛、女、虛、危、室、壁；西方：奎、婁、胃、昴、畢、觜、參；北方：井、鬼、柳、星、張、翼、軫；稱二十八宿。

【語　譯】第一件事說：太陽向東運行，遵循著黃道，一晝夜運行的軌跡恰好符合圓規畫的圓形。牽牛星距離北極星的北面為一百一十度，東井距離北極星的南面七十度，合共一百八十度。按照周長為三則直徑為一的圓周率計算，一周天當為五百四十度。現在卻只有三百六十度，這是為什麼呢？

其二曰：春秋分❶之日，正出在卯❷，入在酉❸，而晝漏❹五十刻❺。即❻天蓋❼轉，夜當倍晝。今夜亦五十刻，何也？

【章　旨】這是就春分、秋分的那一天，晝夜的長短提出質問。春分、秋分的那一天，黃道與赤道相交，在地球的北半球則為晝夜一樣長，故有「春分、秋分，晝夜平分」的說法。而按蓋天說，這一天夜晚當比白天長一倍。因為按蓋天說，以春分、秋分為界，北極有六個月是白天，六個月是夜晚。那麼在春分、秋分時是三分之一的時間是白天，三分之二的時間是夜晚，與實際的時間晝夜平分不相符合。這是責難之二。

【注　釋】❶春秋分　農曆二十四個節氣中的兩個節氣。指春分、秋分。這一天，黃道與赤道相交，晝夜長短平均，又恰居春秋二季九十日之半，故稱。❷卯　古人將一晝夜分為十二個時辰，分別用地支子、丑、寅、卯、辰、巳、午、未、申、酉、戌、亥表示。卯相當於上午五時至七時。❸酉　十二時辰之一。相當於下午五時至七時。❹晝漏　白天的時間。晝，白天。漏，古代計時器。以銅壺盛水，在壺體上刻上符號表示時間，晝夜百刻，使壺水均勻滴漏，以露出的刻畫計時，故稱漏，又稱刻漏。引申為時刻、時間。❺刻　即指銅壺上刻的表示時間的符號。❻即　假設連詞。若；如果。❼蓋　傘蓋。

【語　譯】第二件事說：春分、秋分的那一天，太陽恰在卯時升起，在酉時沒落，而白天的時間為五十刻。如果天是像傘蓋一樣旋轉，那麼這一天黑夜的時間當是白天的一倍。現在夜晚的時間也是五十刻，這是為什麼呢？

其三曰：日入而星見❶，日出而不見。即斗❷下見日六月，不見日六月，北斗亦當見六月，不見六月。今夜常見，何也？

【章　旨】這是就北斗星的隱現提出質問。按蓋天的說法，由秋分至春分這六個月，日行南陸，北斗星當不見日；由春分至秋分這六個月，日行北陸，北斗星才能見日。可實際是北斗星天天晚上出現。可見蓋天說與天體的運行不相符合。這是責難之三。

【注　釋】❶見　出現。❷斗　即北斗星。指在北方的天空排列成斗形的七顆亮星，即今大熊星座七顆較亮的星，俗稱北斗七星。

【語　譯】第三件事是說：太陽落山了，星星就出現；太陽出來了，星星就不出現。假如北斗七星之下六個月看得見太陽，六個月看不見太陽，那麼北斗七星也應當六個月出現，六個月不出現。現在夜晚北斗七星卻長久不變地出現，這是為什麼呢？

其四曰：以蓋圖❶視天河❷，起斗❸而東入狼弧❹間，曲如輪❺。今視天河直如繩❻，何也？

【章　旨】這是就天河的曲直提出質問。天河從斗宿到天狼星與弧矢星之間的一段，是由北向南，又由南向北，成圓弧形狀。可是夜晚實際觀測天河，則天河成直線橫貫天空。故揚雄又責問其與天體實際不符。這是責難之四。

【注釋】❶蓋圖　古代按蓋天說製作的觀測天象的儀器。《隋書・天文志上》說：「昔者聖王正曆明時，作圓蓋以圖列宿。極在其中，迴之以觀天象。分三百六十五度四分度之一，以定日數。日行於星紀，轉迴右行，故圓規之，以為日行道。欲明其四時所在：故於春也，則以青為道；於夏也，則以赤為道；於秋也，則以白為道；於冬也，則以黑為道。四季之末，各十八日，則以黃為道。蓋圖已定，仰觀雖明，而未可正昏明，分晝夜，故作渾儀，以象天體。」此對蓋圖言之甚詳。❷天河　亦名星河、天漢、雲漢、銀漢、銀河。由大量恒星構成的星系，晴夜高空，呈銀白色帶狀，形如大河，故名。❸斗　斗宿。二十八宿之一，由六顆亮星組成，成斗狀，故名。斗宿為與北斗七星相區別，又稱南斗。❹狼弧　天狼星與弧矢星。天上的兩個星座。天狼一星，在東井南。弧矢共九星，位於天狼星東南，因形似弓箭，故名。❺輪　車輪。❻直如繩　原本無直字，《隋書・天文志》如上有直字。按當有直字，今據補。

【語譯】第四件事是說：憑藉蓋圖來看天河，它從斗宿起向東到達天狼星與弧矢星之間的一段，彎曲如同車輪。現在夜晚看天河，卻筆直如同木工的繩墨。這是為什麼呢？

其五曰：周天❶二十八宿，以蓋圖視天，星見者當少，不見者當多。今見與不見等，何出入無冬夏，而兩宿❷十四星當見，不以日長短故見有多少，何也？

【章旨】這是就二十八宿出現的多少提出質問。緣黃道周天二十八宿，按蓋天說製作的觀測天象的儀器蓋圖來看，冬天晝短夜長，看到的星宿應當多；夏天晝長夜短，看到的星宿應當少。而實際是不管冬天夏天，每晚都可以看到二十八宿中的十四宿。可見蓋天說與二十八宿的隱現不相符合。這是責難之五。

【注釋】❶周天　繞天一周。❷兩宿　古代將一周天二十八宿，按東南西北四方分為四組，稱東方青龍、南方朱鳥、西方白虎、北方玄冥，每組七宿。兩宿，即兩組星宿，共十四星宿。

【語譯】第五件事是說：一周天有二十八宿。憑藉蓋圖來看天，這些星宿看見的應當少，看不見的應當多。現在卻看得見的與看不見的相等。那麼為什麼它們的出現與隱沒不分冬天夏天，而兩組星宿中的一十四顆星宿經常看得見，不因為夏天白晝長、冬天白晝短的緣故，看得見的有多有少，這是為什麼呢？

其六曰：天至高也，地至❶卑也，日託天而旋，可謂至高矣。縱❷人目可奪❸，水與景❹不可奪也。今從高山之上，設水平❺以望日，則日出水平下，影上行，何也？若天體常高，地體常卑，日無出下之理，於是蓋天無以對也。

【章旨】這是就太陽的升降提出質問。蓋天說認為天至高，地至卑，日懸空中，亦應當至高。

但是每天早晨太陽是從地平線下升起，可見蓋天說與日之升降不相符合。這是責難之六。

【注　釋】❶至　最。❷縱　假設連詞。即使。❸奪　亂；擾亂。❹景　同「影」。❺水平　《隋書‧天文志》水下無平字。

【語　譯】第六件事是說：天是最高的，地是最低的，太陽依託天旋轉，可以說也是最高的了。即使人的目力可以被太陽的光線擾亂，水與影子是不能擾亂的。現在從高山之上，設置一個水平器來望太陽，那麼可以望見太陽從水平線下出來，日影向上運行，這是為什麼呢？假如天體永久不變地是高的，地體永久不變地是低的，那麼太陽就沒有從下面升起的道理。於是持蓋天說的人就沒有什麼可以用來回答的了。

其七曰：視物近則大，遠則小。今日與北斗，近我而小，遠我而大，何也？

【章　旨】這是就所看到的太陽與北斗星的大小提出質問。蓋天說認為，太陽距人遠，北斗星距人近。而實際的觀測是太陽大於北斗星，不符合視物遠小近大的道理，足見其不符合太陽與北斗星的實際。這是責難之七。

【語　譯】第七件事是說：看物件，距離近就大，距離遠就小。現在，太陽與北斗星，距離我們近的卻小，距離我們遠的反而大，這是為什麼呢？

其八曰：視蓋橑❶與車輻❷間，近杠❸轂❹即密，益遠益疏。今北極為天杠轂，二十八宿為天橑輻，以星度❺度天❻，南方次❼地星間當數倍，今交密，何也？

【章　旨】這是就北極的星與二十八宿的疏密提出質問。蓋天說認為，天體如同撐開的無柄傘蓋。那麼傘的邊緣與中心，傘骨的稀密就不一樣，靠近中心的那一端密，靠近邊緣的一端稀。而天體的北極是傘蓋的中心，二十八宿是傘蓋的邊沿，二十八宿應當比北極的星稀。現在觀測天象，二十八宿反而覺得密，北極的星反而覺得稀，可見蓋天說對北極的星與二十八宿的稀密的解釋不相符合。這是責難之八。

【注　釋】❶蓋橑　傘蓋的傘骨。蓋，車上遮陽的傘蓋。橑，蓋的蓋弓，俗稱傘骨。❷車輻　車輪的輻條。輻，車輪中連接軸心與輪圈的直木條。❸杠　蓋杠。撐傘蓋的竿子。❹轂　車輪中心車軸貫入處的圓木。安置於車輪兩側軸上，使車輪保持直立，不至內外傾斜。❺星度　星辰運行的度合，計量星宿遠近的標準。❻度天　丈量天。❼次　至；及。

【語　譯】第八件事是說：看車蓋的蓋弓和車輪的輻條之間，靠近蓋杠與車轂的地方就密集，越是離蓋杠與車轂遠就越是稀疏。現在北極就是天體的蓋杠與車轂，二十八宿就是天體的蓋弓與輻條，用星辰運行的度合來丈量天，南方至地星之間應當是數倍的距離。現在看去，反而更加密集，這是為什麼呢？

解（ㄐㄧㄝˇ）❶嘲（ㄔㄠˊ）❷

【題　解】這篇文章是模仿東方朔〈答客難〉而作的。跟東方朔〈答客難〉一樣，揚雄也是從遭時不遭時著眼，對比了古今之士的不同遭遇。揚雄指出：春秋戰國時期，六合之內，烽煙密布，正是用人之時。因此士人得以「矯翼厲翮，恣意所存」。今漢朝天下一統，普天之下，莫非王土，朝廷上陪侍的官員，多一個少一個皆無關宏旨，致使「群卿不揖客，將相不俛眉」。不但難遇禮賢下士的當權者，投靠無門，而且還動輒得咎，「言奇者見疑，行殊者得辟」。說明他生不逢時，只能默默草玄，從而抒發了揚雄懷才不遇的滿腹牢騷。東方朔〈答客難〉重點在揭露封建專制君主的隨意與奪的威勢，這篇文章則更進一層，除揭露「當今縣令不請士，郡守不迎師，群卿不揖客，將相不俛眉」之外，還揭露了封建統治者用刑罰、禮樂、詩書來束縛士人以及士人為圖進取而「雷動雲合，魚鱗雜襲，咸營於八區」的醜惡現象，以致庸士充斥，奇異之士不見容和「高明之家，鬼瞰其室」的現狀，說明揚雄對當時的封建統治者完全喪失了信心，對當時的現實深抱不滿，而決心全身遠禍。揚雄本不是一個自甘寂寞的人，內心充滿著出仕與隱遁的矛盾。他自甘寂寞是出於不得已，正如孫鑛所言，「客之所嘲，正是其一段牢騷處」。因此，文章的內容是比較深刻的。

這篇文章在寫法上也採用東方朔〈答客難〉的客主對問的形式。對問是古代一種文體的名稱。

它通過假設的客主對問來抒寫作者的苦悶與牢騷，形式為韻文與散文的結合。但東方朔〈答客難〉時時以滑稽出之，比較詼諧。而這篇文章則寫得更嚴肅，更沉痛。東方朔〈答客難〉全文純用押韻稀疏的議論散文，這篇文章則多用對偶排比，大體押韻，語言更整飭，更放縱馳騁。因此，它雖受東方朔〈答客難〉的影響，但在思想上和藝術上仍有它獨有的特點。

哀帝❸時，丁、傅、董賢❹用事❺，諸❻附離❼之者，或❽起家❾至二千石❿。時雄方草⓫《太玄》⓬，有以自守⓭，泊如⓮也。或謿雄以玄⓯尚白，而雄解之，號曰〈解謿〉。其辭曰：

【章旨】這段文章不是〈解謿〉的正文。它是《揚雄集》的編者錄自《漢書・揚雄傳》，用以說明這篇文章的寫作背景與寫作意圖。

【注釋】❶解　解釋；答覆。❷謿　同「嘲」。譏諷。❸哀帝　漢哀帝劉欣，在位六年（西元前六～前一年）。❹丁傅董賢　漢哀帝的祖母傅太太后原為漢元帝的昭儀，漢哀帝的母親丁太后為定陶恭王丁姬。漢哀帝一即位，就追尊傅太太后父為崇祖侯，封其侄傅喜為高武侯，傅晏為孔鄉侯，傅商為汝昌侯，太太后同母弟鄭惲追尊為陽信節侯，封其子鄭業為陽信侯。鄭氏、傅氏侯者凡六人，大司馬二人，九卿二千石六人，侍中諸曹十餘人。丁太后兄丁明為陽安侯，侄丁滿為平周侯。丁氏侯者凡二人，大司馬一人，將軍、九卿二千石六人，侍中諸曹亦十餘人。丁、傅以一二年間興暴尤盛。董賢，字聖卿，漢雲陽人。漢哀帝時，賢以貌，便嬖善柔而得寵幸，遷為光祿大夫，封高安侯，官至大司馬衛將軍。出則與帝同驂，入則與帝同臥，賞賜巨萬，貴傾朝廷。後為王莽所劾，畏罪自殺。❺用事　執政；掌權。❻諸　眾多。❼附離　同「附麗」。依附；附著。❽或　有人。不定代詞。❾起家　起之於家而出任官職。❿二千石　漢代內自九卿郎將，外至郡守尉的俸祿等第，都是二千石。⓫草　起草；撰寫。⓬太玄　《太玄經》。揚雄模仿《周易》而撰寫的著作。⓭自守　堅守自己的節操。⓮泊如　恬淡，靜默無為。如，助詞，為形容詞副詞之詞尾，無義。⓯玄　黑色。言揚雄草玄不成，其色尚白，故無祿位。

【語譯】 漢哀帝時，丁氏、傅氏和董賢執掌朝政，那些依附他們的人，有的從家中一出來做官就做到二千石的那一級。這時候，揚雄正在撰寫《太玄經》，有用來堅守自己節操的事業，依舊恬淡寡欲。有人嘲笑揚雄的玄還是白色的，揚雄就寫文章回答他們，篇名叫做〈解謿〉。文辭說：

客謿揚子曰：「吾聞上世之士，人綱人紀❶，不生則已，生則上尊人君，下榮父母，析❷人之圭❸，儋❹人之爵❺，懷❻人之符❼，分人之祿，紆青拕紫❽，朱丹其轂❾。今子幸得遭明盛之世，處❿不諱⓫之朝⓬，與群賢同行⓭，歷金門⓮，上玉堂⓯，有日⓰矣。曾不能畫一奇，出一策，上說⓱人主⓲，下談公卿，目如燿星⓳，舌如電光⓴，壹從壹衡㉑，論者㉒莫當㉓，顧㉔而作《太玄》五千文，枝葉扶疏㉕，獨說十餘萬言，深者入黃泉，高者出蒼天，大者含元氣㉖，纖㉗者入無倫㉘，然而位不過侍郎㉙，擢㉚纔給事黃門㉛，意者玄得毋尚白乎？何為官之拓落㉜也？」

【章旨】以上假設客人嘲笑揚雄處盛明之世，卻不被重用，只能草寫深奧難懂而又不合時用的《太玄經》。這是沒有能耐的表現。這實際上是揚雄不安現狀的思想的流露，是揚雄欲求仕進的願望的表白。

【注釋】❶人綱人紀　做為別人的綱紀。綱紀，法度；法則。❷析　分。❸圭　古代帝王諸侯舉行隆重儀式時所用的玉製禮器，上尖下方。以圭賜功臣，使執圭朝見，所以分了圭，也就是得到了爵位。❹儋　通「擔」。肩挑。這裡引申為承受之意。❺爵　爵位。❻懷　懷藏；懷抱。❼符　古代朝廷用以傳達命令、調兵遣將的憑證，以竹木或金玉製作，刻有文字，雙方各執一半。❽紆青拕紫　李善《文選》注引《東觀漢紀》曰：「印綬，漢制，公侯紫綬，九卿青綬。」紆，繫。拕，同「拖」。曳。青、紫，指高級官吏所佩印綬的顏色。❾朱丹其轂　《漢書・景帝紀》：「令長吏二千石車朱兩轓，千石至六百石朱左轓。」（轓，車之障蔽。）朱丹，這裡用作動詞，塗飾紅色。朱，紅色。丹，丹砂。紅色顏料。轂，車輪中心固定車軸的圓木。這裡代指車。❿處　指在朝為官。⓫不諱　不隱諱；沒有忌諱。《文選》五臣注呂延濟曰：「天子多忌諱而人彌窮貧。忌諱，法令煩也。不諱，謂法令不苛煩也。」諱，忌諱；畏避。⓬朝　朝廷。⓭行　行列；隊列。⓮金門　金馬門。漢武帝得大宛馬，乃命善相馬者東門京鑄造銅馬，立於魯班門外，因更名魯班門曰金馬門。《史記・滑稽列傳》：「金馬門者，宦者署門也。門傍有銅馬，故謂之金馬門。」⓯玉堂　漢代宮殿名。《三輔黃圖》二〈漢宮〉云：未央宮有玉堂，建章宮又有玉堂。⓰有日　有了很多日子。言其時間長久。⓱說　勸說別人服從自己的意見。⓲人主　君主。謂天子。⓳燿星　明星。燿，同「耀」。⓴電光　謂辭辯速如閃電之光。㉑壹從壹衡　謂言辭縱橫而生。從衡，同「縱橫」。謂交錯雜陳。㉒論者　當世論事的人。㉓莫當　莫能抵擋。當，抵擋；抵敵。㉔顧　轉折副詞。反。㉕枝葉扶疏　以樹比喻文章，言其文章的文彩如樹的枝葉紛披四布。扶疏，分布貌。㉖元氣　本指天地未分之前的混一之氣。此指整個宇宙。㉗纖　細；小。㉘無倫　無與倫比；無法比擬。㉙侍郎　官名。秦漢時指郎中令的屬官，為宮廷的近侍。㉚擢　陞遷；提陞。㉛給事黃門　官名。又稱給事黃門侍郎，以給事於黃門，故名。出入禁中，省尚書事。㉜拓落　不遇時；不得意。

【語譯】客人嘲笑揚先生說：「我聽說上古之世的讀書人，能夠做為別人的綱紀法則。不生在世上就罷了，一生在世上，就要對上使君主尊貴，對下使父母榮耀，分到人主的執圭，接受人主的爵位，懷藏人君的符契，分賞人君的俸祿，繫著青色的印綬，曳著紫色的印帶，使乘坐的車子塗飾上紅色。現在，先生有幸能夠遇上一個清明興盛的時代，處在一個沒有忌諱的朝廷，與所有賢能的人站在同一行列，經過金馬門，走上玉堂殿，有了很多日子了。竟然不能夠謀畫一個奇計，想出一個上策，向上說服君主，向下駁倒公卿，目光如明星般放射光芒，舌辯如閃電般迅速敏捷，縱橫馳騁，交錯雜陳，使當世論事的人，莫能抵擋。反而寫作《太玄經》五千字，文彩像樹的枝葉紛披四布，僅解說的文字就有十餘萬字，深邃的進入地下的泉水，高遠的超出青蒼上天，博大的包含整個宇宙，纖細的細得無與倫比。然而政治地位不過是個侍郎，陞遷纔得到個給事黃門，想來你的玄恐怕還是白色的吧？為什麼做官是如此不得意呢？」

揚子笑而應之曰：「客徒❶欲朱丹吾轂，不知一跌❷將赤❸吾之族也！往者❹

周⑤罔⑥解結，群鹿⑦爭逸，離為十二⑧，合為六七⑨，四分五剖，並為戰國。士亡常君，國亡定臣，得士者富，失士者貧，矯翼厲翮，恣意所存⑩，故士或自盛以橐⑪，或鑿坏以遁⑫。是故騶衍⑬以頡頏⑭而取世資⑮，孟軻雖連蹇⑯，猶為萬乘師⑰。

【章旨】以上是揚雄回答嘲笑的第一層，說明戰國時期，天下四分五裂，群雄爭霸，「得士者富，失士者貧」，士的社會地位十分重要。

【注釋】❶徒　副詞。空；只。❷跌　失足倒下。❸赤　誅滅無餘。❹往者　以往；從前。❺周　周王朝。❻罔　同「網」。本指捕鳥獸魚類的工具，引申為維繫統治的權力。❼群鹿　比喻戰國時各諸侯國。❽十二　指魯、衛、齊、楚、宋、鄭、燕、秦、韓、趙、魏、中山等十二諸侯國。❾六七　指齊、楚、趙、魏、韓、燕六國，加秦為七國。❿士亡常君六句　意謂士人擇君而事，如鳥舉翼振翮而恣意高飛，意所存慕，乃下而事之。亡，同「無」。矯，舉。厲，振。翮，羽毛的莖。代指翼。恣意，任意；隨意。存，思存；想念。⓫自盛以橐　舊注皆謂指范睢。范睢，戰國時魏國人，為魏齊所辱，折脇摺齒。秦昭王使者王稽載以入秦，匿其車中。後得見秦昭王，官至秦相。事詳《史記・范睢列傳》。橐，盛物的袋子，有底曰囊，無底曰橐。沈韓欽曰：「〈范睢傳〉無橐盛事。〈秦策〉：范睢說昭王云：伍子胥橐載而出昭關。雄言范睢扶服入橐者，疑牽引及之。」按沈說有理，可供參考。⓬鑿坏以遁　指顏闔。魯君聞顏闔賢，欲以為相，使者往聘，顏闔鑿坏逃走。事見《莊子・讓王》。坏，屋的後牆。⓭騶衍　戰國時思想家，齊國人。⓮頡頏　本指鳥上下飛翔。這裡形容上下莫定、變幻莫測的奇異言論。《史記・孟子荀卿列傳》說：騶衍「乃深觀陰陽消息而作怪迂之變，〈終始〉、〈大聖〉之篇十餘萬言。其語閎大不經，必先驗小物，推而大之，至於無垠。」齊人頌曰「談天衍」。⓯世資　世所資藉。謂世人資藉以為師。資，憑藉；依恃。《史記・孟子荀卿列傳》說：「王公大人觀其術，懼然驚化，其後不能行之。是以騶子重於齊。適梁，惠王郊迎，執賓主之禮。適趙，平原君側行撇席。如燕，昭王擁彗先驅，請列弟子之座而受業，築碣石宮，身親往師之。」⓰孟軻雖連蹇　《史記・孟子荀卿列傳》載：「游事齊宣王，宣王不能用。適梁，梁惠王不果所言，則見以為迂遠而闊於事情。」「天下方務於合從連衡，以攻伐為資，而孟軻乃述唐、虞、三代之德，是以所如者不合。」孟軻，戰國時思想家，儒家學派的亞聖，鄒國人。連蹇，往來困頓，行為不利。⓱萬乘師　大國君主之師。萬乘，萬輛兵車。有兵車萬乘者為大國。此指大國之君。孟軻「後車數十乘，從者數百人，以傳食於諸侯」，滕文公尤敬禮孟子，多所諮詢。此所謂師，即指其受禮敬，備顧問而言。

【語譯】 揚先生笑著回答說：「客人只是想要我的車子塗飾紅色，不知道一旦失誤跌倒，就將會使我全家族誅滅無餘。從前，周王朝的統治權力瓦解，那群鹿般的諸侯爭相奔逸，分散為一十二國，又合併為六國或七國，四分五裂，並列而成為戰國。士人沒有固定不變的君主，國君沒有固定不變的臣下，得到士人的就富強，失去士人的就貧弱，士人如鳥一般振翅飛翔，任憑心意之所想慕。所以士人有的如范雎一樣用囊橐盛著逃入秦國，有的如顏闔一樣鑿穿後牆逃遁。是故騶衍憑變幻莫測的奇談怪論而得到世人的資藉，孟軻雖然往來困頓，卻受到大國君主的敬禮諮詢。

「今大漢左東海，右渠搜，前番禺，後陶塗❶。東南一尉，西北一候❷。徽以糾墨，制以質鈇，散以禮樂，風以《詩》《書》，曠以歲月，結以倚廬❸。天下之士，雷動❹雲合❺，魚鱗雜襲❻，咸營❼於八區❽。家家自以為稷契❾，人人自以為咎繇❿，戴縰⓫垂纓而談者，皆擬⓬於阿衡⓭，五尺童子，羞比晏嬰與夷吾⓮。當塗⓯者入青雲，失路者委⓰溝渠，旦握權則為卿相，夕失勢則為匹夫⓱；譬若江湖之雀，勃解⓲之鳥，乘鴈⓳集不為之多，雙鳧飛不為之少。昔三仁⓴去而殷虛㉑，二老㉒歸而周熾㉓，子胥㉔死而吳亡，種蠡㉕存而粵㉖伯㉗，五羖㉘入而秦喜，樂毅㉙出而燕㉚懼，范雎以折摺而危穰侯㉛，蔡澤雖噤吟而笑唐舉㉜。故當其有事也，非蕭、曹、子房、平、勃、樊、霍㉝，則不能安；當其亡事也，章句之徒㉞，相與坐而守之，亦亡㉟所患。故世亂則聖哲馳騖而不足，世治則庸夫㊱高枕而有餘。

【章　旨】以上是揚雄回答嘲笑的第二層，說明當今天下一統，士的社會地位大大降低，遠不能與戰國時期相比。

【注　釋】❶今大漢左東海四句　言漢版圖之大。左，指東方。右，指西方。渠搜，古西戎國名。在葱嶺西。見《尚書・禹貢》。《漢書・地理志》作「渠叟」。此以渠搜代指西域小國，不必實指其地。前，指南方。番禺，漢縣名。屬南海郡，即今廣州市番禺縣。後，指北方。椒塗，當是地名或國名，其說不一。《文選》李善注引應劭曰：「漁陽之北界。」《漢書》作「陶塗」，顏師古《漢書》注曰：「騊駼馬出北海上。今此云『後陶塗』，則是北方國名也。本國出馬，因以為名。」按師古說近是。《史記．匈奴列傳》云：「其奇獸則騊駼驒騱。」疑陶塗即騊駼之產地。揚雄即以此馬或此馬之產地代指匈奴以趁韻，猶以渠搜代指西域諸國。陶、椒同韻通假，椒塗即陶塗。❷東南一尉二句　東南、西北及一尉、一候都是互文，言四境安寧，東南西北各設一尉一候即足以守之。尉，官名。即軍尉。漢時，郡有都尉，縣有縣尉。候，通「堠」。邊境上偵察伺望的設施。一說指候人，古代迎送賓客的官。❸徽以糾墨六句　極言漢代政治教化的統一。徽，拘繫。糾墨，繩索。糾，兩股之繩。墨，即「纆」。三股之繩。皆古代刑具。制，制裁。質鈇，古代執行斬刑的刑具。質，古代腰斬時用的砧板。鈇，鍘刀。散，散布；傳播。風，教化；感化。詩書，《詩經》、《書經》。代指儒家經典。結，繫。引申為約束。倚廬，古代居父母喪時所居住的房子。此用以代指守喪的制度。應劭曰：「漢律以不為親行三年服不得選舉。」❹雷動　如雷霆之震動。❺雲合　如雲之合。❻魚鱗雜襲　如魚鱗之重疊聚集。雜襲，猶雜沓。重疊聚集之貌。❼營　經營；謀畫。❽八區　八方。❾稷契　后稷和契。后稷，周的先祖。名棄，為舜的農官，教民稼穡，樹藝五穀。契，商的先祖。舜時助禹治水有功，為司徒，教以人倫，父子有親，君臣有義，夫婦有別，長幼有序，朋友有信。❿咎繇　《文選》作「皋陶」。舜臣，掌刑獄事。⓫縰　古時束髮的緇帛。⓬擬　比擬。⓭阿衡　本商代官名，代指伊尹。伊尹，商湯王賢臣。輔佐商湯王伐滅夏桀，建立商朝，湯以為阿衡。⓮五尺童子二句　晏嬰、管仲，皆霸主之臣，非帝王之臣，故差與之比。五尺童子，指小孩子。古代尺短，五尺相當今三尺多一點。晏嬰，字平仲，春秋時齊國人。事齊靈公、莊公、景公，稱賢相。夷吾，管仲的字。春秋時齊國人，輔佐齊桓公霸諸侯，一匡天下。⓯當塗　當仕路。指執掌大權。⓰委　棄置。⓱匹夫　庶人；平民。⓲勃解　《文選》作「渤澥」。即渤海。解，海。⓳乘鴈　四雁。古代一車四馬，故以乘代指四。按王念孫引揚雄《方言》「飛鳥曰隻，雁曰乘」，謂此乘字當訓為一，並謂下雙鳧之雙當為隻字之訛（見《漢書補註》引）。可供參考。

㉚三仁　指微子、箕子、比干。皆殷末賢人。《論語．微子》云：「微子去之，箕子為之奴，比干諫而死。孔子曰：『殷有三仁焉。』」微子，名啟，商紂王同母兄，出生時，其母尚為帝乙之妾，後立為妻，生紂。故帝乙死，紂得嗣立，而微子不得立。因數諫紂不聽，去國。後稱臣於周，封於宋，為宋國始祖。箕子，紂的叔父。紂王無道，他諫而不聽，乃披髮佯狂，降為奴隸。比干，紂的叔父，力諫紂王，紂王說：我聽說聖人心有七竅，便被剖心而死。㉑虛　言其國亡為丘墟。虛，同「墟」。廢墟。住過人而荒廢的地方。㉒二老　指伯夷、太公。《孟子．離婁》云：「伯夷避紂，居北海之濱，聞文王作，興曰：『盍歸乎來，吾聞西伯善養老者。』太公避紂，居東海之濱，聞文王作，興曰：『盍歸乎來，吾聞西伯善養老者。』二老者，天下之大老也，而歸之，是天下之父歸之。天下之父歸之，其子焉往！」㉓熾　昌盛。㉔子胥　伍子胥。名員，春秋時楚國人。投奔吳國，輔佐吳王闔閭稱霸，後諫阻吳王夫差伐齊，勸其滅越，被吳王夫差所殺，吳國果為越國所滅。㉕種蠡　文種、范蠡。輔佐越王句踐十年生聚，十年教訓，而滅吳稱霸。㉖粵　同「越」。指越王句踐。㉗伯　同「霸」。稱霸。㉘五羖　五羖大夫。指百里奚。春秋時秦穆公之賢相，原為虞大夫，晉滅虞，虜奚，以為秦穆公夫人陪嫁之臣，奚以為恥，逃至宛，為楚所執，秦穆公聞其賢，以五羖羊皮贖之，委以國政，稱五羖大夫，輔佐秦穆公稱霸西戎。羖，黑色公羊。㉙樂毅　燕昭王將。為燕伐齊，下齊七十餘城，昭王死，惠王即位，聽齊反間計而以騎劫代將，樂毅奔趙，後燕果為齊所敗。燕惠王恐趙用樂毅乘燕之弊以伐燕。㉚燕　國名。戰國七雄之一。㉛范雎以折摺而危穰侯　范雎入秦，遊說秦昭王，「言宣太后專制，穰侯擅權於諸侯，涇陽君、高陵君之屬太侈，富於王室」。於是秦昭王廢太后，逐穰侯、高陵、華陽、涇陽君於關外，而拜范雎為相。范雎，見前「自盛以橐」注。折摺，指折脅摺齒。折、摺同義，摧折；損毀。穰侯，指魏冉，秦昭王母宣太后之弟，為秦相，封穰侯，權重一時。危，謂奪其相位而逐之出關。㉜蔡澤雖噤吟而笑唐舉　蔡澤遊學干謁諸侯，不遇，從唐舉相。唐舉熟視而笑曰：「先生仰鼻、聳肩、突額、攣膝。吾聞聖人不相，殆先生乎？」」蔡澤知唐舉同他開玩笑，乃笑謝而去。後入秦，說范雎以功成身退，乃代范雎為秦相。此言蔡澤雖在無從逞其口辯之時，而仍能笑謝唐

舉。蔡澤，戰國時燕國人。噤吟，《漢書》顏師古注釋為曲頤貌，即面頰歪而前突。案顏蓋以噤為頷之借，其說頗為迂曲。噤吟為疊韻聯綿詞。噤，閉口。吟，古書與唫常相混。唫一讀渠飲切，與噤音義皆同。故噤唫為閉口不言之意。蔡澤此時不遇，無從逞其口辯，故以噤唫形容之。唐舉，戰國時梁人。善相人。㉝蕭曹子房平勃樊霍　蕭何、曹參、張良（字子房）、陳平、周勃、樊噲、霍光。前六人皆漢高祖功臣。霍光，漢昭帝、漢宣帝時大臣，官至大司馬大將軍。初受武帝遺詔輔佐昭帝，昭帝崩，又策立宣帝，權重一時。㉞章句之徒　謂文儒之人。章句，分析古書的章節句讀。㉟亡　同「無」。㊱庸夫　平庸的人。

【語　譯】「現在大漢王朝東到東海，西達渠搜，南至番禺，北抵陶塗。東南只用一個軍尉，西北只有一個哨所，有輕罪就用繩索加以拘繫，犯重罪就用死刑加以制裁。將禮樂廣為傳播，用《詩》《書》加以感化。花很長的時日加以等待，用統一的喪服加以約束。天下的讀書人，如雷霆之震動，如烏雲之聚合，如魚鱗之重疊聚集，都在四面八方經營謀畫。家家自己認為是后稷和契，人人自己認為是咎繇。戴著束髮的緇帛，垂著繫冠的絲帶而侃侃談論的人，都把自己跟阿衡相比擬，五尺高的小孩都以跟晏嬰與管仲相比而感到羞恥。執掌大權的人就升入青雲，失去權勢的人就委棄於溝渠，早晨掌握權柄就是九卿守相，晚上失去權勢就是一般平民。譬如長江大湖上的烏雀，渤海之濱的飛鳥，四隻大雁飛來，不會因為有了牠們而使鳥增多，一雙野鴨飛去，也不會因為少了牠們而使鳥減少。過去微子、箕子、比干三位仁人離去而殷朝就變為廢墟，伯夷、太公二位大老歸順而周朝就興盛，伍子胥死去而吳國就滅亡，文種、范蠡存在而越國就稱霸，五羖大夫百里奚來到，秦穆公就高興，大將樂毅出走，燕惠王就恐懼，范雎憑著打斷肋骨，打掉門牙的殘軀而趕走秦國的權臣穰侯魏冉，蔡澤雖無處逞其雄辯而笑謝唐舉。所以當天下多事動亂之時，非有蕭何、曹參、張良、陳平、周勃、樊噲、霍光一輩人，天下就不能安定；當天下無事太平之時，即使是一群只知分章析句的儒生一類人，相與一起無所事事的守著它，也沒有什麼禍患。所以時局動亂不安，那麼即使有聖明賢哲的人奔走忙碌，依然不夠；如果天下太平安定，那麼即使平庸無能之輩執政，也可高枕而臥而綽綽有餘。

「夫上世之士，或解縛而相❶，或釋褐而傅❷；或倚夷門而笑❸，或橫江潭而漁❹；或七十說而不遇❺，或立談間而封侯❻；或枉千乘於陋巷❼，或擁帚彗而先驅❽。是以頗得信❾其舌而奮其筆，窒❿隙⓫蹈⓬瑕⓭而無所詘⓮也。當今縣令不請士，郡守不迎師，群卿不揖客，將⓯相⓰不俛眉⓱；言奇者見疑⓲，行殊⓳者得辟⓴，是以欲談者宛舌㉑而固聲㉒，欲行者擬足㉓而投迹㉔。鄉使㉕上世之士處㉖乎今，策非甲科㉗，行非孝廉㉘，舉非方正㉙，獨可抗疏㉚，時㉛道㉜是非，高㉝得待詔㉞，下㉟觸㊱聞罷㊲，又安得青紫㊳？

【章　旨】以上是揚雄回答嘲笑的第三層，說明上世之士，因得士者昌，失士者亡，所以統治者對士非常重視，多方羅致；而當今因國家安定，統治者不需要士的幫助，言奇行殊不但不會被重用，反而會招致災禍。故即使上世之士生於當今之世也會無所作為。

【注　釋】 ❶解縛而相　指管仲。齊桓公初與公子糾爭奪君位，管仲為公子糾射齊桓公中其帶鉤。後公子糾失敗被殺，管仲被囚禁。由於鮑叔的推薦，齊桓公即釋其縛而相之。縛，綑綁。❷釋褐而傅　指傅說。傅說被褐帶索而築於傅巖，殷高宗武丁得之，舉以為三公。褐，粗布衣服。傅，輔佐。❸倚夷門而笑　指侯嬴。侯嬴乃大梁夷門守關者，魏公子無忌待以上賓之禮。秦伐趙，趙求救於魏。魏懼秦，不敢出兵。無忌以車百餘乘往死，過夷門，侯嬴無所戒，無忌還而問之，侯嬴乃笑而告以竊符救趙之計。夷門，魏都大梁之東門。事見《史記・魏公子列傳》。❹橫江潭而漁　指曾勸屈原隨波逐流的漁父。事見《楚辭章句・漁父》。漁，捕魚。❺七十說而不遇　指孔丘。孔子曾歷說天下七十君而不一遇。事見劉向《說苑》。❻立談間而封侯　指虞卿。虞卿說趙孝成王，一見，賜黃金百鎰，白璧一雙；再見，為趙上卿，號為虞卿。事見《史記・虞卿列傳》。❼枉千乘於陋巷　指小臣稷。齊有小臣稷，齊桓公一日三至而不得見。從者曰：「可以止矣。」桓公曰：「傲視爵祿的士就輕視其君主，傲視霸王的君主就輕視其士。即使他傲視爵祿，我敢傲視霸王嗎？」遂見。事見《呂氏春秋・下賢》。枉，枉駕，屈尊。千乘，指有千乘兵車的大國。❽擁帚彗而先驅　指鄒衍。鄒衍至燕，燕昭王擁彗先驅。事見前注。彗，同「篲」。掃帚。❾信　伸展。❿窒　塞；堵塞。⓫隙　間隙；裂縫。⓬蹈　踩。⓭瑕　瑕釁；裂痕。⓮詘　窮屈。謂不得伸展。詘，同「屈」。⓯將　將帥；將領。⓰相　輔相；丞相。⓱俛眉　低眉。向下顧視貌。意指謙遜待士。俛，同「俯」。⓲見疑　被懷疑。見，表被動的能願動詞。⓳行殊　行為特殊。⓴得辟　得罪。㉑宛舌　卷縮舌頭。㉒固聲　閉聲；不作聲。㉓擬足　揣度他人之足。擬，揣度；估量。一說，擬，疑也。言足猶疑不前，有所畏懼之意。㉔投迹　待彼行而投其跡，跟著別人走。投，走向；進入。㉕鄉使　假使。假設連詞。鄉，同「嚮」。㉖處　存在；置身。㉗策非甲科　漢代考試，主考者提出若干問題，書之於策，叫策問，分為甲乙科，射策者隨意對答，按其難易而分優劣。李善注：「歲課甲科為郎中，乙科為太子舍人。然甲科為第一。」㉘孝廉　漢代選舉官吏的名目。孝，指孝順父母。廉，指行為端方廉潔。㉙方正　漢代選舉官吏的科目之一。指行為端方正直。㉚抗疏　上書。抗，舉。疏，古時臣民上書帝王陳述意見。稱疏，謂疏條其事而言之。㉛時　有時；間或。㉜道　論說。㉝高　上等。㉞待詔　等待皇帝的詔命。漢時士人以上書得到皇帝的重視或以才藝被徵召而未被任命者，使之待詔，有待詔公車、待詔金馬門等名目。㉟下　下等。㊱觸　遇。㊲聞罷　回報聞知而罷之。言不任用為官。聞，言已知其上書之事。㊳青紫　詳頁一八八注❽。

【語　譯】「前代的讀書人，有的一解開囚犯的綑綁就一躍而為國相，有的一脫下奴隸的粗布短衣就做了天子的輔佐，有的像侯嬴倚靠著夷門而笑談國事，有的像漁父橫渡江潭而去捕魚，有的像孔丘遊說了七十個國君而不得一遇，有的像虞卿在站著談話間就拜相封侯，有的像小臣稷使千乘之國的君主屈尊來陋巷登門拜訪，有的像鄒衍使燕昭王抱著掃帚在前面為他開路。因此，讀書人頗能伸展其舌，奮發其筆，利用君臣上下之間的瑕隙而無窮屈之時。現在，縣令不請見士人，郡守不尊迎師傅，九卿不恭揖客人，將相不謙遜待士。言談奇異的人被懷疑，行為殊異的人要得罪，因此想要言談的人都捲縮著舌頭而不敢聲張，想要行動的人舉足而猶疑不前，只好跟著別人的足跡行走。假使前代的讀書人置身於當今的時代，對策不能得甲科，行為不能得孝廉，舉止不能得方正，只可以向皇帝奏上意見書，間或談些國事的正確與失誤，上等的得到個待詔金馬門的待遇，下等的觸犯忌諱，而得到個你的意見知道了，你回去吧的回答，又哪裡能夠得到繫著青色或紫色印綬的大官呢？

「且吾聞之也，炎炎者滅，隆隆者絕；觀雷觀火，為盈為實，天收其聲，地藏其熱❶。高明之家，鬼瞰其室❷。攫拏❸者亡，默默❹者存；位極者宗危❺，自守❻者身全。是故知玄知默，守道之極❼；爰清爰靜❽，游神之廷❾；惟寂惟寞❿，守德之宅。世異事變，人道不殊，彼我易時，未知何如。今子迺⓫以鴟梟⓬而笑鳳皇，執蝘蜓⓭而謿龜龍，不亦病⓮乎！子徒笑我玄之尚白，吾亦笑子之病甚，不遭臾跗、扁鵲⓯，悲夫⓰！」

【章　旨】以上是揚雄回答嘲笑的第四層，說明物極必反，位高必危，還是明哲保身為好，並批評客人不懂這些深奧的道理是可悲。

【注　釋】❶且吾聞之七句　言人之觀雷觀火，謂其盈實，終以天收雷聲，地藏火熱，則為虛無，極盛者終亦滅亡。炎炎，強烈的火光。隆隆，強大的雷聲。盈、實，指雷聲與火光。❷鬼瞰其室　言鬼神亦害盈而福謙。瞰，視。❸攫拏　爭攫；奪取。❹默默　沈默寡言；無聲無息。❺宗危　宗族覆滅的危險。❻自守　潔身自好；恬淡寡欲。❼知玄知默二句　揚雄《太玄・玄攡》云：「虛形，萬物所道之謂道也。」他認為道空虛無形而為萬物所必由，故知曉清靜無為，就是守住了道的最高境界。玄默，清靜無為。極，屋脊的棟樑。引申為最高的處所。❽爰清爰靜　謂恬淡寡欲。❾神之庭　指心中神明的境界。揚雄《法言・問神》：「或問神，曰：心。」又說：「神無所潛而已矣。」意謂神明存於人心，但心要專一沉靜（即所謂潛），才能存神。故只有清靜寡欲才能進入神明之境。❿惟寂惟寞　無為之意。《莊子・天道》云：「夫虛靜恬淡，寂寞無為者，萬物之本也。」按《太玄・玄攡》亦云：「因循無革，天下之理得之謂德也。」以因順自然為德，故只有寂寞無為，才能守住德的歸宿。⓫迺　同「乃」。竟；卻。⓬鴟梟　鳥名。即貓頭鷹，古人以為惡鳥。⓭蝘蜓　蜥蜴之屬。⓮病　缺點；錯誤。⓯臾跗扁鵲　皆古時之良醫。⓰悲夫　可悲啊！夫，語氣助詞。無義。

【語譯】「況且我聽說：火光太盛就會很快熄滅，雷聲太響就會很快止息。考察雷聲，觀察火光，好像是雷聲盈滿，火光充實，但天可收拾雷聲，地可藏匿火熱。位高名揚的家庭，鬼神也窺視著他的家室。濫取妄奪的人必定滅亡，默默無為的人必得保存，地位極高的人宗族都有危險，潔身自守的人自身必得保全。因此，懂得玄靜，知道沉默，就守住了道的極限；能夠清虛，能夠寂靜，就進入了神明的境界；甘守孤寂，自居索寞，就守住了道德的準則。時代不同了，情況變化了，但做人的道理不會兩樣，他們跟我更換一個時代，還不知道他們會怎麼呢？現在你先生卻憑著鴟梟般的資質來譏笑鳳凰，拿蜥蜴的眼光來嘲弄龜龍，不是大錯特錯了嗎！你譏笑我的玄還發白，我也要笑你病得太重，而沒有遇上臾跗與扁鵲那樣的良醫，真是可悲啊！」

客曰：「然則靡❶玄無所成名乎？范蔡❷以下，何必玄哉？」

【章旨】以上寫客人再次向揚雄提出責難，以為士人成名的途徑很多，應乘時立功，不必研究玄理，撰寫《太玄》。

【注釋】❶靡　無。❷范蔡　指范雎、蔡澤。

【語譯】客人說：「那麼沒有玄就沒有成名的辦法了嗎？范雎、蔡澤以下的人都成了名，何必一定要研究玄理呢？」

揚子曰：「范雎，魏之亡命[1]也，折脇[2]拉髂[3]，免於徽索[4]，翕肩[5]蹈背[6]，扶服[7]入槖，激卬[8]萬乘之主[9]，介[10]涇陽[11]抵[12]穰侯而代之，當[13]也。蔡澤，山東[14]之匹夫也，顉頤[15]折頞[16]，涕涶流沫[17]，西揖彊秦之相[18]，搤其咽[19]，炕其氣[20]，附其背[21]而奪其位[22]，時[23]也。天下已定，金革[24]已平，都於雒陽，婁敬委輅脫輓，掉三寸之舌，建不拔之策[25]，舉中國徙之長安，適[26]也。五帝[27]垂典[28]，三王[29]傳禮，百世不易[30]，叔孫通[31]起於枹鼓[32]之間，解甲投戈[33]，遂作君臣之儀[34]，得[35]也。〈甫刑〉[36]靡敝[37]，秦法酷烈，聖漢權制[38]，而蕭何造律[39]，宜[40]也。故有造蕭何律於唐虞之世，則誖[41]矣；有作叔孫通儀於夏殷之時，則惑矣；有建婁敬之策於成周之世，則繆[42]矣；有談范蔡之說於金、張、許、史[43]之間，則狂矣。蕭規曹隨[44]，留侯[45]畫策[46]，陳平[47]出奇[48]，功若泰山，嚮若阺隤[49]，唯[50]其人之贍知[51]哉，亦會[52]其時之可為也。故為可為於可為之時，則從；為不可為於不可為之時，則凶。夫[53]藺先生[54]收功[55]於章臺[56]，四皓[57]采榮[58]於南山[59]，公孫[60]創業[61]於金馬[62]，票騎[63]發迹[64]於祁連[65]，司馬長卿[66]竊訾[67]於卓氏[68]，東方朔[69]割炙[70]於細君[71]，僕[72]

誠不能與此數公者並，故默然(73)獨守吾《太玄》。」

【章旨】以上是揚雄回答客人的第二次責問，認為前人適逢其會，故能立功。當今時代不同於古，勉強學其所為，必膺世禍，不如默守《太玄》為好，表現了揚雄對那個時代的失望。

【注釋】❶亡命　逃亡的人。❷脇　即「脅」。從腋下至肋骨盡處。❸髂　腰部以下腹部兩側的骨。❹徽索　纆索；刑具。❺翕肩　縮斂肩膀。翕，斂。❻蹈背　《文選》五臣注呂向曰：「書傳無蹈背之事。」按蹈，疑是「蹋」字之訛。謂卷曲其背。❼扶服　同「匍匐」。手足並用，爬行。❽激卬　感慨憤發。❾萬乘之主　指秦昭王。❿介　《漢書》作「界」。謂間離其兄弟使疏遠。⓫涇陽　涇陽君。秦昭王同母弟，范雎說昭王，昭王將其與穰侯一同逐出關外。⓬抵　擊。⓭當　時機適當。⓮山東　函谷關以東。蔡澤是燕國人，故云山東之匹夫。⓯頷頤　下顎上曲。⓰折頞　鼻梁下塌。⓱涕涶流沫　淚水口水流得滿臉。涕，眼淚。沫，洗臉。⓲彊秦之相　指范雎。⓳搤其咽　掐住其咽喉。⓴炕其氣　絕其氣。㉑附其背　撫摸其背。附，同「拊」。㉒奪其位　謂蔡澤取代范雎為秦相。㉓時　適時。遇到了好時機。㉔金革　指戰爭。㉕都於雒陽四句　初，漢高祖劉邦建都洛陽。漢五年（西元前二〇一年），婁敬戍隴西，路過洛陽，脫輓輅，進見劉邦，勸其西都長安。劉邦「即日西都關中」，拜婁敬為郎，賜姓劉氏，號奉春君。事見《史記・劉敬叔孫通列傳》。雒陽，即洛陽。劉邦最初建都於洛陽。婁敬，西漢初齊人。委輅，放下車子。委，棄。輅，挽輦的橫木，縛於轅上，供人拉車使用。脫輓，停止拉車。輓，拉車。掉，搖動。不拔之策，使國基堅固而不可動搖的計策。長安，西漢國都。故城在今陝西西安市西北。㉖適　適逢其時。㉗五帝　黃帝、顓頊、帝嚳、帝堯、帝舜。㉘垂典　留下制度。㉙三王　夏禹王、商湯王、周文王。㉚易　更改。㉛叔孫通　西漢初齊人。儒生，為漢高祖劉邦制訂朝儀，乃拜為太常，賜金五百斤。㉜枹鼓　鼓槌和鼓。亦可解為以枹擊鼓，古代作戰，擊鼓進軍，因以代指戰爭。叔孫通於漢二年

（西元前二〇五年）劉邦入彭城時降漢，後劉邦被項羽戰敗西歸，叔孫通竟從漢故之「起于枹鼓」。叔孫通事詳《史記・叔孫通列傳》。㉝解甲投戈　解除甲冑，投棄兵戈。指戰爭結束。㉞作君臣之儀　制定朝儀。㉟得得其時宜。㊱甫刑　周穆王命呂侯修訂的刑法。《尚書・呂刑》篇記載其內容。《文選》作「呂刑」，因呂侯後代為甫侯，故〈甫刑〉又稱〈呂刑〉。㊲靡敝　散亂弊壞。㊳權制　權衡時宜以定制度。㊴蕭何造律　《漢書・刑法志》曰：「相國蕭何攈摭秦法，取其宜於時者，作律九章。」蕭何，漢沛人。曾為沛吏，後輔佐劉邦建立漢王朝，論功第一，封酇侯，官到相國，漢之律令典制，多其制定，故世稱蕭何定律。事見《史記・蕭相國世家》。㊵宜　時機合適。㊶誖　同「悖」。惑亂；謬誤。㊷繆　通「謬」。乖錯；謬誤。㊸金張許史　漢昭帝、漢宣帝時四個大臣、貴戚及其家族。金，指金日磾。張，指張安世。漢武帝死，金日磾、張安世同霍光一起同受遺詔輔佐漢昭帝。許，指許廣漢。漢宣帝許皇后之父。史，指史高。漢宣帝祖母史良娣之侄，一家四人為侯，史高官至大司馬車騎將軍。㊹蕭規曹隨　漢初，蕭何為相國，法律及制度多由他制定，曹參繼任為相，因而遵循不改，故云。規，定下規模。㊺留侯　即張良。為漢高祖謀臣，封留侯。㊻畫策　出謀畫策。《史記・留侯世家》載：「高帝曰：運籌策帷帳中，決勝千里外，子房功也。」㊼陳平　漢高祖謀士。㊽出奇　出奇計。陳平曾為漢高祖劉邦六出奇計，積功任護軍中尉，封曲逆侯。惠帝時為左丞相，後與周勃合力誅諸呂，迎立文帝，卒安漢朝。事詳《史記・陳丞相世家》。㊾阺隤　山崩塌。《說文》：「巴蜀名山岸脅之堆旁箸欲落墮者曰氐，氐崩聲聞數百里。」阺，同「氐」。㊿唯　借作「雖」。《文選》正作「雖」。讓步連詞。雖然；縱令。(51)贍知　足智多謀。(52)會　碰上。(53)夫　發語詞。無義。(54)藺先生　指藺相如。戰國末趙國人。(55)收功　指完璧歸趙事。趙得和氏璧，秦昭王欲以十五城易璧，趙王派藺相如奉璧入秦，在章臺挫敗秦王，終於完璧歸趙。趙王以為賢，拜為上大夫。事見《史記・廉頗藺相如列傳》。(56)章臺　秦離宮。藺相如使秦時，秦昭王坐章臺接見。(57)四皓　指商山四皓。即東園公、甪里先生、綺里季、夏黃公，四人避秦亂，居於長安之南的商洛山中。(58)采榮　榮的本義為草本之花，此以采榮比喻釣取榮譽。四人年老，以漢高祖劉邦侮慢人，義不為漢臣，而漢高祖卻高此四人。後劉邦欲易太子，張良勸呂后迎此四人，終於安定劉盈皇太子的地位。事見《史記．留侯世家》。59南山 即商洛山。60公孫 公孫弘。薛縣人，漢武帝時官至丞相，封平津侯。61創業 開創事業。62金馬 指金馬門。公孫弘年六十餘，對策，漢武帝擢弘第一。召入見，狀貌甚麗，拜為博士，待詔金馬門。事見《史記．平津侯列傳》。63票騎 指驃騎將軍霍去病。河東平陽人，年十八為侍中，善騎射，曾六次出擊匈奴，涉沙漠，遠至狼居胥山，封冠軍侯。64發迹 立功揚名。元狩二年（西元前一二一年），霍去病率軍出擊匈奴，踰居延至祁連山，斬首捕虜甚多，益封五千戶，由此日以親幸，比大將軍衛青。65祁連 祁連山。即天山，橫貫新疆中部。事見《史記．衛將軍驃騎列傳》。66司馬長卿 即司馬相如。67訾 財貨。68卓氏 蜀郡臨邛富豪卓王孫，有女文君寡居，好音，司馬相如以琴心挑之，文君私奔相如。卓王孫不得已，分予文君僮百人，錢百萬，及其嫁時衣被財物。文君乃與司馬相如歸成都，買田宅，為富人。事見《史記．司馬相如列傳》。69東方朔 字曼倩，平原厭次人。漢武帝時待詔金馬門，官至太中大夫，滑稽多智，漢武帝視為弄臣。70炙 燒烤的肉。炙，原本作「名」，《文選》作「炙」。按作炙是，炙名形近而訛，今據改。71細君 妻子。有一個伏日，漢武帝詔賜從官肉，大官丞日晏不來，朔獨拔劍割肉而歸，後漢武帝要他自責，他說：「朔來！朔來！受賜不待詔，何無禮也！拔劍割肉，一何壯也！割之不多，又何廉也！歸遺細君，又何仁也！」漢武帝笑曰：「使先生自責，乃自譽也。」復賜酒一石，肉百斤，歸遺細君。見《漢書．東方朔傳》。72僕 自稱謙詞。73默然 清靜貌。

【語譯】揚先生回答說：「范睢是魏國一個逃命的人，打斷了肋骨，折斷了臀骨，為了免於被捕拘繫，縮斂肩膀，卷曲背脊，爬行著爬進囊橐，使萬乘兵車的大國君主秦昭王感恨憤發，間離涇陽君與秦昭王的兄弟關係，排擊穰侯魏冉而取代了他的相位，這是遇到了恰當的時機。蔡澤是函谷關以東地區的普通平民，下顎上曲，鼻梁下塌，涕水口水流得滿臉，向西拱手謁見強秦的國相范睢，掐住他張聲的咽喉，斷絕他辯駁的氣息，撫摸他的背脊而奪取了他的相位，這是時機恰好的緣故。天下已經安定，戰爭已經平息，在洛陽建了都城，婁敬放下車子停止拉車，掉動三寸長的舌頭，提出使國家穩固而不可動搖的計策，把國都從洛陽遷徙到長安，這是適逢其時的結果。五帝留下制度，三王傳下禮樂，千秋萬代不可更改，叔孫通從喧天的戰鼓聲中起家，剛解下鎧甲，放下戈矛，就制定君臣朝見的禮儀，這是他得到了適合的時機。周代留下的〈甫刑〉已經敗壞，秦朝的法律又太殘酷，聖明的漢朝權衡時宜建立制度，蕭何就制定了法律，這是合乎時宜。所以如果有人在唐堯虞舜的時代去制訂蕭何的法律，那就是乖錯悖亂了；有人在夏朝殷朝去制作叔孫通的朝儀，那就是迷亂糊塗了；有人在周王朝的時代去提出婁敬的計策，那就是荒謬絕倫了；有人在金日磾、張安世、許廣漢、史高之間去談論范睢、蔡澤的說辭，那就是狂惑不通了。蕭何規畫，曹參遵循，留侯張良出謀畫策，謀士陳平六出奇計，功勳像泰山一樣高，名聲如山崩一樣響，雖然是他們這些人足智多謀，也是碰上了可以有所作為的時代。所以在可以有為的時代去做可以做的事，就順利；在不可有所作為的時代去做不可做的事，就危險。藺相如在秦國的章臺建立完璧歸趙的功勞，四皓在商洛山中鈞取穩固太子地位的榮譽，公孫弘在金馬門創建位至丞相的事業，驃騎將軍霍去病在祁連山打破匈奴而立功揚名，司馬相如在卓王孫家裡得到財物，東方朔在伏日裡割下烤肉而歸遺細君。我的確不能與這些有名人物並列，所以只能默默無為而獨自守著我的《太玄經》了。」

解難❶

【題解】有人責問揚雄，說他的《太玄經》太艱深，太難讀，揚雄就寫了這篇文章來回答。揚雄認為，深奧的道理眾人不一定懂得。從自然到社會，很多很奇妙很偉大的東西，眾人就不了解。因此，《太玄經》一般人讀不懂，就證明它的偉大。揚雄作的這種辯駁，也確實有點強詞奪理。艱深的道理，眾人的確不一定懂得，但作者的目的應期於使人懂得。故意要人讀不懂，就違背了著書立說的目的。《太玄經》也實在太玄妙，太難讀。班固就批評它「觀之者難知，學之者難成」，並說：「自雄之沒，至今四十餘年，其《法言》大行，而《玄》終不顯。」這就說明讀不懂的東西，讀者是不喜歡的，或人的批評不是沒有道理的。讀此文可以作為一個歷史的教訓來加以借鑒。

雄以為經❷莫大於《易》❸，故作《太玄》❹。客有難《玄》❺太深，眾人之不好❻也，雄解之，號曰〈解難〉。其辭曰：

【章旨】以上這段文字是引錄這篇文章的編者加的，錄自《漢書・揚雄傳》，用以說明這篇文章的寫作目的是回答客人對《太玄經》的責難。

【注釋】❶難　責難；質問；詰責。❷經　經典著作；作為典範的書。這裡指儒家的經典。❸易　此指《周易》。即《易經》，儒家五經之一。❹太玄　《太玄經》。揚雄著。❺玄　即《太玄經》之簡稱。❻好　愛好；喜歡。

【語　譯】揚雄認為經典著作沒有比《周易》還偉大的，所以撰寫《太玄經》模仿它。客人有責難《太玄經》太深奧，一般讀者不喜歡它，揚雄寫文章回答這種責難，題目就叫做〈解難〉。它的文辭說：

客難揚子曰：「凡著書者，為眾人之所好也，美味期❶乎合口，工聲❷調於比❸耳。今吾子❹乃抗辭❺幽說❻，閎意❼眇指❽，獨馳騁❾於有亡之際❿，而陶冶⓫大鑪⓬，旁薄⓭群生⓮，歷覽⓯者茲年⓰矣，而殊⓱不寤⓲。亶⓳費⓴精神於此，而煩㉑學者於彼，譬畫者畫於無形，弦者放㉒於無聲，殆㉓不可乎？」

【章　旨】這是客人的責難。他批評揚雄專門思考一些玄妙空無的問題，寫一些眾人不好的東西，既浪費自己的精神，又浪費讀者的時間。這是要不得的。

【注　釋】❶期　希望；期望。❷工聲　精美的音樂。工，精巧；精妙。❸比　和。❹吾子　本對人相親愛之稱。此猶言您先生。❺抗辭　高辭；高深其辭。謂說些高深莫測的話。抗，高。❻幽說　謂發些幽深莫測的議論。幽，深；隱。❼閎意　閎大的旨意。閎，大；高。❽眇指　精妙的意指。眇，通「妙」。精微。❾馳騁　涉獵；研討。❿有亡之際　有與無的交界。謂涉獵到一些十分玄妙的問題。⓫陶冶　本指燒製陶器與冶煉金屬。引申為鑄造、造成、化育之意。⓬大鑪　指天地。賈誼〈鵩鳥賦〉「天地為爐兮，造化為工。」⓭旁薄　同「磅礡」。雙聲聯綿詞。充塞；廣被。⑭群生　一切生物。⑮歷覽　閱讀。⑯茲年　言其久。茲，同「滋」。益；久。⑰殊　極；甚。⑱不寤　不能曉寤，言不曉其意。⑲亶　讀作「但」。只；祇。⑳費　耗費；銷耗。㉑煩煩　勞；勞苦。㉒放　依；依據。無聲下原校云：「《文選》曹子建〈七啟〉注引作『譬若畫者放於無形，絃者放於無聲』。」㉓殆　副詞。表不肯定語氣，可譯作大概、恐怕。

【語　譯】客人責難揚先生說：「大凡著書立說是為了讓大家喜歡。美好的滋味希望合乎大眾的口味，精妙的音樂要使聽眾感到和諧。現在您先生卻說些高深莫測的言辭，發些幽微難懂的議論，閎大不經的意思，精微難辯的主旨，獨自涉獵一些如『有無之際』等十分玄妙的問題。好像可以鑄造天地，廣泛地被覆萬物，閱讀的人讀了好多年，還是根本不能通曉它的旨意。您在這裡耗費精神，又使學習的人在那裡勞苦，好像畫畫的人畫些無形象的圖畫，彈琴的人彈些無聲音的音樂，這恐怕不可以吧？」

揚子曰：「俞❶。若夫閎言❷崇議❸，幽微❹之塗❺，蓋❻難與覽者同也。昔人有觀象於天，視度於地，察法於人者，天麗❼且彌❽，地普❾而深，昔人之辭，迺玉迺金❿。彼豈好為艱難哉？勢不得已也。獨不見翠⓫虯⓬絳⓭螭⓮之將登乎天，必聳身⓯於蒼梧⓰之淵⓱，不階⓲浮雲，翼⓳疾風⓴，虛舉㉑而上升，則不能撠㉒膠葛㉓，騰㉔九閎㉕。日月之經不千里，則不能燭㉖六合㉗，燿㉘八紘㉙；泰山㉚之高不嶕嶢㉛，則不能浡滃㉜雲而散歊蒸㉝。是以宓犧氏㉞之作《易》㉟也，緜絡㊱天地，經以八卦㊲，文王附六爻㊳，孔子㊴錯其象㊵而彖㊶其辭，然後發天地之臧㊷，定萬物之基。〈典〉〈謨〉㊸之篇，〈雅〉〈頌〉㊹之聲，不溫純深潤㊺，則不足以揚鴻烈㊻而章㊼緝熙㊽。蓋胥靡㊾為宰㊿，寂寞(51)為尸(52)；大味必淡，大音必希；大語叫叫(53)，大道低回(54)。是以聲之眇(55)者，不可同於眾人之耳，形之美者，不可混於世俗之目，辭之衍(56)者，不可齊於庸人之聽。今夫弦(57)者，高張(58)急徽(59)，追趨(60)逐者(61)，則坐者不期(62)而附(63)矣；試為(64)之施(65)〈咸池〉(66)，揄(67)〈六莖〉(68)，發〈簫韶〉，詠〈九成〉(69)，則莫有和(70)也。是故鍾期死，伯牙絕絃破琴而不肯與眾鼓(71)；獿人亡，則匠石輟斤而不敢妄斲(72)。師曠之調鍾，竢知音者之在後也(73)；孔子作《春秋》，幾君子之前睹也(74)。老聃(75)有遺言，貴知我者希(76)，此非其操(77)與(78)！」

【章旨】這是揚雄對客人責難的回答。揚雄認為，凡是偉大的事物必有不平凡的表現形式，高深的道理眾人不一定懂得，不能因為眾人不懂，就放棄對高深理論的探討，說明他的《太玄經》不會因為眾人不懂就不偉大，表現了他對《太玄經》的自負。

【注釋】❶俞　答應之詞。然；是。❷闓言　闓大的言談。❸崇議　高深的議論。❹幽微　幽深微妙。

❺塗　途徑；道路。❻蓋　傳疑副詞。表示未必確實或難於肯定。❼麗　附著。言天是日月星辰附著的地方。❽彌　寬廣。❾普　廣大。❿迺玉迺金　言真實美麗如金玉。迺，同「乃」。⓫翠　青綠色。⓬虯　同「虬」。傳說中的無角龍。⓭絳　深紅色。⓮螭　傳說中無角的龍。⓯聳身　動身。⓰蒼梧　山名。又名九嶷，相傳舜葬於蒼梧之野，地在今湖南寧遠縣境。《山海經・海內經》云：「南方蒼梧之丘，蒼梧之淵，其中有九嶷山，舜之所葬，在長沙零陵界中。」⓱淵　深潭。⓲階　階梯。用作動詞，做階梯。⓳翼　翅膀。用作動詞，做翅膀。⓴疾風　大風；狂風。㉑虛舉　憑空飛舉。㉒撖　接觸；觸及。㉓膠葛　輕清上浮的雲氣。㉔騰　升。㉕九閡　九天的門戶。㉖燭　照。㉗六合　天地四方。㉘燿　同「耀」。照耀。㉙八紘　猶言八極。大地的極限。八紘下原校云：「《文選》劉楨〈贈徐幹〉詩注引自日月之經至此同。」㉚泰山　山名。在山東中部，古稱東嶽，為五嶽之一。㉛嶕嶢　高聳貌。㉜涬溟　雲氣四起貌。㉝歊蒸　熱氣上出貌。㉞宓犧氏　即伏羲氏。古代傳說中的帝王，即太昊，風姓，相傳他始畫八卦。㉟易　即《周易》。㊱緜絡　包羅；纏繞。天地下原校云：「《北堂書鈔》十七〈制〉引作『伏羲作《易》，緜絡天地』。」㊲八卦　《周易》中的八種符號，相傳為伏羲所作，即☰乾（天）、☳震（雷）、☱兌（澤）、☲離（火）、☴巽（風）、☵坎（水）、☶艮（山）、☷坤（地）。㊳文王附六爻　傳說周文王將八卦交相重疊，演為六十四卦，三百八十四爻。文王，周文王。相傳文王拘於牖里時，推演《周易》八卦為六十四卦，成為《周易》的骨幹。附，附益；增加。六爻，《周易》把組成卦的⚊或⚋叫爻，⚊為陽爻，⚋為陰爻。每卦三爻，兩卦相重，則為六爻。㊴孔子　春秋時魯國人。名丘，偉大的思想家和教育家。相傳孔子給《周易》作十翼：上彖、下彖、上象、下象、上繫、下繫、文言、說卦、序卦、雜卦。㊵錯其象　象，象傳，《周易》十翼之一。為解釋卦、爻之辭。總釋一卦之象者曰大象，論一爻之象者曰小象。大象、小象交替解釋六十四卦，故曰錯其象。㊶彖　彖傳。為《周易》十翼之一，相傳為孔子所作。孔穎達《周易正義》曰：「彖，斷也，斷定一卦之義，所以名為彖也。」彖傳就是說明一個卦的基本內容。㊷臧　通「藏」。收藏。㊸典謨　指《尚書》中的〈堯典〉、〈大禹謨〉諸篇。㊹雅頌　指《詩經》中的〈雅〉

詩與〈頌〉詩。㊺溫純深潤　溫和純粹深微潤澤。㊻鴻烈　偉大的功業。鴻，大。烈，業。㊼章　顯現；表白。㊽緝熙　光明。此指光明之德。㊾胥靡　空無所有；虛無。㊿宰　主宰。51寂寞　寂靜無為。52尸　主。53叫叫　指聲音遠而微弱。54低回　迂迴曲折。55眇　同「妙」。精微；精妙。56衍　豐富廣博。57弦　通「絃」。琴絃。弦者下原校云：「《文選》張協〈七命〉注引弦作絃。」58高張　扭緊琴絃。張，緊。59急徽　加快節奏。徽，琴面指示音節的標誌。60追趨　追隨聽者的趨向。61逐耆　追逐聽者的嗜好。耆，愛好。62期　約會。63附　歸附。64為　介詞。替；給。65施　設置；張設。66咸池　古樂曲名。相傳為堯樂。67揄　揮；彈奏。68六莖　古樂曲名。相傳為顓頊之樂。69發簫韶二句　《尚書・堯典》：「簫韶九成。」音樂奏完一遍叫一成。簫韶，相傳為舜之樂名。九成，即韶樂。九成，言多次演奏。70和　應和。跟隨著唱。71是故鍾期死二句　據《呂氏春秋・本味》篇載，伯牙鼓琴，只有鍾子期能夠領會琴意。鍾子期死，伯牙破琴絕絃，終身不復鼓琴，以為世無足復為鼓琴者。鍾期，鍾子期。春秋時楚國人，精於音律，伯牙鼓琴，志在高山，在流水，鍾子期聽而知之。伯牙，春秋時楚國人。以精於琴藝著稱。鼓，彈奏。72獿人亡二句　《漢書》注服虔曰：「獿，古之善塗塈者也。施廣領大袖以仰塗，而領袖不汙。有小飛泥誤著其鼻，因令匠石揮斤而斲，知匠石之善斲，故敢使之也。」獿人，古代傳說中善於塗抹牆壁的人。匠石，名石的匠人，古代傳說中的巧匠。輟，停止。斤，斧頭。斲，砍削。73師曠之調鍾二句　據《漢書》注應劭曰：「晉平公鍾，工者以為調矣，師曠曰：『臣竊聽之，知其不調也。』至於師涓，而果知鍾之不調。是師曠欲善調之鍾，為後世之有知音。」師曠，字子野，春秋時晉國人。生而目盲，善辨聲樂，為古代著名樂師。鍾，通「鐘」。樂器。竢，等待。74孔子作春秋二句　原校云：「陸續《述玄》引俟知音之在後，孔子作《春秋》，冀君子之將睹。」春秋，《春秋經》。儒家五經之一，相傳為孔子據魯史修訂而成。幾，通「冀」。希望。75老聃　春秋戰國時楚國苦縣人。曾為周藏書室史官，相傳著《老子》五千言。76貴知我者希　《老子》七十章：「知我者希，則我貴矣。」77操　志節；品行。78與　語氣助詞。表示疑問、感嘆等語氣。

【語 譯】揚先生回答說：「是的。至於閎大的言辭，高深的議論，幽深微妙的途徑，大都是難以與觀看的人一同認識的。從前有人觀測天的星象，視察地的維度，察看人事的法則，天附麗著日月星辰而且寬廣，地廣大而又深厚，前人的言辭，真實美麗得如金如玉。他們難道是喜歡故作艱深嗎？那是出於不得已呢。難道沒有看到綠虬紅螭將要飛騰登天嗎？它們必得在蒼梧之野的深潭裡竦身而起，如果不以浮雲作階梯，以疾風作翅膀，憑空飛舉而上升，就不能觸及輕清上升的雲氣，升騰到九天的門戶。太陽月亮的經行沒有千里，就不能照亮天地四方，照耀大地的極限。泰山的高度不高聳，就不能雲氣四起而散發蒸騰的熱氣。因此伏羲氏寫作《周易》的時候，就包羅天地，而以八卦為綱，周文王增益為六爻，孔子又交錯地寫下〈象傳〉和〈彖辭〉，這樣之後才闡發天地的蘊藏，奠定萬物的基礎。《尚書》中〈典〉、〈謨〉之類的篇章，《詩經》中〈雅〉、〈頌〉之類的樂曲，不溫和純粹深微潤澤，就不足以發揚偉大的功業和顯現光明的美德。大抵以空無所有為主宰，以寂靜無為為尸主；最美的滋味必定清淡，最妙的音樂必定無聲。最偉大的語言必定十分細弱，最偉大的道路必定迂迴曲折。所以最美妙的音樂不可以混同於眾人的耳朵，最美麗的形象不可以混同於眾人的目力，最豐富廣博的言辭不可以齊一於庸人的聽覺。現在揮絃彈琴的人，扭緊琴絃，加快節奏，追隨聽者的趨嚮，追逐聽者的嗜好，那麼坐下來欣賞的人就會不約而同地歸附攏來。假如為他們張設〈咸池〉，演奏〈六莖〉，歌唱〈簫韶〉，吟詠〈九成〉，就沒有人跟隨著唱了。因此，鍾子期死去，伯牙就扯斷琴絃，砸破琴，不肯給一般聽眾彈奏；郢人死去，匠石就停止揮動斧頭而不敢隨便砍削。師曠要調諧鐘聲，是知道有懂音律的等在後世；孔子寫作《春秋》，是希望君子察看過去而作為鑒戒。老聃有留下話說：『理解我的人越少，我就更可貴了。』這不就是他的品行嗎？」

趙充國頌

【題解】趙充國，漢宣帝時隴西上邽人，字翁孫。漢宣帝神爵元年（西元前六一年），西羌反叛，趙充國奉命西征。此時他已七十六歲。他到西羌，採用威恩並施的手段，經過一年多的努力，終於使西羌降服。加上他有參與策立宣帝之功，成為漢宣帝時重要的中興佐命大臣。漢宣帝將著名中興佐命大臣十一人畫在未央宮的麒麟閣上，趙充國就是其中之一。

漢成帝元延二年（西元前一一年），西羌嘗有警，漢成帝思將帥之臣，就叫揚雄就未央宮麒麟閣的畫像寫了這篇頌。頌是我國古代一種文體的名稱。《毛詩大序》云：「頌者美盛德之形容。」意謂頌是通過歌舞表演來歌頌盛德。這是《詩經》裡的〈頌〉詩。後世的頌不一定可歌可舞，但因其歌頌盛德，故仍稱為頌。頌詩一般是吹捧當權人物，粉飾太平，有意義的頌不多。這篇頌所歌頌的趙充國卻確實是一個值得歌頌的人物。他七十餘歲，還不顧個人安危，去到偏僻的西北前線，平定西羌，保衛了邊境的安全。他是一位老英雄，應該頌揚。

明靈❶惟宣❷，戎❸有先零❹。先零昌狂，侵漢西疆。漢命虎臣❺，惟後將軍❻。

整我六師❼，是討❽是震❾。既臨其域，諭以威德❿。有守⓫矜⓬功，謂之弗克⓭。

請奮其旅，於罕⑭之羌。天子命我，從之⑮鮮⑯陽⑰。營平⑱守節⑲，婁⑳奏封章㉑，料敵㉒制勝㉓，威謀㉔靡㉕亢㉖。遂克西戎，還師於京。鬼方㉗賓服㉘，罔㉙有不庭㉚。昔周㉛之宣㉜，有方㉝有虎㉞。詩人歌功，乃列於〈雅〉㉟。在漢中興㊱，充國作武㊲。赳赳㊳桓桓㊴，亦紹㊵厥後㊶。

【注釋】❶明靈　英明神靈。❷宣　指漢宣帝劉詢。在位二十五年（西元前七三～前四九年），在位期間，勵精圖治，任能用賢，又好刑名之術，重視吏治，減輕賦稅徭役，北服匈奴，西降西羌，天下太平，號稱中興之主。❸戎　我國古代稱西部的民族為戎。❹先零　漢代羌族的一支，又稱先零羌。最初居於今甘肅、青海的湟水流域，漢武帝伐匈奴，始置護羌校尉，以後即離開湟中到西海鹽池一帶，宣帝時復渡湟水，為趙充國所破，後漸與西北各族融合。零，《漢書》注引鄭氏曰：「零音憐。」❺虎臣　勇猛如虎之臣。❻後將軍　指趙充國。趙充國官為後將軍。❼六師　六軍之師。《周禮・夏官・司馬》：「凡軍制：萬二千五百人為軍。天子六軍，大國三軍，次國二軍，小國一軍。」漢為天子，故稱六師。❽討　討伐；征討。❾震　《周易》卦名。震為雷，引申有威懼之意。《漢書》注顏師古曰：「震，合韻音真。」❿威德　謂武力（威）與懷柔（德）兼施。⓫有守　指酒泉太守辛武賢。⓬矜　自誇。⓭謂之弗克　指辛武賢反對趙充國威德並用，並屯田以待其弊的計畫，主張用武力進攻。克，制勝。⓮罕　羌之別種。羌有罕幵，先零脅其反叛，辛武賢主張先擊罕幵以剪除先零羽翼，趙充國主張對罕幵用懷柔手段，集中力量對付先零，後罕幵果不戰而降。⓯從之　指命令趙充國跟從辛武賢進攻罕幵羌。⓰鮮　水名。即今青海湖。⓱陽　水北曰陽。辛武賢主張先擊居於鮮水之北的罕幵羌，上書漢宣帝，漢宣帝乃拜侍中樂成侯許延壽為強弩將軍，即拜酒泉太守辛武賢為破羌將軍，賜璽書嘉納其冊，並以書責讓趙充國，命令他引兵便道向西並進。⑱營平　指趙充國。趙充國以參與策立漢宣帝功，封營平侯。⑲守節　謂「充國既得讓，以為將任兵在外，便宜有守，以安國家。乃上書謝罪，因陳兵利害」，沒有執行漢宣帝進攻罕幵羌的命令。⑳婁　通「屢」。屢次。㉑封章　密封的奏章。古代百官上書奏機密事，為防泄露，用皂囊封緘進呈，故稱封章，亦稱封事。趙充國曾先後六次上書，向漢宣帝陳述制羌策略，漢宣帝終於採納趙充國的意見。㉒料敵　估量敵情。料，估量。㉓制勝　謂以謀略制人而操必勝之權。㉔威謀　威武謀略。㉕靡　無。㉖亢　同「抗」。當；抵禦。《漢書》注顏師古曰：「亢，合韻音康。」㉗鬼方　殷周時西北部族名。其地何在，舊說不一。宋衷《世本》云：「鬼方，於漢則先零羌也。」此正指先零羌。㉘賓服　諸侯入貢朝見天子。即歸順、臣服之意。㉙罔　無。㉚庭　謂來朝廷朝見天子。漢宣帝神爵元年，先零羌反，至神爵二年秋，羌若零、離留、且種、兒庫共斬先零大豪猶非，楊玉首率四千餘人降漢，叛亂平息。㉛周　周王朝。㉜宣　周宣王姬靜。在位四十六年（西元前八二七～前七八二年）。㉝方　指方叔。周宣王時，荊蠻叛亂，方叔受命南征，荊蠻來服，時稱賢臣。《詩．小雅．采芑》歌頌其事。㉞虎　指召虎，即召穆公。周宣王時，淮夷不服，王命召虎伐之，告成於王，時稱賢輔。《詩．大雅．江漢》歌頌其事。㉟列於雅　指〈采芑〉列於〈小雅〉，〈江漢〉列於〈大雅〉。雅，《詩經》中的〈雅〉詩。㊱中興　由衰落而重新興盛。西漢因漢武帝連年用兵，加上鋪張浪費，國力一度衰落，經漢昭帝至漢宣帝時，國力重新興盛，史稱宣帝中興。㊲作武　振興武備。㊳赳赳　雄健勇武貌。㊴桓桓　威武貌。㊵紹　承繼。㊶厥後　其後。指召虎、方叔等中興輔佐之後。

【語譯】英明神聖是為宣帝，西部民族有先零羌。先零豪酋囂張猖獗，入侵大漢西部邊疆。漢命猛勇如虎的大臣，也就是後將軍趙充國，整飭我漢六軍之師，武力討伐聲威震驚。既已兵臨先零疆域，懼以威武曉以恩德。酒泉太守自誇其功，認為如此不能克敵。請求奮發武力進討，先伐罕幵再討先零。天子責讓發詔令我，從辛武賢出擊鮮陽。營平在軍堅守將節，三番五次上奏封章。估量敵情出奇制勝，威武謀略沒誰敢當。於是征服西戎先零，還師奏凱回到京城。鬼方歸順相繼入貢，有誰敢不入拜朝廷。在昔周朝宣王中興，既有方叔又有召虎。詩人作詩歌頌功德，〈采芑〉、〈江漢〉列於二〈雅〉。在我大漢國運中興，將軍充國振興武備。威風凜凜雄健勇武，亦能承繼方、虎之後。

蜀王本紀

【題解】《蜀王本紀》是揚雄的一部著作。它專記蜀國的史前史和蜀郡有關的神話傳說以及一些帶有傳說性質的歷史故事。可惜，《隋書・經籍志》、《新唐書・藝文志》還著錄有《蜀王本紀》一卷，而《宋史・藝文志》已不見著錄，可見在宋代即已亡失。這裡保存的是《揚子雲集》的輯錄者從各種古籍中輯錄的一些片斷，有些還保存著原來的故事的輪廓，有些則只剩下些片言隻語。從這些一鱗半爪的材料中可以看到，蜀郡曾有許多優美的神話故事，也可以看到蜀國如何逐漸併入中華民族的大家庭而逐漸得到發展。今天仍是研究四川歷史的重要資料。

本紀，我國歷史書的一種體例。《史記・五帝本紀・索隱》云：「紀者，記也，本其事而記之，故曰本紀。又紀，理也，絲縷有紀。而帝王書稱紀者，言為後代綱紀也。」據此，知本紀是專記帝王事跡並可作為後代綱紀的傳記。揚雄這部書專記蜀王事跡，故稱《蜀王本紀》。

蜀❶之先稱王者，有蠶叢、柏濩、魚鳧、開明❷。是時人萌❸椎髻❹左衽❺，不曉文字，未有禮樂❻。從開明已上至蠶叢，積三萬四千歲❼。

【章　旨】以上這一條是記蜀在遠古時代的帝王名號及社會狀況。其帝王是傳說人物，其社會是原始社會。

【注　釋】❶蜀　古國名。夏商為古蜀國，秦滅蜀國，置蜀郡。漢因之，屬益州，其轄境包有今四川成都市及溫江地區大部分縣境。❷蠶叢柏濩魚鳧開明　皆遠古時代蜀王的名號，其事跡均不詳。魚鳧下原校云：「案《文選・蜀都賦》劉注引下有蒲澤二字。」可見劉逵所見《蜀王本紀》還有一位號蒲澤的蜀王。❸人萌　即人民；民眾。萌，通「氓」。民眾。❹椎髻　一種髮型。謂髻形如椎，故名椎髻。❺左衽　我國古代少數民族的服裝，前襟向左，不同於中原一帶人民的右衽。衽，衣襟。❻禮樂　禮制與音樂的合稱。古代用以代指教化與制度。❼積三萬四千歲　原校云：「案《御覽》引作凡四千歲。」

【語　譯】蜀國的先世稱王的，有蠶叢、柏濩、魚鳧、開明。這個時候，人民梳著形如椎狀的辮髮，穿著衣襟向左的服裝，不懂得文字，沒有禮樂等教化及制度。從開明以上直至蠶叢，加起來有三萬四千年。

蜀王之先名蠶叢，後代名曰柏濩，後者名魚鳧❶，此三代各數百歲，皆神化不死。其民亦頗❷隨王化去❸。魚鳧田❹於湔山❺得仙，今廟祀之於湔。時蜀民稀少。

【章　旨】以上記三代蜀王蠶叢、柏濩、魚鳧的神奇傳說。他們活了數百歲，又皆神化不死，魚鳧還得了仙。

【注　釋】❶名魚鳧　此下原校云：「案《初學記》八、《藝文類聚》六、《御覽》一百六十六引作次曰伯雍，又次曰魚鳧。」可見古蜀國的遠古帝王還有一個名伯雍的。❷頗　盡；悉。❸化去　謂神化而去。變成神離去。❹田　通「畋」。打獵。❺湔山　不詳所在。蜀郡有湔江，自灌縣西堰分沱江東流，分流處有灌口山，疑即湔山。

【語　譯】蜀王的先世名叫蠶叢，他的後代名叫柏濩，柏濩之後名叫魚鳧，這三代蜀王各有數百年，都變成神而沒有死亡。他們的民眾也全都變成神離去。魚鳧在湔山前打獵而得到仙道，現在他的廟宇在湔山，祭祀他。那時蜀國的民眾稀少。

後有一男子，名曰杜宇❶，從天墮，止朱提❷。有一女子名利，從江源井中出，為杜宇妻。乃自立為蜀王，號曰望帝❸，治汶山❹下邑❺曰郫❻，化民❼往往復出。

【章　旨】以上記杜宇及其妻子降生和稱帝的神奇故事。他們是從天墮或從井中出，神異非凡，自立為帝，這就是著名的望帝。

【注　釋】❶杜宇　古蜀王名。此下原校云：「案《史記・三代世表・索隱》引作朱提有男子杜宇。」❷朱提　漢縣名。漢武帝置朱提縣，因境內朱提山而名，治所在今雲南昭通縣境。❸望帝　《御覽》一百六十六引《十三州志》云：「當七國稱王，獨杜宇稱帝於蜀。」可見望帝時已至戰國時代。此下原校云：「案《御覽》一百六十六引下有移居邦邑四字。」❹汶山　郡名。漢武帝元封二年分蜀郡北境建置，漢宣帝地節二年又併入蜀郡。❺下邑　郡下所轄的縣邑。❻郫　縣名。今四川郫縣，古稱郫邑，蜀王杜宇建都於此。❼化民　謂以前變成神離去的民眾。

【語　譯】後來有一個男子名字叫杜宇，從天上掉了下來，掉在朱提境內。有一個女子名叫利，從長江源頭的井中出來，做了杜宇的妻子。杜宇就自己立為蜀王，名號叫做望帝。在汶山下的郫邑建立都城。過去變成神離去的民眾往往又重新出來。

望帝積百餘歲，荊❶有一人名鼈靈❷，其尸亡去，荊人求之不得。鼈靈尸隨江水上至郫，遂活，與望帝相見，望帝以鼈靈為相❸。時玉山❹出水，若堯之洪水❺，望帝不能治，使鼈靈決❻玉山，民得安處❼，鼈靈治水去後，望帝與其妻通❽，慚媿❾，自以德薄不如鼈靈，乃委❿國授之而去，如堯之禪⓫舜。鼈靈即位，號曰開明帝。帝生盧保，亦號開明。

【章　旨】以上記望帝相鼈靈的神奇故事。他原為荊人，死後屍隨江上，至蜀復活，以治水有功而繼承望帝的帝位，與中原地區舜禹禪讓的故事相似，說明蜀國此時還處在原始社會後期。

【注　釋】❶荊　即楚國。楚原建國於荊山一帶，故又名荊，或合稱荊楚。❷鼈靈　此下原校云：「案《後漢書》注、《文選》注引作鼈令。」❸相 國相。❹玉山 不詳所在。疑即玉壘山，在今四川灌縣西北。❺堯之洪水 相傳堯有九年之水患。《孟子·滕文公上》云：「當堯之時，天下猶未平，洪水橫流，氾濫於天下。」❻決 打開缺口，引導水流。❼安處 安居樂業。❽通 私通；通姦。❾媿 同「愧」。慚愧。❿委 託付。⓫禪 以帝王之位傳授於人；禪讓。相傳堯告老後傳帝位於舜。

【語譯】望帝做了百多年蜀王，荊楚有一個人名字叫做鼈靈，死了以後，其屍體丟失，楚國人尋找，沒有找著。鼈靈的屍體隨著長江的水逆流而上，到達郫邑，於是復活了，與望帝相見，望帝就任用鼈靈做國相。當時玉山漲大水，像堯帝時洪水橫流一樣，望帝不能治理，使鼈靈去決開玉山引導水流，民眾就得以安居樂業。鼈靈外出治理水災以後，望帝就與他的妻子通姦，自己感到慚愧，以為恩德菲薄，不如鼈靈之有德於民，就把國家託付傳授給他而離去，如同帝堯把天下禪讓給帝舜一樣。鼈靈即位稱帝，稱做開明帝。開明帝生下盧保，仍然稱做開明帝。

望帝去時，子鵑❶鳴，故蜀人悲子鵑鳴而思望帝。望帝，杜宇也，從天墮。

【章旨】以上記關於子規鳥的神奇傳說。子規鳥為望帝魂靈所化，成為優美的傳說故事，李商隱就有「望帝春心託杜鵑」的詩句。

【注釋】❶子鵑 鳥名。亦名子規、鶗鴂、鷤鴂、杜鵑，常以立夏鳴，鳴則眾芳皆歇。相傳為望帝魂靈所化。

【語譯】望帝離去的時候，子規鳥鳴叫。所以蜀人悲歎子規鳥鳴叫就思念望帝。望帝就是杜宇，是從天上掉下來的。

開明帝下至五代，有開明尚❶始去帝號，復稱王也。

【章　旨】以上記開明帝後代又去帝稱王。

【注　釋】❶尚　為第五代開明帝之名。

【語　譯】開明帝下傳到第五代，有個開明帝名尚，他纔去掉帝號，又稱蜀王。

天為❶蜀王生五丁❷力士，能徙蜀山。王死，五丁輒❸立大石，長三丈，重千鈞❹，號曰石牛，千人不能動，萬人不能移。

【章　旨】這一條記蜀國五丁力士的神奇故事。

【注　釋】❶為　給。❷五丁　五個力士。丁，壯大。❸輒　副詞。特。❹鈞　三十斤為一鈞。

【語　譯】上天給蜀王生了五個大力士，能夠搬動蜀國的山。蜀王死後五個大力士就立了一塊大石，長三丈，重三萬斤，命名叫做石牛，千個人也不能搖動，萬個人也不能遷移。

蜀王據有巴❶、蜀之地，本治❷廣都❸樊鄉❹，徙居成都❺。秦惠王❻遣張儀❼、司馬錯❽定蜀，因築成都而縣之❾。成都在赤里街❿，張若⓫徙置少城⓬內，始造府縣寺舍⓭，今與長安⓮同制。

【章　旨】這一條記蜀郡治所的變遷情況。

【注　釋】❶巴　古國名。位於今四川省東部一帶地方。為秦惠文王所滅，置巴郡和漢中郡。❷治　治所。舊謂王都或地方官署所在地。❸廣都　漢縣名。屬蜀郡，在今四川成都市東南，一說在今雙流縣。❹樊鄉　廣都縣的一個鄉。❺成都　縣名。戰國時秦惠王置，治所在今四川成都市。❻秦惠王　名駟，在位二十七年（西元前三三七～前三一一年）。❼張儀　戰國時魏國人。縱橫家，相秦惠王，以連橫之策說六國，使六國背縱約而共事秦。❽司馬錯　戰國時秦國人。事秦惠王，張儀主張攻韓，劫持周天子，司馬錯主張先取巴、蜀，秦惠王從其議。西元前三一六年，秦發兵攻取巴、蜀，因巴、蜀心不附秦，乃於蜀置侯，於巴郡置君長，並派守、相監督。至秦昭王二十二年（西元前二八五年），始削巴、蜀封號，改設郡縣。❾縣之　把它建置為縣。❿赤里街　成都街巷名。⓫張若　戰國時秦國人。秦惠王時，司馬錯平蜀，貶蜀王為侯，派他為蜀國守。他移秦民萬家，實行農墾，又與張儀共築成都城，造作下倉，廣營府舍、觀樓，修整里閭，市張肆列，俱與咸陽同制。另置錦官、鹽鐵官，發展官府手工業，為以後加強經濟開拓打下基礎。秦昭王二十二年置蜀郡，受任為郡守。⓬少城　城名。即今四川成都市舊府城的西城，又曰小城。其南城稱太城，相傳為秦張儀、司馬錯所築。⓭寺舍　官舍。寺，官署；官舍。⓮長安　西漢都城。故城在今陝西西安市西北。

【語　譯】蜀王佔據有巴國、蜀國的土地，本來治所設在廣都縣的樊鄉，遷徙到成都縣。秦惠王派遣張儀、司馬錯平定蜀國，因而修築成都城而設置成都縣。成都縣的縣治本來在赤里街，張若遷徙，在少城內設置治所，開始建造府和縣的官舍。現今成都城與國都長安的規模制度相同。

秦惠王時，蜀王不降❶秦，秦亦無道出於蜀。蜀王從萬餘人，東獵褒谷❷，卒見秦惠王。秦王以金一笥❸遺❹蜀王，蜀王報以禮物，禮物盡化為土。秦王大怒。臣下皆再拜❺賀曰：「土者地也，秦當得蜀矣。」

【章旨】這一條記秦惠王伐蜀前的神奇故事，說明秦得蜀是天意。

【注釋】❶降　投降；歸順。❷褒谷　沿褒水所形成的河谷，南口稱褒谷，在今勉縣褒城鎮北十里。❸笥　盛衣物或飯食的方形盛器，以萑葦或竹為之。❹遺　贈與；給予。❺再拜　拜兩拜。表示恭敬的禮節。

【語譯】秦惠王的時候，蜀王不肯向秦國投降，秦國也沒有道路來到蜀國。蜀王率領萬餘人，向東到褒谷打獵，終於見到了秦惠王。秦惠王以金一笥贈與蜀王，蜀王以禮物回報，禮物全都變成了土。秦惠王大發雷霆。臣下都拜了兩拜祝賀說：「土就是土地，秦國會得到蜀國了。」

《秦惠王本紀》❶曰：秦惠王欲伐蜀，乃刻五石牛❷，置金其後，蜀人見之，以為牛能大便金❸。牛下有養卒❹，以為此天牛也，能便金。蜀王以為然，即發卒千人，使五丁力士拖牛成道，致三枚於成都。秦道得通，石牛之力也。後遣丞相張儀等隨石牛道伐蜀焉。

【章旨】這一條記秦伐蜀時開通道路的神奇故事。秦與蜀有秦嶺山脈阻隔，秦伐蜀的道路是五丁力士拖石牛開闢的，想像多麼奇特。

【注釋】❶秦惠王本紀　記載秦惠王事跡的傳記，今已亡佚。《史記．秦本紀》中記載有秦惠王的事跡，但沒有這個故事。❷五石牛　五條石牛。此下原校云：「案《御覽》八百八十八引作秦王恐無利見處，乃刻五石牛。」❸大便金　拉金屎。❹養卒　養牛的差役。

【語譯】《秦惠王本紀》說：秦惠王想進攻蜀國，就刻了五條石牛，把金子放在牛屁股後。蜀國人看到石牛，以為石牛能拉金屎。石牛下有養牛的小卒，以為這是天牛，能拉金屎。蜀王認為不錯，就派遣士卒千人，使五丁力士拖石牛拖成了一條道路，把三條石牛運到成都。秦國到蜀國的道路開通，這是石牛的功勞。後來秦惠王派遣丞相張儀等人，沿著這條石牛道進攻蜀國。

武都❶人有善知蜀王者，將❷其妻女適❸蜀。居蜀之後，不習水土❹，欲歸。蜀王心愛其女，留之，乃作〈伊鳴〉❺之聲六曲以舞之。

【章旨】這一條記蜀王與武都女子的愛情故事。

【注釋】❶武都 漢縣名。故址在今甘肅武都縣。❷將 攜帶。❸適 往；至。❹水土 一個地域的自然條件。❺伊鳴 樂曲名。此句下原校云：「案《北堂書鈔》引作乃東平之歌以樂也。」與《御覽》不同。

【語譯】武都縣有一個與蜀王相友好的人，攜帶著他的妻子女兒來到蜀國。在蜀國居住了一段時間之後，不習慣蜀國的自然條件，想要歸去。蜀王心裡很愛慕他的女兒，留住他們不讓回去，就寫了一首名叫〈伊鳴〉的樂曲共有六支曲子來歌舞。

武都丈夫化為女子❶，顏色美好，蓋山之精也。蜀王娶以為妻❷，不習水土，疾病欲歸，蜀王留之。無幾❸物故❹，蜀王發卒之❺武都，擔土於成都郭❻中葬之，蓋地三畝，高七丈，號曰武擔❼，以石作鏡一枚表❽其墓，徑一丈，高五尺。

【章旨】這一條記成都武擔山形成的神話故事。這個愛情故事十分優美，也十分神奇。

【注釋】❶武都丈夫化為女子 此句下原校云：「案《御覽》八百八十八引武都上有或曰前三字。」丈夫，成年男子的通稱。❷為妻 原校云：「案《藝文類聚》作為夫人。」❸無幾 不多；很少。這裡指時間不多。❹物故 死亡。❺之 動詞。往。❻郭 外城。❼武擔 山名。在四川成都市西北。此下原校云：「案《開元占經》引作又怨之，號曰武擔。」❽表 標記；標識。

【語　譯】武都有個成年男子變成女子，長相非常漂亮，大概是山裏的精怪。蜀王娶了她做妻子，不習慣蜀地的自然條件，患了病，想回去，蜀王挽留她，不多日子她就病死了。蜀王派遣士卒到武都，擔土到成都的外城埋葬她，大致占地三畝，高七丈，取名叫做武擔，用石塊磨製了一面鏡子標識她的墳墓。石鏡直徑一丈，高五尺。

於是秦王知蜀王好色❶，乃獻美女五人於蜀王，蜀王愛之，遣五丁迎女還。至梓潼❷，見一大虵❸入山穴中，一丁引其尾不出，五丁共引虵，山乃崩，壓五丁。五丁踏地❹大呼秦王，五女及迎送者，皆上山化為石。蜀王登臺望之，不來，因名五婦侯臺。蜀王親埋作冢❺，皆致萬石❻，以誌❼其墓。

【章　旨】這一條記秦五女入蜀的神奇故事。

【注　釋】❶好色　貪愛女色。❷梓潼　漢縣名。漢武帝元鼎元年置，以地倚梓林而枕潼水為名，故地在今四川梓潼縣。❸虵　俗「蛇」字。❹踏地　以足蹬地。❺冢　墳墓。❻萬石　極言石塊之多。萬，《御覽》作「方」。❼誌　標識。

【語　譯】於是秦王知道蜀王貪戀女色，就獻給蜀王五個美女，蜀王喜愛她們，派遣五丁力士去迎接美女回來，走到梓潼縣，看見一條大蛇鑽入山裏的洞穴之中，一個力士拉著牠的尾巴拔不出來，五個力士一同拉著蛇尾巴拔，山就崩塌，壓著五個力士，五個力士足蹬著地大聲呼叫秦王，五個美女及迎接和送行的人，都爬上山變成了石頭，蜀王登到臺上望她們，不見回來，因此把那臺叫做五婦侯臺。蜀王親自埋葬她們，築成墳墓，還撿來上萬片石塊來標識她們的墳墓。

秦惠王遣張儀、司馬錯伐蜀，王開明❶拒戰不利，退走武陽❷，獲之。

【章　旨】這一條記秦伐蜀的情況。

【注　釋】❶開明　即開明帝。❷武陽　漢縣名。故城在今四川彭山縣東。

【語　譯】秦惠王派遣張儀、司馬錯攻取蜀國，蜀王開明帝抵抗不順利，敗退逃跑到武陽縣，被俘獲。

張儀伐蜀，蜀王開明戰不勝，為❶儀所滅。

【章　旨】這一條記秦滅蜀的經過。

【注　釋】❶為　介詞。表被動。

【語　譯】張儀進攻蜀國，蜀王開明帝迎戰，沒有戰勝，就被秦國滅掉了。

秦王誅❶蜀侯惲❷，後迎葬咸陽，天雨❸，三月不通，因葬成都。蜀人求雨，祠❹蜀侯必雨。

【章旨】這一條記成都蜀侯祠的來歷及求雨必應的神奇故事。

【注釋】❶誅　殺戮。❷惲　蜀侯名。生平事跡不詳。❸雨　降雨。❹祠　祭祀；祈禱。

【語譯】秦王殺了名叫惲的蜀侯，後來接他的屍體埋葬到咸陽，天下雨，三個月道路不通，於是就埋葬在成都。蜀人祈求雨，向蜀侯祈禱，必定下雨。

蜀王有鸚武舟❶。

【章旨】這一條記蜀王有鸚武舟，殘缺過甚，詳情不知，想必有優美的故事。

【注釋】❶鸚武舟　舟名。

【語譯】蜀王有一艘鸚武舟。

秦為太白船❶萬艘，欲以攻楚。

【章旨】這一條記秦得蜀之利，順江而下，即可伐楚，故造太白船。

【注釋】❶太白船　船名。太白，星名。即金星，一名啟明星。傳說太白星主殺伐，故用作戰船的名稱。

【語譯】秦國製造太白船萬餘艘，想用來進攻楚國。

秦為舶舡❶萬艘，欲攻楚。

【章旨】這一條亦記秦將順江而下伐楚。

【注釋】❶舶舡　大船。

【語譯】秦國製造大船上萬艘，想進攻楚國。

秦襄王❶時，宕渠郡❷獻長人❸，長二十五丈六尺。

【章旨】中原地區有長人的記載，如《左傳・文公十一年》就記載有長狄僑如、長狄緣斯，蓋長三丈。蜀郡也有長人的傳說。這一條記的即是長人。

【注釋】❶秦襄王　即秦莊襄王。名子楚，秦始皇之父，在位三年（西元前二四九～前二四七年）。❷宕渠郡　按宕渠郡為漢獻帝建安二十年劉備分巴郡的宕渠、宣漢、漢昌三縣建置。此當為宕渠縣，漢置，屬巴郡，舊城在今四川渠縣東北。❸長人　身材很高的人。

【語　譯】秦莊襄王的時候，宕渠縣進獻身材很高的人，高二十五丈六尺。

禹本汶山郡❶廣柔❷縣人，生於石紐❸，其地名痢兒畔❹。禹母吞珠孕禹，坼副❺而生。於縣塗山❻娶妻生子，名啟。於今塗山有禹廟，亦為其母立廟。

【章　旨】這一條記夏禹王與蜀國的關係及其有關的神話傳說。

【注　釋】❶汶山郡　漢郡名。❷廣柔　漢縣名。屬蜀郡，故城在今汶山縣北。❸石紐　古地名。在今四川汶川縣境。❹痢兒畔　當為石紐的小地名。❺坼副　割裂。指難產，經剖裂而分娩。❻塗山　山名。在今四川重慶市巴縣。按此當為石紐即汶山縣的山名。

【語　譯】夏禹王本來是汶山郡廣柔縣人，出生在石紐，那個地方叫做痢兒畔。夏禹王的母親吞下一顆珍珠就懷了孕，經剖腹生下夏禹王。夏禹王在縣裡塗山娶了妻，生了一個兒子名叫啟。現在塗山有禹廟，也為他的母親建了廟。

老子❶為❷關令❸尹喜❹著《道德經》❺，臨別曰：「子行道千日後，於成都青羊肆❻尋吾。」今為青羊觀❼是也。

【章旨】這一條記老子作《道德經》的故事及成都青羊觀的傳說。

【注釋】❶老子　即老聃。春秋戰國時楚國苦縣人，著名思想家，著有《老子》五千言。❷為　給。❸關令　主管函谷關的長官。關，函谷關；秦關。在今河南靈寶縣南。❹尹喜　人名。相傳為周大夫，字公度。今《關尹子》九篇相傳即關令尹喜所著。❺道德經　即《老子》。今本《老子》分《道經》和《德經》，故又稱《道德經》。❻青羊肆　即青羊觀。一名青羊宮，在今四川成都市西南。肆，市集。❼青羊觀　即青羊宮。

【語譯】老子給函谷關長官尹喜寫了《道德經》，臨離別時說：「你修道千日之後，到青羊肆來尋找我。」青羊肆就是現在的青羊觀。

江水❶為害，蜀守李冰❷作石犀❸五枚，二枚在府中，一枚在市橋下，二枚在水中，以厭❹水精❺，因曰石犀里也。

【章旨】這一條記李冰治水的故事和石犀里的命名的來由。

【注釋】❶江水　這裡指岷江。❷李冰　秦昭王時蜀郡守。以鑿離堆、修建都江堰聞名。❸犀　犀牛。體大於牛，鼻上有一或二角，間亦有三角者，無毛而皮極堅厚。❹厭　鎮壓；抑制。❺精　神靈；鬼怪。

【語譯】泯江的江水經常發生水災為害，蜀郡守李冰就雕鑿了五頭石質犀牛，兩頭放置在蜀郡的官署裡，一頭放置在市橋之下，兩頭沉入水中，來鎮壓水中的妖怪，因而命名叫做石犀里。

李冰以秦時❶為蜀守，謂汶山❷為天彭闕❸，號曰天彭門❹。云❺亡者❻悉過其中，鬼神精靈數❼見❽。

【章旨】這一條記關於天彭門的神奇傳說。

【注釋】❶秦時　李冰在秦昭王時繼張若為蜀郡守。❷汶山　山名。在今四川灌縣。❸天彭闕　山名。在今四川灌縣灌口山，兩山相對，其形如闕，故謂之天彭闕。❹天彭門　即天彭闕。❺云　說。❻亡者　死亡的人。❼數　多次；屢次。❽見　出現；「現」的本字。

【語譯】李冰在秦昭王的時候做蜀郡守，認為汶山是天彭闕，給它取名號叫做天彭門。說死亡的人都從其中經過，鬼神精靈多次出現。

縣前有兩石對如闕❶，號曰彭門❷。

【章旨】這一條記蜀郡名勝彭門。

【注釋】❶闕　古代宮廟及墓門立雙柱者謂之闕。❷彭門　山名。在四川彭縣西北。

【語譯】（湔氏道）縣前有兩個大石相對如闕門，命名叫做彭門。

宣帝❶地節❷中，始穿鹽井數十所。

【章旨】這一條記蜀郡井鹽的開始。

【注釋】❶宣帝　漢宣帝劉詢。在位二十五年（西元前七三～前四九年）。❷地節　漢宣帝年號。共四年（西元前六九～前六六年）。

【語譯】漢宣帝地節年間，纔開始穿鑿鹽井數十所。

劇秦美新

【題　解】王莽建立新朝，揚雄模仿司馬相如〈封禪文〉，上封事給王莽，批判秦王朝，讚美王莽的新朝，故名〈劇秦美新〉。文中抨擊秦始皇焚書坑儒，改制度軌量，從而招致天怨人怒，符瑞不臻；讚美王莽的新朝仁德動天地，功業超前古，以致各種符瑞頻頻出現，象徵新朝天喜人和，從而鼓動王莽去泰山封禪以告成功於上天。這是稱述帝王受命之符，故《文選》將其列入「符命」類。這是揚雄招致後人嚴厲指責的一篇文章。說揚雄「露才以躭寵，詭情以懷祿」（《文選》李善注），說「美新之文，遺臭萬世」（徐師曾《文體明辨》）。其實，揚雄寫這篇文章也是有原因的。首先，王莽雖因後來倒行逆施而招致身敗名裂，但他篡位前和篡位之初也做過一些好事，如其子王獲殺死奴隸，他令其自殺償命；地方發生旱災蝗災，他獻錢百萬，田三十頃，並發動富豪二百餘人獻田宅賜民，派吏捕蝗；都深得人心，當時頌莽功德者大有人在。揚雄對王莽存有幻想是可以理解的。其次，揚雄也是有政治抱負，有名利欲望的。他見王莽推行新政如火如荼，他也幻想有所作為，所以我們歷史地來看揚雄，也是不必深責的。白居易就曾說王莽「儻若當時身便死，一生真偽復誰知」。

劇，暴烈，用作意動詞，以為暴烈。秦，秦王朝，歷時十五年（西元前二二一～前二〇七年）。美，美好，用作意動詞，讚美。新，王莽篡漢後改國號曰新，歷時十五年（西元九～二三年）。

諸吏❶中散大夫❷臣雄，稽首❸再拜❹，上封事❺皇帝陛下❻。臣雄經術淺薄，行能❼無異，數❽蒙❾渥恩❿，拔擢倫比⓫，與群賢並，媿⓬無以稱⓭職。臣伏惟陛下以至聖之德，龍興⓮登庸⓯，欽明⓰尚古⓱，作民父母，為天下主，執粹清之道，鏡照⓲四海⓳，聽聆風俗，博覽廣包，參天⓴貳地㉑，兼並神明㉒，配五帝㉓，冠㉔三王㉕，開闢㉖以來，未之聞㉗也。臣誠樂㉘昭著㉙新德㉚，光㉛之罔極㉜。往時司馬相如㉝作〈封禪〉㉞一篇，以彰漢氏㉟之休㊱。臣常有顛㊲眴㊳病，恐一旦先犬馬填溝壑㊴，所懷不章㊵，長恨黃泉㊶。敢竭肝膽，寫腹心，作〈劇秦美新〉一篇，雖未究㊷萬分之一，亦臣之極思也。臣雄稽首再拜以聞曰：

【章　旨】以上交代寫作〈劇秦美新〉的目的是為了歌頌王莽新朝的至聖之德。

【注　釋】❶諸吏　漢代的一種加官。即本職外兼領的官，很多官都可以兼領此職，其職責是檢舉揭發犯罪行為。《漢書·百官公卿表上》云：「侍中、左右曹、諸吏、散騎、中常侍，皆加官，所加或列侯、將軍、卿大夫、將、都尉、尚書、太醫、太官令至郎中，亡員，多至數十人。」❷中散大夫　官名。王莽時設置，參與議論政事，無固定名額。《漢書·揚雄傳》：「及莽篡位，雄復不侯，以耆老久次轉為大夫。」大概就是擔任這個無固定職責的閒官。❸稽首　舊時所行跪拜禮，叩頭至地曰稽首。❹再拜　拜兩拜。表示恭敬的禮節。❺封

事　密封的奏章。古代百官上書奏機密事，為防泄露，用皂囊封緘進呈，故稱封事。❻陛下　古代對帝王的尊稱。❼行能　品行及才能。❽數　屢次；多次。❾蒙　受到；得到。❿渥恩　厚恩。⓫倫比　同類；同輩。⓬媿　同「愧」。慚愧。⓭稱　符合；相當。⓮龍興　比喻帝王即位稱帝。⓯登庸　指皇帝登位。⓰欽明　敬事節用謂之欽，照臨四方謂之明。⓱尚古　以古為上，尊尚古昔。謂王莽能尊尚古代帝王的法則。⓲鏡照　像鏡子一樣照耀。⓳四海　意同天下。⓴參天　在天地之間，帝王與天地並列為三，故曰。㉑貳地　在大地上，帝王與地並列為二，故曰。貳，二的大寫。㉒神明　神聖英明。㉓五帝　指黃帝、顓頊、帝嚳、帝堯、帝舜。㉔冠　超出眾人。㉕三王　夏禹王、商湯王、周文王。㉖開闢　指天地初開。㉗未之聞　即未聞之的倒置。否定句中，代詞賓語前置。㉘樂　樂意；樂於。㉙昭著　彰明；顯耀。㉚新德　新王朝的恩德。㉛光　光耀。㉜罔極　無窮盡。㉝司馬相如　字長卿，蜀郡成都人。漢武帝時著名辭賦作家。㉞封禪　〈封禪文〉。司馬相如臨死前留給漢武帝，勸漢武帝登封泰山的文章。㉟漢氏　指漢王朝。㊱休　美善。㊲顛　顛狂。後作「癲」。㊳眴　通「眩」。眼睛昏花。㊴填溝壑　自謙詞。指死去。人死埋於地下，故稱填溝壑。㊵章　同「彰」。顯明。㊶黃泉　指葬身之地。㊷究　窮；極。

【語　譯】諸吏、中散大夫臣揚雄叩頭至地又拜兩拜，上奏封事給皇帝陛下。臣揚雄經典的學問淺薄，品行才能也無特異，屢次受到皇上的厚恩，把我從同輩人中選拔提升，與那些賢才並列，我慚愧的是沒有什麼用來與我的職位相稱。我俯伏思考陛下憑著最為聖明的才德，像龍飛上天空一樣登上帝位，遇事莊敬，明照四方，尊尚古代帝王的法則，做民眾的父母，做天下的主宰，掌握精粹清明的大道，像鏡子一樣照亮天下，明瞭四方風俗，所見淵博，包攬廣闊，明可與天地並列為三，厚可與大地並列為二，兼有神聖英明，可與五帝相配，大大超過三王，自天地開闢以來，是沒有聽說過如此的。我的確很高興能使新朝的恩德昭明顯著，使它的光輝照耀無窮無盡的未來。以前司馬相如寫作有〈封禪文〉

一篇，來彰顯漢王朝的美好。我臣下常有顛狂昏眩的毛病，恐怕有一天在您的犬馬之先就死去，我所想的不能明顯地表白出來，在黃泉地下常抱遺憾。贍敢竭盡我的思慮，寫出我內心想說的話，寫作了〈劇秦美新〉一篇，雖然未能寫出陛下仁德的萬分之一，也是盡了我臣下的最大的思慮。臣揚雄叩頭至地又拜兩拜，以最隆重的禮節向陛下報告，說：

權輿❶天地未袪❷，睢睢盱盱❸，或玄❹而萌❺，或黃❻而牙❼，玄黃剖判，上下相嘔❽。爰❾初生民，帝王始存，在乎混混茫茫❿之時，疊聞罕漫⓫而不昭察⓬，世莫得而云也。厥有云者，上罔⓭顯⓮於羲皇⓯，中莫盛於唐虞⓰，邇⓱靡⓲著⓳於成周⓴。仲尼㉑不遭用，《春秋》㉒因斯發，言神明㉓所祚㉔，兆民㉕所託，罔不云道德仁義禮智。獨秦崛起西戎邠荒、岐、雍之疆㉖，因襄㉗、文㉘、宣㉙、靈㉚之僭㉛迹，立基孝公㉜，茂㉝惠文㉞，奮㉟昭㊱莊㊲，至政㊳破縱擅衡㊴，并吞六國，遂稱乎始皇㊵。盛從鞅㊶、儀㊷、韋㊸、斯㊹之邪政，馳騖㊺起㊻、翦㊼、恬㊽、賁㊾之用兵，剗㊿滅古文(51)，刮(52)語(53)燒書(54)，弛(55)禮崩(56)樂，塗(57)民耳目，遂欲流唐漂虞，滌殷蕩周，難(58)除仲尼之篇籍，自勒(59)功業，改制度(60)軌(61)量(62)，咸稽之於《秦紀》(63)。是以耆儒(64)碩老(65)，抱其書而遠遯(66)；禮官(67)博士(68)，卷其舌而不談；來儀之鳥(69)，肉角之獸(70)，狙獷(71)而不臻(72)。甘露(73)嘉醴(74)景曜(75)浸潭(76)之瑞潛，大茀(77)經(78)霣(79)巨狄(80)鬼信(81)之妖發，神歇靈繹(82)，海水(83)群飛(84)；二世(85)而亡，何其劇(86)與(87)！帝王之道，兢兢(88)乎不可離已。夫能貞(89)而明之者窮(90)祥瑞，回(91)而昧(92)之者極妖愆，上覽古在(93)昔，有憑應而尚缺，焉(94)壤徹(95)而能全？故若(96)古者稱堯舜，威侮(97)者陷桀紂(98)，況盡汎掃(99)前聖數千載功業，專用己之私，而能享祜(100)者哉？

【章　旨】以上抨擊秦王朝焚書坑儒，廢棄禮樂，從而符瑞不臻，妖異迭見，以致二世而亡。

【注　釋】❶權輿　起始；開始。❷祛　分開。❸睢睢盱盱　天地未分之前，元氣渾樸之貌。❹玄　黑色。指天。❺萌　開始；發端。❻黃　黃色。指地。❼牙　通「芽」。萌芽；發生。❽上下相嘔　言天地上下相與嘔育萬物。嘔，通「煦」。撫育。❾爰　到；及。❿混混茫茫　謂世界初形成時蒙昧的狀態。⓫豐聞罕漫　昏昧不明之貌。⓬昭察　明晰；清楚；顯明。⓭罔　無。⓮顯　明。⓯羲皇　伏羲氏。伏羲氏為三皇（伏羲、神農、黃帝）之一，故稱。⓰唐虞　指唐堯、虞舜。⓱邇　近。⓲靡　無。⓳著　顯明。⓴成周　本指西周的東都洛邑，故址傳說在今河南洛陽市東郊白馬寺之東。這裡代指西周王朝。㉑仲尼　孔子。名丘，字仲尼。㉒春秋　儒家五經之一。孔子據魯史撰寫的一部歷史書。㉓神明　這裡指神祇。㉔祚　賜福。㉕兆民　萬民。極言數之多。㉖獨秦崛起句　周孝王時，封大駱於秦，號曰秦嬴，為秦立國之始。周平王封襄公為諸侯，賜之岐以西之地。至秦文公，敗走西戎，收周餘民有之，地至岐。至秦德公，卜居雍。這是秦據有岐雍的經過。事見《史記·秦本紀》。崛起，突起；興起。西戎，我國古代對西北部少數民族的總稱。邠，古國名。故址在今陝西邠縣。荒，邊遠地區。岐，地名。在今陝西岐山縣一帶。雍，地名。春秋時秦故都，在今陝西鳳翔縣南。㉗襄　秦襄公。在位十二年（西元前七七七～前七六六年）。犬戎殺周幽王，秦襄公將兵救周，戰甚力，有功，又以兵送周平王，於是秦始列為諸侯。㉘文　秦文公。秦襄公子，在位五十年（西元前七六五～前七一六年）。㉙宣　秦宣公，在位十二年（西元前六七五～前六六四年）。㉚靈　秦靈公，在位十年（西元前四二四～前四一五年）。㉛僭　越分。指超越身分，冒用在上者的職權行事。㉜立基孝公　秦孝公在位期間，任用商鞅變法修刑，內務耕稼，外勸戰死之賞罰，秦國開始強大，故曰立基孝公。孝公，秦孝公。名渠梁，在位二十四年（西元前三六一～前三三八年）。㉝茂　興盛。㉞惠文　秦惠文王。秦孝公子，名駟，在位二十七年（西元前三三七～前三一一年）。在位期間，敗魏取蜀，使秦國得到發展。㉟奮　振作；發揚。㊱昭　秦昭王。名則，一名稷，在位五十六年（西元前三〇六～前二五一年）。在位期間，秦國得到長足的發展，為秦始皇統一天下奠定了基礎。㊲莊　秦莊襄王。名子楚，秦始皇之父，在位三年（西元前二四九～前二四七年）。㊳政　秦始皇。名政。㊴破縱擅衡　縱衡，戰國時期七國爭雄的兩種鬥爭策略。山東六國聯合抵禦秦國叫縱，秦國聯合山東六國中的幾國進攻其他各國叫衡。南北曰縱，東西曰衡，故曰縱衡。擅，專行。㊵始皇　秦始皇。他說：「自今已來，除謚法。朕為始皇帝。後世以數計，二世三世至於萬世，傳之無窮。」（《史記·秦始皇帝本紀》）故稱秦始皇。㊶鞅　商鞅。戰國時著名政治家，法家代表人物，出身衛國公族，原名衛鞅。秦孝公下求賢令，他應召入秦，輔佐秦孝公變法，先後任左庶長、大良造等職，主持變法改革達二十年之久，為秦國的發展奠定了基礎。以功封於商，號為商君。孝公死，被車裂。事見《史記·商君列傳》。㊷儀　張儀。戰國時縱橫家，魏國人，遊說入秦，首創連橫，秦惠王以為相，封武信君，曾去秦相魏，復返秦。秦昭襄王時，齊、楚從親，他奉命使楚，破壞齊楚同盟。事見《史記·張儀列傳》。㊸韋　呂不韋。戰國末秦國大臣，衛國濮陽人，原為陽翟大商賈，以輔助為質於趙的秦莊襄王回國為王，受任為相，食邑十萬戶，號文信君。秦王政初立，他專斷朝政，招遊士賓客，著《呂氏春秋》。及秦王政親政，他被免相，徙蜀郡，途中憂懼自殺。事見《史記・呂不韋列傳》。㊹斯　李斯。秦朝大臣，楚國上蔡人，曾師事荀卿，戰國末入秦，輔佐秦始皇統一天下，廢分封，設郡縣，焚詩書，禁私學，以法為教，以吏為師，統一文字。先後任長史、客卿、廷尉，官至丞相。秦二世時，腰斬咸陽，滅三族。事見《史記・李斯列傳》。㊺馳騖　奔走。㊻起　白起。戰國時秦國大將，郿人。秦昭襄王時，受魏冉推薦為將，屢立戰功，由左庶長連升左更、國尉、大良造，封武安君，為一時名將，曾破韓、魏聯軍，斬首二十四萬；攻楚，破鄢、郢；長平大破趙軍，坑殺降卒四十萬。後被逼自殺。事見《史記・白起列傳》。㊼翦　王翦。戰國末秦國將領，頻陽人。秦王政任為將，將兵滅趙破燕，又以六十萬大軍擊楚，破壽春，虜楚王負芻，追殺項燕於淮南，以功封武成侯。事見《史記・王翦列傳》。㊽恬　蒙恬。秦朝將領，其先本齊人，自祖父蒙驁始世代為秦將。恬以家世為秦將兵攻齊，大破之，秦統一六國後，恬率兵三十萬擊匈奴，收河南（今內蒙古河套一帶），築長城，起臨洮，至遼東，威震匈奴。二世立，矯詔逼令自殺。事見《史記・蒙恬列傳》。㊾賁　王賁。王翦之子，戰國末秦國將領。曾將兵破魏，魏王假出降；出兵遼東，虜燕王喜；回師過代，俘代王嘉；攻齊，虜齊王建。事見《史記・王翦列傳》。㊿剗　同「鏟」或「剷」。鏟除；消滅。(51)古文　春秋戰國時代的文字。秦統一文字，廢古文，行小篆。(52)刮　削除。(53)語　指百家之語。(54)書　指《詩》、《書》。《史記・李斯列傳》：「李斯上書曰：『臣請有文學《詩》、《書》百家語者，蠲除去之。』」(55)弛　廢除。(56)崩　破壞。(57)塗　堵塞。(58)爇　古「燃」字。(59)勒　雕刻；記載。(60)制度　法令禮俗的總稱。(61)軌　法則。(62)量　量器。(63)咸稽之於秦紀　此言考校而著之《秦紀》。咸，都。稽，考。秦紀，《秦本紀》。秦國的歷史書，已亡佚。(64)耆儒　年老博學的儒者。(65)碩老　年高望重的博學之士。(66)遜　退避；逃避。(67)禮官　掌禮儀之官。(68)博士　秦官。掌通古今。(69)來儀之鳥　指鳳凰。《書・益稷》：「鳳凰來儀。」故以來儀代指鳳凰。傳說到太平盛世，就有鳳凰飛來。(70)肉角之獸　傳說麒麟頭生肉角，故以肉角代指麒麟。傳說世有聖人，麒麟就出現。(71)狙獷　驚恐離去之貌。72臻　至。73甘露　甘美的露水。古人以降甘露為太平之瑞兆。74嘉醴　甜酒一樣甘甜的泉水。75景曜　景星的光彩。星，景星。雜星名，亦稱瑞星、德星，其狀無常，常出現於有道之國。76浸潭　滋潤旁延。謂滋液浸潤能生萬物。77大茀　即孛星。亦即彗星，俗名掃帚星，古人認為是妖星，出現就不吉利。《史記・秦始皇帝本紀》：「彗星光見東方、北方。」78經　恒星。79霣　墜落。《史記・秦始皇帝本紀》：「有墜星下東郡，至地為石。」80巨狄　《漢書・五行志》：「秦始皇帝二十六年，有大人長五丈，足履六尺，皆夷狄服，凡十二人，見於臨洮。」81鬼信　《史記・秦始皇帝本紀》：三十六年，「秋，使者從關東夜過華陰平舒道，有人持璧遮使者曰：『為吾遺滈池君。』因言曰：『今年祖龍死。』使者問其故，因忽不見，置其璧去。」82神歇靈繹　此言神靈歇其舊緒而不福佑。靈繹，美好的繹緒。83海水　比喻萬民。84群飛　言其震盪動亂。85二世　秦二世。名胡亥，在位三年（西元前二〇九～前二〇七年），被趙高所殺。86劇　甚。言甚促。87與　同「歟」。表疑問的語氣詞。88兢兢　恐懼貌。89貞　正。90窮　盡。91回　邪。92昧　暗。93在　審察；觀察。94焉　疑問代詞。哪裡。95徹　廢。96若　順。97威侮　侵犯。98桀紂　夏桀王、商紂王。古代暴君的典型。99汎掃　灑掃；掃除。100祜　福。

【語譯】開始天地尚未開闢，萬物混沌不分。有的萌生黑色而上升為天，有的生發黃色而下沉為地。這樣，黑色的天與黃色的地剖裂分開，上天下地相互作用而撫育萬物。於是最初出現了民眾，帝王纔開始存在。但在那遠古蒙昧的時代，一切昏暗不明而不可明確了解，故後世不能將那時候的情況說清楚。那可說的，最古沒有比伏羲氏還更顯明的，中古沒有比唐堯虞舜還更興盛的，近代沒有比周王朝還更明著的。孔夫子沒有遇到好時代而被任用，《春秋經》就是因此而產生的。這就是說神明所保佑，萬民所依託的，沒有不在實行道德仁義禮智的君主。只有秦王朝突起在西方戎狄居住的荒涼的邠、岐、雍一帶地方，憑藉秦襄公、秦文公、秦宣公、秦靈公超越本分而攬取權勢的劣迹，由秦孝公建立基業，秦惠文王加以發展，秦昭王、秦莊襄王更與振興，到秦王嬴政破壞縱約，專用連橫，併吞了山東六國，於是乎自稱為始皇帝。全部實行商鞅、張儀、呂不韋、李斯的邪惡的政治，使白起、王翦、蒙恬、王賁馳騖奔走，四出用兵，消滅古代文字，削除百家雜語，焚燒儒家《詩》、《書》，廢除禮制，破壞教化，堵塞民眾的耳目。於是想除去唐堯虞舜的法則，滌蕩殷商成周的制度，焚燒孔夫子的書籍，只記載自己的功勳業績。改變古代的制度法則和量器，一切都依據《秦本紀》而加以考校。因此，年老博學的儒者，年高望重的人士，都帶著他們的書而遠遠逃匿；掌握禮儀的官，通古今備顧問的博士，都捲縮他們的舌頭而不敢談論。鳳凰瑞鳥，麒麟瑞獸，驚慌恐懼而不敢出現，甘甜的露水，甜美的泉水，景星的光耀，滋液的浸潤，這一類的祥瑞都隱匿不見，彗星出現，恒星墜落，高大的狄人降臨，送信的鬼怪出現，這一類妖異現象頻頻發生。神靈歇其舊緒而不福佑，海水也震盪不定，到秦二世，秦朝就滅亡，這是多麼短促啊！做帝王的道理，應該兢兢業業而不可須臾離開呢。那些能夠正視而明確它的人就有無窮無盡的祥瑞；那些邪惡而暗昧它的人就有無窮無盡的妖異，向上觀覽古代，審察過去，有憑藉瑞應登上帝位而還有缺陷的，哪裡有破壞帝王之道而能夠保全的？所以順從古代的人就稱之為堯舜之君，侵犯古代的人就叫做桀紂之主，更何況全部掃除前代聖賢數千年的功業，專用一己的私意，而能夠享受福澤的呢？

　　會漢祖❶龍騰豐沛❷，奮迅❸宛❹葉❺，自武關❻與項羽❼戮力❽咸陽❾，創業蜀漢❿，發迹⓫三秦⓬，尅項山東⓭，而帝天下⓮。擿秦政慘酷尤煩者，應時而蠲⓯，如儒林⑯刑辟⑰麻⑱紀⑲圖典⑳之用稍增焉。秦餘制度，項氏爵號㉑，雖違古而猶襲㉒之。是以帝典闕而不補，王綱弛而未張，道極㉓數殫㉔，闇忽㉕不還。

【章旨】以上論漢高祖劉邦建立漢朝，雖改變了秦政之酷烈尤煩者，但還沿襲了「秦餘制度」和「項氏爵號」，故其發展受到限制。

【注釋】❶漢祖　指漢高祖劉邦。❷龍騰豐沛　秦置沛縣，漢置沛郡，轄豐、沛等三十七縣。劉邦為沛豐邑人，故曰龍騰豐沛。豐，漢縣名。本秦沛縣之豐邑，漢置縣，屬沛郡，即今江蘇豐縣。沛，縣名。即今江蘇沛縣。❸奮迅　迅速振起；振興迅速。❹宛　漢縣名。漢南陽郡有宛縣，地在今河南南陽縣。❺葉　縣名。即今河南葉縣，漢置葉縣，屬南陽郡，歷代因之。秦二世三年，劉邦引兵略南陽郡，南陽守齮在宛迎降，使劉邦得入武關破秦，故曰奮迅宛葉。❻武關　地名。在今陝西商南縣西北。戰國時秦之南關。劉邦是由武關攻入咸陽滅秦的。❼項羽　名籍，秦末下相人。參加秦末農民起義，率軍與秦兵九戰皆捷。秦亡後，自立為西楚霸王。繼與劉邦爭天下，戰敗自刎而死。❽戮力　併力；盡力。戮，通「僇」。❾咸陽　秦國都。秦自秦孝公開始一直建都咸陽，故址在今陝西長安縣東之渭城故城。秦二世三年，楚懷王令項羽北救趙，令劉邦西略入關，與諸將約，先入定關中者王之。❿創業蜀漢　項羽分封，立劉邦為漢王，王巴、蜀、漢中，都南鄭。蜀漢，指蜀郡和漢中一帶。《史記・六國年表序》：「漢之興自蜀漢。」故曰創業蜀漢。⓫發迹　立功揚名；開創事業。⓬三秦　地區名。故址在今陝西省一帶，項羽破秦入關，三分秦關中之地：以秦降將章邯為雍王，領咸陽以西之地；司馬欣為塞王，領咸陽以東至黃河之地；董翳為翟王，領上郡之地，合稱三秦。漢元年，劉邦用韓信之計，還定三秦，關中成為劉邦與項羽爭天下的堅固後方，故曰發迹三秦。⓭尅項山東　劉邦自漢二年出關與項羽爭天下，在滎陽、成皋間相持，至漢五年，終於戰勝項羽，追殺項羽於東城。尅，戰勝。項，項羽。山東，戰國秦漢時稱崤山或華山以東為山東。即關東。⑭帝天下　漢五年，諸侯及將相相與共請尊漢王為皇帝，都洛陽，徙都長安。帝，稱帝。用作動詞。⑮蠲　免除。⑯儒林　儒者之群。儒謂博士，為儒雅之林，故云。這裡指開始興辦學校。秦廢學校，以法為教，以吏為師。⑰刑辟　指刑法。懲罰罪犯的法律。秦法殘酷，赭衣半道，劉邦入關，約法三章：殺人者死，傷人及盜抵罪。蠲削煩苛，秦民大悅。其後三章之法不足以禦姦，於是相國蕭何取秦法宜於時者，作律九章。⑱厤　通「曆」。曆法。推算節氣的度數。⑲紀　綱紀。指法度、法紀。《漢書・律曆志》：「漢興，以北平侯張蒼言，用《顓頊曆》，比於六曆，疏闊中最為微近。」⑳圖典　圖書典籍。㉑爵號　爵位名號。秦廢分封，立郡縣，項羽入關，又分封天下，劉邦稱帝，郡國並行，分封了部分諸侯王，故云。㉒襲　因襲。㉓道極　天道已極。極，至；最高限度。㉔數殫　曆數窮盡。數，曆數；朝代更替的次序。殫，盡。㉕闇忽　昏暗絕滅。

【語　譯】恰逢漢高祖像龍一樣從沛縣豐邑飛騰起來，在宛縣、葉縣之間迅速得到發展，從武關與項羽併力進攻秦王朝首都咸陽，從蜀漢開創基業，在三秦打下發展的基礎，在崤山函谷關以東地區戰勝項羽，而稱帝於天下。摘取秦朝政治中最酷烈最煩瑣的，適時地免除，如開辦學校，修訂刑法，制訂曆法法度，收集圖書典籍，這些方面都逐漸有所增益。然而秦朝其餘的制度、項羽的爵位封號，雖然違背古道，但還是因襲了下來。因此帝王的典則闕略而不增補，帝王的綱紀廢壞而不振興。於是天道走到最高限度，王朝更替的序次也已窮盡，整個王朝昏暗絕滅而不可返回復興。

逮至大新❶受命❷，上帝還資，后土顧懷❸，玄符❹靈契❺，黃瑞❻涌出，滭渟❼汹潏❽，川流❾海渟❿，雲動風偃⓫，霧集雨散，誕⓬彌⓭八圻⓮，上陳天庭，震聲⓯日景⓰，炎光⓱飛響⓲，盈塞天淵⓳之間，必有不可辭讓云爾⓴。於是乃奉若㉑天命，窮寵㉒極崇㉓，與天剖㉔神符，地合靈契，創億兆㉕，規萬世㉖，奇偉㉗倜儻㉘詭譎㉙，天祭地事㉚，其異物殊怪，存乎五威將帥㉛班㉜乎天下者四十有八章㉝。登假㉞皇穹㉟，鋪衍㊱下土㊲，非新家其疇㊳離㊴之？卓㊵哉煌煌㊶，真天子之表㊷也。若夫白鳩㊸丹烏㊹，素魚㊺斷蛇㊻，方㊼斯㊽蔑㊾矣，受命甚易，格來甚勤㊿。

【章旨】以上寫新朝的建立得到上天的顧眷，因而符瑞大量出現，說明王莽是真天子的儀表，比商湯王、周武王、漢高祖更偉大。

【注釋】❶大新　指王莽的新朝。❷受命　古代帝王託神權以鞏固統治，自稱受命於天。❸上帝還資二句　言得到天地的福佑。上帝，指天。還資，還顧資助。后土，指地。顧懷，顧眷而懷歸。❹玄符　天神降的符瑞。玄，天。❺靈契　地神顯示的符命。❻黃瑞　黃氣的祥瑞。《漢書．王莽傳》：「莽又曰：『予前在攝時，建郊宮，定祧廟，立社稷，神祇報況，或光自上復于下，流為烏；或黃氣熏蒸，昭耀章明，以著黃、虞之烈焉。』」王莽自稱為黃帝、虞舜的後裔，故以黃氣熏蒸為昭著黃帝、虞舜的功業。❼渾渟　水盛湧貌。❽汹潏　泉流貌。

❾川流　如河川之奔流。❿海渟　如海水渟貯。渟，水積聚不流。⓫風偃　如風偃草。偃，倒伏。⓬誕　大。⓭彌　廣。⓮八圻　八方的邊際。圻，通「垠」。邊際。⓯震聲　雷聲。震，《易》：「震為雷。」故以震代指雷。⓰日景　日之光。景，日光。⓱炎光　即指日之光。⓲飛響　即指雷聲。⓳天淵　高空與深淵。猶天壤、天地。⓴云爾　語氣助詞。無義。㉑若　順。㉒窮寵　窮盡其榮耀。寵，光寵；榮耀。㉓極崇　極盡其崇高。此言王莽應登上至尊的地位。㉔剖　分。㉕創億兆　開創億兆年的基業。㉖規萬世　規畫萬世的傳統。㉗奇偉奇特偉大。㉘倜儻　卓異不凡。㉙詭譎　變化莫測。㉚天祭地事　祭祀天神與地祇。此言眾瑞之所以咸臻，由能祭天事地。㉛五威將帥　指五威將王奇。㉜班　頒布；公布。㉝四十有八章　《漢書・王莽傳》：王莽始建國元年，「秋，遣五威將王奇等十二人班《符命》四十二篇於天下。德祥五事，符命二十五，福應十二，凡四十二篇。其德祥言文、宣之世黃龍見於成紀、新都，高祖考王伯墓門梓柱生枝葉之屬。符命言井石、金匱之屬。福應言雌雞化為雄之屬。其文爾雅依託，皆為作說，大歸言莽當代漢有天下云。」《漢書》言四十二篇，此言四十八章，二書不符，當以四十二篇為準確。㉞登假　上升到。假，通「格」。至；到。㉟皇穹　指天。㊱鋪衍　廣布。㊲下土　指地。㊳疇　誰。㊴離　遭逢；遇到。㊵卓　大。㊶煌煌　光輝貌。㊷表　表率；榜樣。㊸白鳩　商湯王時的祥瑞。《文選》李善注：「殷湯有白鳩之祥。然古者此事未詳其本。」意謂此是古事，其本末不詳。㊹丹烏　即赤烏。吉祥的神鳥。《尚書大傳・泰誓》：「武王伐紂，觀兵於孟津，有火流於王屋，化為赤烏，三足。」㊺素魚　即白魚。相傳為周興滅紂的祥瑞。傳說周武王伐紂，渡河，中流，有白魚躍入武王舟中，武王俯取以祭。㊻斷蛇　漢高祖劉邦的祥瑞。《史記・高祖本紀》載，劉邦夜行澤中，遇大蛇當道，劉邦拔劍擊斬蛇，蛇分為兩，道開。後來的人遇到一個老嫗哭曰：「吾子，白帝子也，化為蛇，當道，今為赤帝子斬之，故哭。」㊼方　比。㊽斯　此。指王莽的符瑞。㊾蔑　同「蔑」。渺小。㊿受命甚易二句　言王莽德盛，故受天命甚易，眾瑞來現甚多。格，至。勦，多；密。

【語譯】等到偉大的新朝接受天命，上帝還顧資助，后土神顧眷懷念，上天降示符命，大地顯示符契，黃氣的祥瑞也湧現出來，這些符瑞像水流般洶湧而至，如泉水般湧冒而出，像江河奔流，如海水渟貯，如浮雲飄動，如風吹草倒，如霧氣濃集，如時雨散落，大大地布滿了四面八方，向上陳列到了天帝的殿庭，像雷聲，像日光，炎炎的光彩，飛騰的聲響，充滿了天地之間，大新受命一定有不可以推辭謙讓的呢。於是就接受順從天命，即位稱帝，窮盡其榮寵，極盡其崇高，跟上天分剖得神聖的符命，與大地神靈的符契相吻合，開創億兆年的基業，規畫萬萬世的傳統。這些符瑞奇特偉大，卓異不凡，變化莫測，都是祭祀天神事奉地祇的結果。那些奇異的事物，殊異的怪事，存在於五威將王奇等人向天下頒布的四十八章之中。上升到了皇天，廣布到了大地，不是新朝，還有誰能遇到它呢？卓異啊！輝煌啊！真是天子的表率啊！至於商湯王的白鳩之瑞，周武王的赤烏、白魚之祥，漢高祖的斷蛇之兆，跟這些符瑞相比，真是太渺小了。新朝接受天命真是非常容易，符瑞的降臨真是非常之多。

昔帝❶纘皇❷，王❸纘帝，隨前踵❹古，或無為❺而治，或損益❻而亡。豈知新室委❼心積意，儲❽思垂務❾，旁❿作穆穆⓫，明旦⓬不寐，勤勤懇懇者，非秦之為⓭與⓮？夫不勤勤，則前人⓯不當⓰；不懇懇，則覺德⓱不愷⓲。是以發秘府⓳，覽書林⓴，遙集乎文雅之囿㉑，翺翔乎禮樂之場㉒，胤㉓殷周之失業，紹㉔唐虞之絕風，懿㉕律㉖嘉㉗量㉘，金科玉條㉙，神卦靈兆㉚，古文㉛畢發，煥炳㉜照曜㉝，靡不宣(34)臻(35)。式(36)軨軒(37)旂旗(38)以示之，揚(39)和鸞(40)〈肆夏〉(41)以節(42)之，施(43)黼黻(44)袞冕(45)以昭(46)之，正嫁娶(47)送終(48)以尊(49)之，親九族(50)淑賢(51)以穆(52)之。夫改定神祇(53)，上儀(54)也；欽脩百祀(55)，咸(56)秩(57)也；明堂(58)雍臺(59)，壯觀(60)也；九廟(61)長壽(62)，極孝也；制成六經(63)，洪(64)業也；北懷單于(65)，廣德也。若復五爵(66)，度三壤(67)，經(68)井田(69)，免人役(70)，方(71)〈甫刑〉(72)，匡(73)《馬法》(74)，恢崇(75)祗庸(76)爍德(77)懿和(78)之風，廣(79)彼搢紳(80)講習(81)言諫(82)箴誦(83)之塗，〈振鷺〉(84)之聲充庭，鴻鸞(85)之黨漸階，俾(86)前聖之緒(87)，布濩(88)流衍(89)而不韞韣(90)，郁郁(91)乎煥(92)哉！天人之事盛矣，鬼神之望允(93)塞(94)，群公(95)先正(96)，莫不夷儀(97)，姦宄(98)寇賊，罔(99)不振威(100)，紹(101)少典(102)之苗(103)，著黃虞(104)之裔，帝典闕者已補，王綱弛者已張，炳炳麟麟(105)，豈不懿哉！

【章　旨】以上寫新朝之所以得天顧眷是因為新朝以秦之所為為非，故勤修德政，補缺典，張王綱，開創了前古未有的功業。

【注　釋】❶帝　指五帝。據《史記・五帝本紀》為黃帝、顓頊、帝嚳、帝堯、帝舜。❷纘皇　繼承三皇。纘，繼承；繼續。皇，三皇。據司馬貞補《史記・三皇本紀》為伏羲、女媧、神農。❸王　三王。即夏禹王、商湯王、周文王。❹踵　追蹤；跟隨。❺無為　這裡指儒家的以德政感化人民，不施行刑治。《論語・衛靈公》：「無為而治者，其舜也與！夫何為哉？恭己正南面而已矣。」❻損益　對前代制度進行增減改動。《論語・為政》：「殷因於夏禮，所損益可知也。」❼委　積。❽儲　積蓄。❾垂務　猶言垂意。注意；關懷。❿旁　遍；廣。⓫穆穆　盛美貌。⓬明旦　早晨。謂從晚至天明。⓭秦之為　「為秦」的倒置。意謂新朝如此認真勤懇，是為了改正秦朝的弊政。⓮與　表疑問語氣詞。相當於「嗎」。⓯前人　謂古帝王。⓰當　謂當天心。⓱覺德　高大正直之德。⓲愷　和；安。⓳秘府　古代皇宮裡收藏秘籍的地方。⓴書林　書籍之林。㉑文雅之囿　言以文雅為園囿。文雅，指藝文禮樂。㉒禮樂之場　言以禮樂為場圃。禮樂，禮樂教化。㉓胤　繼續；嗣承。㉔紹　繼承。㉕懿　美好。㉖律　古代定音器。相傳黃帝時伶倫截竹為管，以管的長短，分別聲音的高低輕濁，樂器的音調，都以它為準則。樂律有十二，陰陽各六，陽為律，陰為呂，稱六律六呂。㉗嘉　美好。㉘量　量器。指斗斛之類。㉙金科玉條　謂法令。金玉形容其珍貴。㉚神卦靈兆　指占卜。卦，用蓍草占卜。兆，用龜殼占卜。鑽灼龜殼，視其裂紋所示吉凶曰兆。神靈形容其靈異。㉛古文　這裡指先王遺留的典籍。㉜煥炳　光明顯耀。㉝照曜　光輝燦爛。㉞宣　普遍。㉟臻　至。㊱式　用。㊲軨軒　有窗的車。這裡泛指車。㊳旂旗　泛指旗幟。畫有龍形竿頭繫鈴的曰旂，畫有熊虎圖像的曰旗。古代車馬旗幟的不同表示官吏的不同級別。王莽亦立大夫卿車服黻冕各有差異等級。㊴揚　動。㊵和鑾　車鈴。在軾曰和，在鑣曰鑾。車行時搖動以表示車行進的節奏。㊶肆夏　古樂曲名。行進時歌〈肆夏〉以調節步履的速度。㊷節　節制；控制。㊸施　用。㊹黼黻　古代禮服上繪繡的花紋。㊺袞冕　袞衣和冠冕。袞，古代帝王及上公祭宗廟所穿的禮服。冕，古代帝王、諸侯、卿大夫所戴的禮帽。㊻昭　明示。謂明示不同級別。㊼嫁娶　指男女成婚的禮儀。女婚為嫁，男婚為娶。㊽送終　同「送死」。指父母喪葬的禮儀。㊾尊　敬重；推重。㊿九族　從己算起，上至高祖，下至玄孫為九族。一說父族四，母族三，妻族二，合稱九族。(51)淑賢　善良賢明的人。(52)穆　通「睦」。和睦。(53)改定神祇　指改定祭祀神祇的禮儀。王莽奏定南郊。神祇，天地之神。(54)上儀　最大的禮儀。(55)欽脩百祀　指王莽奏定祀群神之禮。欽，敬。脩，同「修」。整治。(56)咸　皆；都。(57)秩　次序。(58)明堂　古代帝王宣明政教的地方，凡朝會、祭祀、慶賞、選士、養老、教學等大典，均在此舉行。(59)雍臺　即辟雍。周王朝為貴族子弟所設的大學，取四周有水，形如璧環為名。大學有五：南為成均，北為上庠，東為東序，西為瞽宗，中為辟雍。王莽奏起明堂辟雍，故云。(60)壯觀　大觀；奇偉可觀。(61)九廟　古代帝王立七廟以祀祖先，至王莽增建太初祖廟和虞帝始祖昭廟，共九廟。(62)長壽　王莽毀壞漢元帝廟，獨置元帝廟故殿以為新室文母篹食堂，既成，名曰長壽宮。(63)六經　儒家經典原只有《易》、《書》、《詩》、《禮》、《春秋》五經，王莽奏立《樂經》，共六經。(64)洪　大。(65)北懷單于　王莽遣使者齎黃金幣帛，重賂匈奴單于，使上書言：「聞中國譏二名，故名囊知牙斯今更名知，慕從聖制。」又遣王昭君女須卜居次入侍，用來欺騙媚事太后。懷，懷服；安撫。單于，漢時匈奴對其君長的稱呼。(66)五爵　指公、侯、伯、子、男五等爵位。(67)三壤　指分封土地分百里、七十里、五十里三等。《漢書・王莽傳》：莽下書曰：「爵從周氏有五：諸公一同，有眾萬戶，土方百里。侯伯一國，眾戶五千，土方七十里。子男一則，眾戶二千有五百，土方五十里。」(68)經　經營；規畫實施。(69)井田　相傳為我國古代一種土地制度。方里為井，井九百畝，其中為公田，八家皆私百畝，同養公田，因形如井字，故名井田制。王莽更名天下田曰王田，其男口不盈八而田過一井者，分餘田予九族鄰里鄉黨，故無田而當受田者，給田百畝。(70)免人役　王莽改稱奴婢曰私屬，不得買賣。(71)方　比。(72)甫刑　即〈呂刑〉。《尚書》篇名。周穆王時呂侯為司寇，作〈呂刑〉記載當時的刑法制度，以呂侯所作，故名〈呂刑〉。呂侯後更名甫侯，故又名〈甫刑〉。王莽曰：「百官更改，職事分移，律令儀法，未及悉定，且因漢律令儀法以從事。」(73)匡　訂正。(74)馬法　《司馬穰苴兵法》。司馬穰苴，春秋時齊國人。齊景公用為將軍，將兵扞燕、晉之師，後齊威王使大夫追論古者司馬法，附穰苴其中，因號曰《司馬穰苴兵法》。(75)恢崇　擴大推崇。(76)祗庸　恭敬而守恒常之道。祗，敬。庸，常。不偏之謂中，不易之謂庸。(77)爍德　盛德。爍，盛。(78)懿和　美好和穆。(79)廣　擴大。(80)縉紳　儒生；士大夫。縉，同「搢」。

插。紳，束腰的大帶。古之仕者，垂紳插笏，故稱士大夫為縉紳。81講習　講論研習經書大義。82言諫　士傳言語進諫。83箴誦　樂師誦箴言進諫。箴，古代一種寓有勸戒意義的文辭。84振鷺　《詩・周頌》篇名。本以鷺之潔白，比喻客之容貌修整，後因以振鷺比喻操行純潔的賢人。振，奮起；奮飛。85鴻鸞　鴻雁鸞鳳。比喻賢人。86俾　使。87緒　事業；功績。88布濩　分散貌。89流衍　流傳廣布。衍，廣。90韞韣　本指藏入櫃中，引申為保持不失。韞，藏。韣，同「櫝」。櫃子。91郁郁　文彩盛貌。92煥　鮮明；光亮。93允　信；確。94塞　滿足。95群公　所有大臣。96先正　前代的賢人。97夷儀　常道法度。夷，通「彝」。常道；經常。98姦宄　姦邪作亂之人。99罔　無。100振威　振懼威德。101紹　繼承。102少典　人名。古代帝王，娶有蟜氏，生黃帝、炎帝。103苗　苗裔。後代子孫。104黃虞　黃帝、虞舜。古代帝王。王莽自稱為黃帝、虞舜之後，故云。105炳炳麟麟　光明顯赫。麟，古通「燐」。光彩；火光。

【語　譯】過去，五帝繼承三皇，三王繼承五帝，跟隨前世，追蹤古代，有的用德政感化而天下太平，有的增減前代制度，最終天下滅亡。哪裡知道新朝王室用心用意，留神關注，普遍地興作盛美之事，從晚至明還不就寢，勤勤懇懇，這樣做，還不是為了改正秦朝的錯誤嗎？不勤勞，就不合古帝王的法則；不誠懇，與偉大正直之德就不和諧。因此，打開收藏秘籍的書庫，察看如林的圖書，遠遠地聚集在藝文禮樂裝飾的園囿，徘徊在禮樂教化裝飾的場圃，嗣續殷朝周朝已亡失的事業，繼承唐堯虞舜已絕滅的風尚，美妙的樂律，美好的量器，金玉般珍貴的法令條文，非常神奇的卦象徵兆，先王先聖遺留的典籍全都發掘，光明顯耀，光輝燦爛，沒有什麼美好的東西不普遍出現來到。用不同的車馬旗幟來表示它，搖動鸞鈴演奏〈肆夏〉來調節它，施用繡有不同花紋的禮服禮帽來明示它，訂正男女婚嫁養生送死的不同禮儀來推重它，親近九族親屬和善良賢明之人來和輯它。改革確定祭祀天神地祇的禮儀，這是最重要的禮儀；恭敬地整治祭祀群神的禮儀，這是使它們都有一定的次序；建立宣明政教的明堂，建設教育子弟的大學，這是奇偉壯麗的大觀；建立祖廟九座，建築新室文母的饗食堂——長壽宮，這是極大的孝道；增加《樂經》制成六經，這是偉大的功事；使北方單于懷柔歸順，這是最廣博的德行。至於恢復公、侯、伯、子、男五等爵位，建立一百里、七十里、五十里三等封地制度，經營井田制度，免除人民苦役，比照〈甫刑〉的刑法，訂正《司馬穰苴兵法》的兵制，恢宏推重敬守常道、發揚盛德和美好和穆的風尚，擴大那垂紳插笏的士大夫講論研習經典大義、用言語進諫、誦箴言規勸的途徑，歌頌「振鷺于飛」的聲音充滿院庭，像。鴻雁鸞鳳般的賢才們進入階陛，使前代聖王的功業，分散流布廣遠而不收藏亡失，文彩茂盛啊！色澤鮮明啊！天道人道的事情都達到極盛的境地，人鬼天神的願望的確得到滿足，所有的大臣，前代的賢才，無不有常規法度，姦邪作亂之人，侵犯盜竊之賊，無不振懼威德。繼續少典氏的苗裔，明著黃帝、虞舜的後代，闕損的帝王典則已經補足，廢壞的帝王綱紀已經修補，光明顯赫，難道還不美妙嗎？

厥被風濡化[1]者，京師沈潛，甸內帀洽，侯衛厲揭，要荒濯沐[2]。而術[3]前典[4]，巡[5]四民[6]，迄四嶽[7]，增封[8]泰山[9]，禪[10]梁父[11]，斯受命者之典[12]業也。蓋受命[13]日不暇給[14]，或不受命[15]，然猶有事[16]矣。況堂堂[17]有新[18]，正丁[19]厥[20]時，崇嶽[21]渟海[22]，通瀆[23]之神，咸設壇場，望受命之臻焉。海外遐方[24]，信延頸企踵[25]，回面內嚮，喁喁如㉖也。帝者雖勤，惡㉗可以已㉘乎？宜命賢哲作〈帝典〉一篇，奮㉙三㉚為一㉛，襲㉜以示來人㉝，摛㉞之罔㉟極㊱，令萬世常戴巍巍㊲，履栗栗㊳，臭㊴馨香，含甘實，鏡㊵純粹㊶之至精㊷，聆㊸清和之正聲㊹，則百工㊺伊㊻凝㊼，庶績㊽咸喜㊾，荷㊿天衢(51)，提(52)地釐(53)，斯天下之上則(54)已(55)，庶(56)可試哉！

【章　旨】以上寫新朝應該登封泰山，禪梁父，以成功告於上天，來表明新朝的盛德大業。

【注　釋】❶被風濡化　猶言沐浴風化。被，覆蓋。濡，浸漬；沾潤。風化，猶言教化。❷京師沈潛四句　言風化所被，近者愈深，遠者稍淺，故京師沈潛而要荒濯沐。京師，京城；國都。沈潛，浸潤。甸，甸服。古代稱都城郊外的地方。帀洽，周遍霑潤。侯，侯服。古代稱離王城一千里以外的方五百里的地區為侯服。古代將王畿以外之地分為五等，稱為服。《尚書・禹貢》：「五百里甸服，五百里侯服，五百里綏服，五百里要服，五百里荒服。」衛，衛服。王畿以外二千五百里之地為衛服。厲揭，比喻影響深淺不同。厲，連衣涉水。揭，提起衣裳涉水。要荒，要服、荒服。古代稱離王城外極遠的地方。濯沐，微霑。❸術　通「述」。省視；效法。❹前典　前代帝王的典禮。❺巡　巡視；巡省。❻四民　指士、農、工、商。❼迄四嶽　《尚書・堯典》：「二月東巡狩，至於岱宗；五月南巡狩，至於南嶽；八月西巡狩，至於西嶽；十有一月朔巡狩，至於北嶽。」迄，至。四嶽，東嶽泰山，西嶽華山，南嶽衡山，北嶽恒山。❽封　帝王築壇祭天。❾泰山　即東嶽。在今山東泰安市北。❿禪　封土為壇，掃地而祭。古代帝王巡遊，封泰山以祭天，禪小丘以祭山川。⓫梁父　山名。泰山下的一座小山，在山東新泰縣西。⓬典　常。⓭受命　指漢高祖劉邦。漢高祖雖接受天命，但當時日不暇給，故不封禪。⑭日不暇給　事務繁多而時間不夠用。⑮不受命　指秦始皇嬴政。秦始皇沒有接受天命，卻在秦始皇二十八年登封泰山。⑯有事　指封泰山。⑰堂堂　巨大高顯貌。⑱有新　即新朝。有，詞頭。無義。⑲丁當。⑳厥　其。㉑崇嶽　高山。㉒渟海　深海。㉓通瀆　指河川。㉔遐方　遠方。㉕企踵　猶言舉足。㉖喁喁如　言眾人向慕，如群魚之口露出水面。喁，魚口露出水面。如，詞尾。無義。㉗惡　怎麼；哪裡。疑問代詞。㉘已　止。㉙奮　振作；發揚。㉚三　指《尚書》中已有〈堯典〉、〈舜典〉，加〈帝典〉，成為三典。㉛一　謂合三典編為一書。㉜襲　因襲；繼承。㉝來人　未來的人。㉞摛　傳布。㉟罔　無。㊱極　窮；盡。㊲巍巍　高大貌。㊳栗栗　危懼謹敬貌。㊴臭　同「嗅」。聞。指用鼻子辨別氣味。㊵鏡　照耀。㊶純粹　純一不雜；精美無瑕。㊷至精　最精純的美德。㊸聆　聽。㊹正聲　純正的樂聲。㊺百工　眾官。工，官。㊻伊　語助詞。無義。㊼凝　凝聚；安定。㊽庶績　各種事功。㊾喜　古通「熙」。興盛。㊿荷　承受。(51)天衢　天道。(52)提　統領。(53)釐　治理。(54)上則　上策；最高的準則。言封禪盛事，此天下之最高準則。(55)已　同「也」。語氣詞。(56)庶　副詞。表示希望或可能。庶幾；或者。

【語　譯】那些沐浴新朝教化的人，京城裡浸潤很深，甸服內周遍霑潤，侯服稍深，衛服稍淺，要服、荒服則也稍微沾染了一些。而效法前代帝王的典禮，巡視士、農、工、商四民，從而抵達東、西、南、北四嶽，在泰山頂上增土築壇祭天，在梁父山築壇掃地祭祀山川，這是接受天命的帝王的常業。有的帝王接受了天命如漢高祖，因事務繁忙，時間不足而未封禪，有的帝王沒有接受天命如秦始皇，然而他還是到了泰山封禪。何況偉大顯赫的新朝，正當其時。高山大海以及江河之神，都設置壇場，盼望接受天命之人的到來。四海之外，遙遠的地方，的確都伸長頸項，提起足跟，掉轉面頰，向著內地，仰慕嚮望，如群魚之口露出水面呢。做帝稱王的人雖很勞苦，怎麼可以不封禪呢？應該命一個賢哲之人寫作〈帝典〉一篇，使之與〈堯典〉、〈舜典〉合為三典，將三典合編一書，發揚繼承以傳示未來的人，傳布無窮無盡，令萬世之人常常頂戴新朝高大的德行，履行新朝危懼謹敬之道，如同聞到馨香的味道，含著甘甜的果實，照耀著純一不雜、精美無瑕的最精純的美德，聆聽著清平和順的純正的樂聲，百官都凝聚安定，各種事功都興盛發達，承受著天道的亨通，統領著大地的治理。這是天下最高的準則呢，或許可以試一試吧！

連珠

【題　解】連珠是古代一種文體的名稱。傅玄《連珠序》云：「其文體，辭麗而言約，不指說事情，必假喻以達其旨，而覽者微悟，合於古詩勸興之義。欲使歷歷如貫珠，易睹而可悅，故謂之連珠也。」據此，知這種文體有如下特點：㈠篇章短小，每一篇只有簡單的幾句話；㈡不直指事情，必或先說道理，或先設譬喻，然後點明主旨，使讀者一覽即悟；㈢一般詞藻華麗，多用四六對偶句；㈣穿貫事理，如珠在貫，故曰連珠。這種文體創自揚雄，後世多有人擬作，題曰《演連珠》，言擬舊義以廣之也。如陸機就作有《演連珠》五十首，庾信亦作有《擬連珠》四十四首。

臣聞明君取士，貴拔眾之所遺；忠臣薦善，不廢格❶而❷所排。是以巖穴❸無隱，而側陋❹章顯❺也。

【章　旨】這一首說明人君取士的道理。

【注　釋】❶廢格　廢棄；擱置。❷而　原校云：「疑當作之。」按疑當作「其」。❸巖穴　山洞。古時隱士多山居，故稱為巖穴之士。❹側陋　有才德而居於卑微地位的人。❺章顯　章明顯耀。指得到重用。

【語　譯】我聽說英明的君主選拔人才，貴在選拔一般人所遺棄的人；忠良的臣下薦舉善士，不廢棄他所排擠的人。因此山洞裡就沒有隱居不仕的賢才，而才高位下的人也能夠得到重用。

臣聞天下有三樂，有三憂焉。陰陽❶和調❷，四時❸不忒❹，年豐物遂❺，無有夭折❻，災害不生，兵戎❼不作，天下之樂也；聖明在上，祿❽不遺賢，罰不偏罪，君子小人，各處其位，眾人❾之樂也；吏不苛暴❿，役賦不重，財力不傷，安土⓫樂業⓬，民之樂也。亂則反焉，故有三憂。

【章旨】這一首說明天下的三樂與三憂。

【注釋】❶陰陽　古代以陰陽解釋萬物化生，凡天地、日月、晝夜、男女以至腑臟、氣血皆分陰陽。這裡指化生萬物的陰陽二氣。❷和調　和順協調。古人認為只有陰陽和調，才能化生萬物。❸四時　指一年裡的春、夏、秋、冬四季。時，季節。❹忒　差錯。❺年豐物遂　此句下原校云：「一作年穀豐遂。」遂，成；成長，成熟。❻夭折　短命早死。❼兵戎　指戰爭。❽祿　俸祿；爵祿。❾眾人　原校云：「一作眾臣。」❿苛暴　草率殘暴。苟，苟且；草率。⓫安土　安居在土地上。此下原校云：「一作女工。」⓬樂業　安心於自己的職業。

【語譯】我聽說天下有三種快樂，三種憂患。陰陽二氣和順協調，一年四季沒有差錯，年成豐收，萬物成長，沒有短命早死的，自然災害不出現，戰爭也不發生，這是天下的快樂。聖哲英明的君主在上位，爵祿沒有遺棄賢才，懲罰不偏袒有罪的人，各人居處在適當的地位，這是一般人的快樂。官吏不草率殘暴，傜役賦稅不太沉重，財力物力不受傷害，人民安居在土地上，安心於自己的本業，這是民眾的快樂。天下混亂就與上述情況剛好相反，所以就有三種憂患。

兼聽❶獨斷❷，聖王之法也。

【章　旨】這一首已殘缺，大體是說明人君既要兼聽，又要獨斷。

【注　釋】❶兼聽　同時聽取兩方的意見。即全面聽取意見。❷獨斷　獨自決斷；自己作出決定。

【語　譯】全面聽取意見，獨自作出決斷，這是聖明的帝王的法則。

古之人主，所以❶統天❷者不遠焉。

【章　旨】這一首已殘缺，人主用來統治天下的辦法不得其詳。

【注　釋】❶所以　這是古代漢語中的固定詞組。當「以」作「因」解時，是「……的緣因」的意思。當「以」作「用」解時，是「……的辦法」的意思。這裡用後一意義。❷統天　統治天下。

【語　譯】古代的君主，用來統治天下的辦法並不遙遠呢。

卷四

冀州箴

【題解】冀州，古九州之一，轄區包括今山西全省、河北西北部、遼寧西部地區。箴，古代一種文體的名稱。《文心雕龍・銘箴》云：「箴者，所以攻疾防患，喻鍼石也。」箴即針或鍼，是古代用來攻疾治病的醫療器械，借來用作文體名稱，說明它以規戒作為主題，像箴用來治病一樣。〈冀州箴〉說明了冀州重要的地理位置，敘述了冀州盛衰興廢的歷史。它「初安如山，後崩如崖」，從而告戒司牧冀州的人，要「治不忘亂，安不忘危」，隨時隨地提高警惕，以防止禍亂的發生。

洋洋❶冀州，鴻原❷大陸❸。嶽❹陽❺是都❻，島夷❼被服❽。潺湲❾河❿流，表⓫以碣石⓬。三后⓭攸⓮降⓯，列為侯伯⓰。隆周之末⓱，趙魏⓲是⓳宅⓴。冀土糜沸㉑，炫沄㉒如湯㉓。更㉔盛更衰，載㉕從㉖載橫㉗。陪臣㉘擅命㉙，天王㉚是㉛替㉜。趙魏相反㉝，秦拾其弊㉞。北築長城㉟，恢夏之場㊱。漢興定制，改列藩王㊲。仰覽前世，厥㊳力㊴孔㊵多。初安如山㊶，後崩如崖㊷。故治不忘亂，安不忘危㊸。周宗㊹自怙㊺，云㊻焉㊼有予㊽。隳㊾六國㊿，奮(51)矯果(52)，絕其維(53)。牧臣(54)司(55)冀，敢(56)告在階(57)。

【注　釋】❶洋洋　平坦空曠貌。❷鴻原　大原；高而平坦的土地。鴻，借作「洪」。大。❸大陸　大片陸地。《尚書・禹貢》：「恒衛既從，大陸既作」，孔傳云：「二水已治，從其故道，大陸之地已可耕種。」❹嶽　太嶽。山名。即霍山，在今山西霍縣東南。❺陽　山南曰陽。❻都　國都；首都。用作動詞，建為國都。堯都平陽，舜都蒲阪，皆在霍山之南，故云。❼島夷　海島上居住的夷人。島，海島；海中之山。夷，古代對東方少數民族的稱呼。❽被服　以鳥獸之皮為衣服。《尚書・禹貢》孔穎達疏云：「此居島之夷，常衣鳥獸之皮，為遭洪水，衣食不足，今還得其皮服，以明水害除也。」❾潺湲　水奔流貌。❿河　黃河。⓫表　外；外表；標誌；標記。原校云：「《初學記》作夾。」按《古文苑》亦作夾。《尚書・禹貢》云：「島夷皮服，夾右碣石，入於河。」據此，表當以作夾為是。⓬碣石　古山名。在河北昌黎縣西北，因遠望其山，穹窿似冢，山頂有巨石特出，其形如柱，故名。⓭三后　指堯、舜、禹。堯都平陽，舜都蒲阪，禹都安邑，皆在冀州。后，君主。⓮攸　句中助詞。無義。⓯降　以下；以後。⓰侯伯　公、侯、伯、子、男五種爵位中的侯爵和伯爵。這裡代指諸侯國。自夏以後，冀州分為諸侯國，如堯之後封於唐，殷末有黎侯，春秋時晉獻公滅耿以賜趙夙，滅魏以賜畢萬，皆古國之在冀州者。⓱隆周之末　此句下原校云：「《初學記》作降周之秦。」隆周，昌盛的周王朝。末，末年。指春秋戰國時期。⓲趙魏　春秋時晉國六卿中的趙氏和魏氏。戰國初，三家分晉，趙國、魏國為戰國七雄之一，趙國佔有冀州北部，魏國佔有冀州南部，故云。⓳是　這裡代指冀州。⓴宅　居住。㉑縻沸　縻爛鼎沸。縻，通「靡」。爛。這裡形容秩序混亂，社會震盪。㉒炫沄　翻騰貌。原校云：「《文選・思玄賦》注、《初學記》作泫沄。」按此形容水翻騰滾沸，當以作泫沄為是。㉓湯　沸水；開水。此以水沸形容社會震盪不安。㉔更　交替；更換。㉕載　語首助詞。㉖從　同「縱」。南北曰縱。山東六國聯合共同抵抗秦國的策略。㉗橫　同「衡」。原校云：「《初學記》作衡。」秦國聯合山東六國中的幾國進攻另外一國或幾國的策略。㉘陪臣　諸侯之大夫，對天子自稱陪臣。這裡指平原君趙勝、信陵君魏無忌一類人。㉙擅命　擅自發號施令，不受節制。㉚天王　指周天子。因春秋時，楚吳等諸侯國相繼稱王，故尊周王為天王。㉛是　連詞。相當於口語中的「所以」。但多用由是、是以、是故、是用等詞組所構成的連詞為之。㉜替　廢棄；衰敗。㉝相反　互相反對；互相攻擊。㉞拾其弊　言秦乘其弊敗而滅之。拾，拾取；撿起。極言其攻滅之容易。弊，敗壞；疲困。㉟北築長城　《史記・蒙恬列傳》載，秦統一天下，命蒙恬北築長城，起臨洮，至遼東，延袤萬餘里。㊱恢夏之場　言秦築長城後所有的範圍，比〈禹貢〉冀州之疆域更恢弘擴大。恢，擴大。夏，指《尚書・禹貢》所言冀州之疆域。㊲藩王　藩國諸侯王。漢高祖劉邦封盧綰為燕王，初封張耳為趙王，後改封其子劉如意為趙王，封其子劉恒為代王。燕國、趙國、代國皆屬古冀州。藩，藩國。即諸侯國。古代帝王封建諸侯以藩屏王室，故稱諸侯國為藩國，諸侯王為藩王。㊳厥　其。㊴力　原校云：「合作歷。」按力當作「歷」。謂其經歷甚多。㊵孔　副詞。很；甚。㊶初安如山　謂虞夏之時。㊷後崩如崖　謂戰國時。崩，倒塌；敗壞。崖，山崖；山邊。㊸安不忘危　忘字下原校云：「《初學記》作遺。」㊹周宗　周朝的宗室。即指周王朝。㊺怙　恃；倚仗。㊻云　說。㊼焉　助詞。無義。㊽予　代詞。我。㊾隳　毀壞。㊿六國　指戰國時齊、楚、韓、趙、魏、燕六國。(51)奮　奮發；振作。(52)矯果　矯健果敢。矯，通「蹻」。強貌。果，有決斷。(53)維　綱維；大綱。指維繫國家的法令之類。(54)牧臣　指統治一個州的長官。牧，官名。《禮記・曲禮》下云：「九州之長，入天子之國，曰牧。」因稱一州的長官為牧。(55)司　主持；掌管。(56)敢　表敬副詞。只是表示自己的冒昧，無義。(57)在階　猶言在庭。官箴戒王的闕失，不敢斥指至尊，故託以告在庭之臣。

【語　譯】平坦空曠的冀州，是高而平坦的原野，是可以耕種的大片陸地。在太嶽的南面建立國都，海島上的夷人又可以穿上鳥獸之皮的衣服。歡騰地奔流著黃河的洪流，又以碣石山作為標誌。唐堯、虞舜、夏禹三代君主以後，冀州就列為侯伯一類的諸侯國。到昌盛的周王朝的末年，趙國、魏國就建國居住於此。冀州就靡爛沸騰，如開水般翻騰簸揚。一會兒興盛，一會兒又衰落，有時合縱，有時又連橫。諸侯的臣下擅自發號施令，廢棄了周朝的天王。趙國、魏國互相攻擊反對，秦國就乘其敗壞衰落而將其滅亡。在北境修築了萬里長城，擴大了《尚書·禹貢》所畫定的土疆。漢朝興起定下了新的制度，改為封分藩國侯王。向上觀察前面的時代，其經歷非常繁多。起初安定如山之不動，後來敗壞如山崖之崩墮。所以社會太平就不要忘記了動亂，社會安定不要忘記了傾危。周王朝自恃其強大，說是「有我在呢」，結果秦王朝併吞了六國，奮發它的矯健果敢，而斷絕了維繫周王朝的綱維。統治一州的長官來主持冀州，就應該把這些情況告知在朝廷任職的王臣。

青州箴

【題解】青州，中國古代九州之一。「海岱惟青州」，東北據渤海，西南至泰山，就是青州，轄區包括今山東半島濟水以南及遼寧省遼水以東地區。

〈青州箴〉記載了青州的地理位置及其物產。青州自周武王封呂尚於營丘，建立齊國，是周王室的重要藩屏，至春秋時，齊桓公稱霸，還以尊王攘夷相號召。待齊桓公一死，周王室就衰落下去了。告戒統治者要緊握國家命脈，不可「失其法度，喪其文武」，否則大權旁落，就必定滅亡。

茫茫❶青州，海岱是極❷。鹽鐵❸之地，鉛松怪石❹。群水攸歸❺，萊夷❻作牧❼。貢篚❽以時，莫怠莫違。昔在文武❾，封呂❿於齊。厥土⓫塗泥⓬，在丘之營⓭。五侯⓮九伯⓯，是討是征。馬殆其銜，御失其度⓰。周室荒亂，小白⓱以霸⓲。諸侯僉⓳服，復尊京師⓴。小白既沒，周卒陵遲㉑。嗟茲天王，附命㉒下土㉓。失其法度，喪㉔其文㉕武㉖。牧臣司青，敢告執矩㉗。

【注　釋】❶茫茫　曠遠貌。❷海岱是極　青州東北據渤海，西南至泰山，故曰「海岱是極」。海，這裡指渤海。岱，即東嶽泰山。極，至；窮盡。❸鹽鐵　青州濱海，盛產魚鹽。《史記・貨殖列傳》：「齊帶山海，膏壤千里，宜桑麻，人民多文綵布帛魚鹽。」鐵則於古未詳。❹怪石　怪異似玉之石。泰山之谷產此石。❺攸歸即所歸。言禹治水之後，群水有了歸往的地方。攸，所。助詞，用於動詞之前，與動詞組成為一個名詞性詞組，稱為所字結構。《尚書・禹貢》：「濰淄其道。」故云。❻萊夷　地名，即古萊國，今山東黃縣有萊子城，即其地。❼作牧　謂可以放牧。❽篚　竹器。方曰筐，圓曰篚。《尚書・禹貢》載青州貢品有「厥篚檿絲」，謂將檿桑蠶絲盛之於篚以進貢。❾文武　周文王、周武王。周文王得呂尚於渭水之濱，號曰太公望；周武王克商之後，封呂尚於齊。❿呂　呂尚。東海上人。其先佐禹平水土有功，封於呂，以封地為氏，姓姜氏。周文王得之於渭濱，號曰太公望，故又稱姜太公。輔佐周文王、周武王伐紂滅商，封於齊。⓫厥土　其土。指青州的土質。⓬塗泥　濕潤的泥土。⓭在丘之營　即營丘。地名，在古臨淄（在今臨淄縣西北）城中。《爾雅・釋水》：「水出其前，經其右曰營丘。」臨淄城中有丘，淄水出其前，經其右，因以營丘為名。周武王封呂尚於齊之營丘。⓮五侯　公、侯、伯、子、男五等諸侯。⓯九伯　九州之長。《左傳・僖公四年》載管仲的話說：「昔召康公命我先君太公曰：『五侯九伯，女實征之，以夾輔周室。』」故云。⓰馬殆其銜二句　此言對馬的控制鬆懈，駕馭又失其法度，用以比喻諸侯叛亂而不服從王命，周王的控制亦不得其法。殆，通「怠」。懈怠；鬆懈。銜，馬嚼子。在馬口中，用以制馭馬之行止。御，駕駛車馬。度，法度；法制。⓱小白　齊桓公名。齊桓公，春秋五霸之首，曾以青州之地，霸諸侯，一匡天下。⓲霸　古代諸侯之長。霸，把也，天子衰落，諸侯興起，把持王者之政教，故曰霸。其字或作「伯」。⓳僉　範圍副詞。皆；都。⓴京師　國都。這裡代指周王朝。齊桓公稱霸，以尊王攘夷相號召。㉑陵遲　衰敗；敗壞。㉒附命　將其命運依附。㉓下土　下土之人。指天下的民眾。㉔喪　喪失；失去。㉕文　爵命有功之人。㉖武　討伐有罪之人。㉗執矩　猶言執笏。指在朝廷作官的人。

【語　譯】空曠無際的青州，西南至泰山，東北據渤海。出產鹽鐵的地方，還有鉛、松和怪石。所有河流都有歸往之處，萊夷之地就可以放牧。按時地進貢筐篚，不要懈怠，不要違背。過去在周文王、周武王的時候，分封呂尚到了齊國。那裡的土地是濕潤的泥土，就在營丘建立了國都。五等諸侯，九州之長，可以討伐，可以專征。等到各諸侯國像馬一樣失去控制，周王的駕駛也失去法度。周王室就荒廢混亂，齊桓公就稱霸天下。各諸侯國都服從他的命令，又一次尊崇周王室。等到齊桓公一死，周王室終於衰敗下去。哎呀，這天下的帝王啊，天下億兆生民之命都依附在你身上，你卻失去了控制天下的法度，喪失了爵命有功討伐有罪的權柄。統治一州的長官來主持青州，請您將這一切告知在朝作官的人士。

兗州箴

【題　解】兗州，中國古代九州之一。「濟河惟兗州」，兗州在濟水與古代黃河之間，包括今河北東南部與山東西北部地區。

〈兗州箴〉首先說明了兗州的地理位置及其物產，記載了殷商一代在兗州活動的歷史。商朝自商湯王建都於亳之後，盤庚遷殷，武丁感雉，曾使商朝復興。至商紂王暴虐無道才走向滅亡。商朝因而告戒統治者「有國雖久，必畏天咎。有民雖長，必懼人殃」，否則統治是不能長久的，殷商的覆亡就是前車之鑑。

悠悠[1]濟[2]河[3]，兗州之寓[4]。九河[5]既導[6]，雷夏[7]攸處[8]。草繇[9]木條[10]，漆絲絺[11]紵[12]。濟漯[13]既通，降丘宅土[14]。成湯[15]五徙[16]，卒[17]都於亳[18]。盤庚[19]北度[20]，牧野是宅[21]。丁感雊雉，祖己伊忠[22]。爰[23]正厥事，遂緒[24]高宗[25]。厥後陵遲[26]，顛覆湯緒。西伯[27]戡[28]黎[29]，祖伊[30]奔走[31]。致天威命[32]，不恐不震[33]。婦言是用[34]，牝雞司晨[35]。三仁[36]既知，武[37]果[38]戎[39]殷。牧野之禽[40]，豈復能耽[41]。甲子之朝[42]，豈復能笑㊸。有國雖久㊹，必畏天咎㊺。有民雖長，必懼人殃。箕子歔欷㊻，厥居為墟㊼。牧臣司兗，敢告執書㊽。

【注釋】❶悠悠　遙遠；無窮盡。❷濟　濟水。古與江、淮、河並稱四瀆。源出河南濟源縣王屋山，其故道本過黃河而南，東流至山東，與黃河並行入海。後下游為黃河所奪，惟河北發源處尚存。❸河　黃河。我國第二大河，源出青海巴顏喀拉山北麓，古黃河流至河南境內即偏北流至今天津入海，後黃河奪濟，流至今山東入海。❹寓　同「宇」。四境；界限。兗州在古黃河與濟水之間，故云。❺九河　古黃河自孟津而北，分為九道，名九河。據《尚書‧禹貢》：「九河既道」注引《爾雅》，九河為：徒駭一，太史二，馬頰三，覆釜四，胡蘇五，簡六，絜七，鉤盤八，鬲津九。九河古道，湮廢已久，當在今山東德州市以北，天津市以南一帶地方，因年代悠遠，已不能盡考。❻導　疏通；疏濬。❼雷夏　古澤名。亦稱雷澤。《漢書‧地理志》謂在濟陰城陽縣北。漢濟陰郡治在今山東定陶縣地，城陽在今菏澤與濮縣交界之處，已淤塞。❽處　居住；安頓。❾繇　草茂盛貌。❿條　長。⓫絺　細葛布。⓬紵　用苧麻織成的粗布。⓭漯　水名。古漯水出今山東茌平縣。自宋代黃河決口於商胡，朝城絕流，舊跡因而湮沒。⓮降丘宅土　言大禹治水之後，水患既平，民皆下山丘而居平土以就桑蠶。丘，山丘。宅，居住。⓯成湯　即商湯王。子姓名履，又稱天乙，夏桀暴虐無道，湯伐滅之，建立商朝。⓰五徙　《史記‧殷本紀》：「成湯，自契至湯八遷，湯始居亳，從先王居。」此云五徙，未知何據。⓱卒　終於。⓲亳　地名。商湯的國都，故址在今河南商丘縣北。⓳盤庚　殷商君主。湯九世孫祖丁之子，繼兄陽甲即位。時王室衰亂，盤庚率眾自奄（今山東曲阜）遷都於殷（今河南安陽），行湯之政，商復興，史稱殷商。⓴北度　向北渡過黃河。度，通「渡」。《古文苑》正作「渡」。㉑牧野是宅　按據《尚書‧盤庚》篇，盤庚所遷為亳殷，即今河南安陽市；據《史記‧殷本紀》：「帝盤庚之時，殷已都河北，盤庚渡河南，復居成湯之故居，治亳，行湯之政，殷道復興。」則盤庚所遷為亳。此云「牧野是宅」。諸書所載不同，未詳孰是。牧野，地名。在今河南淇縣。㉒丁感雊雉二句　雉鳴鼎耳，武丁以為不祥，祖己乃作〈高宗肜日〉，諫武丁修政行德，武丁從之，以致殷道復興。丁，武丁。殷商君主，帝小乙之子，繼帝小乙即位。雊雉，武丁祭成湯，明日，有飛雉發鼎耳而雊，武丁懼，乃修政行德，天下咸歡，殷道復興。事見《史記·殷本紀》。雊，雉鳴。雉，鳥名。鶉雞類，俗稱野雞。祖己，殷武丁時賢臣。㉓爰　連詞。於是。㉔緒　功績；世事。㉕高宗　武丁的廟號。㉖陵遲　衰落；敗壞。㉗西伯　西方諸侯之長。即周文王。㉘戡　戰勝平定。㉙黎　古國名。在今山西壺關縣西南，商末為周文王伐滅。㉚祖伊　祖己之後，商紂王時之賢臣。㉛奔走　周文王伐滅黎國，祖伊聞之，恐，乃奔告於紂，作〈西伯戡黎〉，勸諫商紂王，紂不聽。㉜威命　震懾的不祥之兆。㉝震　震動。㉞婦言是用　祇用婦人之言。是，結構助詞，助成賓語倒置。《史記·殷本紀》：「好酒淫樂，嬖於婦人，愛妲己，妲己之言是從。」㉟牝雞司晨　母雞報曉。舊稱女性掌權為牝雞司晨。牝雞，母雞。《尚書·牧誓》：「牝雞無晨，牝雞之晨，惟家之索。」㊱三仁　指微子、箕子、比干。微子，商紂王庶兄，名啟。因數諫紂不聽，遂去國。箕子，商紂諸父。封於箕，故稱箕子，紂暴虐，箕子諫不聽，乃披髮佯狂為奴，為紂所囚。比干，紂伯父。紂無道，比干犯顏強諫，被紂剖心而死。《論語·微子》云：「微子去之，箕子為之奴，比干諫而死。孔子曰：『殷有三仁焉。』」㊲武　周武王。名發，周文王之子。紂暴虐無道，武王起兵伐紂，與紂戰於牧野，滅殷，建立周朝。㊳果　副詞。果然。㊴戎　征伐；討伐。㊵禽　通「擒」。捉住；逮住。周武王率諸侯伐紂，紂亦發兵拒之牧野。紂兵敗，走入鹿臺，衣其寶玉衣，赴火而死。㊶耽　玩樂；沉溺。㊷甲子之朝　周武王以甲子日勝紂於商郊牧野，斬紂，殺妲己。㊸豈復能笑　據《列女傳》載，紂為炮烙之刑，令有罪者行其上，輒墮炭中，妲己笑。㊹有國雖久　商有天下六百餘年，故云。㊺咎　災禍。㊻歔欷　哀嘆抽泣之聲。㊼墟　廢址；廢墟。箕子過故殷墟，感宮室毀壞，盡生禾黍，作〈麥秀之歌〉以悲傷之。㊽執書　猶尚書。官名，秦時本為少府屬官，掌殿內文書，職位很低。漢成帝時設尚書員，群臣奏章皆經過尚書，位雖不高而權很大。

【語　譯】茫茫無際的濟水與古黃河，就是兗州的疆域。黃河下游的九條河道既已疏濬，雷夏澤也得到了安頓的處所。野草茂盛，樹木高大，出產木漆、蠶絲、細葛布，還有粗麻布。濟水、漯水既已通暢，民眾皆走下山丘而定居平土。商湯王五次遷都，最後才定都於亳邑。盤庚向北渡過黃河，定居到了牧野。武丁被山雉的鳴聲感動，祖己表現了對商王的忠貞。於是端正了國家的政事，就能繼承商湯王的事業而號稱高宗。自那以後就衰敗沒落，顛覆了商湯王的基業。西伯周文王平定了黎國，祖伊就奔走呼告。商紂王招來了上天震懾他的不祥之兆，他不害怕，也不震動。祇聽信婦人妲己的惡言，就如同母雞卻在主管報曉。微子、箕子、比干三位仁人既已知道天下必亡，周武王果然出兵討伐殷商。在牧野之戰中被擒獲，商紂王哪裡還能迷戀淫樂？到了甲子日的那天早晨，妲己哪裡還能望著炮烙之刑歡笑？所以享有國家雖長久，一定要畏懼天降的災禍；占有民眾的時間雖長，一定要擔心人為的禍殃。箕子後來哀傷抽泣，感嘆原來的宮室都變成了廢墟。統治一州的長官來主管兗州，就請把這些史實告知皇帝身邊的尚書。

徐州箴

【題解】徐州，中國古代九州之一。「海岱及淮惟徐州」。徐州東至黃海，北至泰山，南及淮河，地跨有今江蘇、山東、安徽的部分地區。

〈徐州箴〉除記載了徐州的地理位置及其物產之外，著重記載了夏桀王、商紂王暴虐無道，沉湎於酒而被商湯王、周武王伐滅的歷史，還記載了姜氏的齊國被田氏的齊國所取代的史實，從而告戒統治者要注意防微杜漸，謹防禍起細微。「事由細微，不慮不圖。禍如丘山，本在萌牙」，這就是夏桀王、商紂王和齊國的歷史教訓。

海岱伊❶淮❷，東海❸是渚❹，徐州之土，邑❺於蕃宇❻。大野❼既瀦❽，有羽❾有蒙❿，孤桐⓫蠙珠⓬，泗⓭沂⓮攸同⓯。實⓰列蕃蔽⓱，侯衛⓲東方。民好⓳農⓴蠶㉑，大野㉒以康㉓。帝癸㉔及辛㉕，不祗㉖不恪㉗，沈湎㉘於酒，而忘其東作㉙。天命湯武㉚，剿絕㉛其緒祚㉜。降周㉝任姜㉞，鎮㉟於琅邪㊱，姜氏絕苗，田氏攸都㊲。事由細微㊳，不慮不圖㊴。禍如丘㊵山，本在萌牙㊶。牧臣司徐，敢告僕夫㊷。

【注　釋】❶伊　句中助詞。無義。❷淮　淮河。古四瀆之一，源出河南桐柏山，東經安徽、江蘇入洪澤湖，其下游本流經淮陰漣山入海。宋紹興五年，黃河奪淮，淮河自洪澤湖以下，主流合於運河，經高郵湖、江都縣入長江。❸東海　東臨大海。這裡指黃海。❹渚　水邊。言徐州東臨黃海之濱。❺邑　侯國之稱。這裡用作動詞，建國。❻蕃宇　藩國的疆界之內。蕃，通「藩」。藩屏王室的諸侯國。宇，四境；界限。❼大野　古澤名。又名巨野、鉅野，在今山東巨野縣、嘉祥縣一帶，後漸涸為平陸。❽瀦　水停積之處。❾羽　羽山。山名，在今江蘇贛榆縣境。❿蒙　蒙山。山名，在今江蘇蒙陰縣南。⓫孤桐　特生的桐。產嶧山之南，製琴瑟的良材。⓬蠙珠　珠名。即蚌珠。蠙為蚌之別名，此蚌出珠，遂以蠙為珠名，淮水、夷水中產此珠。⓭泗　泗水。水名，發源於今山東泗水縣陪尾山，古時泗水流經今山東曲阜、魚臺，江蘇徐州，至洪澤湖畔龍集附近入淮。⓮沂　沂水。水名，源出山東沂源縣魯山，南流經臨沂縣入江蘇境，部分河水入大運河和駱馬湖。⓯攸同　所同。謂水患同樣被治理好。⓰實　副詞。確實；實在。⓱蕃蔽　藩屏遮蔽。⓲侯衛　於是警衛著。侯，副詞。乃；於是。⓳好　喜好。⓴農　耕種。㉑蠶　養蠶。㉒大野　廣大的原野。㉓康　豐收；豐盛。㉔癸　夏桀王名。㉕辛　商紂王名。㉖祗　恭敬。㉗恪　勤謹。㉘沈偭　沉迷；沉溺。偭，借作「湎」。沉迷。㉙東作　春耕生產。㉚湯武　商湯王、周武王。㉛勦絕　截斷；消滅。㉜緒祚　世業和皇位。㉝降周　下至周王朝。降，下；到。㉞任姜　任用姜太公。謂封姜太公於齊而占有徐州。㉟鎮　鎮守。㊱琅邪　山名。在山東諸城縣。㊲姜氏絕苗二句　田氏在齊國的勢力逐漸發展擴大，到齊平公時，田常專政，盡誅公族之強者，割齊平安以東至琅邪自為封邑。三世至田和遷齊康公於海上，自立為齊太公，列為諸侯，姜氏之苗裔遂絕。苗，苗裔；後代子孫。田氏，春秋時齊國大貴族。攸都，所都；建都的地方。㊳事由細微　齊田氏本為陳國貴族，在齊桓公十四年，陳公子完逃奔到齊國，齊桓公用為工正，田氏勢力才在齊國逐漸發展起來。陳公子完來奔，其始甚微，積微成著，卒至篡奪，故云。㊴圖　謀畫；圖謀。㊵丘　小土山。㊶牙　通「芽」。萌芽；開始發芽。引申為始有端倪。㊷僕夫　管馬的官。

【語譯】黃海、泰山和淮河，一直到東面的大海之濱。徐州的土地，就建國在藩屏王室的疆域之中。大野澤既已能積蓄洪水，又有羽山和蒙山。嶧山特生桐樹，淮夷出產蠙珠，泗水、沂水的水患同被治理而四處平安。確實被列為藩屏障蔽，於是警衛著東方。民眾喜好農耕蠶桑，廣大的原野富裕而安康。而夏桀王和商紂王，既不嚴肅恭敬又不謹慎勤儉。天天沉醉在酒色之中，忘卻了春耕生產。上天降命給商湯王和周武王，消滅了他們世代相傳的功業和帝位。下至周朝任命姜氏，鎮守在琅邪山之地。姜姓的子孫絕滅，而成為田氏建都的處所。事情本是由細微引起，姜氏卻不考慮、不謀畫。禍亂發展到如丘如山，本在萌芽狀態開始。統治一州的長官主管徐州，請將這些歷史告知皇帝的僕御。

揚州箴

【題解】揚州，中國古代九州之一。「淮海惟揚州」。揚州北及淮河，東至東海，南距閩越，西至彭蠡，轄區包括今江蘇、安徽、淮河以南和浙江、江西諸省地區。

〈揚州箴〉除了說明揚州的地理位置及其物產之外，還記載了揚州民風的勇悍以及周昭王南征不返，吳王夫差恃強亡國及越王句踐稱霸中原等與揚州有關的歷史事實，從而告戒統治者應該虛心學習，親近遠人，只有君聖臣勤，纔能維繫統治。「湯武聖而師伊呂，桀紂悖而誅逢干」，這就是歷史上正反兩面鏡子，應該認真地借鑑。

夭矯揚州，江漢之滸❶。彭蠡❷既豬❸，陽鳥❹攸處❺。橘柚羽貝，瑤琨篠簜❻。閩❼越❽北垠❾，沅湘攸往❿。獷⓫矣淮夷⓬，蠢蠢⓭荊蠻⓮。翩彼昭王⓯，南征不旋⓰。人咸⓱躓⓲於垤⓳，莫躓於山。咸跌⓴於汙㉑，莫跌於川㉒。明哲不云㉓我昭㉔，童蒙㉕不云我昏㉖。湯武㉗聖而師㉘伊呂㉙，桀紂㉚悖㉛而誅㉜逢㉝干㉞。蓋㉟邇㊱不可不察，遠不可不親。靡㊲有孝而逆㊳父，罔㊴有義而忘君。太伯遜位，基吳紹類㊵。夫差㊶一誤，太伯無祚㊷。周室不匡㊸，句踐㊹入霸。當周之隆㊺，越裳㊻重譯㊼。春秋㊽之末，侯㊾甸㊿叛逆。元首51不可不思，股肱52不可不孳53。堯崇54屢省55，舜盛56欽謀57。牧臣司揚，敢告執籌58。

【注釋】❶夭矯揚州二句　言揚州之境至江漢之濱。夭矯，縱恣勇武之貌。原校云：「《古文苑》作矯矯。」江，長江。中國第一大河流，源出青海南境唐古拉山之沱沱河，流經西藏、四川、雲南、湖北、湖南、江西、安徽、江蘇等地，至上海吳淞口入海。漢，漢水。一稱漢江。源出陝西省寧強縣北蟠冢山，東南流經陝西省南部，湖北北部和中部，至武漢市漢陽入長江。滸，水邊。❷彭蠡　湖名。在江西省北部，隋時因湖接鄱陽山，故又名鄱陽湖。❸瀦　水停積的地方。原校云：「《初學記》作都。」都，聚積。❹陽鳥　鴻雁一類的候鳥。❺攸處　所處；居處的地方。言彭蠡湖為陽鳥冬月居住之處。❻橘柚羽貝二句　皆古代揚州所產之貢品。橘柚，橘子、柚子，皆果名，小曰橘，大曰柚。羽，鳥羽。貝，貝殼。瑤琨，皆玉名。篠，小竹，可為箭。簜，大竹。❼閩　古代族名。聚居於今福建省境，後因稱福建為閩。❽越　古民族名。古時江浙粵閩之地為越族所居，稱百越。❾北垠　北方邊界。❿沅湘攸往　沅、湘二水注入洞庭湖後，經城陵磯注入長江，長江流經揚州，故云。沅，沅江。水名，源出貴州都勻縣雲霧山，自西向東，流入湖南境內，經黔陽、沅陵、桃源，至漢壽注入洞庭湖。湘，湘江。水名，源出廣西省興安縣海陽山，東北流入湖南省境內，經零陵、祁陽、衡陽、衡山、株洲、長沙，至湘陰注入洞庭湖。攸往，所往；流去的地方。⓫獷　猛悍。⓬淮夷　古代居於淮河流域的少數民族。⓭蠢蠢　橫蠻騷動之貌。⓮荊蠻　古代中原地區泛稱江南楚地之民為荊蠻。⓯翩彼昭王　這裡形容周昭王舉動輕率。翩，輕疾貌。昭王，周昭王。名瑕，周康王之子。據《史記‧周本紀‧正義》引《帝王本紀》云：「昭王德衰，南征，濟于漢，船人惡之，以膠船進王，王御船至中流，膠液船解，王及祭公俱沒于水中而崩。」⑯旋　返回。⑰咸　都；皆。⑱躓　跌倒。⑲垤　小山丘。⑳跌　失足倒下。㉑汙　不流動的水。㉒川　河流。㉓云　說。㉔昭　明白。謂明白事理。㉕童蒙　知識短缺、智慧低下之人。㉖昬　「昏」的本字。糊塗。㉗湯武　商湯王、周武王。㉘師　用作動詞，以之為師。㉙伊呂　伊尹、呂尚。伊尹，商湯王賢臣。輔佐商湯王伐滅夏桀王，建立商朝。呂尚，周文王、周武王時賢臣。輔佐周武王伐滅商紂王，建立周朝，封於齊。㉚桀紂　夏桀王、商紂王。古代暴君。㉛悖　惑亂；謬誤。㉜誅　殺害。㉝逢　關龍逢。夏桀王時賢臣，夏桀王作酒池，淫湎放蕩，荒於政事，關龍逢極力諫阻，被夏桀王囚禁殺害。㉞干　比干。夏桀王好酒淫樂，嬖於婦人，淫亂不止，比干強諫，商紂王剖比干，觀其心。㉟蓋　大致；大抵。傳疑副詞，於所言之事無確信時用之。㊱邇　近。㊲靡　無。㊳逆　不順。㊴罔　無。㊵太伯遜位二句　言太伯在吳國使他的族類延續了下來。太伯，周太王長子。太王欲傳位少子季歷，太伯與弟仲雍率部分周人逃往荊蠻，改從荊蠻習俗，又教以耕作築城等技術，被推為君長，號曰句吳。遜，讓。基吳，言太伯逃至荊蠻，建立了吳國的基業。基，基礎；基業，用作動詞，建立基業。紹類，繼承了他的族類。㊶夫差　春秋時吳國國君。為吳王闔閭之子，在位二十三年（西元前四九五～前四七三年）。闔閭為越王句踐所傷而死，夫差嗣立，誓報父仇，大敗越於夫椒，句踐求和。後夫差不聽伍子胥諫阻，北伐齊，敗齊兵於艾陵，又與晉國爭霸於黃池，越乘虛入吳，大敗吳兵。夫差被迫回兵，向越請和。其後十年，越滅吳，夫差自殺而死。㊷無祚　沒有了王位。㊸周室不匡　言周王朝衰弱，不能遏制越王句踐。周室，周王室；周王朝。匡，糾正。㊹句踐　春秋時越國國君，在位三十二年（西元前四九六～前四六五年）。初為吳王夫差戰敗，困於會稽，屈膝求和。其後臥薪嘗膽，發憤圖強，十年生聚，十年教訓，終於滅掉吳國。又渡淮水，會諸侯，受方伯之命，稱霸中國。㊺隆　興盛。㊻越裳　古南海國名。相傳周公輔佐周成王，制禮作樂，天下和平，越裳國以三象重譯而獻白雉。㊼重譯　輾轉翻譯；經過幾次翻譯。㊽春秋　時代名。從周平王東遷（西元前七七〇年）至韓、趙、魏三家分晉（西元前四七六年），共二百九十五年，歷史上稱為春秋時代。㊾侯　侯服。古代稱離王城以外的方圓五百里的地區為侯服。㊿甸　甸服。古代稱侯服以外的方圓五百里的地區為甸服。51元首　君主。52股肱　臣下。53孳　通「孜」。勤勉；不懈怠。原校云：「《初學記》作慈。」54崇　推重；重視。55屢省　多次反省。《尚書・益稷》：「屢省乃成，欽哉！」56盛　讚美。57欽謀　欽佩謀畫。《尚書・大禹謨》：「無稽之言勿聽，弗詢之謀弗庸。」欽，敬；欽佩。58執籌　運籌帷幄之臣。籌，謀畫。

【語　譯】風俗縱恣勇悍的揚州，在長江、漢水的江畔。彭蠡湖既已能積蓄洪水，就成了隨陽的候鳥居處的地段。出產橘子、柚子、鳥羽、貝殼，還有瑤琨一類的美玉以及大竹和竹箭。揚州是閩越一帶的北部邊界，是沅水、湘水流去的地方。勇猛兇悍的有淮河流域的夷人，橫蠻無禮的有荊楚一帶的南蠻。輕舉妄動的周昭王，南巡江漢就不能夠返還。人都在小山丘前跌倒，沒有誰跌倒在大山的跟前；人都在靜止的水溝裡失足倒下，沒有誰失足倒在浩浩奔流的大川。英明聖哲的人不會說「我明白事理」，昏聵糊塗的人不會說「我昏聵糊塗」。商湯王、周武王聖明而以伊尹、呂尚為師，夏桀王、商紂王惑亂而殺害了關龍逢和比干。大抵近在身邊的事不可不仔細考察，遠在天涯的人不可不親近關懷。沒有人很孝敬而不順父母，沒有人明大義而忘卻君主。吳太伯讓掉了王位，卻建立了吳國的基業，延續了周民族的族類。吳王夫差一犯忽視越國的錯誤，就丟掉了吳太伯創立的君位。周王室不能匡正越國滅亡吳國，越王句踐就進入中原而稱霸主。當周王朝隆盛的時候，南海的越裳國也輾轉翻譯而來朝見。到了春秋時代的末年，就連侯服、甸服的近臣也相繼反叛逆亂。君主不可以不認真思慮，臣下不可以不努力從事。唐堯帝推重多次反省，虞舜帝贊美認真謀畫。一州的長官主管揚州，請將此意告知為皇帝出謀畫策的臣下。

荊州箴

【題解】荊州，中國古代九州之一。「荊及衡陽為荊州」。荊州，北據有荊山，南達到衡山之南，轄境包括今湖北、湖南二省，四川東南部，貴州東北部，廣東北部連縣及連山縣二縣，廣西全縣等地區。

荊州境內有荊山、衡山、雲夢、巫山、長江、漢水，物產豐富。自大禹治水，定下貢品，「貢篚百物，世世以饒」，因而天下太平。至夏桀王暴虐，乃有商湯王伐桀而放之南巢的事件發生。但荊州屬南蠻之地，民風強悍，易亂難治。故〈荊州箴〉告戒統治者要特別注意荊州的歷史與民風，不可疏忽大意。「世雖平安，無敢日豫」，就是這篇箴提出的告戒。

杳杳❶巫山❷，在荊❸之陽❹。江漢朝宗❺，其流湯湯❻。夏君❼遭鴻❽，荊衡是調❾。雲夢❿塗泥⓫，包匭菁茅⓬。金玉砥礪⓭，象齒⓮元龜⓯。貢篚⓰百物，世世以饒⓱。戰戰慄慄⓲，至桀⓳荒溢⓴。曰：「我在帝位，若天有日㉑。不順庶國㉒，孰敢余奪㉓！」亦有成湯，果秉其鉞㉔。放之南巢，號之以桀㉕。南巢茫茫㉖，多楚㉗與荊㉘。風飄㉙以悍㉚，氣銳㉛以剛㉜。有道後服，無道先強。世雖安平，無敢日豫㉝。牧臣司荊，敢告執御㉞。

【注釋】❶杳杳 深遠幽暗貌。❷巫山 山名。在四川省巫山縣東，有十二峰，峰下有神女廟，有巫山神女的美麗傳說。❸荊 荊山。在湖北省南漳縣西。❹陽 山南曰陽。❺江漢朝宗 《尚書・禹貢》：「江漢朝宗於海。」孔穎達《疏》曰：「《周禮・大宗伯》：『諸侯見天子之禮，春見曰朝，夏見曰宗。』鄭云：『朝猶早也，欲其來之早也。宗，尊也，欲其尊王也。』朝宗是人事之名，水無性識，非有此義。以海水大而江漢小，以小就大，似諸侯歸於天子，假人事而言之也。」江，長江。漢，漢水。朝宗，謂百川之歸海。❻湯湯 大水急流貌。❼夏君 指夏禹王。夏后氏部落領袖，姒姓。古史相傳禹繼其父鯀的治水事業，採用疏導的辦法，歷十三年，三過其門而不入，水患悉平。舜死，禹繼任為部落聯盟領袖，都安邑，後東巡狩至會稽而卒。❽鴻 同「洪」。洪水：大水災。相傳堯時天下洪水橫流，氾濫於天下，舜薦舉禹治水，禹疏九河，瀹濟漯而注諸海，決汝漢，排淮泗而注之江，纔將水患治理好。❾荊衡是調 言調節荊山、衡山之間的水系，如決汝漢而注之江之類。荊，荊山。衡，衡山。即五岳之一的南岳，有七十二峰，主峰祝融峰在今湖南省衡山縣西。是，結構助詞，助成動賓詞組的賓語倒置。無義。調，調節。❿雲夢 澤名。按古雲夢澤歷來說法不一，綜合古籍記載，先秦兩漢所稱雲夢澤，大致包括今湖南省益陽縣、湘陰縣以北，湖北江陵縣、安陸縣以南，武漢市以西地區。⓫塗泥 濕潤的泥土。⓬包匭菁茅 《尚書》孔《傳》：「橘柚。」孔穎達《疏》云：「菁茅既以匭盛，非所包之物，明包必有裹也。此州所出，與揚州同。揚州厥包橘柚，知此包是橘柚也。」據此，則所包者為橘柚。匭，匣，用作動詞，用匣盛裝。菁茅，草名。古代祭祀用以漉酒去滓，為荊州貢品。⓭砥礪 磨石。細者為砥，粗者為礪。⓮象齒 象牙。雕刻工藝品的珍貴材料。⓯元龜 大龜。古代用於占卜。⓰篚 竹器。方曰筐，圓曰篚。古代為裝盛貢品的器具。⑰饒　豐足；饒多。⑱戰戰慄慄　此形容其小心謹慎之至。戰戰，恐懼顫抖。慄慄，畏懼貌。⑲桀　夏桀王。⑳荒溢　荒廢過度。溢，過分；過度。㉑若天有日　據《尚書大傳》：夏桀王嘗言：吾有天下，如天之有日，日有亡哉？日亡吾乃亡耳。㉒庶國　眾國。㉓孰敢余奪　言誰敢奪取我的天下。余奪，奪余的倒置。㉔亦有成湯二句　《史記・殷本紀》：「湯乃興師率諸侯，伊尹從湯，湯自把鉞以伐昆吾，遂伐桀。」成湯，即商湯王。果，副詞。果然。表示事物的發展與預料或期望相符合。秉，執；拿。鉞，古兵器。狀如大斧，有穿，安裝長柄。㉕放之南巢二句　言放之遠方，又加以惡名。放，放逐；拋棄。南巢，今安徽省巢縣。桀，謚法。賊人多殺曰桀。故桀為惡謚。㉖茫茫　曠遠貌。㉗楚　木名。即牡荊，枝幹堅勁，可作杖。㉘荊　灌木名。種類甚多，如牡荊、紫荊皆稱荊。土多此木，因以名州。㉙飄　旋風；飄風。飄，《古文苑》作「慓」。㉚悍　凶悍；橫蠻。㉛銳　迅猛。㉜剛　強勁；剛強。㉝日豫　天天安樂。豫，安樂；娛樂。日豫，《古文苑》作「逸豫」。安逸享樂。㉞執御　駕車的人。

【語譯】幽暗深遠的巫山，在荊山的南方。長江、漢水向大海奔流，那水流浩浩蕩蕩。夏禹王遭遇洪水，治水時調節了荊山與衡山間的水流。雲夢澤泥土濕潤，貢品有包裹的橘柚，匣裝的菁茅。還有黃金美玉，粗細的磨石，還有象牙和大龜。竹器裡裝著的各種貢品，世世代代都豐足富饒。歷代夏王都小心謹慎，至夏桀王才過分荒淫，說：「我在帝王的位上，好像天有紅日。不馴服順從的各國諸侯，誰敢奪取我的地位！」卻出現了一位商湯王，果然手持大斧進行討伐。把夏桀王放逐到了南巢，還加上個很壞的謚號稱做桀。南巢在那遙遠的地方，楚木與荊條長滿了山岡。風俗兇猛而強悍，習氣迅猛而剛強。天下太平，它最後馴服，天下動亂，它首先逞強。時代雖然安定太平，也不敢天天安樂歡娛。統治一州的長官主管荊州，請將這一切告知皇帝的車夫。

豫州箴

【題解】豫州，古代九州之一。「荊河惟豫州」。豫州，西南至荊山，北距黃河，轄區相當於今河南全省。

豫州居天下之中，人物蕃阜，自周成王命周公經營洛邑以處殷民，豫州就成為周王朝控制天下諸侯的又一中心，至周平王東遷，建都洛邑，更成為周王朝的政治中心。但因王室凌遲，至戰國時，豫州就基本上被韓國所據。故周王朝雖有強盛之時，但終於衰敗下去而至於滅亡。所以〈豫州箴〉告戒統治者，「毋曰我大，莫或余敗。毋曰我強，靡克余亡。」「夏宅九州，至於季世，放於南巢；成康太平，降及周微，帶蔽屏營」，這就是歷史的教訓。

郁郁❶荊❷河❸，伊❹洛❺是❻經。滎播❼枲❽漆，惟用❾攸成❿。田田⓫相挐⓬，盧盧⓭相距⓮。夏殷不都⓯，成周攸處⓰。豫野⓱所居⓲，爰⓳在鶉⓴墟㉑。四隩㉒咸㉓宅㉔，寓內㉕莫如。陪臣㉖執命㉗，不慮不圖㉘。王室㉙陵遲㉚，喪㉛其爪牙㉜。靡㉝哲靡聖，損失㉞其正㉟。方伯㊱不維㊲，韓卒擅命㊳。文武㊴孔㊵純㊶，至厲㊷作昏㊸。成㊹康㊺孔寧，至幽㊻作傾㊼。故有天下者，毋曰我大，莫或㊽余敗㊾。毋曰我強，靡㊿克(51)余亡(52)。夏(53)宅(54)九州(55)，至於季世(56)，放於南巢(57)。成康太平，降及周微(58)，帶蔽(59)屏營(60)。屏營不起，施(61)於孫子。王赧(62)為極，實絕周祀(63)。牧臣司豫，敢告柱史(64)。

【注　釋】❶郁郁　文采繁盛貌。❷荊　荊山。在今湖北省南漳縣西。❸河　黃河。我國第二大河流。❹伊　伊水。出河南省盧氏縣東南，東北流經嵩縣、伊川、洛陽，至偃師入洛水。❺洛　洛水。源出陝西省洛南縣西北部，東入河南，經盧氏、洛寧、宜陽、洛陽，至偃師納伊水後，稱伊洛河，至鞏縣的洛口流入黃河。❻是　代詞，倒置動詞「經」之前。此；這裡。❼滎播　滎，滎澤。古澤名，漢平帝以後，漸淤為平地。故址在今河南省滎陽縣境。播，分散。原校云：「《初學記》作波。」按《尚書・禹貢》「滎波既豬」，正作波。孔穎達《疏》云：「洪水之時，此澤水大，動成波浪。此澤其時波水已成遏豬，言壅遏而為豬，蓄水而成澤，不濫溢也。」謂滎澤的波水已平息，亦可通。❽枲　不結子的大麻。用作麻的總稱。❾用　器用；需要。❿攸成　所成；成長的地方。⓫田田　一片接一片的耕種的土地。⓬挐　糾纏；雜糅。⓭廬廬　一幢接一幢的房屋。⓮距　通「拒」。抗拒；連接。⓯夏殷不都　夏建都安邑，在冀州；殷商建都亳，在徐州；皆不在豫州，故云。夏，夏王朝。殷，商王朝。盤庚遷殷後，商又稱殷或殷商。都，建都。⓰成周攸處　周公營成周以遷殷民，故址在今洛陽市東郊白馬寺東。成周，指周王朝。攸處，所處；居住的地方。⓱豫野　豫州的分野。豫，豫州。野，分野。古代天文學說，把十二星辰的位置跟地上的州、國的位置相對應，就天文說，稱分星；就地上說，稱分野。⓲所居　所在的地方。⓳爰　句首助詞。無義。⓴鶉　鶉火，星次名。二十八宿中，南方有井、鬼、柳、星、張、翼、軫七宿，稱朱鳥七宿。首位二宿（井、鬼）稱鶉，中部三宿（柳、星、張）稱鶉火，末位二宿（翼、軫）稱鶉尾。鶉火為豫州的分野。㉑墟　故城；廢址。㉒四隩　四方可居的邊遠地區。㉓咸　都；皆。㉔宅　居住。㉕寓內　宇內。即天下。寓，同「宇」。㉖陪臣　諸侯之大夫，對天子稱陪臣。㉗執命　掌握國家的命運。㉘圖　謀畫；圖謀。㉙王室　周王室；周王朝。㉚陵遲　衰落；敗壞。㉛喪　失去；喪失。㉜爪牙　這裡借指得力的助手。㉝靡　無。㉞捐失　捐棄失去。㉟正　匡正；糾正。㊱方伯　四方諸侯之長。㊲維　維繫；維持。㊳韓卒擅命　《史記・周本紀》：「東周與西周戰，韓救西周。或為東周說韓王曰：『西周故天子之國，多名器重寶。王案兵毋出，可以德東周，而西周之寶必可以盡矣。』王赧謂成君。楚圍雍氏，韓徵甲與粟於東周，東周君恐，召蘇代而告之。」皆韓擅命之證。韓，韓國，戰國七雄之一。韓氏本春秋時晉國大夫。後與趙氏、魏氏三家分晉，列為諸侯，據有今河南省中部及山西省東南地，介於魏、秦、楚之間。後滅於秦。卒，終於。擅命，擅自發號施令，不受節制。㊴文武　周文王、周武王。㊵孔　甚；很。㊶純　大；善。㊷厲　周厲王，名胡，周夷王之子。貪狠好利，嬖信虢公和榮夷公，橫征暴斂，命衛巫監謗，鉗制言論，結果激起國人暴動，流於彘。㊸昏　「昏」的本字。迷亂；糊塗。㊹成　周成王。名誦，周武王之子，周武王死，他年幼，由周公攝政，安定大局，親政後，繼續大封諸侯，又委任周公制禮作樂，奠定了西周王朝的統治基礎。㊺康　周康王。名釗，周成王之子。即位後經濟持續發展，政局日益穩定，史稱成康之治。寧，安寧；太平。㊻幽　周幽王。名宮涅，周宣王之子，在位十一年（西元前七八一～前七七一年）。在位期間，重用虢石父，善諛好利，斂剝嚴重，寵幸褒姒，廢申后與太子宜臼，申后之父申侯約犬戎叛周，殺周幽王於驪山之下，西周亡。㊼傾　覆滅；傾覆。㊽莫或　無指代詞。沒有誰。㊾余敗　敗余的倒置。余，自稱代詞。我。㊿靡　無。(51)克　能。(52)余亡　亡余的倒置。(53)夏　夏王朝。(54)宅　居住。(55)九州　《尚書・禹貢》分當時的中國為九州：冀、兗、青、徐、揚、荊、豫、梁、雍。(56)季世　末世；衰世。(57)放於南巢　湯伐桀，放桀於南巢。放，流放；放逐。南巢，地名。即今安徽省巢縣。(58)微　衰微；衰落。(59)帶蔽　圍繞遮蔽。(60)屏營　恐懼貌。(61)施　延及；延續。

❻❷王赧　周赧王。名延，周慎靚王之子，在位五十六年（西元前三一四～前二五六年）。時東、西周分治，他走依西周，寄居王城，債臺高築，威信掃地。西元前二五六年，秦取陽城、負黍。周赧王示意西周，與諸侯約縱，會師由伊闕攻秦。秦昭襄王怒，使將軍樛攻西周，西周君奔秦，盡獻其邑三十六，西周亡。七年後，秦莊襄王攻滅東周，周室遂不祀。❻❸祀　祭祀。代指統治權力。❻❹柱史　官名。柱下史的簡稱，相當於漢以後的御史。掌文書及記事，秦以御史監郡，遂有彈劾糾察之權。

【語　譯】文采斐然的荊山和黃河、伊水、洛水都經過此地。滎澤既已治理，大麻、木漆，一切器用需求都出產在這裡。一片接一片的田地互相雜糅，一幢接一幢房屋互相連繫。夏朝、殷商雖不在此建都，周朝卻在此經營了洛邑。豫州的分野所在的地方，就在鶉火星次的故址。四方深遠的地區均可安居，普天之下都不如這裡。諸侯國的大夫掌握著國家的命運，不考慮也不謀畫。周王室就這樣衰敗下去，喪失了輔佐它的助手。沒有賢哲，沒有聖者，失去了對這一切的匡正。四方的諸侯之長也不加以維繫，韓國終於擅自發號施令。周文王、周武王非常英明，到周厲王卻成為了糊塗蛋。周成王、周康王時天下非常安寧，到周幽王卻招致了覆滅的禍患。所以享有天下的人，不要說：我偉大，沒有誰能把我打敗；不要說：我很強，沒有誰能把我滅亡。夏王朝占有九州，到了末世，夏桀王被放逐到了南巢。周成王、周康王時天下太平，等到了周朝衰落的時候，只好躲在暗處，膽顫心驚。擔驚受怕不能振興，一直延續到孫孫子子。到周赧王達到極限，就這樣斷絕了周王朝的祭祀。統治一州的長官主管豫州，請將這些歷史教訓告知皇帝的柱下史。

益州箴

【題　解】益州，《尚書・禹貢》稱為梁州，至漢武帝時纔改梁州為益州，為古代九州之一。「華陽黑水為梁州」。梁州東據華山之南，西至黑水，轄境包括今四川全省及陝西省東南部的漢中地區以及甘肅省的部分地區。

益州地處西南，北有秦嶺山脈，東有大巴山脈，交通不便，與中原地區的聯繫時緊時鬆。自大禹治水之後，益州即為中國九州之一，「岷嶓既藝，沱潛既道，蔡蒙旅平，和夷底績」（《尚書・禹貢》），到處留下了大禹治水的傳說。但到夏朝、商朝的末年，又與中原道路遏絕不通。周朝初年曾「復古之常」，但到幽、厲之時，又「破絕為荒」。直至漢朝，劉邦初封漢王，漢武帝劉徹通西南夷，益州與中原地區的聯繫纔進一步加強。〈益州箴〉就是告戒統治者要認真研究益州的盛衰變化，「是職是圖」，加強管理，切不可掉以輕心。

巖巖❶岷山❷，古曰梁州。華❸陽❹西極❺，黑水❻南流❼。茫茫❽洪波❾，鯀❿湮⓫降陸⓬。於時八都⓭，厥⓮民不隩⓯。禹⓰導⓱江⓲沱⓳，岷⓴嶓㉑啟乾㉒。遠近底貢㉓，磬㉔錯㉕砮㉖丹㉗。絲麻條暢㉘，有粳㉙有稻㉚。自京㉛徂㉜畛㉝，民攸溫飽㉞。帝有桀紂㉟，湎沈㊱頗僻㊲。遏絕㊳苗民㊴，滅夏殷績㊵。爰㊶周受命㊷，復古之常。幽厲㊸夷業㊹，破絕為荒㊺。秦㊻作無道，三方㊼潰叛㊽。義兵㊾征暴㊿，遂國於漢(51)。拓(52)開疆宇(53)，恢(54)梁(55)之野(56)。列為十二(57)，光羨(58)虞夏(59)。牧臣司梁，是(60)職(61)是圖。經營(62)盛衰(63)，敢告士夫(64)。

【注釋】❶巖巖　險峻貌。❷岷山　山名。在四川省松潘縣北，綿延四川、甘肅兩省邊境，為長江、黃河分水嶺，岷江、嘉陵江發源地。其脈幹分為二支，一為岷山山脈，其南為峨嵋山；一為巴山山脈，其東為三峽。❸華　華山。五嶽中的西嶽，在陝西省華陰縣南。因其西有少華山，故又名太華山。❹陽　山南曰陽。❺西極　西方極遠之地。❻黑水　水名。其所在眾說不一，一說即今怒江上游，斜貫西藏東北境。一說即今瀾滄江，橫貫西藏東部。❼南流　怒江或瀾滄江皆從西藏南流入雲南省境內。❽茫茫　曠遠貌。❾洪波　大波。指洪水氾濫所湧起的大波。❿鯀　人名。字亦作「鮌」。相傳為大禹之父，治水無功，被舜殛之於羽山。⓫湮　同「堙」。壅塞。傳說鯀治水，不知疏導其源，而採用壅塞的辦法，故不能治理好水患。⓬降陸　降低陸地。言鯀用壅塞之法治水，反而抬高了水位，降低了陸地，使水患更加嚴重。⓭八都　即八州。指全中國。⓮厥　代詞。其。⓯隩　可以定居的地方。這裡用作動詞，定居；安居。⓰禹　夏禹王。⓱導　疏導；引導。⓲江　長江。⓳沱　沱水。即今四川省岷江的支流郫江，一說沱水指江水的別流。⓴岷　岷山。㉑嶓　嶓冢山。山名，在陝西省寧強縣東北，漢水發源於此。㉒啟乾　因開導而乾燥。據《尚書・禹貢》載，禹治洪水，自岷山導江，東別為沱；自嶓冢導漾，東流為漢；皆從其源而疏導之，故自此益州啟乾，水患以除。㉓底貢　致貢；引致貢品。底，引致；抵達。㉔磬　樂器。以玉、石等為材料製成，形狀如矩。㉕錯　錯雜；混雜有。㉖砮　石製箭鏃。㉗丹硃砂。製紅色顏料用的礦石。礬、砮、丹皆為益州貢品。㉘條暢　滋長茂盛。㉙粳　粳稻。不黏之稻，其米謂之粳米。㉚稻　古代指糯稻。即黏稻。米性甚黏，可以釀酒。㉛京　京城；大都。㉜徂　往；到。㉝畛　田間的道路。㉞民攸溫飽　言地有桑麻粳稻之利，民所賴以溫飽。攸，所。助詞，用於動詞前，與動詞構成名詞性詞組。㉟桀紂　夏桀王、商紂王。㊱湎沈　猶沈湎。謂沉迷於酒。㊲頗僻　偏頗邪僻。指行為不端正。㊳遏絕　阻止隔斷。㊴苗民　苗族之民。苗，我國古代民族名。原居江淮、荊州一帶，舜竄三苗於三危，苗族遷徙於西極。大禹治水，「三危既宅，三苗丕敘」，三苗與夏朝的關係趨向緩和，至夏殷之末，苗民負固不服，致使梁州道路遏絕，不通於中國，禹湯之績，至是絕滅。㊵績　功績；業績。㊶爰　及；到。㊷受命　接受天命。古代帝王託神權以鞏固統治，自稱是受命於天。㊸幽厲　周幽王、周厲王。㊹夷業　傷害王業；使王業敗壞。㊺荒　荒服。五服中最荒涼偏遠之地。㊻秦　秦王朝。自秦始皇二十六年(西元前二二一年)統一天下，至秦二世三年(西元前二〇七年)，歷時共十五年即亡。㊼三方　指東、南、北三方。秦居西方，西方未有叛亂，故曰三方。㊽潰叛　潰散叛亂。指秦末反秦大起義。㊾義兵　正義之師。這裡指漢高祖劉邦於沛郡起兵以應陳涉，後又受楚懷王命，率兵由武關入秦，攻破咸陽，接受秦王子嬰投降。㊿征暴　征討暴秦。(51)國於漢　項羽分封天下，立劉邦為漢王，王巴、蜀、漢中，都南鄭，正據有益州之地。(52)拓　擴展。(53)疆宇　疆土；疆界。(54)恢　擴大。(55)梁　梁州。(56)野　分野；區域。(57)十二　十二個郡。漢高祖劉邦置廣漢郡，漢武帝劉徹通巴蜀，開羌夷地，置犍為、越嶲、益州、牂柯、武都、沈黎、文山七郡，秦時置漢中、巴、蜀、隴西四郡，共列為十二郡。(58)光羡　發揚擴大。羡，原校云：「《初學記》作美。」(59)虞夏　虞舜帝、夏王朝。(60)是　代詞。此；這。(61)職　職守；職務。用作動詞，以為職守。(62)經營　規畫創建。(63)盛衰　言歷觀前代，盛衰不常如此。今漢別之為十二郡，可謂盛矣，當慮其衰。(64)士夫　士大夫。古代指居官有職位的人。

【語　譯】高大險峻的岷山，古代叫做梁州。華山的南面直至西方極遠之地，黑水滾滾地向南奔流。

浩瀚無邊的滔滔洪水，由於鯀的壅塞，更是淹沒了陸地。在那時候，整個中國，那些民眾都不能安居樂業。大禹疏導了長江和沱水，岷山、嶓冢山下就開始枯乾。遠處近處送達的貢品，有石磬加上石鏃和丹砂。蠶桑苧麻生長茂盛，有粳稻也有糯稻。自都邑直至農村，民眾都得到溫飽。帝王有夏桀王和商紂王，沉迷於酒，行為邪僻。阻絕了苗民與中原的交通，絕滅了夏朝和殷商的業績。到周朝接受天命，恢復了古代原有的狀態。周幽王、周厲王傷害了王業，益州又破敗絕阻為偏僻荒涼之地。秦王朝暴虐無道，東、南、北三方都潰散叛亂。漢高祖指揮正義之師征討暴秦，項羽分封於是建國在蜀漢。開拓了益州的疆土，擴大了梁州的分野。分列為十二郡，發揚光大了虞舜和夏禹的區域。統治一州的長官主管梁州，要以此為職守，以此為圖謀。規畫考慮這裡的一盛一衰，請把這一切告知皇帝身邊的士大夫。

雍州箴

【題解】雍州，中國古代九州之一。「黑水西河惟雍州」。雍州西至黑水，東至黃河西岸，轄境包括今陝西、甘肅及青海額濟納之地。

雍州擁有關中平原，物產豐富，嚮稱天府之國。周王朝、秦王朝、漢王朝皆從此發跡，進而占有天下，並在此建都。到漢武帝時，南滅兩越，北敗匈奴，收復匈奴奪去的河套故地，建置武威、張掖、酒泉、敦煌等郡，通西域，宣帝時又置都護，一並督護西域諸國，大大擴展了雍州的範圍，達到歷史上最強盛的時期。〈雍州箴〉就告戒統治者要「安不忘危，盛不諱衰」，越是安定強大，就越是不要放鬆警惕。

〈雍州箴〉，原注云：「案《初學記》八又割分此為〈涼州箴〉。」

黑水❶西河❷，橫截崑崙❸，邪❹指閶闔❺，畫為雍垠❻。上侵❼積石❽，下礙❾龍門❿。自彼氐羌，莫敢不來庭，莫敢不來臣⓫。每在季主⓬，常失厥⓭緒⓮，侯紀⓯不貢⓰，荒⓱侵其寓⓲。陵遲⓳衰微，秦⓴據㉑以戾㉒。興兵山東㉓，六國㉔顛沛㉕。上帝不寧，命漢㉖作京㉗。隴山㉘以徂㉙，列為西荒。南排㉚勁越㉛，北啟㉜

彊胡㉝。并連屬國㉞，一護㉟攸都㊱。蓋安不忘危，盛不諱衰。牧臣司雍，敢告贅衣㊲。

【注釋】❶黑水　水名。見〈益州箴〉注❻。❷西河　古稱黃河在陝西、山西境內由北向南流的一段為西河。以其在冀州之西，故曰西河。黑水、西河為雍州的西、東疆界。❸橫截崑崙　按崑崙山脈只有向東的一段在雍州境內，故曰。橫截，橫著截斷。截下原校云：「《初學記》作屬。」崑崙，山名。在新疆、西藏之間，西接帕米爾高原，東延入青海省境內，層峰疊嶺，勢極高峻。❹邪　通「斜」。不正。❺閶闔　天門。此言雍州西則橫截崑崙，北則斜指天門，居高據有形勝之要。❻垠　邊際；界限。❼侵　至。❽積石　山名。即今大雪山，在青海省南部。❾礙　阻。❿龍門　山名。在今陝西省韓城縣與山西省河津縣之間，相傳大禹鑿龍門，即此。⓫自彼氐羌三句　見《詩・商頌・殷武》。氐，古民族名。秦漢時為西南夷之一，歷居甘肅武都、酒泉等地。羌，我國古代西部民族之一。稱西羌，居漢陽、金城等地。來庭，來朝廷朝見天子。來臣，來朝廷稱臣。⓬季主　一個朝代的末世君主。⓭厥　其。⓮緒　世業；功績。⓯侯紀　猶言侯畿。古代以王城為中心，把周圍五千里的地區劃分為九畿。王城附近的地區稱為侯畿。⓰貢　進貢；交納貢品。⓱荒　荒服。古代五服之一。指離王畿二千五百里的地區，為五服中最遠之地。⓲寓　同「宇」。邊界；界限。⓳陵遲　衰落；敗壞。⓴秦　指春秋戰國時的秦國。㉑據　據有；占有。秦自犬戎殺周幽王，秦襄公以兵送周平王東遷洛邑，始封為諸侯，賜之岐以西之地；後逐漸吞併四周小國，至戰國時據關中地區，成為戰國七雄之一，其國境即古雍州之地。㉒戾　暴戾；乖張。㉓山東　戰國秦漢時稱崤山或華山以東為山東。㉔六國　指戰國時齊、楚、趙、魏、韓、燕六國。㉕顛沛　傾覆；動震不安。㉖漢　漢王朝。㉗作京　建為京師。西漢都長安，正在雍州之內。㉘隴山　六盤山南段的別稱。又名隴坻、隴阪，在今陝西隴縣至甘肅平涼一帶，山勢險峻，為陝甘要隘。㉙徂　往。漢代自隴山以往，列為隴西、張掖等郡。自玉門關以至西域，皆在荒服。㉚排　批擊；消滅。㉛勁越　強勁的南越國。漢武帝元鼎六年（西元前一一一年），出兵滅南越，以南越之地，設置儋耳、珠崖、南海、蒼梧、鬱林、合浦、交阯、九真、日南九郡。㉜啟　開。謂開拓疆土。㉝疆胡　指匈奴。漢武帝自元光二年（西元前一三三年）開始反擊匈奴，連年出兵，給匈奴以很大打擊。元朔二年（西元前一二七年）收河南地，置朔方、五原郡。元狩二年（西元前一二一年），匈奴昆邪王將其眾四萬餘人來降，置五屬國以處之，以其地為武威、酒泉郡。至元鼎六年（西元前一一一年），又分武威、酒泉地置張掖、敦煌郡，徙民以實之，匈奴的威脅基本解除，鞏固和擴大了雍州的疆域。㉞屬國　附屬國。漢在邊郡設置屬國，安置匈奴降者，設典屬國、屬國都尉掌握屬國事務，以其來降之民各依本國之俗而屬於漢，故曰屬國。㉟護　都護。官名，漢宣帝置以督護西域諸國，並護南北道，故號都護。護，統領。㊱攸都　所都；總管的事務。都，總；全。㊲贅衣　猶言綴衣。官名，掌管天子衣服，為天子親近之臣。

【語　譯】西至黑水，東距西河，橫著截斷崑崙山脈。斜著指向天門閶闔，畫為雍州的界限。向上到了積石山，向下阻止龍門山。自那氐族、羌族，沒有誰膽敢不來朝見，沒有誰膽敢不來稱臣。每每到了末世的君主，常常喪失了他們世代相傳的功業。連近在王畿附近的侯畿也不進貢，那遙遠的荒服就更侵犯那疆域。到了周王室敗壞衰落，秦國就據有雍州而肆行暴虐。不斷出兵侵犯山東六國，山東六國被打得流離顛沛。上帝不安於這種狀況，降命漢朝在雍州建都立國。自隴山以往，被列為西邊的荒服。漢武帝南面消滅強勁的南越國，北面狠狠打擊了匈奴。一個接一個建立屬國，漢宣帝又設一都護統領降胡。大抵在安定之時不要忘記了危難，在強盛之時不要諱忌說衰微。統治一州的長官主管雍州，請將此意告知皇帝的典衣。

幽州箴

【題解】幽州，古代十二州之一。傳說舜分冀州東北為幽州，轄境包括今河北省東北部及遼寧省一帶。

幽州北與匈奴為鄰，東有穢貊、東胡，自周及秦漢，經常受其侵擾。秦築長城就是為了防胡。直到漢武帝時期，連年出兵反擊匈奴，纔將匈奴趕往漢北，解除匈奴的威脅，恢復唐虞的舊疆。〈幽州箴〉即告戒統治者「盛不可不圖，衰不可或忘」，禍敗常起於細微，切不可輕忽。「隄潰蟻穴，器漏箴芒」，這是不可忘記的教訓。

蕩蕩平川，惟冀之別❶。北阨❷幽都❸，戎❹夏❺交偪❻。伊❼昔唐虞❽，實為平陸❾。周末薦臻❿，迫於獯鬻⓫。晉⓬溺⓭其陪⓮，周使⓯不阻⓰。六國⓱擅權⓲，燕趙⓳本都⓴。東限㉑穢貊㉒，羨㉓及東胡㉔。強秦北排㉕，蒙公㉖城壃㉗。大漢初定，分狄㉘之荒㉙。元戎屢征㉚，如風之騰㉛。義兵涉漠㉜，偃㉝我邊萌㉞。既定且康，復古虞唐㉟。盛不可不圖，衰不可或忘。隄潰蟻穴，器漏箴芒㊱。牧臣司幽，敢告侍旁㊲。

【注　釋】❶蕩蕩平川二句　言此州乃冀之北境，水土既平之後，別為幽州。蕩蕩，平坦寬廣貌。平川，廣闊平坦的陸地。冀，冀州。古代中國九州之一。別，分開。❷阸　迫近。❸幽都　指北方極遠之地。舊稱日沒於此，萬象陰暗，故名幽都。❹戎　古代泛稱我國四周各少數民族。❺夏　古代居住中原地區文化較先進的中原人自稱夏或華夏。❻偪　同「逼」。侵迫；迫近。❼伊　句首助詞。無義。❽唐虞　唐堯、虞舜。❾平陸　平坦的陸地。❿薦臻　相連接而至。言至西周末年，災禍接連而至。⓫玁鬻　我國古代北方少數民族名。夏曰獯鬻，周曰玁狁，漢曰匈奴。西周之末，犬戎殺周幽王。犬戎即獯鬻。⓬晉　古代諸侯國名。周成王封弟叔虞於唐，其子燮父改國號曰晉。春秋時據有今山西大部與河北西南地區，地跨黃河兩岸。後被其大夫韓、趙、魏三家所分而亡。⓭溺　沉沒。⓮陪　陪臣。諸侯之大夫，對天子稱陪。這裡指韓、趙、魏三家大夫。⓯周使　周王朝的使者。⓰不阻　不受阻隔。言周之使命猶通於諸侯。⓱六國　戰國時齊、楚、趙、魏、韓、燕六國。⓲擅權　專權。言擅自控握大權，不接受周王朝的控制。⓳燕趙　燕國、趙國。戰國七雄中的兩國。⓴都　建都。燕都薊，趙都邯鄲，皆在幽州。㉑限　界限。用作動詞，以為界限。㉒穢貊　古種族名。為北貉之一部。兩漢時為東夷，在樂浪之東，辰韓之北，高句麗、沃沮之南，東至於海，即今遼寧鳳城縣東及朝鮮之江源道一帶地。㉓羨　盈餘；多餘。羨，原校云：「《初學記》作爰。」㉔東胡　古族名。因居匈奴之東，故名。春秋戰國時期，其地南鄰燕國，後為燕將秦開所破，遷於今西遼河上游一帶；燕築長城，並置上谷、漁陽、遼西、遼東諸郡，秦末東胡強盛，後為匈奴冒頓單于所擊破，餘眾退居烏桓山和鮮卑山一帶，分別稱烏桓、鮮卑。㉕北排　向北進擊。㉖蒙公　蒙恬。秦朝將領。初任獄官，以家世得為秦將，攻齊，大破之，任內史。秦統一天下後，率兵三十萬眾擊敗匈奴，收復河南地（即今寧夏河套一帶），並修築長城，起臨洮，至遼東。居外十餘年，威震匈奴。趙高立秦二世，矯詔逼令自殺。㉗城壃　即在邊界修築長城。壃，同「疆」。邊疆。㉘狄　我國古代對北方地區少數民族的泛稱。這裡指匈奴。㉙荒　邊遠；遠方。這裡指幽州北部的邊遠地區。《史記・匈奴列傳》載，秦漢之際，中國擾亂，匈奴復渡河南，與中國界於故塞。㉚元戎屢征　漢武帝多次命衛青、霍去病率兵出征匈奴，給匈奴以致命打擊。元戎，主帥；大將。這裡指衛青、霍去病。屢征，多次出征。㉛騰　翻騰；掃蕩。㉜義兵涉漠　漢武帝元狩四年，命衛青、霍去病各率五萬騎，橫渡大沙漠，深入漠北，追擊匈奴。義兵，正義之師。這裡指漢王朝反擊匈奴的大軍。涉漠，橫渡大沙漠。漠，沙漠。㉝偃　止息；安定。㉞邊萌　邊境的民眾。萌，通「氓」。民；民眾。㉟虞唐　虞舜、唐堯。㊱箴芒　極言其細小。箴，同「針」。縫衣的工具。芒，草的末端。皆細小之物。㊲侍旁　指陪從皇帝身旁的近臣。

【語　譯】廣闊平坦的平原，是從冀州分劃而出。北面迫近幽都，戎狄與華夏交相侵迫。在昔唐堯虞舜的時代，這是一片平安的大陸。西周末年災禍接踵而來，被逼迫於犬戎獯鬻。晉國淹沒在它的大夫韓、趙、魏三家，但周王朝的使者還不受阻隔。山東六國擅自握控大權，燕國、趙國都建都在幽州的疆域。東面與穢貊為界，其餘還與東胡接壤。強大的秦王朝向北打擊匈奴，命蒙恬修築長城加以阻障。大漢王朝剛剛建立，匈奴又侵占了荒遠的邊疆。漢武帝命大將多次出征，如狂風般翻騰掃蕩。正義之師橫渡沙漠追擊匈奴，使我邊境的民眾安定無恙。邊境既安定又康樂，恢復了古代虞舜唐堯時代的景象。中國雖盛，不可不防備匈奴，匈奴雖衰，不可以暫時忘卻。千里大隄由於小小的蟻穴而崩潰，巨大的器皿由於箴芒般的小洞而泄漏。統治一州的長官來主管幽州，請將此理告知皇帝的近侍。

并州箴

【題　解】并州，古代十二州之一。相傳舜分冀州西北部為并州，轄境包括河北中部保定、正定以西，山西太原、大同以北和陝西省北部地區。

并州北與匈奴為鄰，匈奴是古代北方一個非常強悍的民族。并州的安危全繫於與匈奴相處的關係。殷商之前，匈奴朝貢臣服，邊境安寧無事。自周穆王征犬戎之後，匈奴就不入朝，還經常入侵。周宣王雖命將出征，也只能將其驅逐至涇水之北。後來犬戎終於殺周幽王於驪山之下，而宣告西周王朝的滅亡。〈并州箴〉敘述這些史實就是告戒統治者，對匈奴既要以德懷柔，又要加強武備以防侵擾。如果既不能「曜德」，又不能「曜兵」，就不能阻止它的入侵。「德兵俱顛，靡不悴荒」，這就是對統治者的警告。

雍❶別❷朔方❸，河❹水悠悠❺。北辟❻獯鬻❼，南界❽涇❾流。畫茲❿朔土⓫，正直⓬幽⓭方。自昔何為，莫敢不來貢⓮，莫敢不來王⓯。周穆遐征，犬戎不享⓰。爰貊伊德⓱，侵玩⓲上國⓳。宣王⓴命將㉑，攘㉒之涇北㉓。宗幽罔識㉔，日用㉕爽蹉㉖。既不俎豆㉗，又不干戈㉘。犬戎作難，斃於驪阿㉙。太上㉚曜德㉛，其次曜兵㉜，德兵俱顛㉝，靡㉞不悴㉟荒㊱。牧臣司并，敢告執綱㊲。

【注釋】❶雍　雍州。古代九州之一。❷別　分開；劃分。❸朔方　北方。❹河　黃河。我國第二大河流。❺悠悠　奔流貌。❻辟　排除；驅逐。❼獯鬻　即匈奴。詳〈幽州箴〉注⓫。❽界　邊界。用作動詞，以為邊界。❾涇　涇水。北源出平涼，南源出華亭，至涇川會合，東南流至陝西邠縣，再折而東南至高陵南入渭水。❿茲　此。⓫朔土　北方的土地。⓬直　當；臨。⓭幽　幽州。古代十二州之一。⓮貢　進貢；進獻各地物產給朝廷。⓯來王　定期來朝見天子。⓰周穆遐征二句　據《國語．周語》載，周穆王不聽祭公謀父的諫阻，出征犬戎，得四白狼、四白鹿以歸。因周穆王責犬戎以非禮，暴兵露師，傷威毀信，自是荒服者不至。周穆，周穆王，名滿，周昭王之子。遐，遠。征，出兵征討。犬戎，古戎族的一支。在商周時居於我國西部。享，四時供獻祭品給天子。⓱爰貊伊德　謂因周穆王無禮出征犬戎，戎狄自是藐視中國之德而不臣服。爰，連詞。於是。貊，古代稱居於東北地區的民族為貊。貊下原校云：「《初學記》作藐。」藐，小視；輕視。按作藐於義為長，當從《初學記》作藐為是。伊，指示代詞。此；這。代指周王朝。⓲玩　輕慢。⓳上國　京師；首都。這裡代指周王朝。⓴宣王　周宣王。名靖，周厲王之子。即位後，重整軍旅，命尹吉甫、南仲等擊退玁狁進攻，對荊楚、淮夷的作戰亦獲小勝，但周王朝已外強中乾，面臨崩潰邊緣。㉑將　大將。指尹吉甫等。㉒攘　排斥；擊退。㉓涇北　涇水之北。據《詩．小雅．六月》載，周宣王之時，玁狁「侵鎬及方，至於涇陽」。周宣王命尹吉甫伐玁狁，一直追擊到太原。㉔宗幽罔識　此句下原校云：「《初學記》作崇幽罔識，《古文苑》作宗周罔職。」按《古文苑》章樵注曰：「并州境土自此不入周之職方。」言并州從此為玁狁所侵占，周王朝的職方氏（掌管國土的官）已不能掌管。於義亦通。宗，宗主。指周王。幽，昏暗不明；昏瞶糊塗。罔識，無見識。㉕用　因。㉖爽蹉　過失；差錯。㉗俎豆　皆為古代朝聘、祭祀用的禮器。這裡代指文德。俎，置肉的几。豆，盛乾肉一類食物的器皿。㉘干戈　干、戈皆為古代戰爭使用的兵器。這裡代指武備。干，古代作戰時用以護身防禦的盾牌。戈，我國青銅器時代作戰時進攻的主要兵器。㉙犬戎作難二句　周幽王寵信褒姒，廢申后與太子宜臼，改立褒姒為后，立褒姒之子伯服為太子，申后之父申侯乃約同犬戎等共同叛周，殺周幽王於驪山之下，西周滅亡。難，災禍；禍難。斃，死。驪，驪山。在今陝西省臨潼縣東南。阿，山邊；山陂。㉚太上　最上等；第一等。㉛曜德　炫耀文德。德，文德。指以禮樂教化感化敵人，使之降服。㉜曜兵　炫耀武力。指以武力征服敵人。兵，兵器。代指武備。㉝顛　倒；仆；敗壞。㉞靡　無。㉟悴　衰弱。㊱荒　滅亡。㊲執綱　執掌國家綱維法度的大臣。

【語　譯】從雍州劃分出北部的土地，黃河之水歡暢奔流。北面驅逐獫鬻出并州的界外，南面疆界連接涇水的主流。劃分出這片北方的土地，正當著東面幽州。從古以來情況如何？沒有誰膽敢不來朝貢，沒有誰膽敢不來朝見天子。自周穆王遠征犬戎，犬戎就不獻方物助王祭祀。於是戎狄藐視周王朝這種德行，還侵侮輕慢周室上國。周宣王命將出征，纔將玁狁趕出涇水之北。周王昏聵糊塗沒有見識，因此一天天出現過失和差錯。既不能用文德懷柔，又不能用武力征服。犬戎終於發動禍難，將周幽王殺死在驪山之麓。第一等的是炫耀文德，次一等的是炫耀武力。文德武備一併荒廢，沒有不滅亡衰弱。統治一州的長官來主管并州，請將這些道理告知為皇帝執掌綱維的臣僕。

交州箴

【題解】交州，古代州名。漢武帝元封五年（西元前一〇六年）設置十三州部，交州即其一，領有南海、鬱林、蒼梧、交阯、合浦、九真、日南七郡，轄境包括今廣東、廣西二省及越南北部地區。

交州地處荒裔，遠古時代不與中國相通。直至周公攝政，纔有越裳氏重譯來獻白雉。但自周昭王南征而溺死漢水，不僅越裳絕貢，連楚國也叛逆侵擾，周王朝終在四國交侵中滅亡。到大漢王朝，漢武帝滅南越國而設置九郡，交州正式歸入中國版圖，連荒裔之外的黃支國也牽犀來獻，中國達到了極強盛的時期。〈交州箴〉敘述交州變遷的這些歷史，並告戒統治者，「盛不可不憂，隆不可不懼」，越是強盛就越要小心謹慎，因為「亡國多逸豫，而存國多難」。「泉竭中虛，池竭瀕乾」，這是事物發展的規律。

交州荒裔❶，水與天際❷。越裳❸是南，荒國❹之外。爰自開闢❺，不羈❻不絆❼。周公❽攝祚❾，白雉❿是⓫獻⓬。昭王⓭陵遲⓮，周室是亂。越裳絕貢，荊楚⓯逆叛。四國⓰內侵，蠶食⓱周京⓲。臻⓳於季赧⓴，遂以滅亡。大漢受命㉑，中國㉒

兼該㉓。南海㉔之宇㉕，聖武㉖是恢㉗。稍稍㉘受羈，遂臻黃支㉙。杭海三萬，來牽其犀㉚。盛不可不憂，隆㉛不可不懼。顧瞻㉜陵遲，而忘其規摹㉝。亡國多逸豫㉞，而存國多難㉟。泉竭中虛㊱，池竭瀨乾㊲。牧臣司交，敢告執憲㊳。

【注釋】❶荒裔　邊遠地區。裔，衣服的邊緣。借指邊遠的地方。❷際　交接；會合。❸越裳　古南海國名。故地當在今越南之南境。❹荒國　荒服之國。荒服，指離王畿二千五百里的地區。為五服中最遠之地。❺開闢　開天闢地。指天地開闢之初。❻羈　牽制。❼絆　約束；束縛。❽周公　姬姓，名旦。周文王第四子，因食采邑於周，故稱周公。曾佐周武王伐紂，多建功勳。武王死，以成王年幼，由周公攝理政事。攝政時間，平定管叔、蔡叔、武庚的叛亂，營建東都雒邑，封建諸侯，鞏固了西周政權，歸政後，制禮作樂，進一步鞏固了周朝的統治。❾攝祚　即攝政。代君主處理政務。祚，皇位。❿白雉　古代迷信以白雉為祥瑞。⓫是　結構助詞，助成賓語倒置。無義。⓬獻　進獻。相傳周公輔成王，制禮作樂，越裳氏以三象重譯而獻白雉。⓭昭王　周昭王。名瑕，周康王之子。晚年荒於國政，國人惡之，南巡時，橫渡漢水，船人以膠船進王，王御船至中流，膠液船解，王及祭公俱沒於水中而死。⓮陵遲　衰落；敗壞。⓯荊楚　即楚國，芈姓。熊繹受封於周成王，立國於荊山一帶，都丹陽，後都郢。春秋戰國時，國勢強盛，疆域擴大，其後漸弱，屢敗於秦，至王負芻為秦所滅。⓰四國　四方各國。⓱蠶食　如蠶食桑葉般逐漸侵吞。⓲周京　周王朝的京都。這裡指周王朝的國土。周京，《古文苑》作「周宗」。謂宗主國周王朝。意與此同。⓳臻　至；到。⓴季赧　末世的周赧王。名延，在位五十九年。他與諸侯約縱攻秦，為秦所滅，周亡。㉑受命　接受天命。古代帝王託神權以鞏固統治，自稱受命於天。㉒中國　上古時代，我國華夏族建國於黃河流域一帶，以為居天下之中，故稱中國，把周圍我國其他地方稱之為四方。後成為我國的專稱。㉓兼該　兼有全備。該，完備；俱全。㉔南海　泛指我國南方。㉕宇　疆界；界限。㉖聖武　指漢武帝。漢武帝滅南越國，設置九郡，並建置交州。㉗恢　擴大；恢宏。㉘稍稍　漸漸；逐漸。㉙黃支　古國名。《漢書・平帝紀》注引應劭曰：「黃支在日南之南，去京師三萬里。」㉚杭海三萬二句　言海外黃支國，杭海三萬里來貢生犀，可謂中國極盛之時。杭海，同「航海」。渡過大海。杭，通「航」。渡。來牽其犀，據《漢書・平帝紀》載：元始二年春，黃支國獻犀牛。犀，犀牛。體大於牛，鼻上有一或二角。㉛隆　興盛。㉜顧瞻　回顧；察看。㉝規摹　制度程式；規制格局。㉞逸豫　安逸歡樂。㉟難　災禍；災難。㊱中虛　地中的源泉枯竭。㊲瀨乾　注入池中的流水乾涸。瀨，急流的水。原校云：「《古文苑》作瀬。」按《古文苑》作「瀨」，作「瀬」誤。㊳執憲　執掌法令的人。憲，法令。

【語　譯】交州是荒涼邊遠之地，水與天互相連接。越裳國在此州之南，是荒服之外的小國。自從開天闢地以來，它不受牽制也不受約束。自周公輔佐成王，攝行政事，越裳國卻來獻白雉。到周昭王開始敗壞，擾亂了周王朝的基業。越裳國斷絕了進貢，荊楚國發動了叛亂。四方各國向內侵犯，逐漸侵吞了周王室的土地。到了末世君主周赧王，就亡掉了周朝的國祚。大漢王朝接受天命，兼有了中國的全部領地。遠至南方的疆界，擴大於聖明的武帝。漸漸地接受控制，於是影響傳到了黃支國。航渡大海三萬餘里，牽著犀牛到京師來進獻。強盛時不可不憂慮衰微，興隆時不可不擔心禍亂。回顧昔日的衰微敗壞，豈可忘記今日的規制成憲？將要滅亡的國家多有安逸享樂，能夠永存的國家一定多災多難。泉水枯竭是因為地中的源泉枯竭，池水乾涸是因為流入池中的水源乾涸。統治一州的長官來主管交州，請將這番道理告知皇帝身邊執掌法令的臣子。

司空箴

【題解】司空，古官名。虞舜時，禹作司空，主管全國土地，安置居民。至西周，司空為主管建築工程，製造車服器械，監督手工業奴隸的官，為六卿之一。〈司空箴〉的作者，一作揚雄，一作崔駰。原按云：「案《文選・西都賦》注引首二句作揚雄。」足見李善所見本篇作者為揚雄。姑定為揚雄作。〈司空箴〉首先說明了司空的職責範圍，所記乃為虞舜時的空司之職。然後記載了各王朝的末世官非其人，賢人失職，掊克在位，以致官場腐敗，賄賂公行，從而導致「王路斯荒，孰不傾覆」的局面。因此告戒統治者要吸取歷史教訓，肅清吏治，才能鞏固統治。

普❶彼坤靈❷，侔天作則❸。分制五服❹，畫為萬國❺。乃立地官❻，空❼惟是❽職❾。茫茫❿九州⓫，都⓬鄙⓭盈區⓮。綱以群牧⓯，綴⓰以方⓱侯⓲。烈烈⓳雋乂⓴，翼翼㉑王臣㉒。臣當㉓其官，官當其人。九一㉔之政㉕，七賦㉖以均㉗。昔在季葉㉘，班祿㉙遺㉚賢。掊克㉛充㉜朝，而象恭滔天㉝。匪人斯力㉞，匪政斯敕㉟。

流㊱貨市㊲寵㊳，而苞苴㊴是鬻㊵。王路㊶斯荒，孰不傾覆。空臣司土，敢告在側㊷。

【注　釋】❶普　廣大。❷坤靈　地神。❸侔天作則　乾為天，坤為地，坤之廣與乾之大相配，故曰侔天作則。侔，齊；相等。則，法則。❹五服　據《尚書．禹貢》載，古代王畿外圍，每五百里劃為一區，按距離的遠近分為五等地帶，叫做五服。其名稱分別為侯服、甸服、綏服、要服、荒服。服，服事天子。❺萬國　黃帝分封諸侯，得萬國，乃置左右大監，監於萬國，萬國和。❻地官　即司空。司空主管土地，地與天相對，故稱司空為地官。❼空　廣大。指空曠的大地。❽是　結構助詞，助成賓語倒置，無義。❾職　職守；主管。❿茫茫　曠遠貌。⓫九州　《尚書．禹貢》言，禹平水土，定高山大川以開九州，即冀州、兗州、青州、徐州、揚州、荊州、豫州、梁州、雍州，稱為〈禹貢〉九州。後用以代指中國。⓬都　城邑；京都。⓭鄙　邊邑；邊鄙。鄙與都相對，亦指鄉村。⓮區　地域；地區。⓯綱以群牧　古代州置牧以統領之，故曰。綱，綱領；主體。牧，一州的長官。⓰綴　連結；連綴。⓱方　方伯。一方諸侯之長，亦泛指地方長官。⓲侯　諸侯。古代天子分封的所有侯國的君主稱諸侯。⓳烈烈　威武貌。⓴雋乂　才智出眾的賢德之人。雋，通「俊」、「儁」。才智出眾。乂，才能出眾。才德過千人為雋，過百人為乂。㉑翼翼　恭謹貌。㉒王臣　輔助王室的大臣。㉓當　適合；恰當。官當之當，原校云：「《初學記》作宜。」按宜亦適合之意。㉔九一　古代賦稅制度名。相傳古代實行井田制，方里而井，井九百畝，其中為公田，八家皆私百畝，同養公田。一井九百畝，其中一百畝作賦稅，即九一之稅。㉕政　政事。施政辦事。㉖七賦　五穀和桑、麻之賦稅。㉗均　公平；均勻。㉘季葉　季世；末世；衰世。㉙班祿　分配爵祿。即指任用官吏。班，通「頒」。分賞；分取。㉚遺　遺漏。㉛掊克　以苛捐雜稅搜刮民財的人。㉜充　滿。㉝象恭滔天　言貌似恭敬而心實傲慢凶狠若洪水之漫天。象，外表；外貌。滔，漫。㉞匪人斯力　言任用者非其人。匪，非。斯，此。力，盡力；擔任。此句下原校云：「《初學記》作匪力斯人。」

㉟匪政斯敕　言所修整者非其政。敕，同「敕」。整飭；修整。㊱流　傳遞；傳送。㊲市　買；邀取。㊳寵　寵愛；榮耀。㊴苞苴　以財物行賄。㊵鬻　出賣；通行。㊶王路　猶言王道、王政。謂先王所行之正道，先王所行之政治。㊷在側　指在帝王身邊的人。

【語　譯】廣大無邊的大地，與天相等可以作為法則。分割為甸服、侯服、綏服、要服和荒服，劃分為一萬個諸侯國。於是建立了地官——司空，執掌著空闊的大地。茫茫無際的九大州，都邑鄉村布滿了整個的區域。以九州的長官為綱，又以方伯侯國相連綴。威嚴勇武的才智出眾的人材，謙恭謹慎的輔佐王室的大臣。臣下與他擔任官職適合，官位也適合它任用的賢人。九分抽一的賦稅制，七種作物的賦稅合理均勻。過去在王朝的末世，分配爵祿每每遺棄英賢。搜刮民財的貪吏充滿朝廷，貌似恭敬而心實傲狠如同洪水漫天。所任用以擔任官職的不是賢人，所努力去整飭的不是善政。傳送財貨去邀取寵幸，以致賄賂公行。先王的正道就這樣荒廢，誰能不顛覆滅亡？司空之臣來主管土地，請將這些事實告知皇帝身邊的近臣。

尚書箴

【題解】 尚書，官名。虞舜時稱為納言，典掌傳達帝命。《詩・大雅・烝民》稱仲山甫為「出納王命，王之喉舌」。秦時改稱尚書，為少府屬官，職掌殿內文書，職位降低。漢成帝建始四年初置尚書，員五人，職掌群臣奏章的傳遞，位雖低而權卻很大。

〈尚書箴〉的作者，一作揚雄，一作崔瑗。按崔瑗另有一篇〈尚書箴〉，此篇當屬揚雄。尚書出納王命，為典掌機密的官。王命的暢達與否，全繫尚書之手。官得其人，則王命暢行，萬國平信。不得其人，則泄漏或更改王命，勢必造成混亂。秦始皇任用趙高為符璽郎，卒至更改秦始皇的遺詔，賜死扶蘇，而立胡亥為秦二世皇帝，結果導致了秦朝的滅亡。這就是歷史的教訓。〈尚書箴〉說明尚書官的重要地位和秦趙高事件，就是要告戒統治者要注意選拔賢能擔任此職，切勿將如此重要的官位輕易授與奸人。

皇皇❶聖哲❷，允❸敕❹百工❺，命作齋慄❻。龍惟納言❼，是❽機❾是密❿。出入王命，王之喉舌⓫。獻善宣美，而讒說是⓬折⓭。我視云⓮明，我聽云聰。載⓯夙⓰載夜，惟⓱允⓲惟恭。故君子在室，出言如風，動⓳於民人。渙其大號⓴，而萬國平㉑信㉒。《春秋》譏漏言㉓，《易》㉔稱不密則失臣㉕。〈兌〉吉其和㉖，〈巽〉吝其頻㉗。《書》㉘稱其明㉙，申申厥鄰㉚。昔秦㉛尚㉜權詐㉝，官非其人㉞。符璽竊發，而扶蘇隕身㉟。一姦衍命，七廟為墟㊱。威㊲福㊳同門㊴，牀上㊵維辜㊶。書臣司命，敢告侍隅㊷。

【注釋】❶皇皇　美盛貌。❷聖哲　聖明智哲。指虞舜。❸允　以；用以。❹敕　告戒；訓飭。❺百工　百官。❻齋慄　敬慎恐懼貌。❼龍惟納言　《尚書·舜典》：「龍，朕疾讒說殄行，震驚我師。命汝作納言，夙夜出納朕命，惟允。」龍，人名。相傳虞舜時人。納言，官名。掌出納帝命。聽下言納於上，受上言宣於下，故曰納言。❽是　代詞。此；這。❾機　樞要；關鍵。用作動詞，以為樞要。❿密　縝密；秘密。用作動詞，以為縝密。⓫喉舌　比喻掌握機要、出納王命的重要官員。⓬是　結構助詞，助成賓語倒置。無義。⓭折挫　敗。⓮云　句中助詞。無義。⓯載　語首助詞。無義。⓰夙　早。⓱惟　語首助詞。無義。⓲允　誠信。⓳動影響；感化。《易·繫辭》：「君子居其室，出其言善，則千里外應之。」⓴渙其大號　《易·渙》卦云：「渙汗其大號。」孔穎達《疏》曰：「九五處尊履正，在號令之中，能行號令以散險厄者也。」渙，流散；傳播。大號，偉大的號令。㉑平　治理；安定。㉒信　通「伸」。舒展；伸張。㉓春秋譏漏言　《春秋穀梁傳·魯文公六年》：「晉殺其大夫陽處父。稱國以殺，罪累上也。襄公已葬，其以累上之辭言之，何也？君漏言也。上泄則下闇，下闇則上聾，且闇且聾，無以相通。」晉襄公向狐射姑泄漏陽處父要更換狐射姑而使趙盾將中軍之言，故《春秋》譏之。春秋，書名。為記載春秋時代歷史的編年體史書，相傳為孔子據魯史修訂而成，記事起魯隱公元年，訖魯哀公十年，凡十二公（隱、桓、莊、閔、僖、文、宣、成、襄、昭、定、哀），二百四十二年的歷史。讖，譏刺；非議。㉔易　書名。《易》古有《連山》、《歸藏》、《周易》三種，稱三《易》。今僅存《周易》，即《易經》，為古代卜筮之書。㉕不密則失臣　《易．繫辭》：「亂之所生也，則言語以為階。君不密則失臣，臣不密則失身，幾事不密則害成。是以君子慎密而不出也。」此說明保守機密之重要。㉖兌吉其和　《易．兌》卦爻辭曰：「初九，和兌，吉。」孔穎達《疏》曰：「初九，居兌之初，應不在一，無所私說，說之和也。說物以和，何往不吉？故曰和兌吉也。」這就是說，兌就是和悅，和悅以應物，則無往不順，故吉利。兌，《周易》卦名。☱，兌上兌下。吉其和，以其和為吉。吉，吉利。用作動詞，以為吉利。㉗巽吝其頻　《易．巽》卦爻辭云：「九三，頻巽，吝。」孔穎達《疏》曰：「頻者，頻蹙憂戚之容也。九三體剛居正，為四所乘，是志意窮屈不得申遂也。既處巽時，只得受其屈辱也。頻蹙而巽，鄙吝之道，故曰頻巽吝也。」這就是說，巽本是卑下，處於卑下之位而頻蹙憂戚，故為恥辱。巽，《周易》卦名。☴，巽上巽下。吝其頻，以其頻為吝。吝，恥辱。用作動詞，以為恥辱。頻，同「顰」。皺眉。㉘書　《尚書》。書名，是現存最早的關於上古時典章文獻的彙編。相傳曾經孔子選編，儒家列為經典之一，其中保存有商及周的一些重要史料。㉙稱其明　《尚書．舜典》：「闢四門，明四目，達四聰。」孔穎達《疏》曰：「開四方之門，大為仕路致眾賢也；明四方之目，使為己遠視四方也；達四方之聰，使為己遠聽四方也。」㉚申申厥鄰　《尚書．益稷》：「帝曰：『吁！臣哉鄰哉，鄰哉臣哉！』」孔穎達《疏》曰：「帝以禹言已重，乃驚而言曰：『吁！臣哉近哉，臣當親近君也。近哉臣哉，君當親近臣也。』」申申，重複；反覆。厥，其；那。鄰，近。㉛秦　指秦王朝。㉜尚　上。用作意動詞，以為上。㉝權詐　權變狡詐。㉞人　指賢人。㉟符璽竊發二句　據《史記．李斯列傳》載：秦始皇任用趙高為符璽郎。秦始皇臨死前，令趙高為書賜扶蘇曰：「以兵屬蒙恬，與喪會咸陽而葬。」書已封，未授使者，始皇崩，書及璽皆在趙高所。趙高乃與胡亥、李斯合謀，更改秦始皇遺詔，立胡亥為太子，賜死扶蘇，扶蘇乃自殺而死。符璽，古代帝王的印信。扶蘇，秦始皇長子。因對秦始皇坑殺儒生等事多次進行勸阻，觸怒秦始皇，被派往上郡監蒙恬軍。殞身，被殺。㊱一姦慫命二句　趙高立胡亥為秦二世，專擅政權，引導秦二世胡作非為，終於使秦朝滅亡。愆命，違反命令。愆，過失；違反。七廟，古代帝王為進行宗法統治，設七廟供奉七代祖先。後以七廟代指封建王朝。墟，廢墟。㊲威　震懾；欺淩。㊳福　福澤；好處。㊴同門　謂出自同一門戶。㊵牀上　指人君。《商君書·畫策》：「是以人主處匡牀之上，聽絲竹之聲而天下治。」因以牀上代指人主。又《易·巽》卦爻辭云：「巽在牀下。」偽孔《傳》曰：「處巽之中，既在下位，而復以陽居陰，卑巽之甚，故曰巽在牀下也。卑甚失中，則入於咎過矣。」《易》言牀下，此言牀上，謂命令始制，尚未公布之時。亦通。㊶辜　罪過；過失。㊷侍隅　指侍立於皇帝身旁的近侍之臣。隅，角落；傍側之地。

【語　譯】偉大而聖哲的虞帝，用以告戒百官，命令大家要謹慎小心。用龍做納言，這是執掌機密的近臣。傳達王的命令，是王的喉舌聲音。獻納善言而宣揚美德，要挫敗讒言邪說浸淫。使我的目力明亮，使我的聽覺靈敏。每天要起早貪黑，講求誠信，講求恭謹。所以君子居住家中，說出的話語如一陣陣清風，能感化千里之外的人民。傳播王的偉大號令，令萬國平安治理而又舒展張伸。《春秋》譏刺晉襄公洩漏臣下之言，《易經》稱說君主不保守機密就要失去人臣。〈兌〉卦以其和悅為吉利，〈巽〉卦則以頻蹙憂戚為鄙吝。《尚書》稱頌那個明字，反覆說著那個鄰近。過去秦王朝崇尚權變狡詐，任用的官吏不是賢人。趙高的符璽暗中發出，扶蘇就在上郡喪命。一個奸臣違反命令，整個王朝就要變成廢墟。欺淩和福澤出自同一個門道，其失誤全取決於人君。尚書之臣主管王命，請將此理告知皇帝身邊的侍臣。

大司農箴

【題解】大司農，官名，九卿之一。秦稱治粟內史，掌穀貨。漢景帝後元年更名大農令，漢武帝太初元年更名大司農，屬官有太倉、均輸、平準、都內、籍田五令丞，掌管租稅錢穀鹽鐵等事。〈大司農箴〉首先說明錢穀是人民生活的根本，國家經濟的命脈。自后稷懋遷有無，旁求衣食，歷二帝三王，都重視農殖，因而國富民安。但從周王朝末年開始，忽視農業，國庫空虛，秦王朝賦稅太重，民不聊生，從而導致亡國。因此〈大司農箴〉告戒統治者要認真總結歷史上正反兩方面的經驗教訓，注重發展農業，加強貨殖。

時①維②大農③，爰④司⑤金穀⑥。自京⑦徂⑧荒⑨，粒民⑩是斛⑪。肇⑫自厥⑬初，實施⑭惟食。厥僚⑮后稷⑯，有無遷易⑰。實⑱均⑲實贏⑳，惟都㉑作程㉒。旁㉓施衣食，厥民攸㉔生。上稽㉕二帝㉖，下閱㉗三王㉘。什一㉙而征，為民㉚作常㉛。遠近貢篚㉜，百則㉝不忘。帝王之盛，實㉞在農殖㉟。季周㊱爛熳㊲，而東作㊳不敕㊴。膏腴㊵不穫㊶，庶物㊷並荒㊸。府庫殫㊹虛，靡㊺積倉箱㊻。陵遲㊼衰微，周㊽

卒㊾以亡。秦收大半㊿，二世(51)不瘳(52)。泣血(53)之求(54)，海內(55)無聊(56)。農臣司均(57)，敢告執絲(58)。

【注釋】❶時 代詞。是；此。❷維 連繫動詞。為；是。❸大農 即大司農。❹爰 句首助詞。無義。❺司 主管；執掌。❻金穀 金錢和糧食。❼京 京師；京城。❽徂 往；到。❾荒 荒服。荒涼極遠之地，五服中最遠的地方。❿粒民 以穀物養活民眾。粒，以穀米為食。⓫斛 量器名。十斗為斛。用作動詞，謂依賴斗斛。⓬肇 開始。⓭厥 其。⓮施 給予。⓯僚 執役服事的人。即官吏。⓰后稷 古代農官名。虞舜時的后稷是棄，姓姬氏，周族的祖先。相傳其母曾欲棄之不養，故名曰棄。從小喜耕種，虞舜任為農官。他教民稼穡，樹藝五穀，五穀熟而民人育。舜封之於邰。⓱有無遷易 《尚書・益稷》：「暨稷播，奏庶艱食鮮食，懋遷有無化居。」意謂后稷播種五穀，進於眾人難得食處，又決川得魚鱉以供鮮食，又勸天下徙有之無，交易其所居積。為此語所本。有無，謂此地所有，彼處所無的物產。遷易，遷徙運輸而進行交易。⓲實 是。⓳均 調節。⓴羸 盈餘；剩滿。㉑都 聚積；匯集。㉒程 法式；章程。㉓旁 普遍；廣泛。㉔攸 句中助詞。無義。㉕稽 考核；考察。㉖二帝 指唐堯帝、虞舜帝。㉗閱 考核；觀察。㉘三王 指夏禹王、商湯王、周文王。㉙什一 十分抽一的稅率。㉚為民 給民眾。㉛常 常法；常典。指經常不變的法則。㉜貢篚 進貢的篚。篚，竹器。方曰筐，圓曰篚，古代盛貢品的器具。㉝則 原校云：「《藝文類聚》作姓。按《古文苑》亦作姓。」㉞實 都；皆。㉟農殖 農耕和貨殖。殖，貨殖；經商。居積財物，經營生利。㊱季周 周王朝末年。㊲爛熳 同「爛漫」。散亂；衰敗。㊳東作 春耕生產；農業生產。㊴敕 整飭；整頓完備。㊵膏腴 言肥沃的土地。㊶穫 收割；收成。㊷庶物 眾物；萬物。㊸荒 廢棄；荒廢。㊹殫 盡。庫殫下原校云：「《藝文類聚》作藏單。」按藏，即庫藏。與庫義同。單，借作「殫」。義亦同。㊺靡 無。㊻倉箱 《詩・小雅・甫田》：「乃求千斯倉，乃求萬斯箱。」《箋》云：「成王見禾穀之稅委積之多，於是求千倉以處之，萬車以載之，是言年豐收入踰前也。」後因以倉箱比喻豐收。倉，貯藏穀物之處。箱，車箱。此句《藝文類聚》作「靡積靡倉」。㊼陵遲　衰落；敗壞。㊽周　周王朝。㊾卒　終於。㊿大半　《漢書・食貨志》：「收泰半之賦。」顏師古曰：「泰半，三分取其二。」大半，即泰半。言收取三分之二的賦稅。(51)二世　秦二世。(52)瘳　減損。(53)泣血　因悲痛過度而無聲的哭泣。(54)求　苛求。(55)海內　四海之內。指整個天下。(56)無聊　無所依賴；無以為生。(57)司均　執掌均平。指平均賦稅。(58)繇　同「傜」。傜役；力役。這裡指服勞役的人。

【語譯】這就是大司農，掌管全國的金錢與穀物。從京城直至荒遠的邊地，養活民眾就依靠這計量糧食的斗斛。自從那最初開始，施與百姓的就是糧食。那官吏名叫后稷，此有彼無，則遷徙運輸而進行交易。平均調節盈餘過剩，給聚積定下了法式章程。廣泛地求索衣食，那民眾才能夠生存。向上考察堯帝、舜帝，向下觀察夏禹、商湯、周文王三王。征取十分之一的賦稅，給百姓定下了不變的規章。按路程的遠近規定進貢的筐篚，上百種物品都不會遺忘。帝王的強盛，全在農耕與貨殖。到周王朝的末世散亂衰敗，農業生產不加整飭。膏腴的土地上沒有收成，各種作物一併拋荒。國庫耗盡而空虛，倉庫裡沒有糧食收藏。就這樣敗壞衰落下去，周王朝終於走向滅亡。秦王朝收取三分之二的賦稅，秦二世也不稍加減損。面對百姓哭泣而至於流血的苛求，整個天下都無以為生。主管農業的大臣來主持平均賦稅，就請將這些歷史告知皇帝身邊服役的僕從。

侍(ㄕˋ)中(ㄓㄨㄥ)箴(ㄓㄣ)

【題解】侍中，官名。秦始置，員五人，來往殿內東廂奏事，故曰侍中。漢沿用，為列侯以下至郎中的加官，無定員，多至數十人，侍從皇帝左右，出入宮廷，應對顧問。地位漸形重要，權勢過於宰相。

〈侍中箴〉殘缺過甚，其內容已無由窺知。

光(ㄍㄨㄤ)光(ㄍㄨㄤ)❶常(ㄔㄤˊ)伯(ㄅㄛˊ)❷，儵(ㄕㄨˋ)儵(ㄕㄨˋ)❸貂(ㄉㄧㄠ)璫(ㄉㄤ)❹。

【注釋】❶光光　光明顯耀。❷常伯　周官名。以從諸伯中選拔而名。漢時稱侍中為常伯。❸儵儵　光耀之貌。❹貂璫　漢代侍中冠上的兩種飾物。璫，冠上飾物，以金為之，當冠前，附以金蟬，稱貂璫。

【語譯】光明顯耀的侍中之職，熠熠生輝的貂璫之冠。

光祿勳箴

【題解】光祿勳，官名。秦置郎中令，掌宮殿門戶。漢武帝太初元年更名光祿勳。屬官有大夫、郎、謁者。大夫掌議論，有太中大夫、中大夫、諫大夫，皆無員額，多至數十人。郎掌守門戶，出充車騎，有議郎、中郎、侍郎、郎中，皆無員，多至千人。謁者掌賓讚受事，員七十人。

光祿勳是警衛宮廷的重要官職。〈光祿勳箴〉首先說明了宮廷警衛的重要。從開始營造宮廷，就分為宮中宮外，設衛士周衛皇宮。接著敘述夏桀、商紂，荒淫無度，縱酒淫樂，導致門衛荒亂，人員混雜，甚至成為罪犯的避難之所。因此，〈光祿勳箴〉告戒統治者，「內不可不省，外不可不清」，應該嚴肅宮廷內外的差別，從而使「德人立朝，議士充庭」，使國家走上正常的軌道。

經❶兆❷宮室，畫為中外❸，廊❹殿❺門❻闥❼，限❽以禁衛❾。國❿有固衛⓫，人有藩籬⓬，各有攸保⓭，守以不歧⓮。昔在夏殷⓯，桀紂⓰淫湎⓱，特牛⓲之飲，門戶荒亂⓳。郎⓴雖執戟㉑，謁者參差㉒，殿中成市，或室內鼓鼙㉓。忘其廊廟㉔，而聚夫㉕逋逃㉖，四方多罪㉗，載㉘號㉙載呶㉚。內不可不省㉛，外不可不清㉜。德人立朝，義士充庭。祿臣司光，敢告執經㉝。

【注釋】❶經 籌劃；經營。❷兆 開始。❸中外 指宮中宮外。❹廊 室外有頂的過道，稱走廊。❺殿 帝王所居及朝會之所。❻門 宮門。❼闈 禁闈；宮中的小門。❽限 限止。❾禁衛 指對宮廷的警備保衛。原校云：「《古文苑》作界。」按界，界限，亦通。❿國 國都；城邑。⓫固衛 堅固的警衛。固，原校云：「《古文苑》作周。」周衛，《周官》有周廬之衛。謂衛士之廬舍周匝王宮。於義更順。⓬藩籬 以竹木編成的籬笆，為房舍的外蔽。⓭攸保 所保；保衛的處所。⓮岐 岔道；二出之道，引申為二。《爾雅・釋道》：「（道）二達曰岐旁，物兩曰岐，在邊曰旁。」故岐有二義。⓯夏殷 夏王朝、殷商王朝。⓰桀紂 夏桀王、商紂王。⓱淫湎 沉迷於酒。⓲特牛 公牛。特，公牛。劉向《新序》：「桀為酒池糟隄縱靡靡之樂，一鼓而牛飲者三千人。」為特飲之所本。按特牛，《初學記》作「持牛」，持當為特之誤。又按特，字當作「抵」，謂以手據地如牛飲水，於義更順。⓳荒亂 謂門廷之禁衛荒廢混亂。⓴郎 官名。戰國時始置，秦漢時直宿衛，屬郎中令，有侍郎、郎中，為侍從之職。夏商無郎官，此藉用耳。㉑執戟 謂手持戟而警衛。戟，古代兵器名。合戈矛為一體，可以直刺和橫擊的武器。㉒謁者參差 言晉見者魚龍混雜，參差不齊。謁者，晉見的人。參差，參差不齊。㉓鼓鼙 樂器。大鼓和小鼓。本進軍時敲擊以激勵戰士，此指擊鼓讙噪作樂。此句下原校云：「《古文苑》作或鼓或鼙。」按語義相同。㉔廊廟 古代帝王議論政事的地方。因以廊廟代指朝廷。廊，殿四周的走廊。廟，太廟。㉕夫 指示代詞。那些。㉖逋逃 指逃亡的罪人。㉗多罪 謂犯有多種罪惡的人。㉘載 語首助詞。無義。㉙號 大聲喚叫。㉚呶 喧鬧聲。㉛省 察看；省察。㉜清 純淨；肅清。㉝經 猶「綱」。指國家的綱要命脈。

【語譯】自從開始營造宮室，就畫分為宮中宮外。走廊大殿門戶禁闈，就用戒備警衛加以限制。皇宮有周圍衛士的廬舍警衛，民戶有竹木編成的籬笆保護。各自有保衛的地方，小心保護不分散注意。過去在夏朝和殷朝，夏桀王和商紂王在酒色中沉湎。像公牛喝水一般地飲酒，門戶的警衛就荒廢混亂。雖有郎官持戟警衛，晉見的人卻是參差不齊。宮殿裡成了市集，有時在室內卻如戰場上擊鼓敲鼙。忘記了這裡是朝廷重地，卻聚集了那些逃亡的罪犯。各地方犯有多種罪惡的人，在這裡大聲喧鬧，大聲叫喚。宮內不可以不省察，宮外不可以不肅清。有德之人站立朝廷之上，正義之士充滿內庭。擔任光祿勳的臣下主持光祿的事務，請將這些情況，告知皇帝身邊執掌國家命脈的大臣。

大鴻臚箴

【題　解】大鴻臚，官名。秦置典客，掌諸歸義少數民族，有丞。漢景帝中元六年更名大行令，漢武帝太初元年更名大鴻臚，掌管接待少數民族和賓客等事務，為九卿之一。

〈大鴻臚箴〉沒有敘及大鴻臚的執掌，而是就設官授職著筆來寫。首先敘及唐虞時的設官分職。那時能夠舉賢授能，因而「主以不廢，官以不隳」。接著敘及夏商的季世，「人失其材，職反其官」，以致官場混亂，職官荒廢。最後告戒統治者，任官授職，「大小上下，不可奪倫」。這種寫法在揚雄的官箴裡是比較特殊的。

蕩蕩❶唐虞❷，經❸通垓極❹。陶陶❺百王，天工人力❻。畫為上下❼，羅條❽百職❾。人有材能，寮❿有級差⓫。遷能⓬授官，各有攸宜⓭。主以⓮不廢⓯，官以不隳⓰。昔在三代⓱，二季⓲不蠲⓳。穢德慢⓴道，署㉑非其人。人失其材，職㉒反其官。寀寮㉓荒耄㉔，國政如漫㉕。文不可武，武不可文。大小上下，不可奪倫㉖。鴻臣司爵㉗，敢告在鄰㉘。

【注　釋】❶蕩蕩　廣大；廣遠。❷唐虞　唐堯、虞舜。❸經　常道。指常行的義理、法制、原則等。❹垓極　荒遠的地方。垓，八極；極遠的地方。❺陶陶　和樂貌。❻天工人力　《尚書・皐陶謨》：「無曠庶官，天工人其代之。」言天的職能用人的力量來代替它。天工，天的職能。人力，人的力量、能力。❼上下　指上級下級不同的官位。❽羅條　排列而條理化。羅條下原校云：「《藝文類聚》作該羅。」按該羅為全部羅列之意，於義亦通。❾百職　多種職務。❿寮　通「僚」。官吏。⓫級差　級別的差異。差，不相合；不相同。⓬遷能　提拔有才能的人。⓭攸宜　所宜；適宜的位置。⓮以　因；因此。⓯廢　廢除；廢棄。⓰隳　毀壞。⓱三代　指夏、商、周三代。⓲二季　指夏、商的末世。即夏桀王、商紂王的時期。⓳不蠲　言昏濁。蠲，通「涓」。清潔。⓴慢　怠慢；輕忽。㉑署　布置；部署。這裡指部署的官吏。㉒職　職守；職務。指分內應執掌之事務。㉓寀寮　官吏。《爾雅・釋詁》：「寀、寮，官也。」㉔荒耄　荒唐昏亂。㉕漫　無檢束；敗壞。㉖奪倫　擾亂次序。奪，亂。倫，道理；次序。㉗爵　爵位；官爵。㉘鄰　親；近。指帝王左右之人。

【語　譯】廣大無邊的唐堯虞舜，常行的義理通向四方的極遠之地。和樂歡愉的所有王侯，用人力取代了天的職位。畫分出上下不同的級別，羅列而條理化為多種職務。人有不同的材智能力，官有級別的差異。提拔能人授與官職，各有適宜的位置。君主因此而不被廢棄，官位因此而不致毀壞。昔日在夏、商、周三代，夏商二代末世的桀紂污濁昏瞶。弄髒了德行怠慢了至道，建置的官吏不是那賢能的人士。人失去了他們的才智，職務跟他們的官位亦不相一致。官吏一個個荒唐昏亂，國家的政治如漫天洪水不可檢束。文才不可以擔任武事，武將不可以勝任文職。大官小官上級下級，不可以擾亂了一定的次序。擔任大鴻臚的臣下主管官爵，請將這番道理告知皇帝的左右。

宗正卿箴

【題　解】宗正，秦官，漢仍之，漢平帝元始四年更名為宗伯，掌管王室親族的事務。有丞，屬官有都司空令丞、內官長丞。

王族宗室，特別是太子，是中國從奴隸制到封建制宗法社會的基石。〈宗正卿箴〉就以宗室特別是太子對國家治亂的重要關係為中心來寫。它從帝堯置立宗伯以親九族開始寫起，寫到夏太康、晉獻公、宋宣公、齊桓公、周襄王、魯桓公、秦始皇。這裡有反面的教訓，也有正面的典型。從而告戒統治者要重視宗室，特別是太子的地位，否則必然出現爭奪政權的混亂。

巍巍帝堯，欽親九族，經哲宗伯❶。禮❷有攸訓❸，屬❹有攸籍❺。各有育子❻，
代❼以❽不錯❾。昔在夏時，少康不恭❿。有仍⓫二女，五子家降⓬。晉獻悖統⓭，
宋宣亂序⓮。齊桓不胤，而忘其宗緒⓯。周譏戎女⓰，魯喜子同⓱。高⓲作秦祟⓳，
而扶蘇⓴被凶㉑。宗廟㉒荒墟，魂靈㉓靡㉔附。伯臣司宗，敢告執主㉕。

【注　釋】❶巍巍帝堯三句　《尚書·堯典》：「克明俊德以親九族」，孔《傳》云：「能明俊德之士任用之

以睦高祖玄孫之親。」為此二語所本。巍巍，高大貌。欽，敬。九族，一說認為是同姓親族，即從己算起，上至高祖，下至玄孫為九族；一說為異姓親族，即父族四，母族三，妻族二。經，經營；籌劃。哲，哲人；明智的人。宗伯，官名。古代六卿之一，掌邦國祭祀典禮，兼掌宗室。❷禮　禮儀；典禮。❸攸訓　所訓；教誨訓練的地方。宗伯為掌禮之官，有宗伯則禮有所訓。❹屬　宗族；親屬。❺攸籍　所籍；登記管理的地方。籍，登記入簿。❻育子　即胄子。古代帝王與貴族的長子。在宗法社會，只有嫡長子能繼承父親世業，稱大宗。❼代　世代。父子相傳叫一代。❽以　因；因此。❾錯　雜亂；錯亂。❿少康不恭　太康繼啟即位，貪於田獵。畋於洛水之外，十旬弗反。有窮氏首領后羿，因民弗忍，拒之於河，奪去王位。事見《尚書・五子之歌》。少康，當作太康。《古文苑》正作太康。太康，夏朝帝王，夏啟王之子。不恭，不肅敬；不恭謹。⓫有仍　古國名。夏帝相妃后緡為有仍氏女，有窮君澆滅帝相，后緡懷孕在身，逃歸有仍而生少康。少康曾為有仍氏牧正、有虞氏庖正。有虞氏妻之以二姚，邑之於綸，有田一成，有眾一旅。後與夏遺臣靡發動有鬲氏攻殺寒浞，恢復夏朝統治。事見《左傳・哀公元年》。⓬五子家降　據《尚書・五子之歌》：太康失國之後，其弟五人載其母以從，在洛水邊等待太康，五子咸怨，乃述大禹之戒而作〈五子之歌〉。五子，夏太康的五個弟弟。家降，家鬨。家庭內部發生爭執。降，借作「鬨」。爭鬥。⓭晉獻悖統　晉獻公聽信驪姬讒言，逼死太子申生，逼走公子重耳、夷吾，而立驪姬之子奚齊為太子。獻公卒，奚齊立，被大夫里克殺死，又立驪姬次子卓子，又被里克殺死，而立公子夷吾，是為晉惠公。晉獻公因廢太子申生而使晉國陷於混亂者將近十年。晉獻，晉獻公。春秋時晉國國君，姬姓，名詭諸，晉武公之子，在位二十六年（西元前六七六～前六五一年）。悖，逆亂。統，世代相繼的系統。⓮宋宣亂序　宋宣公打亂父死子繼的次序而改立其弟，使宋國國統多次發生變化。宋宣，宋宣公。春秋時宋國國君，子姓，名力，宋武公之子，在位十九年（西元前七四七～前七二九年）。亂序，宋宣公臨死前，不立其子公子與夷而讓其弟和。宣公卒，弟和立，是為宋穆公。宋穆公卒，又不立其子公子馮，而反政於其兄子公子與夷，是為宋殤公。後華督弒殤公，又立穆公子公子馮，是為宋昭公。⓯齊桓不胤二句　據《左傳・僖公十七年》載：齊桓公有夫人三個，皆無子，而內寵如夫人者有六人，生公子五人。齊桓公與管仲囑託公子昭於宋襄公以為太子，後又答應衛共姬立公子武孟為太子。管仲死，五公子皆求立，齊桓公死，五公子爭立，齊桓公屍體六十日未埋葬，以致屍蟲出戶，引起齊國內亂，使齊國勢力一蹶不振。齊桓，齊桓公。姜姓，名小白，春秋時齊國國君，春秋五霸之首，在位四十三年（西元前六八五～前六四三年）。不胤，不立繼嗣。胤，嗣；後代。宗緒，宗族世代相傳的基業。⑯周譏戎女　《左傳・僖公二十四年》載，周襄王以狄師伐鄭，王德狄人，以其女為后。後狄后又與王子帶私通，周襄王又廢掉狄后，狄師奉王子帶以攻周襄王，大敗周師，王出適鄭，處於氾，引出一場混亂。《春秋》書曰：「天王出居於鄭」。《春秋穀梁傳》曰：「天子無出。出，失天下也。」說襄王出奔是失天下，即譏刺之意。⑰魯喜子同　《春秋公羊傳・桓公六年》載：「九月丁卯，子同生。子同生者孰謂？謂莊公也。何言乎子同生？喜有正也。」魯桓公生嫡長子，《春秋》書曰：「子同生」。《公羊傳》解釋《春秋》之意是喜有正嗣。同，魯桓公之子魯莊公之名。⑱高　趙高。秦朝宦官，任中車府令，兼行符璽令事。⑲祟　災禍。⑳扶蘇　秦始皇長子。因諫阻秦始皇焚書坑儒等事，觸怒秦始皇，被派往上郡監蒙恬兵。㉑被凶　秦始皇死後，趙高與胡亥、李斯合謀，篡改秦始皇遺詔，賜死扶蘇，立公子胡亥為秦二世。㉒宗廟　古代帝王祭祀祖先的處所。古代帝王把天下據為一家所有，世代相傳，故以宗廟作為王室、國家的代稱。㉓魂靈　即靈魂。指人死後離開肉體的看不見的精氣。㉔靡　無。㉕執主　掌宗廟之木主者。主，人死後，將其姓名書寫在木牌上，用以供奉，稱木主。

【語　譯】崇高的堯帝，恭敬地親近九族，設置了哲人掌管的官位——宗伯。禮儀有了培訓的地方，親屬也有了登記在冊的處所。各代都有嫡長子，世系因此不會錯亂。過去在夏朝的時候，夏太康極不嚴肅恭謹。有仍氏的兩個女兒，兄弟五人在家裡抱怨。晉獻公逼死太子申生而打亂了世代相傳的宗法系統，宋宣公立其弟和而擾亂了宋國傳位的秩序。齊桓公不預先確立繼位的子嗣，而忘記了那宗族代代相傳的基業。《春秋》譏刺周襄王立戎女為后，慶賀魯桓公得了嫡長子名叫同。趙高成了秦王朝的災禍，使公子扶蘇遭到自殺的災凶。秦王朝的祖廟變成了荒涼的廢墟，秦始皇的靈魂也沒有了依附。做宗伯的臣子主管宗室，請將這些歷史告知替皇帝執管宗廟木主的人士。

衛尉箴

【題解】衛尉，官名。秦置，漢仍之，為九卿之一。漢景帝初更名中大夫令，後元年復為衛尉。職務是掌管宮門警衛。

〈衛尉箴〉從山川設險寫起，寫到帝王修築城闕宮殿，嚴肅警衛，也是為了預防不測的突發事件。在過去警衛工作「官得其人」，因此「中外以堅」。自齊桓公廢除宿衛之制而被曹沫劫持，秦始皇不准持戟者上殿而有荊軻行刺，秦二世妄宿望夷宮而被閻樂殺死。這些事件都是放鬆警衛的惡果。〈衛尉箴〉因此告戒統治者，要吸取歷史上這些慘痛的教訓，而加強警衛。

茫茫❶上天，崇高❷其居。設置山險，畫❸為防禦❹。重❺垠❻累❼垓❽，以難❾不律❿。闕⓫為城衛，以待暴卒⓬。國以⓭有固⓮，民以有內⓯。各保其守，永修⓰不敗。維昔庶僚⓱，官得其人⓲。荷戈而歌，中外以堅⓳。齊桓怵惕，宿衛不敕⓴。門㉑非其人，戶㉒廢其職。曹子摽劍，遂成其詐㉓。軻挾匕首，而衛人不寤㉔。二世妄宿，敗於望夷，閻樂矯詔，戟者不推㉕。尉臣司衛，敢告執維㉖。

【注　釋】❶茫茫　曠遠貌。❷崇高　即高。用作使動詞，加高；使之高。❸畫　劃分。原校云：「《文選・西都賦》注作盡。」❹防禦　防守抵禦。指可據以防守的險阻。❺重　重疊。❻垠　界限；邊際。❼累　重疊。❽垓　荒遠之地。❾難　不容易。用作動詞，使之難；難倒。❿不律　不馴順不守法的人。⓫闕　城樓。用作動詞，修建城樓。⓬暴卒　兇暴的人。⓭以　因此；因。⓮固　堅固；堅牢；難攻易守。⓯內　內室。⓰永修長久。修，長。⓱庶僚　眾官。⓲人　賢人。⓳荷戈而歌二句　謂王在宮中則有居衛，在外則有行衛，皆堅密而整備。荷，扛；肩。戈，兵器名。中，謂在宮中。外，謂出在外。堅，堅固嚴密。⓴齊桓怵惕二句　《古文苑》章樵注：「齊桓怵惕於功利，作內政之法，而成周宿衛之制盡廢。」齊桓，齊桓公。春秋五霸之一。怵惕，戒懼；恐懼。宿衛，在宮中值宿，擔任警衛。敕，整飭；整頓。㉑門　指門的守衛。㉒戶　指門戶的守衛。㉓曹子摽劍二句　事見《史記・刺客列傳》。曹子，指曹沫。春秋時魯國人。魯莊公以曹沫為將，與齊戰，三敗北。魯莊公懼，乃獻地請和，復以曹沫為將。摽劍，舉劍；揮劍。成其詐，齊桓公與魯莊公會於柯而盟，桓公與莊公既盟於壇上，曹沫執匕首劫持齊桓公，桓公乃許盡歸魯之侵地，曹沫乃投其匕首而就臣位，顏色不變。㉔軻挾匕首二句　據《史記・刺客列傳》載：荊軻奉燕太子丹之命行刺秦王。荊軻至秦，秦王在咸陽宮接見。荊軻進燕督亢之地圖，圖窮而匕首見，荊軻持以刺秦王，秦王起身環柱而走。群臣皆愕，猝起不意，盡失其度。諸郎中執兵皆陳殿下，非有詔召不得上。後秦王拔劍擊軻，荊軻左股斷，引匕首以擿秦王，不中。秦王遂殺軻。軻，荊軻。戰國末衛國人，好讀書擊劍，游於燕，田光薦於燕太子丹，拜為上卿。挾，夾持。匕首，短劍。頭似匕，故名。衛人，警衛人員。不寤，不知所為。㉕二世妄宿四句　據《史記・秦始皇本紀》載，二世夢白虎齧其左驂馬，卜為涇水為祟，二世乃齋戒於望夷宮，欲祠涇。趙高令其女婿閻樂將吏卒千餘人至望夷宮殿門，斬衛令，直將吏入，二世召左右，左右皆惶擾不鬥。閻樂麾其兵進，二世自殺。二世，秦二世。名胡亥，秦始皇少子。秦始皇死，他與趙高、李斯合謀，篡改秦始皇遺詔，賜死扶蘇，得襲位為秦二世，在位三年（西元前二〇九～前二〇七年）。妄宿，隨便住宿；亂宿衛。望夷，望夷宮。秦宮名，以臨渭水，可以望北夷，故名。

故址在今陝西涇陽縣東南。閻樂，人名。趙高女婿，任咸陽令。矯詔，詐稱皇帝詔書。矯詔下原校云：「《古文苑》作矯搜。」按矯搜謂矯詔搜索，於義更順。戟者，持戟警衛的人。不推，言不進擊。推，《古文苑》作「誰」。謂不呵問是誰，亦通。㉖執維　猶執綱。謂執掌國家綱維命脈的大臣。

【語　譯】廣大無邊的上天，其居處十分高遠。在大地設置山川險阻，劃分為防禦的地險。重重疊疊的界限與阻隔，用以使不法之徒感到為難。建築城樓作為城廓的警衛，用來對付兇暴的不逞之徒。國家有用來堅守的保障，民眾有用來作為內室的保護。各自保有自己的守衛，永久地站在不敗的去處。在往昔所有官吏，官職都得到了賢才英豪。衛士扛著戈矛放聲歌唱，居在宮中或出行在外都警衛得嚴密堅牢。齊桓公驚懼於功利，直宿警衛不加整飭。門庭的警衛既非恰當的人才，戶門的守護也廢棄了他的職守。曹沫高舉寶劍，於是成就了他的奸詐。荊軻夾帶匕首來到秦廷，警衛的人員不知所措。秦二世胡亂住宿，終於敗死在望夷宮裡。閻樂假傳皇帝的詔命，持戟的衛士不願進擊。衛尉臣擔任警衛，請將這一切告知替皇帝執掌國家命脈的臣子。

太僕箴

【題解】太僕，官名。《周禮・夏官》有太僕，掌正王之服位，出入王之大命。秦、漢時為九卿之一，掌輿馬及牧畜之事，有兩丞。屬官有大廄、未央、家馬三令。

〈太僕箴〉首先說明太僕的職責是供給車馬。接著敘述有關車馬的史實，從二帝巡狩、武王伐紂、后羿淫田、齊景公好馬，到《詩・魯頌・駉》以馬起興歌頌魯僖公、孔子問人不問馬和孟子惡夫肥馬，說明車馬是重要交通工具和戰爭武備，不可不有。但過分迷戀車馬，沉迷於馳騁田獵，是要不得的。人與馬比，還是人最重要，首先要關心的是人。從而提醒統治者注意處理好人與馬這二者的關係。

肅肅❶太僕，車馬是❷供。鏘鏘❸和鑾❹，駕彼時龍❺。昔在二帝❻，巡狩四宅❼。王用三驅❽，前禽❾是射❿。紂⓫作不令⓬，武王⓭征殷⓮。檀車孔夏，四騵孔昕⓯。僕夫⓰執鞗⓱，載⓲騂⓳載駰⓴。我輿㉑云㉒安，我馬云閑㉓。雖馳雖驅㉔，匪㉕逸㉖匪愆㉗。昔有淫羿㉘，馳騁忘歸。景公㉙千駟㉚，而淫於齊㉛。《詩》好牡馬，牧於坰野㉜。輦㉝車就牧㉞，而詩人與魯㉟。廄焚問人，仲尼厚醜㊱。孟子蓋惡夫廄多肥馬，而野有餓殍㊲。僕臣司駕㊳，敢告執皁㊴。

【注釋】❶肅肅　恭謹嚴正。❷是　結構助詞，助成賓詞倒置。無義。❸鏘鏘　象聲詞。此為車上鑾鈴的響聲。❹和鑾　車鈴。在軾曰和，在鑣曰鑾。❺時龍　指駿馬。馬八尺以上為龍。《易・乾・彖辭》：「時乘六龍以御天。」天子車用六馬，故曰時龍。❻二帝　指堯帝和舜帝。❼巡狩四宅　《尚書・舜典》：歲二月東巡守，至於岱宗；五月南巡守，至於南岳；八月西巡守，至於西岳；十一月朔巡守，至於北岳。是謂巡狩四宅。巡狩，帝王離開國都巡視境內。四宅，四居。言四方可居之地。❽三驅　《易・比》卦：「王用三驅，失前禽。」三驅之意，有二說，一說謂三面驅禽，舍其一面，即網開一面，以示好生之德。一說三驅者，一為乾豆，二為賓客，三為充君之庖。❾禽　鳥獸之總稱。❿射　原校云：「《藝文類聚》作失。」按《易・比》正作失。孔《傳》云：「夫三驅之禮，禽逆來趨己則舍之，背己而走則射之，愛於來而惡於去也，故其所施常失前禽也。」據此，當以失為是。⓫紂　商紂王。⓬令　善。⓭武王　周武王。姬姓，名發，周文王之子。⓮殷　商朝始祖契封於商，至湯伐滅夏桀，因以商為國號。傳至盤庚，遷都殷，因此又稱殷。後來或殷商互舉，或殷商連稱。⓯檀車孔夏二句　《詩・大雅・大明》：「檀車煌煌，駟騵彭彭，維師尚父，時維鷹揚，涼彼武王，肆伐大商。」為此二句所本。檀車，檀木之車。古時車輪多以檀木為之。孔，甚；很。夏，大。《方言》一：「自關而西，秦晉之間，凡物之壯大者而愛偉之，謂之夏。」騵，赤毛白腹的馬。昕，鮮明；明亮。⓰僕夫　駕車的人。⓱俸　轡頭；馬韁繩。⓲載　語助詞。無義。⓳騂　赤色馬。⓴駰　淺黑雜白的馬。㉑輿　指車。㉒云　句中助詞。無義。㉓閑　通「嫻」。熟練。㉔雖馳雖驅　趕馬奔跑。㉕匪　非；不。㉖逸　狂奔。㉗愆　過失。指馬亂跑而不聽控制。㉘淫羿　事見《左傳・襄公四年》。后羿淫於原獸，故稱淫羿。淫，過度；過分。羿，后羿。相傳為夏朝帝相時有窮氏國君，他取代夏政，恃其善射，淫於田獵，後被其相寒浞所殺。㉙景公　齊景公。姜姓，名杵臼，春秋時齊國國君，在位五十八年（西元前五四七～前四九〇年）。好治宮室，聚狗馬。㉚千駟　古代一般是一車四馬，稱一駟。千駟，即四千匹馬。㉛淫於齊　齊景公好宮室狗馬，厚賦重刑，奢侈無度，民心離散，加以田氏勢力日盛，公室日卑，晏嬰嘆為季世，故曰淫於齊。淫，惑亂。㉜詩好牡馬二句　《詩・魯頌・駉》：「駉駉牡馬，在坰之野。」為此語所本。詩，指《詩經》。儒家五經之一，為我國最早的詩歌總集。共收西周初年至春秋中期的民歌與朝廷宗朝樂歌共三百十一篇，其中六首笙詩有聲無辭。分為風、小雅、大雅、頌等部分。好，喜愛。牡馬，公馬。牧，放牧；放養牲畜。坰野，郊野。㉝鞏　拉車。㉞就牧　前往放牧。㉟詩人興魯　《詩・魯頌・駉序》云：「〈駉〉，頌魯僖公也。僖公能遵伯禽之法，儉以足用，寬以愛民，務農重穀，牧于坰野。魯人尊之，於是季孫行父請命于周，而史克作是頌。」即詩人興魯之意。興魯，謂以牡馬起興而歌頌魯僖公。興，詩歌即景生情的表現手法。為《詩》六義（風、賦、比、興、雅、頌）之一。㊱廄焚問人二句　《論語・鄉黨》：「廄焚。子退朝，曰：『傷人乎？』不問馬。」說明孔子對人的重視。廄，馬圈；馬棚。仲尼，即孔子。名丘，字仲尼。醜，通「儔」。同類。這裡指人。㊲孟子蓋惡夫廄多肥馬二句　《孟子・梁惠王上》：「庖有肥肉，廄有肥馬，民有饑色，野有餓殍，此率獸而食人也。」說明孟子對草菅人命者的憎惡。孟子，名軻，字子輿，戰國時鄒國人。先秦時著名思想家，儒家學派的亞聖。惡，憎恨。夫，指示代詞。那。殍，餓死的人。㊳駕　車駕；帝王的車乘。㊴皁　差役；僕役。

【語　譯】恭謹嚴肅的太僕，供給皇帝的車馬。車鈴發出鏘鏘的響聲，駕著那六匹駿馬。過去的唐堯與虞舜二帝，出外巡視四方的國土。帝王採用開一面圍三面的三驅之禮，放走那朝已奔來的馴服的禽獸。商紂王多行不善，周武王討伐殷商。檀木戰車非常高大，四匹赤毛白腹的馬非常鮮明。駕車的武士拿著馬韁繩，有的馬緋紅，有的馬則黑白混雜。我的戰車安穩，我的戰馬調習嫻熟。雖然是放馬奔馳，卻不狂奔亂跑而有法度。過去有個過度的后羿，忘了歸朝而四出馳騁田獵。齊景公有馬四千匹，卻擾亂了齊國。《詩經》上贊揚公馬，放牧在郊區的原野。拉著車前往放牧，詩人就即景生情贊揚魯國。馬圈燒毀只問：「傷了人嗎？」孔夫子看重的是同類。孟夫子憎惡那些馬圈裡有肥馬，而野外有餓死的屍骸的統治者。太僕之臣主管車駕，請將這些事實告知皇帝身邊的僕役。

廷尉箴

【題　解】廷尉，官名。秦置，掌管刑獄，九卿之一。漢承秦制，秩中二千石。漢景帝中元六年更名大理，漢武帝建元四年復為廷尉。

刑獄是國家實行專政的重要工具。刑獄太寬，不足以震懼罪犯；刑獄太重，則又會使百姓無所措手足。總的原則應該是適得其中。〈廷尉箴〉就根據歷史事實，總結正反兩方面的經驗，提出要慎刑。舜命皋陶為士，制五刑以罰有罪而民不回僻，周穆王命呂侯作〈呂刑〉，而得其刑罰之中，這是正面典型。紂作炮烙之刑以墜人於淵，秦酷其刑罰以致刑者半道，這種法外之刑就失去民心，這是反面教訓。從而告戒統治者應當慎刑不要殘民以逞。「殷以刑顛，秦以酷敗」，這是揚雄向統治者提出的警告。

天降五刑❶，維夏之績❷。亂❸茲❹平民，不回❺不僻❻。昔在蚩尤，爰作淫刑，延於苗民❼，夏氏不寧❽。穆王耄荒，甫侯伊謀❾，五刑訓天❿，周以阜⓫基⓬。厥⓭後陵遲⓮，上帝⓯不孤⓰。周輕其制⓱，秦繁⓲其辜⓳。五刑紛紛，靡遏靡止⓴。寇賊滿山，刑者半市。昔在唐虞象刑㉑，天民㉒是㉓全㉔。紂作炮烙㉕，墜人於淵。

故有國者，無云㉖何謂㉗，是㉘刖㉙是劓㉚。無云何害㉛，是剁㉜是割。惟㉝虐㉞惟殺，人其莫泰㉟。殷以刑顛㊱，秦以酷㊲敗。獄臣司理㊳，敢告執謁㊴。

【注釋】❶五刑　上古以墨、劓、剕、宮、大辟為五刑。墨刑，在被刑者額上刺字，染上黑色以作標誌。劓刑，割掉鼻子。剕刑，刖足。即斷其足。宮刑，古代破壞生殖機能的酷刑，男子割勢，婦人幽閉。大辟，死刑。❷夏之績　夏禹之功。據《尚書·皋陶謨》，皋陶向禹陳述五刑五用，夏禹曰：「乃言可底績。」（用汝言可以立功）故云。績，功績。❸亂　治。治亂曰亂。❹茲　此；這。❺回　回邪；邪僻。❻僻　乖僻；偏執鄙陋。❼昔在蚩尤三句　據《尚書·呂刑》載，蚩尤惟始作亂，延及於平民。苗民不用政令，則以刑罰制服之，乃作五種虐殺之刑，殺戮無辜。蚩尤，古九黎族的首領。爰，語首助詞。無義。延，伸展；延伸。苗，我國古代部族名。亦稱三苗，居今長江中游以南一帶之地。❽夏氏不寧　夏禹不得安寧。《尚書·大禹謨》載，舜時，苗民不聽從政令，舜命禹征討，三旬，苗民逆命。乃修文德，舞干戚於兩階，七旬，苗民纔來歸。❾穆王耄荒二句　穆王之初，濫用刑罰，亂而無功。及呂侯為卿，告穆王制定刑律，採用中刑。穆王從之，功傳於世。故〈呂刑〉雖為周穆王之言，實出於呂侯之意。穆王，周穆王。名滿，周昭王之子。周朝第五代天子。耄荒，耄亂荒忽。《尚書·呂刑》：「惟呂命，王享國百年，耄荒。」孔《傳》云：「言呂侯見命為卿，時穆王以享國百年，耄亂荒忽，雖老而能用賢以揚名。」甫侯，即呂侯。周穆王臣，為司寇，周穆王命他據夏禹贖刑之法作〈呂刑〉，布告天下。伊，句中助詞。無義。謀，謀畫。❿訓天　謂稱天以訓刑。⓫皋　大。用作使動詞，擴大。⓬基　基業；基礎。⓭厥　其；那。⓮陵遲　衰落；衰微。⓯上帝　天帝；天神。⓰孤　幼而喪父。幼而喪父之孤兒實可憐憫，故孤引申有憐憫之意。孤下原校云：「《古文苑》作觚。」按觚，古代酒器，長身侈口，口部與底部成喇叭狀。《論語》：「觚不觚」。酒器有觚，取其形制之有觚棱，因以為名。季世任情，漫焉無法，猶觚之不觚，言上帝亦不如以前的照看了。亦可通。⑰周輕其制　指〈呂刑〉所規定的刑罰比以前的刑罰減輕。⑱繁多。用作動詞，加重。⑲辜　罪。⑳五刑紛紛二句　《漢書・刑法志》：「至於秦始皇，專任刑罰，躬操文墨，而姦邪並生，赭衣塞路，囹圄成市，天下愁怨，潰而叛之。」紛紛，雜亂貌。靡，無。遏，阻止；遏制。㉑象刑　謂不用肉刑，以特異的服飾象徵五刑，以示恥辱，謂之象刑。㉒天民　即民眾。言天民者謂天所生之民。㉓是　結構助詞，助成賓語倒置。㉔全　用作動詞，保全。㉕炮烙　商紂王所用的酷刑。用炭火燒熱銅柱，令人爬行其上，即墜落炭火中燒死。㉖云　說。㉗謂　言；說。㉘是　此；這。指示代詞，作賓語，倒置在動詞前。㉙刖　刖刑。㉚劓　劓刑。㉛害　妨害。此與割協韻，讀作「合」的音。㉜剝　去皮。㉝惟　副詞。只；但。㉞虐　殘暴。㉟泰　安寧；吉祥。㊱顛　顛覆。㊲酷　酷烈；殘暴。㊳理　獄官；法官。㊴執謁　掌管晉見事務的近侍。

【語譯】上天設置這五種刑罰，這是夏禹王的功績。治理這些一般民眾，就沒有姦邪，沒有乖僻。在過去九黎族的蚩尤，制定了過分的重刑，災禍延伸到苗族民眾，夏禹王就不得安寧。周穆王老耄荒忽，甫侯就為他出謀畫策。稱上天來教誨五刑，周朝的基業因此擴大。這以後周王朝衰落，上帝也不再憐憫照顧。周王朝減輕刑法，秦王朝卻加重罪辜。五種刑罰紛紜交雜，也不能遏制罪犯。劫掠盜賊布滿山崗，犯罪的刑徒占去路人的一半。從前唐堯虞舜只用象徵性的懲罰，天下的民眾得到保全。商紂王製作炮烙之刑，使民眾墜入了深淵。所以享有國家的人不要說：「有什麼可說的？只管施用刖刑，施用劓刑。」不要說：「這有什麼妨礙？只管剝皮，只管抽筋。」只有殘暴，只有慘殺，老百姓就不得安泰。商紂王因酷刑而顛覆，秦王朝因殘暴而失敗。刑獄之臣主管刑獄，請將這些歷史告知皇帝身邊掌管晉見的近侍。

太常箴

【題解】太常，官名。秦置奉常，漢景帝中元六年更名為太常，為九卿之一，掌管宗廟禮樂及郊祀社稷等事宜。祭祀祖先是中國從奴隸制到封建制宗法社會的重要禮儀。〈太常箴〉首先交代太常的職守是掌宗廟祭祀。而祭祀最重要的是粢盛豐潔，心地虔誠。然後列舉歷史上葛伯、夔子以及魯桓公、魯文公的事實，說明不祀和越禮皆不行。從而告戒統治者，「東鄰之犧牛，不如西鄰之麥魚」，祭祀必須尚禮，不尚禮，祭祀亦無益。「秦殞望夷，隱斃鍾巫」，這就是具體的歷史事實。

翼翼❶太常，實❷為宗伯❸。穆穆❹靈祇❺，寢廟❻奕奕❼。稱秩❽元祀❾，班❿於群神。我祀既祗⓫，我粢⓬孔⓭蠲⓮。匪⓯愆⓰匪忒⓱，公⓲尸⓳攸宜⓴。弗祈㉑弗求，惟德之報㉒。不矯㉓不誣㉔，庶㉕無罪悔㉖。昔在成湯，葛為不弔，棄禮慢祖㉗。夔子不祀，楚師是虜㉘。魯人躋僖㉙，臧文不悟㉚。文僖太室㉛，桓納郜賂㉜。災降二宮，用誥不祧㉝。故聖人在位，無曰我貴，慢㉞行繁㉟祭。無曰我材㊱，輕身恃㊲巫㊳。東鄰之犧牛，不如西鄰之麥魚㊴。秦殞望夷㊵，隱斃鍾巫㊶。常臣司宗㊷，敢告執書㊸。

【注　釋】❶翼翼　敬貌。❷實　同「寔」。是；此。❸宗伯　官名。古代六卿之一。《周禮．春官》有大宗伯，掌邦國祭祀典禮。❹穆穆　端莊盛美貌。❺靈祇　靈驗的神祇。❻寢廟　古代宗廟中的寢和廟的合稱。凡廟，前曰廟，後曰寢。廟是接神之處，其處尊，故在前；寢，衣冠所藏之處，對廟而卑，故在後。❼奕奕　高大而盛美貌。❽稱秩　列舉不同的次序。稱，舉。一說，稱，符合；相當。稱秩，謂各稱其宜而次序之，亦可通。❾元祀　大祭。元，大。❿班　排列位次；規定等級。⓫祇　恭敬。⓬粢　粢盛，祭品。指盛在祭器內的黍稷。⓭孔　甚；很。⓮蠲　清潔；潔淨。⓯匪　非；不；無。⓰愆　過失。⓱忒　差錯。⓲公　對人的尊稱。⓳尸　古代祭祀時，代死者受祭，象徵死者神靈的人，以臣下或死者的晚輩充任。後世逐漸改用神主、畫像，尸的制度遂廢除。⓴攸宜　所宜；最適宜的。㉑祈　對天或神告求。㉒惟德之報　惟報德。謂報答祖宗的恩德。之，結構助詞，助成賓語倒置。㉓矯　詐稱；假託。㉔誣　欺騙；誣枉。㉕庶　庶幾；也許可以；將近。㉖罪悔　罪過悔恨。㉗昔在成湯三句　據《孟子．滕文公下》載：湯居亳，與葛為鄰，葛伯放縱而不祀。說：無以供犧牲，無以供粢盛。湯遺之牛羊，又使眾往為之耕，老弱饋食。葛伯率其民，邀其有酒食黍稻者奪之，不授者殺之。湯征伐諸侯，就從葛伯開始。成湯，即商湯王。葛，古國名。夏時諸侯，伯爵。弔，善。慢祖，怠慢祖先。㉘夔子不祀二句　據《左傳．僖公二十年》載：夔子不祀祝融與鬻熊，楚人讓之，夔子不聽。楚師滅夔，俘夔子而歸。夔子，夔國國君。夔，春秋時諸侯國名，子爵。今湖北秭歸縣東有夔子城，即夔國故地。不祀，謂夔子不祀其祖先祝融與鬻熊。是，此。指夔子。虜，俘獲。㉙躋僖　謂將魯僖公的神主升在魯閔公之前。魯僖公為魯閔公之兄，不是父子，並且魯閔公即位在魯僖公之先，魯僖公曾為其臣，位應在下，今升居魯閔公之上，是顛倒了次序，為不合禮。事見《左傳．文公二年》。躋，升。僖，魯僖公。姬姓，名申，在位三十三年（西元前六五九～前六二七年）。㉚臧文不悟　孔子曾批評臧文仲不智者三，縱逆祀即其中之一，事見《左傳．文公二年》。臧文，臧文仲。春秋時魯國正卿，姓臧孫，名辰，歷事莊、閔、僖、文四朝。不悟，不悟其非禮。㉛文隳太室　魯文公十三年，太室之屋壞。《左傳》解釋為《春秋》記載此事是認為「不恭」。杜預注云：「簡慢宗廟，使至傾頹，故書以見臣子不恭。」文，魯文公，名興，魯僖公子，春秋時魯國國君，在位十八年（西元前六二六～前六〇九年）。隳，毀壞。太室，太廟的中室。㉜桓納郜賂　事見《左傳．桓公二年》。桓，魯桓公。名允，魯惠公之子，魯隱公之弟，春秋時魯國國君，在位十八年（西元前七一一～前六九四年）。郜賂，郜國所造之鼎，宋國作為賄賂送給魯國。魯桓公將其納於太廟。郜，古諸侯國名。周文王庶子的封國，為宋所滅，都北郜城，在今山東成武縣東南。㉝災降二宮二句　據《左傳．哀公三年》載，魯哀公三年，魯桓公、魯僖公的廟發生火災。孔子在陳，聞火，曰：「其桓、僖乎！」杜預注曰：「言桓、僖親盡而不毀，宜為天所災。」二宮，魯桓公、魯僖公的廟。誥，告誡。祧，古代天子立七廟，諸侯立五廟，對其世次疏遠之祖，則依制遷去神主藏於祧。故遷去神主亦曰祧。㉞慢　輕忽；隨便。㉟繁　多；雜。㊱材　同「才」。才能；才幹。㊲恃　依賴；憑仗。㊳巫　古代能以舞降神的人。在男曰覡，在女曰巫。㊴東鄰之犧牛二句　《易．既濟．爻辭》云：「九五，東鄰殺牛，不如西鄰之礿祭。」王弼注：「祭祀之盛，莫盛脩德，故沼沚之毛，蘋蘩之菜，可羞於鬼神，故黍稷非馨，明德惟馨，是以東鄰殺牛，不如西鄰之礿祭。」東鄰，指商紂王。犧牛，用做犧牲的牛。犧，犧牲。古代指宗廟祭祀用的純色牲畜。西鄰，指周文王。麥魚，舉行礿祭時用的祭品。礿，古代宗廟四時祭祀之一。春祭曰礿，夏祭曰禘，秋祭曰嘗，冬祭曰烝。㊵秦殞望夷　據《史記．秦始皇本紀》：秦二世夢白虎嚙其左驂馬，殺之，心不樂，怪問占夢，卜曰「涇水為祟」。二世乃齋於望夷宮，欲祠涇，沉四白馬。結果被趙高派其婿閻樂率吏卒千餘人直逼望夷宮，二世自殺。秦，指秦二世。殞，死亡。望夷，秦宮名。故址在今陝西涇陽縣東南。㊶隱斃鍾巫　《左傳．隱公十一年》載：魯隱公將祭鍾巫，齋於社圃，住宿在寪氏家，被公子翬派人將其殺死。隱，魯隱公。名息姑，魯惠公之子，春秋時魯國國君，在位十一年（西元前七二二～前七一二年）。鍾巫，神名。㊷宗　宗廟。㊸執書　執掌記事的人。書，記載。

【語　譯】恭謹嚴肅的太常，本是古代的宗伯。端莊威嚴的神靈，高大壯麗的祖廟。排定次序舉行大祭，按規定的等級祭祀群神。我的祭祀既已恭敬，我的粢盛又很潔淨。既無過失又無差錯，象徵神靈的尸主又很適合。我們並不祈求什麼，只是報答祖先的恩德。既不矯詐也不誣枉，也許可以沒有罪過和後悔。在昔日的商湯王時，葛伯所為很不友好，廢棄禮節侮慢祖考。夔子不祭祀祖先，楚師就將他俘虜。魯人把僖公的神主升在閔公之上，這種非禮之舉，臧文仲卻不覺悟。魯文公時焚燬了太室，魯桓公卻將宋國的賄賂——郜鼎放置在祖廟。火災燒掉了桓公、僖公的廟宇，用來告戒不將疏遠的祖先遷入祧廟。所以聖人在上位，不說我尊貴，可以隨便舉行繁多的祭祀。不說我有才幹，看輕自身而憑仗巫覡。東鄰的祭祀用純色的牛，還不如西鄰的祭祀只用麥魚。秦二世被殺就是在望夷宮齋戒，魯隱公斃命就是要祭祀鍾巫。太常之臣主管宗廟，請將這些史實告知皇帝身邊執掌記事的大夫。

少府箴

【題解】少府，官名。秦置，漢仍之，為九卿之一，掌管山海池澤的稅收，供給皇帝享用。顏師古《漢書·百官公卿表·少府》注曰：「大司農供軍國之用，少府以養天子」。可見少府是皇帝的私府。

〈少府箴〉首先說明少府的職責是供養。海內物產雖然豐富，但收取賦稅要遵循聖人制定的制度。這樣就可以「民以不擾，國以不煩」。然後列舉夏桀王、商紂王荒淫沉湎以致亡國的歷史教訓，告戒統治者要注意節儉。「未嘗失之於約，常失於奢」，這就是對統治者的忠告。

實實少府，奉養是供。紀經九品，臣子攸同❶。海內幣帑❷，祁祁❸如雲。家有孝子，官有忠臣。共僚❹率舊❺，聖則❻越❼遵。民以❽不擾❾，國以不煩❿。昔在帝季⓫，癸⓬辛⓭之世，酒池糟隄⓮，而象箸⓯以噬⓰。至於耽⓱樂⓲流湎⓳，而妲⓴妹㉑作祟㉒。共寮不御㉓，不恢㉔夏殷，喪㉕其國康㉖，而卒以陵遲㉗。嗜㉘不可不察，欲不可不圖㉙。未嘗失之於約㉚，常失於奢。府臣司共㉛，敢告執觚㉜。

【注釋】❶實實少府四句　此言少府上以奉養天子，下以廩給百官，財用實是相通。實實，廣大充實貌。是，結構助詞，助成賓語倒置。無義。紀經，經營料理。九品，古代官職的九個等級。這裡泛指一切官吏。攸同，所同；相同之處。❷幣帑　財物金帛。❸祁祁　眾盛貌。❹共僚　猶「同僚」。此指所有官吏。❺率舊　遵循舊制。率，遵循；奉行。❻聖則　聖人的法則。❼越　同「粵」。相當於「是」。結構助詞，助成賓語倒置。無義。❽以　因；因此。❾擾　亂。❿煩　煩擾；混亂。⓫季　末；末世。⓬癸　夏桀王名。⓭辛　商紂王名。⓮酒池糟隄　劉向《新序・刺奢》：「桀作瑤臺，罷民力，殫國財，為酒池糟隄，縱靡靡之樂，一鼓而牛飲者三千人。⓯象箸　象牙所製之箸。《韓非子・喻老》：「紂為象箸而箕子怖，以為象箸必不加於土鉶，必將犀玉之杯；象箸玉杯必不羹菽藿，則必旄、象、豹胎。」⓰嗞　吃；咬。⓱躭　即「耽」之異體。沉溺。⓲樂　玩樂。⓳流湎　流連沈湎。謂沈溺於酒而忘返。⓴妲　妲己。商紂王之妃，己姓，名妲，有蘇氏之女，周武王滅商，被殺。㉑妹　妹喜。夏桀王之妃，有施氏之女。有施氏原為喜姓，相傳有施氏為桀所敗，因進妹喜於桀，受到桀的寵愛，商湯王滅夏，桀和妹喜奔南巢而死。㉒祟　鬼神予人的災禍。㉓共寮不御　言所有官吏皆不擁護。共寮，同「共僚」。同僚。御，侍候；奉侍。㉔恢　擴大。㉕喪　失去。㉖康　安寧。㉗陵遲　衰落。㉘嗜　愛好。㉙圖　計議；謀畫。㉚約　節儉。㉛共　同「供」。供給。㉜觚　有棱的酒器。

【語譯】廣大充實的少府，是主管供給奉養的官職。經營料理一切官吏，這是臣子的相同之處。天下的財物金帛，多得如同天上的浮雲。家庭裡有孝順的子女，國家內有忠貞的人臣。所有官吏都遵守舊制，聖人的法則個個依循。民眾因此而不擾亂，國家因此也不苛煩。過去在帝王的末世，夏桀王、商紂王的時代。用酒做池，用糟築隄，而用象牙的筷子挾菜。一直到沉迷淫樂沉迷酒色，而妲己、妹喜又興風作浪。所有官吏都不侍奉擁護，夏朝、殷朝的基業就不能擴大發揚。失去了國家的安寧，而終至衰落覆亡。愛好不可以不仔細考察，慾望不可以不認真謀畫。從來沒有誰在節儉方面犯有過失，卻經常在奢侈方面招致失敗。少府之臣主管供給，請將這些道理告知皇帝身邊掌管酒器的侍者。

執金吾箴

【題解】執金吾，官名，武職。秦置中尉，漢仍之。漢武帝太初元年更名執金吾。掌管京師治安，屬官有中壘、寺互、武庫、都船四令丞。《漢書・百官公卿表》注引應劭曰：「吾者，禦也，掌執金革以禦非常。」顏師古曰：「金吾，鳥名也，主辟不祥。天子出行，職主先導，以禦非常，故執此鳥之象，因以名官。」

〈執金吾箴〉首先說明，即使在太平之世，武臣亦不可廢，如同虎有牙，鷹有爪，是用來保衛自己的。然後強調武力不可輕用。秦始皇就是廢棄仁義，單憑武力而亡天下的。從而告戒統治者，「猛不可重任，威不可獨行」，統治天下，一定要仁義與武力兼施。

溫溫唐虞，重襲純孰，經表九德❶。張設武官，以御寇賊。如虎有牙，如鷹有爪。國以自固，獸以自保。牙爪蔥蔥❷，動作宜時。用之不理❸，實反生災。秦政❹暴戾❺，播❻其威虐。亡其仁義，而思其殘酷。猛不可重任，威不可獨行。堯咨❼虞舜，惟思❽是尚。吾臣司金，敢告執璜❾。

【注　釋】❶溫溫唐虞三句　意謂唐堯虞舜穿著幾重經精細加工的善美的衣服，即垂衣而治之意，意義明確而完足。《揚子雲集》編者之認為此句有脫，乃是讀「重襲純孰」句絕。「孰」與「官」不協韻，故認為有脫。其實，此三句為一韻，讀到「經表九德」句絕，則「德」與「賊」即同韻（賊即屬德韻）。溫溫，柔和貌。唐虞，唐堯虞舜。重襲，重重穿著。襲，穿。此下原校云：「按此句有脫。」按《古文苑》原如此，無脫誤，說見上。純孰，熟練；精細加工。用作名詞，指精細的衣服。孰，借作「熟」。善美。此下原校云：「按此句有脫。」按《古文苑》原如此，無脫誤。經表，經常顯揚。表，表彰；顯揚。九德，九種品德。《逸周書・常訓》：「九德：忠、信、敬、剛、柔、和、固、貞、順。」《尚書・皋陶謨》：「九德：寬而栗、柔而立、愿而恭、亂而敬、擾而毅、直而溫、簡而廉、剛而塞、彊而義。」《左傳・昭公二十八年》：「心能制義曰度，德正應和曰莫，照臨四方曰明，勤施無私曰類，教誨不倦曰長，賞慶刑威曰君，慈和徧服曰順，擇善而從曰比，經緯天地曰文。九德不愆，作事無悔。」按九德之內容，各書所載，隨文而異。❷蕙蕙　銳利貌。❸理　順；合理；適時宜。❹秦政　即秦始皇。姓嬴，名政。❺暴戾　暴虐乖張。❻播　散布；傳播。❼咨　徵詢；諮詢。❽思　思考。按《尚書・堯典》，記堯舉舜時云：「帝曰：『欽哉！』」孔《傳》云：「歎舜能脩己行敬以安人，則其所能者大矣。」據此，思當作欽為是。❾執璜　指執玉之文臣。璜，半璧為璜。古時朝聘、祭祀、徵召的禮器。

【語　譯】柔和溫順的唐堯虞舜，穿著幾重精美的衣服，經常表彰九種品德。他們也設置武官，用來防禦敵寇盜賊。如同虎有利牙，如同鷹有利爪。國家用來自固，禽獸用來自保。爪牙堅硬銳利，使用應該適時。使用它一不合理，確實反而生出禍災。秦始皇殘暴乖戾，散布他的威勢暴虐。亡失了行仁施義，只想著兇殘酷烈。兇猛不可以重加任用，威武不可以單獨施行。唐堯諮詢虞舜，贊揚的就是修己行敬。執金吾之臣主管金革，請將此理告知皇帝身邊執玉的文臣。

將作大匠箴

【題解】將作大匠，官名。秦置將作少府，漢景帝中元六年更名將作大匠。掌管宮室、宗廟、路寢、陵園的土木建築。

宮室是人們躲風避雨安居樂業必不可少的生活設施，帝王當然也應該修建宮殿，但絕不可過於奢華。〈將作大匠箴〉就列舉了大量的歷史事實證明：古帝王之所以聖明，生活儉樸是一個方面。而凡是窮奢極欲的統治者，或則招致亡國敗家，或則遭到聖人的譏刺。從而告戒統治者，「無云我貴，榱題是遂。毋云我富，淫作極遊，在彼牆屋，而忘其國戮」，要特別注意崇尚節儉才是。

侃侃❶將作，經構宮室。牆以禦風，宇❷以蔽日。寒暑攸除❸，鳥鼠攸去。王有宮殿，民有宅居。昔在帝世，茅茨土階❹。夏❺卑宮觀❻，在彼溝洫❼。桀作瑤臺，紂為璇室❽。人力不堪，而帝業不卒。《詩》❾詠宣王❿，由儉改奢⓫。觀〈豐〉⓬上六⓭，大屋小家⓮。《春秋》譏刺，書彼泉臺⓯。兩觀雉門，而魯以不恢⓰。或作長府，而閔子以仁⓱。秦築驪⓲阿⓳，嬴姓⓴以顛。故人君無云我貴，榱題㉑是㉒

遂㉓。毋云我富，淫作極遊，在彼牆屋，而忘其國戮㉔。作臣司匠，敢告執猷㉕。

【注釋】❶侃侃　剛直貌。❷宇　屋宇；房頂。❸攸除　所除。謂除去風雨之處。❹昔在帝世二句　《韓非子・五蠹》：「堯之王天下也，茅茨不翦，采椽不斲。」帝世，謂帝堯之世。茅茨，用茅草蓋的屋頂。土階，土築的階臺。❺夏　指夏禹王。❻宮觀　宮館；宮室。❼溝洫　田間水道。❽桀作瑤臺二句　《淮南子・本經》：「晚世之時，帝有桀紂，為璇室瑤臺，象廊玉床。」瑤臺，瑤玉砌成之臺。極言其華麗。璇室，美玉裝飾之室。❾詩　指《詩經》。我國最早的詩歌總集，儒家五經之一。❿宣王　周宣王。姬姓，名靖，周厲王之子，在位四十七年（西元前八二八～前七八二年）。⓫由儉改奢　《詩・小雅・斯干》，《詩序》云：「斯干，宣王考室也。」鄭《箋》云：「德行國富，人民殷眾而皆佼好，骨肉和親。宣王於是築宮廟群寢，既成而釁之，歌〈斯干〉之詩落之。」《詩》云：「築室百堵，西南其戶。」又曰：「上莞下簟，乃安斯寢。」皆儉約之制。⓬豐　《周易》卦名，䷶，離下震上，〈彖〉曰：「豐，大也。」⓭上六　指〈豐〉卦第六爻。即上面一爻。六，指陰（- -）爻。豐卦最上一爻為陰爻，故曰上六。⓮大屋小家　豐卦上六爻辭云：「上六，豐其屋，蔀其家。」孔穎達《疏》云：「屋者藏蔭隱蔽之物也，上六以陰處陰極以處外，不履於位，是深自幽隱絕跡深藏也，事同豐厚於屋者也。既豐厚其屋，而又覆障其家，屋厚家闇，障蔽之甚也。」蔀家，以草蓆蓋頂之家。指貧者之居，故云小家，謂使其家小。⓯春秋譏刺二句　《春秋公羊傳・文公十六年》：「毀泉臺何以書？譏。何譏爾？築之譏，毀之譏，先祖為之，己毀之，不如勿居而已矣。」魯莊公築泉臺，不合禮制；魯文公毀掉泉臺，亦不合禮制。故《春秋》譏刺。春秋，古籍名。為編年體史書，相傳為孔子據魯史修訂而成，起魯隱公元年，訖魯哀公十四年，凡記春秋時二百四十二年的歷史。書，記載。泉臺，臺名。春秋時魯莊公所築，一名郎臺。⓰兩觀雉門二句　《春秋公羊傳・定公二年》：「冬十月，新作雉門及兩觀。其言新作之何？脩大也。脩舊不書，此何以書？譏。何譏爾？不務乎公室也。」魯國的雉門及兩觀被大火燒毀，魯定公在修復時擴大舊有規模，《春秋》譏刺其不務公室。兩觀，宮殿門外的兩座高臺。雉門，諸侯宮三門之一。恢，恢弘；發揚。⓱或作長府二句　《論語・先進》：「魯人為長府。閔子騫曰：『仍舊貫，如之何？何必改作？』子曰：『夫人不言，言必有中。』」以仁，原校云：「《古文苑》作不仁。」按魯擴建長府，閔子騫譏其廣府庫是為富不仁。當以作「不仁」為是。長府，春秋時魯國藏財貨的府庫。閔子，閔子騫。春秋時魯國人，名損，孔子弟子。⓲驪　驪山。山名，在今陝西臨潼縣東南。⓳阿　阿房宮。秦宮殿名，故址在今陝西長安縣西。《史記・秦始皇本紀》：「乃營作朝宮渭南上林苑中。先作前殿阿房，東西五十步，南北五十丈，上可以坐萬人，下可以建五丈旗。」⓴嬴姓　指秦王朝。秦為嬴姓。㉑榱題　屋簷的椽子頭。今通稱出簷。榱，椽子。題，頭。㉒是　結構助詞，助成賓語倒置。無義。㉓遂　順心；如願。㉔戮　侮辱；恥辱。㉕猷　謀畫。

【語　譯】剛強梗直的將作大匠，經營建造帝王的宮室。築牆用以遮擋寒風，蓋頂用以遮蔽烈日。是躲避嚴寒酷暑之地，是除去鳥雀狐鼠之處，帝王有宮殿，民眾也有房屋。往昔在唐堯之世，茅茨不翦，土階三尺。夏禹王宮館非常低矮，精力全用在那溝渠水利。夏桀王修建美玉的樓臺，商紂王營造美玉的宮室。人民的財力不能承擔，夏商的帝業因此覆滅。《詩經》歌詠周宣王，贊美他由儉約改變奢華。請看那〈豐〉卦的上六爻辭，稱頌加大民眾的屋宇而減小自己的家。《春秋》進行譏刺，記載了魯文公毀掉泉臺。魯定公擴建燒毀了的雉門兩觀，魯國因此不能發揚光大。魯人擴建收藏財貨的長府，閔子騫批評是為富不仁。秦始皇在驪山下修建阿房宮，秦王朝因此顛覆不存。所以君主不要說「我尊貴」，只想實現修建宮殿的心願。不要說「我富有」，過分地進行無止境的遊觀，把心思全放在修建宮殿，而忘記了國家受辱的大患。將作大匠之臣主管工匠，請將這些歷史告知皇帝身邊出謀畫策的官宦。

城門校尉箴

【題解】城門校尉，官名。漢置，職掌京師城門屯兵。秩二千石。有司馬、十二城門候。〈城門校尉箴〉從天地有自然之險寫起，說明「國有城溝」是設險以守其國的需要，是保衛國都必不可少的設施。但鞏固國家的根本則在德不在險。桀、紂設險而湯、武征伐，秦修長城而天下叛乖，就是歷史的教訓。從而告戒統治者，「不可德少，而城溝伊保」，應該注意以德服天下，懷萬民。不可恃險阻以為固。

幽幽❶山川，徑塞❷九路❸。盤石❹唐芒❺，襲❻險重❼固。國有城溝❽，家有柝❾柜❿。各有攸堅⓫，民以不虞⓬。德懷其內，險難其外。王公⓭設險，而承以盤蓋⓮。昔在上世，有殷有夏。癸⓯辛⓰不德，而設夫⓱險阻。湯武⓲爰征，而莫遏⓳莫禦。作君之危，不可德少，而城溝伊⓴保。不可德希，而城溝是㉑依。唐虞㉒長德㉓，而四海㉔永㉕懷。秦恢㉖長城㉗，而天下畔㉘乖㉙。尉臣司城，敢告侍階㉚。

【注　釋】❶幽幽　深遠貌。❷徑塞　阻塞。❸九路　九州的道路。❹盤石　巨石；盤薄大石。❺唐芒　疊韻連綿詞。廣大貌。❻襲　重複；重疊。❼重　重疊；重複。❽城溝　城牆與護城河。❾柝　巡夜所擊的木梆。❿柜　即櫃子。⓫攸堅　所堅。堅固之處。⓬虞　憂患；戒備。⓭王公　指天子、諸侯。亦泛指王侯公卿、達官貴人。⓮盤蓋　盤子和蓋子。盤所以藉其下，蓋所以覆其上，言先王以德覆蓋斯民而安集之，不獨恃城池以為固。⓯癸　夏桀王名。⓰辛　商紂王名。⓱夫　指示代詞。那。⓲湯武　商湯王、周武王。⓳遏　阻止。《說苑》：吳起對魏武侯曰：「夏桀之居，左河濟，右太華，伊闕在其南，羊腸在其北，修政不仁，湯放之。殷紂之國，左孟門，右太行，常山在其北，大河經其南，修政不德，武王伐之。由此觀之，在德不在險。」⓴伊　句中助詞。無義。㉑是　結構助詞，助成賓語倒置。無義。㉒唐虞　唐堯、虞舜。㉓長德　優厚的恩德。㉔四海　即天下。㉕永　長久。㉖恢　擴大。㉗長城　秦統一天下後，以戰國時諸侯原有長城為基礎擴建，西起臨洮，東達遼東，通稱萬里長城。㉘畔　借作「叛」。叛亂。㉙乖　背離。㉚侍階　謂侍立於階陛之旁的近臣。

【語　譯】幽深廣遠的大山河川，阻塞著九州的道路。高高矗立的巨石，設置了重重險阻，重重堅固。國家築有城牆與護城河，家庭有梆子和木櫃。各自有堅守的處所，民眾因此沒有憂患戒備。用恩德來懷柔他們的內心，用險阻來難住他們的行為。帝王公卿設置險阻，還要用恩德加以維持。往昔在上古的時代，有殷朝有夏朝享有天下。夏桀王與商紂王不用恩德，而設置了重重險阻。商湯王、周武王進行征討，不能阻止，不能抵禦。作君主的危險，不可恩德太少，而靠城池自保。不可恩德太稀，而只依賴城池。唐堯虞舜有優厚的恩德，而天下就永遠懷思。秦王朝擴建了萬里長城，而天下就背叛乖離。城門校尉之臣主管城門，請將這些事實告知站立皇帝階陛之旁的近侍。

太史令箴

【題解】太史令，官名。三代稱太史，為史官與曆官之長。秦稱太史令，漢仍之，屬太常。掌天文曆法，兼負修史之任，秩六百石。

〈太史令箴〉有殘缺。中國自古以農立國，農業與氣候的關係十分密切，故我國歷來十分重視曆法。這篇殘缺的〈太史令箴〉就著重寫我國曆法的興廢情況。遠在顓頊、唐、虞之世就有重、黎、羲、和專掌其事。到夏代，羲、和廢時亂日，而被征討。足見我國古代對天文曆法的重視。

昔在太古❶，爰初肇❷記，天地之紀❸，重黎❹是❺司❻。降及唐虞，乃命羲和❼，欽❽若❾昊天❿，百政⓫攸宜⓬。夏帝不慎，羲和不令，湎時亂日，帝旅爰征⓭。庶寮⓮至殷⓯，唯天為難，夏氏黷⓰德，而明神⓱不蠲⓲。

【注釋】❶太古　遠古；上古。漢指唐虞以上。❷肇　開始。❸紀　《尚書・洪範》：「五紀：一曰歲，二曰月，三曰日，四曰星辰，五曰曆數。」❹重黎　顓頊時司天地之官。《國語・楚語》下：「顓頊受之，乃命南正重司天以屬神，命火正黎司地以屬民。」❺是　指示代詞。這；此。❻司　主管；主持。❼羲和　羲氏、和氏。唐虞時掌天地四時的官，為重黎的後代。❽欽　敬。❾若　順。❿昊天　即指天。昊，元氣廣大貌。

⓫百政　各種政事。⓬攸宜　所宜；合時宜。⓭夏帝不慎四句　《史記・殷本紀》：「帝仲康時，羲和湎淫，廢時亂日，胤往征之。」注引孔安國曰：「胤國之君受王命往征之。」夏帝，指仲康，夏朝第四代天子。羿廢太康而立其弟仲康。令，善；美好。湎，通「偭」。背棄。時，天時。帝旅，天子之旅。指胤侯的軍隊。旅，軍隊。⓮庶寮　眾官。⓯至殷　特別眾多。⓰黷　玷污。⓱明神　古代對神的尊稱。⓲蠲　清潔。用作動詞，以為清潔。

【語　譯】往昔在上古時代，最初開始有記載。天地的歲時日月、星辰曆數，由重氏、黎氏分別掌管。下降到唐堯虞舜之世，就任命羲氏、和氏。恭敬地順從天時，各種政事各適其宜。夏帝仲康一不謹慎，羲氏、和氏就作歹為非。背棄天時，廢亂時日，天子的軍隊去征討，由胤侯指揮。眾官數量最為眾多，只覺天時是難以預測。夏王朝玷污了德行，英明的神明就認為其祭祀不清潔。

博士箴

【題解】 博士，官名。戰國時已有博士。秦漢相承，置博士，掌通古今。秩比六百石，屬太常，員多至數十人。漢武帝建元五年初置五經博士。

關於《博士箴》的作者，《古文苑》云：「一作崔瑗。」可見是有爭議的。學校教育是社會文明的標誌。重視學校教育，人的文化程度就高，社會就文明安定。反之則否。《博士箴》就抓住這一中心，通過引證歷史事實，從正反兩面來寫。三代重學，所以人才濟濟，禮讓成風；秦王朝焚書坑儒，廢絕學校，結果是「顛其社稷」。所以聖人特別重視教化。從而告戒統治者，應該重視學校教育。「仲尼不對問陳，而胡簋是遵。原伯非學，而閔子知周之不振」，絕不可輕視學校，而唯武力是恃。

洋洋①三代②，典禮是③修，畫為辟雍④。國有學校，侯⑤有泮宮⑥。各有攸教⑦，德用不陵⑧。昔在文王⑨，經營⑩其軌⑪。勖⑫於德音⑬，而思⑭皇⑮多士⑯。多士作楨⑰，惟周以寧。國人興讓，虞芮質成⑱。公劉挹行潦，而濁亂斯清⑲。官操⑳其業，士㉑執其經㉒。昔聖人之綏俗㉓，莫美於施化㉔。故孔觀夫人之學，而知為王之易㉕。大舜南面無為，而衽席平㉖。還師階級之間，三苗以懷㉗。秦作無道，斬決㉘天紀㉙。漫㉚彼王迹㉛，而坑㉜夫㉝術士㉞。《詩》《書》是泯，家言是守㉟。俎豆㊱不陳，而顛其社稷㊲。故仲尼不對問陳㊳，而胡簋㊴是遵。原伯非學，而閔子知周之不振㊵。儒臣司典㊶，敢告在賓㊷。

【注釋】❶洋洋　美盛貌。❷三代　指夏、商、周三代。❸是　結構助詞，助成賓語倒置。無義。❹辟雍　周王朝為貴族子弟所設的大學。取四周有水，形如璧環為名。大學有五：南為成均，北為上庠，東為東序，西為瞽宗，中曰辟雍。❺侯　諸侯。古代天子所分封的諸侯國，周有公、侯、伯、子、男五等，封地分別為百里、七十里、五十里三等。❻泮宮　古代諸侯設立的學校。《禮記・王制》：「大學在郊，天子曰辟雍，諸侯曰泮宮。」❼攸教　所教；教育的內容。❽陵　陵遲；衰落。❾文王　周文王。姬姓，名昌，受商封為西伯，周王朝的奠基者。❿經營　規畫創業。營，原校云：「《古文苑》作啟。」按經啟，規畫開啟，亦通。⓫軌　法則；制度。⓬勖　勉勵。⓭德音　美好的聲譽。⓮思　希望；願。⓯皇　指天。⓰多士　眾多的賢士；眾多的人才。⓱楨　主幹；支柱。⓲虞芮質成　《詩・大雅・緜》：「虞芮質厥成」，毛《傳》云：「虞、芮之君相與爭田，久而不平，乃相謂曰：西伯，仁人也，盍往質焉？乃相與朝周，入其境，則耕者讓畔，行者讓路。入其邑，男女異路，斑白不提挈。入其朝，士讓為大夫，大夫讓為卿。二國之君感而相謂曰：我等小人，不可以履君子之庭。乃相讓，以其所爭田為閒田而退。」虞芮，虞國和芮國。皆古諸侯國名。質，就正；評定；諮詢。成，和解；講和。⓳公劉挹行潦二句　按《詩・大雅・泂酌》：「泂酌彼行潦，挹彼注茲，可以餴饎。」〈詩序〉云：「召康公戒成王也。」此云公劉，未詳所據。公劉，周始祖后稷之曾孫。姓姬，名劉，周人尊為公劉，曾率周族從有部遷到豳，相土定居，成為周人之發祥地。挹，舀取；酌取。行潦，流動的水。斯，此；這。⓴操執持；掌握。㉑士　士子。古代四民（士、農、工、商）之一，指有文化知識的士大夫。㉒經　常業。㉓綏俗安定習俗。㉔施化　施行教化。謂施行教育感化。㉕故孔觀夫人之學二句　《禮記・鄉飲酒》：「孔子曰：吾觀於鄉而知王道之易易也。」鄭注云：「鄉，鄉飲酒也。易易，謂教化之本，尊賢尚齒而已。」謂教化的根本在尊賢敬老而已，故曰易易。此二句下原校云：「《古文苑》作觀夫大學而知為王之易易。」按大學即進行教化之處，當從《古文苑》為是。孔，指孔子。夫，那；彼。㉖大舜南面無為二句　言舜採用德政感化人民，故坐於衽席之上不下來，而天下自然太平。《論語・衛靈公》：「子曰：無為而治者，其舜也與！夫何為哉？恭己正南面而已矣。」大舜，即虞舜。南面，指稱帝做天子。古代以坐北朝南為君位，坐南朝北為臣位，故稱帝稱王為南面。無為，儒家指以德政感化人民，不施行刑治。衽席，朝堂宴享時所設的席位。㉗還師階級之閒二句　據《尚書・皐陶謨》載：舜時有苗不服，禹率師往討，三旬，有苗逆命。舜乃大布文德，命禹班師，舞干戚於兩階，七旬，有苗乃歸服。還師，撤回軍隊。階級，階臺。三苗，我國古代部族名。懷，懷服；歸服。㉘斬決　斬斷；截斷。㉙天紀　本指日月星辰曆數，此指社會的正常秩序。㉚漫　污損；浸壞。㉛王迹　王者之跡。指仁政王道。㉜坑　坑殺。㉝夫　那；彼。㉞術士　指儒生。據《史記・秦始皇本紀》載，秦始皇三十五年，將儒生四百六十餘人，皆坑之咸陽。㉟詩書是泯二句　據《史記・秦始皇本紀》載，秦始皇三十四年，丞相李斯曰：「臣請史官非秦記，皆燒之。非博士官所職，天下敢有藏《詩》、《書》、百家語者，悉詣守尉雜燒之，有敢偶語《詩》、《書》者棄市。」秦始皇批准實行。詩、書，《詩經》、《尚書》。代指所有儒家經典及著作。是，結構助詞，助成賓語倒置。無義。泯，消滅。家言，一家之言。指秦記一類有關秦的典籍。㊱俎豆　皆古代宴客、朝聘、祭祀用的禮器。俎，置肉的几。豆，盛乾肉一類食物的器皿。㊲社稷　歷代帝王建國必先立社稷壇墠，滅人之國，必變置社稷，因此用社稷代指國家政權。社，土神。稷，穀神。㊳仲尼不對問陳《論語・衛靈公》：「衛靈公問陳於孔子。孔子對曰：俎豆之事，則嘗聞之矣；軍旅之事，未之學也。明日遂行。」仲尼，孔子。名丘，字仲尼。陳，同「陣」。戰陣。㊴胡簋　宗廟的祭器。《左傳・哀公十一年》載，衛孔文子將進攻衛太叔，訪於仲尼，仲尼曰：「胡簋之事，則嘗學之矣；甲兵之事，未之聞也。」退命駕而行。㊵原伯非學二句　據《左傳・昭公十八年》載，周原伯魯不好學，閔子馬曰：「周其亂乎！不害而不學，則苟而可，於是乎下陵上替，能無亂乎？」原伯，原伯魯。春秋時周朝大夫。非學，否定學習；不喜歡學習。閔子，閔子馬。春秋時魯國人。振，振興。㊶典　典籍。指記載法則、典章制度的重要書籍。㊷在賓　在賓位的客人。

【語　譯】美好而興盛的夏、商、周三代，講究典法禮儀，畫出郊野建立大學辟雍。國都裡建有學校，諸侯國還有泮宮。各自有教育的內容，德行因此不致敗壞而得恢弘。往昔的周文王，規畫開創制度法則。努力於美好的聲譽，希望皇天多降賢才。有眾多賢士作為主幹，周王朝就得以安寧。周國人興起謙讓，虞國芮國的爭執在此得到定評。公劉舀取流動的溝水，混濁動亂就得到澄清。官吏從事他們的事業，士子也有經常的德行。以往聖人安定習俗，沒有比施行教化更為便利。孔子看到大學的敬老尊賢，就知道行王道也很容易。虞舜稱帝而以德政感化，坐在衽席之上而天下自然太平。撤回軍隊而舞干戚於兩階，三苗因此而懷服歸順。秦王朝專行不合道義的壞事，斬絕破壞了社會的正常秩序。污損了王道仁政，而坑殺講仁義的儒士。銷毀了《詩》、《書》一類經典，而只守著秦國的圖籍。俎豆一類禮器不再陳設，國家因此而被顛覆。所以孔子不回答軍陣的諮詢，而只遵循胡簋之類的禮器，周朝大夫原伯魯不好學習，閔子馬就知道周朝不能振作。儒士之臣主管典籍，請將這些歷史告知皇帝身邊的賓客。

國三老箴

【題　解】三老，相傳古代天子設三老五更之位，以養老人。三老五更各一人，皆年老致仕之人，天子以父兄事之，以孝悌昭示天下。此制至漢猶存。

〈國三老箴〉殘缺過甚，已無由窺見其內容。

負乘❶覆餗❷。姦寇侏張❸。

【注　釋】❶負乘　比喻小人居於君子之位。《易・解》卦：「負且乘。」孔穎達《疏》曰：「乘者君子之器也；負者小人之事也。施之於人，即在車騎之上而負於物也。」負物之小人居於君子之車乘，正小人用事之象。❷覆餗　鼎中的食物傾出於外。《易・鼎》卦：「鼎折足，覆公餗。」折足覆餗，言不勝其任，故用以比喻不勝任而敗事。餗，鼎中食物。❸侏張　囂張；放肆。

【語　譯】負物之小人居君子之車乘，如同折足覆餗般不勝其任。敵寇盜賊就乘機囂張放肆。

太樂令箴

【題　解】太樂令，官名，主管音樂，秩六百石，領屬於太常。〈太樂令箴〉殘缺過甚，無由窺見其內容。

陶陶❶五帝❷，設為六樂❸。笙❹磬❺既同❻，鍾❼鼓❽羽❾籥❿。周序⓫神人，協⓬於萬國⓭。

【注　釋】❶陶陶　和樂貌。❷五帝　據《史記・五帝本紀》為黃帝、顓頊、帝嚳、帝堯、帝舜。❸六樂　指笙、磬、鍾、鼓、羽、籥六種樂器。❹笙　古樂器名。大者九十簧，小者六十簧。❺磬　樂器名。以玉、石或金屬材料製作，形狀似短。❻同　和。❼鍾　通「鐘」。樂器名。❽鼓　樂器名。❾羽　舞具。古代舞者樹雉尾於竿，執之以舞。❿籥　古樂器名。有吹籥、舞籥二種。吹籥似笛而短小，三孔；舞籥長而六孔，可持作舞具。⓫序　次序。用作動詞，排定次序。⓬協　和；和睦。⓭萬國　極言其諸侯國之多。

【語　譯】和樂的五帝，設置有六種樂器。笙和磬既已和諧，還有鐘鼓羽籥。周王朝排定神和人的次序，使眾多的諸侯國都協調和睦。

太官令箴

【題　解】太官令，官名。掌管皇帝的飲食宴會，屬少府。〈太官令箴〉已殘缺。所剩這幾句乃寫太官令的職責是供給皇帝飲食。

時❶惟膳夫❷，實❸司❹王饔❺。祁祁❻庶羞❼，口實❽是❾供。群物百品，八珍❿清觴⓫。以御⓬賓客，以膳⓭於王。

【注　釋】❶時　指示代詞。是。❷膳夫　官名。掌王及后妃等的飲食。周曰膳夫，秦漢曰太官。❸實　表態副詞。實在。❹司　主管。❺饔　熟食。這裡泛指飲食。❻祁祁　眾多貌。❼庶羞　眾多的佳肴。庶，眾。羞，同「饈」。精美的食物。❽實　口中的食物。❾是　結構助詞，助成賓語倒置。無義。❿八珍　古代八種烹調法。即淳熬、淳母、炮豚、炮牂、擣珍、漬、熬、肝膋。一說指龍肝、鳳髓、鯉尾、鴞炙、猩唇、豹胎、熊掌、酥酪蟬等八種珍貴食物。⓫清觴　指美酒。⓬御　進獻；奉進。⓭膳　進食。

【語　譯】這就是膳夫，實乃主管王的飲食。眾多的各種美味佳肴，供王享用是其天職。各種食物，各種品種，八種珍貴食物再加上美酒。用來進獻賓客，用來供王享受。

上林苑令箴

【題解】上林苑，苑囿名。本秦舊苑，漢武帝擴建，周圍至三百里，有離宮七十所。苑中養有禽獸，供皇帝春秋打獵。上林苑令，即掌管上林苑的官。漢武帝元鼎二年置水衡都尉，掌上林苑，兼保管皇室財產及錢物。屬官有上林令丞。

苑囿本是畜養禽獸以供帝王打獵的圈地。古代帝王的苑囿與民共有，後世才成為專供帝王遊玩的場所。〈上林苑令箴〉就從古代的苑囿寫起，指出古代山澤之利，獲取以時，與民共有，故能「國以殷富，民以家給」。然後寫到田獵，指出后羿淫於田獵，而「卒遇後憂」。最後告戒統治者，田獵當以三驅為度，不可過度沉溺於其中；對民當以德為至，不可把苑囿據為個人所有。

茫茫❶大田❷，芃芃❸作穀。山有徑陸❹，野有林麓❺。夷原❻汙藪❼，禽獸攸伏❽。魚鼈以時❾，芻蕘❿咸⓫殖⓬。國以⓭殷富⓮，民以家給⓯。昔在帝羿，共田徑游⓰。弧矢⓱是⓲尚⓳，而射夫⓴封豬㉑。不顧於愆，卒遇後憂㉒。是以田獲㉓三驅㉔，不可過差㉕。麀鹿㉖攸伏㉗，不如德至。衡臣司虞㉘，敢告執指㉙。

【注　釋】❶芒芒　曠遠貌。❷大田　肥美的可墾殖耕種的土地。大田下原校云：「《文選・東京賦》注、《御覽》作天田。」❸芃芃　莊稼茂盛貌。❹徑陸　山脈中斷處的陸地。徑陸下原校云：「《御覽》作陵陸。」❺林麓　指樹林。❻夷原　平原；平坦的原野。❼汙藪　汙池藪澤；水池和水草地。❽攸伏　所伏；藏匿之處。❾時　依時；按季節。指不濫捕濫殺。❿芻蕘　養牲口的草、燒的柴。⓫咸　都；皆。⓬殖　生長。⓭以　因；因此。⓮殷富　殷實富足。⓯家給　家家豐足。⓰昔在帝羿二句　謂羿奪民利以山澤供一人之游田。帝羿，即夏朝的有窮后羿。夏太康淫於田獵，羿逐太康以代夏政，故稱為帝羿。共田，供其田獵。共，通「供」。田，通「畋」。打獵。徑游，徑直遊樂。徑，謂往來馳逐於其田。⓱弧矢　弓箭。⓲是　結構助詞，助成賓語倒置。無義。⓳尚　上。用作動詞，以為上，有尊崇、看重之意。⓴夫　那；彼。㉑封豬　大豬。㉒不顧於愆二句　據《左傳・昭公四年》載，有窮后羿趁夏之衰，以代夏政，恃其善射，不修民事，而淫於田獵，結果被其臣寒浞所殺。愆，罪過；過失。卒，終。㉓田獲　田獵的獲取。㉔三驅　一為乾豆（為祭祀），二為賓客，三為充君之庖。一說為三面驅禽，讓開一路，即網開一面，以示好生之德。㉕過差　超過等級。差，次第；等級。㉖麀鹿　母鹿。㉗攸伏　所伏。謂安伏其所而不驚。㉘虞　古代掌管山澤的官。㉙執指　掌管皇帝旨意的大臣。指，通「恉」。意旨；意向。

【語　譯】廣闊無邊的肥沃的原野，生長著茂盛的穀物。山有中斷的平陸，野有高大的林麓。平坦的原野和汙池藪澤，是禽獸隱藏的處所。按一定季節繁殖魚鱉，牧草薪柴都生長此處。國家因此而殷實富裕，民眾因此而家家豐足。在往昔有窮后羿，以山澤供其田獵而往來遊獵歡娛。只看重拉弓射箭，專射那些大野豬。全不顧及自己的過失，終於後來遇到憂虞。因此田獵的獲取以三驅為限，不可以超過次第。要母鹿安伏不驚，不如恩德達到極至。水衡都尉之臣主管山澤，請將此理告知執掌皇帝旨意的近侍。

＊關於揚雄的十二州二十五官箴的存佚，原《揚子雲集》編者有按語言之甚詳，今錄之於後以備參考。

謹案後漢胡廣傳，初揚雄依〈虞箴〉作十二州、二十五官箴，其九箴亡闕。後涿郡崔駰及子瑗，又臨邑侯劉騊駼增補十六篇。廣復繼作四篇，乃悉撰次首目，名曰〈百官箴〉，凡四十八篇。如傳此言，則子雲僅存二十八箴。今徧索群書，除《初學記》之〈潤州箴〉、《御覽》之〈河南尹箴〉，顯誤不錄外，得州箴十二，官箴二十一，凡三十三箴，視東漢時多出五箴。縱使〈司空〉、〈尚書〉、〈太常〉、〈博士〉四箴可屬崔駰、崔瑗，仍多出一箴，與胡廣傳未合。猝求其故而不得，覆審乃明。所謂亡闕者，謂有亡有闕。〈侍中〉、〈太史令〉、〈國三老〉、〈太樂令〉、〈太官令〉五箴多闕文，其四箴亡，故云九箴亡闕也。〈百官箴〉收整篇，不收殘篇，故子雲僅二十八篇。群書徵引據本集，本集整篇殘篇兼載，故有三十三篇。其〈司空〉、〈尚書〉、〈太常〉、〈博士〉四箴，《藝文類聚》作揚雄，必可據信也。

元后誄

【題　解】元后，即漢元帝的皇后王政君，王莽之姑，魏郡元城人，父王禁。元后於漢宣帝五鳳四年選入掖庭為家人子。甘露二年選為太子妃。漢元帝初元元年立為皇后。成帝立，尊為皇太后。哀帝立，尊為太皇太后。歷平帝、孺子嬰，王莽篡漢，更命為新室文母太皇太后。以王莽始建國五年，年八十四歲去世。誄，我國古代一種文體名。《文心雕龍・誄碑》云：「誄者累也；累其德行，旌之不朽也。」誄就是累述死者功德以示哀悼，相當於今之悼詞。

這篇文章贊揚了元后的恩德，表達了對她去世的哀悼，完全符合誄這種文體的要求。但這類文章本為阿諛死者用的，多溢美之辭本不足怪。如文中寫元后四處出巡，親執蠶桑，實乃「莽知太后婦人厭居深宮中，莽欲虞樂以市其權」的。特別此文是奉王莽之命而作。文中對王莽備加吹捧，而對元后不滿王莽篡漢的言行亦多有迴避。連題曰〈元后誄〉亦為《揚子雲集》編者所加。因為王莽篡漢後，已更命為新室文母，「以示絕之漢，不令得體元帝」，揚雄是不敢稱元后的。《藝文類聚》題曰〈皇后誄〉，因它收入后妃部，故曰皇后。

新室文母太后❶崩❷，天下哀痛，號❸哭涕泗❹，思慕功德，咸❺上柩❻誄之，銘❼曰：

【章　旨】這是序，交代哀誄的對象。這裡就不稱元后，而稱新室文母。

【注　釋】❶太后　帝王之母稱太后。元后為王莽之姑母，故亦稱太后。❷崩　帝王死稱崩。太后為帝王之母，故亦稱崩。❸號　號哭。❹涕泗　眼淚和鼻涕。❺咸　都；皆。❻柩　靈柩；已裝有屍體的棺材。❼銘　本指刻在器物上的文字。這裡是永誌不忘的意思。

【語　譯】新室文母太后逝世，天下哀痛，號哭而涕淚雙流，思念她的功德，都來到她的靈柩前哀悼她，以示永誌不忘說：

惟❶我有❷新室文母聖明皇太后，姓出黃帝，西陵昌意，實生高陽❸。純德虞帝，孝聞四方❹。登陟帝位，禪受伊唐❺。爰初胙土，陳田至王❻。營相厥宇，度河濟旁❼。沙麓之靈❽，太陰之精❾，天生聖姿，豫❿有祥禎⓫。作合⓬於漢，配元⓭生成⓮。孝順皇姑⓯，聖敬齊莊⓰，〈內則〉純備⓱，後烈⓲丕⓳光。肇⓴初配元，天命是㉑將㉒。兆徵㉓顯見㉔，新都㉕黃龍㉖。

【章　旨】以上敘元后的世系與配元帝後的表現，寫出她高貴的血統與不平凡的才德。

【注釋】❶惟　語首助詞。無義。❷有　詞頭。無義。❸姓出黃帝三句　據《史記・五帝本紀》，黃帝娶西陵之女，生昌意，昌意娶蜀山氏女，生高陽。黃帝，古代五帝之一。少典之子，姓公孫，居軒轅之丘，故號軒轅氏。又居姬水，因改姓姬。國於有熊，故亦稱有熊氏。敗炎帝於阪泉，又與蚩尤戰於涿鹿之野，殺蚩尤，諸侯尊為天子以代神農氏。有土德之瑞，故號黃帝。王莽自稱為黃帝之後，故曰姓出黃帝。西陵，黃帝時國名。昌意，黃帝之子。高陽，顓頊之號。顓頊，黃帝之孫，昌意之子，繼黃帝有天下，為五帝之一。❹純德虞帝二句　舜父頑、母嚚、弟傲，舜順事父及後母與弟，日以篤謹。四岳以此薦之於堯，故曰以孝聞。純德，純一之德；美德；大德。虞帝，即虞舜帝。❺登陟帝位二句　傳說唐堯告老後，將帝位傳授給舜。陟，升。禪，禪讓。以帝位傳授別人。伊，句中助詞。無義。唐，指唐堯帝。❻爰初胙土二句　據《漢書・元后傳》引王莽《自本》云：「黃帝姓姚氏，八世生虞舜。舜起嬀汭，以嬀為姓。至周武王封舜後嬀滿於陳，是為胡公。十三世生完。完字敬仲，奔齊，齊桓公以為卿，姓田氏。十一世田和有齊國，二世稱王，至王建為秦所滅。項羽起，封建孫安為濟北王。至漢興，安失國，齊人謂王家，因以為氏。」這就是「爰初胙土，陳田至王」的演變歷史。爰，語首助詞。無義。胙土，賜與土地。即授封為諸侯國。❼營相厥宇二句　王氏原居濟南郡東平陵，後王賀渡濟水、黃河而北徙魏郡元城。營，經營；謀畫。相，觀察。厥，其。宇，居；住所。度，通「渡」。渡過。河，黃河。濟，濟水。源出河南濟源縣王屋山，其故道本過黃河而南，東流至山東入海，後下流為黃河所奪，惟河北發源處尚存。❽沙麓之靈　王賀徙元城，元城建公曰：「昔春秋沙麓崩，晉史卜之曰：後六百四十五年宜有聖女興，其齊田乎！今王賀所徙正直其地，日月當之。後八十年，當有貴女興天下。」遠在春秋時魯僖公十四年沙麓崩時，晉史就預言此地六百四十五年之後有聖女生，故云元后為沙麓的神靈所生。沙麓，春秋時晉地土山名，其西有沙鹿城，在今河北大名縣。靈，神靈。❾太陰之精　據《漢書・元后傳》載，元后母李氏懷孕時，夢月入其懷，故稱元后為太陰之精。太陰，月亮。日月對舉，日稱太陽，故月稱太陰。精，精靈；靈氣。❿豫　預先；事先。⓫祥禎　吉祥的徵兆。⓬作合　配合。指男女結合為夫妻。⓭元　漢元帝。名奭，漢宣帝之子，在位十六年（西元前四八～前三三年）。⓮成　漢成帝。名驁，漢元帝之子，元后所生，在位二十六年（西元前三二～前七年）。⓯皇姑　漢宣帝王皇后，漢元帝的養母，元帝尊為皇太后。姑，丈夫之母。元帝為皇帝，故稱皇姑。⓰齊莊　恭敬。齊，通「齋」。聖敬齊莊下原校云：「《古文苑》作承家尚莊。」謂秉承家事崇尚莊敬。亦通。⓱內則純備　謂對〈內則〉的內容記得熟而全面。內則，《禮記》篇名。內容規定婦女在家庭內的言行，不許超越禮教。純備，純熟完備。備，原校云：「《古文苑》作被。」被亦有完備之意。⓲烈　功業。⓳丕　大。⓴肇　始。㉑是　結構助詞，助成賓語倒置。無義。㉒將　秉承。㉓兆徵　即徵兆。事先顯示的跡象。㉔顯見　顯露；出現。㉕新都　地名。在今河南新野縣東，王莽封新都侯，即此。㉖黃龍　謂元帝時黃龍見於新都。揚雄以此為王莽稱帝的徵兆，故云。

【語　譯】我新室文母聖明皇太后：王姓發祥於黃帝，黃帝娶西陵之女而生昌意，昌意又誕生顓頊高陽。德行純一的虞舜帝，以孝順名聞四方。登上那帝王的寶座，受禪讓於有唐。嬀滿最初接受封贈的國土，由陳國到田氏再到姓王。謀畫觀察那住所，渡過黃河、濟水之旁。是沙麓的神靈，是月亮的精英。上天生下的聖明的英姿，預先就有吉兆祥禎。婚配於元帝而誕生成帝，嫁給漢室是天意作成。孝順皇姑王太后，聖明恭敬謹慎端莊。《禮記・內則》記得純熟而全面，後來功業更擴大發揚。最初嫁給元帝，就是秉承天命的輝光。吉祥的兆徵明白地顯現，有黃龍出現新都這個地方。

漢成既終，胤嗣匪生❶。哀帝承祚，惟離典經❷。尚是言異❸，大命俄傾❹。

厥年夭隕❺，大終❻不盈❼。文母❽覽之，千載不傾❾。博選大智，新都宰衡❿。明聖作佐，與圖國艱，以度厄運⓫，徵立中山⓬。庶其可濟，博采淑女，備其姪娣⓭，覲⓮禮高禖⓯，祈⓰廟⓱嗣繼。靡⓲格匪⓳天，靡動匪地。穆穆⓴明明㉑，昭㉒事上帝㉓。弘㉔漢祖考㉕，夙夜㉖匪懈㉗。興滅繼絕，博立侯王㉘。親睦庶族㉙，昭穆㉚序明。帝致支屬㉛，靡有遺荒，咸被祚慶㉜。冀㉝以㉞金㉟火㊱，赤仍有央㊲。勉進大聖㊳，上下兼該㊴。群祥眾瑞，正我黃㊵來。火德將滅，惟后㊶於斯㊷。天之所壞，人不敢支㊸。哀平㊹夭折㊺，百姓分離。祖宗之愆㊻，終其不全。天命有託，謫㊼在於前。屬㊽遭不造㊾，榮㊿極而遷(51)。皇天(52)眷命(53)，黃虞之孫(54)。歷世運移，屬(55)在聖新。代於漢劉，受祚於天。漢祖受命，赤傳於黃(56)。攝帝(57)受禪(58)，立為真皇(59)。允受(60)厥(61)中(62)，以安黎眾(63)。漢祖黜廢，移定安公(64)。皇皇(65)靈祖，惟若(66)孔(67)臧(68)。降茲珪璧(69)，命服(70)有常。為新帝母(71)，鴻德(72)不忘。

【章　旨】以上敘漢祚的衰落與新莽的興起，對王莽倍加歌頌。文中充滿了陰陽五行的迷信色彩。揚雄本是一位古文經學家，反對陰陽五行之學。這裡大加宣揚，乃是頌揚新莽的需要。

【注　釋】❶亂嗣匪生　漢成帝無子。亂嗣，子嗣。這裡指兒子。匪，非；不。❷哀帝承祚二句　哀帝繼承皇位，定其生父定陶恭王為恭皇，尊其祖母傅太后為帝太太后，其母丁姬為帝太后。這些皆不合典禮，故曰惟離典經。哀帝，漢哀帝，名欣。成帝無子，迎立其弟定陶恭王的兒子劉欣為帝，是為哀帝，在位六年（西元前六～前一年）。承祚，繼承皇位。典經，猶言經典。作為典範的經書。❸尚是言異　當哀帝定恭王等人尊號時，丞相師丹反對。而董宏以秦莊襄王尊生母夏氏為夏太后為例，宜立定陶恭王后為皇太后。這種言論不合正理，只是迎合哀帝欲貶抑王氏權勢的意願，故稱為怪異之言。尚，尊崇。言異，猶言異言。怪異的言論。❹大命俄傾　此指哀帝短命，不能享有天命。大命，天命。上天賦予的權力和使命。俄，不久。顛，倒；仆。❺厥年夭隕　哀帝死時年僅二十五歲，在位僅六年。厥年，其年壽。夭隕，短命早死。❻大終　最後的結局。❼盈　完滿。❽文母　即新室文母。❾千載不傾　謂為基業作千載不傾之計。❿新都宰衡　以殷湯時伊尹為阿衡，周武王時周公為太宰，謂莽可媲美伊尹、周公。新都，王莽封新都侯。宰衡，漢平帝元始三年，莽諷群臣奏尊莽為宰衡。⓫戹運　同「厄運」。不幸的遭遇。⓬中山　中山王。名衎，漢元帝之孫，中山孝王之子。哀帝無子，元后與王莽共徵立中山王奉哀帝後，是為漢平帝，在位五年（西元元年～五年）。⓭庶其可濟三句　王莽欲以女配平帝，元后不願意，王莽諷公卿要求聘莽女，元后不得已，聽公卿采莽女，時以妹姪陪嫁者十一家。庶，副詞。表示希望。淑女，賢良的女子。姪娣，從嫁的妹妹和姪女。古禮規定，諸侯娶一國，則二國送其妹或姪女去作陪嫁。這是為了尊夫人，防嫉妒，重繼嗣。⓮覲　本指諸侯秋天朝見天子。這裡指覲見高禖。覲下原校云：「一作親。」親見，亦通。⓯高禖　媒神。古代帝王祭祀她以求子嗣。⓰祈　祈求。⓱廟　宗廟；祖廟。⓲靡　無。⓳匪　不；非。⓴穆穆　肅敬；恭謹。㉑明明　猶「黽黽」。勉力。㉒昭　明。㉓上帝　天帝；天神。㉔弘　擴大。㉕祖考　祖先。㉖夙夜　早晚。㉗懈　懈怠。㉘興滅繼絕二句　漢平帝元始元年，立故東平王雲太子開明為王，故桃鄉頃侯子成都為中山王，封宣帝耳孫信等三十六人皆為列侯。封周公後公孫相如為褒魯侯，孔子後孔均為褒成侯。二年，立代孝王玄孫之子如意為廣宗王，江都易王孫盱臺侯宮為廣川王，廣川惠王曾孫倫為廣德王。封故大司馬博陸侯霍光從父昆弟曾孫陽、宣平侯張敖玄孫慶忌、絳侯周勃玄孫共、舞陽侯樊噲玄孫之子章皆為列侯，賜故曲周侯酈商等後玄孫酈明友等一百一十三人爵關內侯。這都是王莽收買人心而採取的舉措。興滅，使絕滅了的國家重新興起。繼絕，使絕滅了的世家大族重新繼續。博立，廣泛建立。㉙庶族　眾多的宗族。㉚昭穆　古代宗法制度，宗廟或墓地的輩次排列，以始祖居中，二世、四世、六世，居始祖之左，稱昭；三世、五世、七世，居始祖之右，稱穆。用以分別宗族內部的長幼、親疏和遠近。㉛支屬　宗族的分支，親屬。㉜祚慶　福澤；好處。㉝冀　希望。㉞以　此。㉟金　劉姓。㊱火　五行（金、木、水、火、土）之一。陰陽五行家認為，歷代王朝的更替是依五行相剋的原理，叫做五德終始。漢高祖劉邦斬白蛇起義，被認為是赤帝子斬白帝子。赤為火的顏色，故漢人自以為代表火德。㊲有央　猶未央、未盡。㊳大聖　指王莽。㊴兼該　兼有該備。謂全都掌握。㊵黃　土的顏色。王莽自以為代表土德，其色黃，因以黃代指新朝。㊶后　君主。指王莽。㊷斯　此；這。㊸支　支持；支撐。㊹哀平　漢哀帝、漢平帝。㊺夭折　短命早死。漢哀帝二十歲即位，在位六年，壽二十五歲。漢平帝九歲即位，在位五年，壽十四歲。故云夭折。㊻愆　罪過；過失。㊼讁　罰罪；責罰。㊽屬　副詞。適值；恰好。㊾不造　不成；不幸。㊿榮　光榮；榮耀。原校云：「一作策。」策，謀略，亦通。51遷　變遷；變化。52皇天　偉大的天。53眷命　眷愛並賦以重任。54黃虞之孫　王莽自以為是黃帝、虞舜的後裔。黃虞，黃帝、虞舜。55屬　通「囑」。託付；囑託。56漢祖受命二句　孺子嬰居攝三年，梓潼人哀章偽造《赤帝行璽劉邦傳予黃帝全策書》，言莽當為真天子。王莽乃貶孺子嬰為定安公，自己稱帝，改國號曰新。漢祖，指漢高祖劉邦。赤，火德之色。代指漢。黃，土德之色，代指新。57攝帝　漢平帝死，無子，王莽徵宣帝玄孫選最少者廣戚侯子劉嬰，年二歲，立為孺子，王莽攝政，稱攝皇帝。58禪　禪讓。59真皇　真皇帝。居攝三年，王莽廢孺子嬰，自己稱帝。60允受　誠實地接受。受下原校云：「一作執。」執，保持；掌握。亦可通。61厥　其。62中　不偏不倚；中道；正確的原則。63黎眾　民眾；黎民百姓。64定安公　王莽廢孺子嬰，「以平原、安德、漯陰、鬲、重丘，凡萬戶，地方百里，為定安公國，立漢祖宗之廟於其國。」65皇皇　美盛貌。66若　此。67孔　甚。68臧　善。69珪璧　皆為朝會時所執和佩帶的玉器。珪，玉版，上圓或尖，下方。璧，圓平而中心有孔的玉器。⑩命服　古代帝王按等級賜給公侯到卿大夫的制服。⑪帝母　指稱元后為新室文母。⑫鴻德　大德。鴻，通「洪」。大。

【語　譯】漢成帝既已逝世，卻無子嗣將皇位繼承。漢哀帝繼承大位，他的作為叛道離經。崇尚那不合典禮的言論，上天賦予的權力就顛覆敧傾。那年壽短命早死，那結局就不圓滿充盈。新室文母見此狀況，就謀畫千載業績的永恒。廣泛地選拔大智之人，選出了新都侯擔任宰衡。有英明聖哲擔任輔佐，與之圖謀國事的艱難。以此渡過困厄的時運，徵立中山王垂拱朝端，希望這樣能渡過難關。廣泛地選擇美好的女子，還備有許多陪嫁的妃子。朝見禮拜高禖之神，祈求為宗廟生下繼嗣。沒有不能感通的皇天，沒有不能感動的大地。恭謹肅敬而又勤勉，明確地奉事上帝。擴大漢朝祖宗的基業，從早到晚毫不鬆懈。滅亡了的國家重新建立，斷絕了的大族重新繼續，廣泛地建置侯王。親近和睦眾多的宗族，左昭右穆的次序分明。皇帝招致各分支的親屬，沒有一個遺忘都被賜予福澤吉祥。希望劉姓的火德，仍舊放射赤色的光芒。努力進用偉大的聖人，上下的大事全都管轄。各種各樣的吉祥徵兆，正朝著土德的新朝降來。大德的漢朝將要滅亡，惟一的君主就在這兒。上天要毀壞的事物，人力不能支持。哀帝、平帝短命早死，天下百姓分崩離析。由於列祖列宗的罪過，祖業終於不可保全。天命既已有了寄託，謫罰懲治就在目前。接連遭遇不幸的事故，榮耀至極就要變遷。偉大的天所眷顧任命，是黃帝、虞舜的子孫。經歷數世國運遷移，屬意就在明聖的大新。取代了漢朝的劉氏，從上天那裡接受了皇位。漢高祖秉承上天使命，將帝位傳給了尚黃的土德。從攝皇帝到接受禪讓，做了真正的皇帝。誠實地接受這正確的原則，來安定這黎民大眾。漢朝的宗廟被毀黜廢棄，孺子嬰移做了定安公。偉大的神靈祖宗，對此事特別滿意。降下的珪玉璧玉，穿的禮服亦有常規。對大新的這位帝母，她的大恩大德永遠不會忘遺。

欽❶德伊何？奉命是❷行。菲薄❸服食，神祇是崇❹。尊不虛❺統❻，惟祗❼惟庸❽。隆循❾人敬❿，先民⓫是⓬從。承天祗家，允⓭恭虔⓮恪⓯，豐阜⓰庶卉⓱，旅力⓲不射⓳。恤民於留，不皇詭作⓴。別計十邑，國之是度，還奉於此，以處貧薄㉑。罷苑置縣㉒，築里作宅㉓，以處貧窮，哀此嫠獨㉔。起常盈倉，五十萬斛，為諸生儲，以勸好學㉕。志在黎元㉖，是㉗勞是勤。春巡灞滻，秋臻黃山，夏撫樗杜，冬卹涇樊㉘。大射㉙饗飲㉚，飛羽㉛之門。綏宥㉜耆幼㉝，不拘婦人，刑女歸家，以育貞信㉞。玄冥㉟季冬㊱，搜狩㊲上蘭㊳。寅賓出日，東秩暘谷㊴，鳴鳩拂羽，勝降桑木㊵。蠶於繭館㊶，躬執筐曲㊷，帥導群妾，咸㊸脩㊹蠶蔟㊺。分繭理絲，女工㊻是㊼敕㊽。遐邇㊾蒙祉㊿，中外禔福(51)，自京逮海，靡(52)不仰德(53)。成(54)類存(55)生，秉天地經(56)，無物不理，無人不寧。尊號文母，與新有成，世奉長壽(57)，靡墮(58)有傾。著德太常(59)，注諸(60)旒旌(61)，嗚呼哀哉，以昭鴻(62)名。

【章　旨】以上頌揚元后的恩德。她出巡四方，躬親桑蠶，乃是王莽諂事她，要從她手中奪取權力的陰謀。這裡卻大加贊揚，也是為了迎合王莽。

【注　釋】❶欽　對皇帝所行事的敬稱。平帝時，元后曾臨朝稱制，故以欽稱之。❷是　結構助詞，助成賓語倒置。無義。下「是崇」之「是」同。❸菲薄　微薄；淺陋。❹崇　尊崇；尊敬。❺虛　空虛。用作使動詞，使空虛。❻統　世代相繼的皇統。❼祗　恭敬。❽庸　有常。謂能堅持操守。此句下原校云：「一作惟垣惟墉。」按垣墉皆城墻之意，謂如城墻之可以衛國，亦通。❾循　遵守。原校云：「一作修。」按修亦遵循之意。古籍中循、修常相混而誤。❿人敬　為人的恭謹。⓫先民　古時賢人。⓬是　結構助詞，助成賓語倒置。無義。⓭允　誠信。⓮虔　威嚴。⓯恪　恭敬。⓰豐阜　茂盛；旺盛。用作使動詞，使茂盛。⓱庶卉　眾多的草木物產。⓲旅力　獻力；出力。⓳射　通「斁」。厭倦。⓴恤民於留二句　意謂勸民崇本務農，為長久之計，於弋獵末事則不暇為之。恤，救濟。留，久。皇，通「遑」。閑暇。詭作，不正當的作為。㉑別計十邑四句　漢平帝元始元年，元后省所食湯沐邑十縣，屬大司農，別計其租入，以贍貧民。千邑，十縣。度，考慮；關注。處，安置。貧薄，貧困的民眾。㉒罷苑置縣　漢平帝元始二年，罷安定呼池苑，以為安民縣。苑，古代養禽獸的園林。㉓築里作宅　又起五里於長安城中，宅二百區，以安貧民。里，閭里。民戶住處。宅，住所。㉔嫠獨　寡婦和孤獨無依靠之人。嫠，寡婦。獨，老而無子。㉕起常盈倉四句　漢平帝元始四年，莽奏起明堂、辟雍、靈臺，為學者築舍萬區，作市、常盈倉，制度甚盛。徵天下通一藝教授十一人以上，及有逸《禮》、《毛詩》、《周官》、《爾雅》、天文、圖讖、鍾律、月令、兵法、《史篇》文字，通知其意者，皆詣公車。網羅天下異能之士，至者前後數千，皆令記說廷中，將令正乖謬，壹異說。事見《漢書．王莽傳》。常盈倉，儲糧食的倉庫名。斛，量器名。古代以十斗為一斛。諸生，眾儒生。勸，勉勵；獎勵。好，喜愛；愛好。㉖黎元　即黎民。平民百姓。㉗是　指示代詞。此；這。㉘春巡灞滻四句　據《漢書．元后傳》：「莽又知太后婦人厭居深宮中，莽欲虞樂以市其權，乃令太后四時車駕巡狩四郊，存見孤寡貞婦。春幸繭館，率皇后列侯夫人桑，遵灞水而祓除；夏遊籞宿、鄠、杜之間；秋歷東館，望昆明，集黃山宮；冬饗飲飛羽，校獵上蘭，登長平館，臨涇水而覽焉。太后所至屬縣，輒施恩惠，賜民錢帛牛酒，歲以為常。」巡，周行視察。灞，灞水。關中八川之一，在陝西省中部，水出藍田縣藍田谷，流經今西安市東，入渭水。滻，滻水。關中八川之一，源出陝西藍田縣西南秦嶺山中，北流至西安市東，入灞水。臻，至。黃山，黃山宮。在槐里，即今陝西興平縣東南。撫，撫慰。鄠，鄠縣。今屬陝西省，漢初置縣，屬右扶風。杜，漢縣名。屬右扶風，故地在今陝西西安市東南。邮，即「郿」字之譌。郿，憂念；救濟。涇，涇水。據《尚書》孔《疏》：「源出安定涇陽縣西岍頭山，東南至馮翊陽陵縣入渭。」即二源至涇川匯合，東南流至陝西邠縣，再折而東南至高陵南入渭水。樊，樊川。水名，在今陝西長安縣南。㉙大射　為祭祀而舉行的射禮。㉚饗飲　大宴賓客。㉛飛羽　殿名。在未央宮中。㉜綏宥　撫恤。㉝耆幼　老幼。㉞刑女歸家二句　漢平帝元始元年，天下女徒罪已定，歸家；免除貞婦勞役或租稅，鄉一人。四年詔曰：「前詔有司復貞婦，歸女徒，誠欲以防邪辟，全貞信。」刑女，判刑罰的婦女。貞信，貞正誠實。按「信」與「人」叶韻，讀作「伸」的音。㉟玄冥　冬季的神。這裡代指冬季。㊱季冬　冬季的最後一個月。即十二月。㊲搜狩　按當作「蒐狩」。打獵。㊳上蘭　觀名。在上林苑中。㊴寅賓出日二句　《尚書·堯典》：「分命羲仲，宅嵎夷，曰暘谷。寅賓出日，平秩東作。」寅賓，恭敬引導。出日，春分時早晨的太陽。秩，次序。用作動詞，測定次序。暘谷，日所出處。㊵鳴鳩拂羽二句　《呂氏春秋·季春紀》：「是月也，命野虞，無伐桑柘。鳴鳩拂其羽，戴勝降於桑，具栚曲籧筐，后妃齋戒，親東鄉躬桑，禁婦女無觀，省婦使，勸蠶事。」故鳴鳩拂羽，戴勝降桑，為婦女養蠶的季節。勝降桑木下原校云：「《古文苑》作戴勝降桑，失韻。」按原校是。鳴鳩，即斑鳩。鳥名。拂羽，振翅。勝，戴勝。鳥名，狀似雀，頭有冠，五色。㊶繭館　據《古文苑》章樵注引《漢宮殿疏》云：「上林苑有繭觀，蓋蠶繭之所也。」㊷筐曲　皆養蠶用的器具。㊸咸　皆。㊹脩　學習；從事。脩下原校云：「《古文苑》作循。」按脩、循古籍常相混。㊺蔟　承蠶作繭的器具，以葦草或竹等製成。㊻女工婦女的工作。指紡織、刺繡、蠶桑、縫紝等。㊼是　結構助詞，助成賓語倒置。無義。㊽敕　整飭；告誡。㊾遐邇　遠近。㊿蒙祉　蒙受福澤。51禔福　安福。52靡　無。53仰德　仰望恩德。54成　成就。55存　保全；撫養。56經　常道。57長壽　長壽宮。王莽毀壞漢元帝祠廟，獨置其故殿為元后饗食堂，既成，名曰長壽宮。以元后未死，故未謂之廟。58隓　同「隳」。毀壞。59太常　官名。掌宗朝禮儀。60諸　「之於」的合音詞。61旒旌　出殯時在靈柩前的幡旗。62鴻　通「洪」。大。

【語譯】她的德行怎麼樣？就是奉行天命。減損自己的衣服飲食，而對神祇特別尊敬。敬重而不使皇位空虛，恭謹而堅守有常。隆重地遵循為人的恭謹，緊緊跟隨古時的賢良。順從天命，敬承家訓，誠實恭敬嚴肅恭儉。努力增殖各種物產，獻出力量而不厭倦。救濟民眾於長久之計，沒閑暇去從事不正當的弋獵遊田。另外計算十個縣邑的租稅，考慮著國家的用度。拿來奉獻到這裡，以安置貧困的民戶。廢棄苑囿建置縣邑，建造閭里做為住宅。用來安置貧窮的民眾，哀憐那些鰥寡孤獨。建立常盈倉，儲穀五十萬斛。為眾儒生儲備皇糧，用來勉勵士人好學。心裡思念著平民百姓，又是操勞又是勤苦。春天裡視察灞水、滻水，秋天裡去到黃山宮。夏天裡撫慰鄠縣、杜縣，冬天裡救濟涇水、樊川的民眾。行大射禮時賞給酒食，在飛羽殿的前門。安撫救濟老年和幼小，監獄裡不拘留婦人。已判刑罪的女子許其回家，以培育婦女的誠實堅貞。冬天裡到嚴寒的冬末，去上蘭觀打獵習武。恭敬地迎候春分時升起的太陽，測定旭日東升暘谷的時刻。斑鳩鳥振翅飛翔，戴勝鳥降落在桑樹。在養蠶室裡飼養桑蠶，親自拿著養蠶的筐曲。率領引導所有姬妾，都去管理吐絲的蠶蔟。分開繭子理出蠶絲，婦女的工作做得認真嚴肅。遠遠近近都得到好處，裏裏外外都蒙受福澤。從京城直至海邊，沒有誰不仰仗恩德。成就物類，撫養生民，掌握了天地好生的德行。沒有事物不得到治理，沒有人不得到安寧。上尊號稱做文母，與新朝一樣事業有成。世世代代供奉在長壽宮裡，沒有毀壞沒有敧傾。在太常官那裡記載著功德，還表現在旗幟幡旌。嗚呼哀哉！用來表彰她偉大的名聲。

享國❶六十❷，殂落❸而崩。四海❹傷懷，擗踊❺拊心❻。若喪❼考妣❽，遏密❾八音❿。嗚呼哀哉，萬方⓫不勝⓬。德被⓭海表⓮，彌流⓯魂⓰精⓱。去此昭昭⓲，就彼冥冥⓳。忽兮不見，超⓴兮西征㉑。既作下宮㉒，不復故庭。爰㉓緘㉔伊㉕銘，嗚呼哀哉！

【章　旨】以上表示哀悼。

【注　釋】❶享國　指帝王在位的年數。❷六十　元后從漢元帝初平元年（西元前四八年）立為皇后，經皇太后、太皇太后、新室文母，到王莽始建國五年（西元一三年）去世，共六十一年。言六十，舉其成數。❸殂落　死。❹四海　四海之內。指天下。❺擗踊　搥胸頓足。形容哀痛至極。❻拊心　拍胸；撫心。❼喪　失去。❽考妣　父母。生曰父母，死曰考妣。❾遏密　禁絕。❿八音　古代稱金、石、絲、竹、匏、土、革、木為八音。金為鐘，石為磬，琴瑟為絲，簫管為竹，笙竽為匏，壎為土，鼓為革，柷敔為木。⓫萬方　猶言四方。⓬勝　能承受；經得住。⓭被　覆蓋。⓮海表　四海之外。⓯彌流　猶言彌漫。布滿；充滿。⓰魂　魂靈。⓱精　精神；靈氣。⓲昭昭　光明。指光明的人世間。⓳冥冥　昏暗。指昏暗的地下。⓴超　遙遠。㉑西征　西行。元后與漢元帝合葬渭陵，渭陵在陝西咸陽縣東北。咸陽在長安西北，故曰西行。㉒下宮　墳塋。㉓爰於是。㉔緘　封閉。㉕伊　此。

【語　譯】享有國家六十餘年，忽然逝世如地塌天崩。天下人都懷抱著哀痛，頓著足，搥著胸。如同死了父母，禁絕了歌舞歡騰。嗚呼哀哉！各地都承擔不了這份悲情。恩德覆蓋著四海之外，到處布滿了魂魄精靈。離開這光明的人世，去到那昏暗的墓陵。忽然間不見那倩影，遠遠地向西方出行。既已築好了墳塋，不再回到原來的戶庭。於是封好了這篇銘文，嗚呼哀哉！

琴清英

【題　解】《琴清英》是揚雄一部記載有關琴的故事的著作。其書已佚，只剩從各種類書中輯錄的這幾條。

琴，古人認為是一種高雅的樂器。《白虎通》曰：「琴者，禁也，所以禁止淫邪，正人心也。」認為琴大小得中而聲音和，大聲不諠譁而流漫，小聲不湮滅而不聞，足以和人意氣，感發善心。所以很重視琴。關於琴的故事也很多。清英，精華、精粹的意思。揚雄這部著作，收集的是關於琴的故事中的精粹，故曰《琴清英》。

昔者神農❶造琴以定神❷，禁婬嬖❸，去邪欲，反其真❹者也。舜彈五弦之琴而天下治❺。堯加二弦，以合君臣之恩也。

【章　旨】這則故事記關於琴的發明。這裡認為琴是神農首創，堯加二弦。《琴操》則認為是伏羲首創，文王、武王加二弦。

【注　釋】❶神農　傳說中的古帝名。古史又稱炎帝、烈山氏，相傳始教民為耒耜以興農業，故稱神農氏。又嘗百草為醫藥以治疾病。❷神　指人的意識和精神。❸婬嬖　同「淫僻」。淫佚邪僻。❹真　本原；本性。

❺舜彈五弦之琴句　《禮記・樂記》云：「舜作五弦之琴，以歌〈南風〉之詩，而天下治。」舜，虞舜。古帝名，名重華，受堯禪為帝，為五帝之一。

【語　譯】往昔神農氏創造了琴來安定人的意識精神，禁止淫佚邪僻，去掉邪惡的欲望，返回到人的善良的本性。虞舜彈奏著五弦的琴而天下大治。唐堯又增加二弦，來調合君臣之間的情份。

尹吉甫❶子伯奇❷至孝，後母譖❸之，自投江中，衣苔帶藻。忽夢見水仙賜其美藥，思惟❹養親，揚聲❺悲歌。船人聞而學之。吉甫聞船人之聲，疑似伯奇，援琴❻作〈子安〉之操❼。

【章　旨】這則故事記關於琴曲〈子安操〉的本事。故事認為〈子安操〉是尹吉甫祝福其子伯奇而作。

【注　釋】❶尹吉甫　周宣王時大臣。曾奉命與南仲北逐玁狁，獲大勝，追擊至太原。又向南淮夷徵取貢物，深受周王室倚重，為周宣王中興輔佐大臣。❷伯奇　人名。尹吉甫之子。❸譖　誣陷；讒毀。❹思惟　思念；思考。❺揚聲　高聲。❻援琴　持琴。❼操　琴曲名。

【語　譯】尹吉甫的兒子伯奇最孝順。後母誣陷他，他自己投入江中，以苔為衣，以藻為帶。忽然夢見水仙賜給他好藥，想著用來奉養雙親，高聲地唱著悲傷的歌。駕船的人聞見它就學著唱。尹吉甫聽到駕船人的歌聲，很懷疑像伯奇的聲音，就拿起琴寫了〈子安操〉。

〈雉朝飛操〉者，衛女傅母❶之所作也。衛侯女嫁於齊太子，中道❷聞太子死，問傅母曰：「何如？」傅母曰：「且往當喪❸。」喪畢，不肯歸，終之以死。傅母悔之，取女所自操❹琴，於冢❺上鼓之。忽有二雉❻俱出墓中，傅母撫雌雉曰：「女❼果為雉邪❽？」言未畢，俱飛而起，忽然不見。傅母悲痛，援琴作操，故曰〈雉朝飛〉❾。

【章　旨】這則故事記關於琴曲〈雉朝飛〉的本事。故事認〈雉朝飛〉是傅母為衛女而作。

【注　釋】❶傅母　古代保育、輔導貴族女子的老年婦女。❷中道　半路上。❸當喪　承擔喪事。❹操　練習；彈奏。❺冢　墳墓。❻雉　鳥名。俗稱野雞，鶉雞類。❼女　通「汝」。你。❽邪　同「耶」。疑問語氣詞，嗎。❾雉朝飛　琴曲名。辭曰：雉朝飛兮鳴相和，雌雄群遊於山阿。我獨何命兮未有家。時將暮兮可奈何！嗟嗟暮兮可奈何！

【語　譯】〈雉朝飛操〉是衛國女子的女師傅作的。衛侯嫁女給齊國的太子，在半路上聽到太子死去的消息，衛女問女師傅說：「怎麼辦？」女師傅說：「姑且去參加喪葬吧。」喪事辦完了，衛女不肯歸回衛國，最後死在齊國。女師傅很後悔，拿來衛女親自彈奏的琴，在衛女的墳墓上彈奏。忽然有兩隻野雞從墓中一道飛了出來。女師傅撫摸著雌野雞說：「妳果然變成了野雞嗎？」話還未說完，兩隻野雞一道起飛，忽然不見。女師傅很悲痛，拿起琴來作琴曲，所以曲名叫〈雉朝飛〉。

晉王❶謂孫息❷曰：「子鼓琴，能令寡人悲乎？」息曰：「今處高臺邃❸宇❹，連屋重戶❺，藿肉漿酒❻，倡樂❼在前，難可使悲者。乃謂少失父母，長❽無兄嫂，當道獨坐，暮無所止❾。於此者乃可悲耳。」乃援琴而鼓之，晉王酸心哀涕曰：「何子來遲也？」

【章　旨】這則故事記述琴聲的感人力量。琴能使心情愉快的人產生悲感。

【注　釋】❶晉王　其人不詳。❷孫息　其人不詳。❸邃　深。❹宇　屋宇。❺重戶　重重的門戶。❻藿肉漿酒　皆賤視酒肉之意。藿肉，視肉如藿。藿，豆葉。貧人充飢的食物。用作意動詞，以肉為藿。漿酒，視酒如漿。漿，用米熬成的酸汁。即發酸的米湯，古人用以代酒。用作意動詞，以酒為漿。❼倡樂　歌舞音樂。倡，古代稱歌舞藝人為倡。❽長　長大成人。❾當道獨坐二句　此二句下原校云：「《文選》魏武帝〈苦寒行〉注作當道獨居，暮無所宿。」按居者蹲也，宿亦止義，義實相通。當，對；攔。

【語　譯】晉王告訴孫息說：「您彈奏琴，能令我悲傷嗎？」孫息說：「現在您處高臺之上，居深宮之中，房屋相連，門戶重疊，視肉如藿，視酒如漿，歌舞在前，難以使您悲傷。如果說少年時就失去父母，長大成人了又無兄嫂，攔阻著道路獨自一人坐著，天黑了也沒有地方止宿，在這種情況下才可以悲傷。」說罷拿起琴來彈奏了一曲。晉王心裡發酸，悲哀地流著淚說：「您為什麼來得這樣的晚呢？」

祝牧❶與妻偕❷隱，作〈琴歌〉云：天下有道，我黼❸子佩❹；天下無道，我負子戴❺。

【章　旨】這則故事記關於〈琴歌〉的本事。

【注　釋】❶祝牧　人名。生平事蹟不詳。❷偕　同；一道。❸黼　古代禮服上繡的黑白相間如斧形的花紋，稱黻黼。禮服，官服。代指做官。❹佩　古代結在衣帶上的飾物。❺我負子戴　指平民百姓的生活。負，用肩背扛物。戴，用頭頂載物。

【語　譯】祝牧和他的妻子一道隱居不仕，作了一首〈琴歌〉，說：天下太平，我穿黻黼妳繫玉佩，夫婦同享富貴；天下動亂，我用肩扛妳用頭頂，夫婦同做平民。

家牒 附

【題解】這是《揚子雲集》的一則附錄。家牒是舊時記載家族世系的譜諜。這則家牒記載了揚雄的生卒年及死後安葬的有關材料，對研究揚雄有一定參考價值，故附載於此。《揚子雲集》輯錄者原按云：「案《家牒》不知何人何時所撰。今附載《揚雄集》後。」

子雲以甘露元年❶生，以天鳳五年❷卒，葬安陵❸阪❹上。所厚❺沛郡❻桓君山❼、平陵❽如子禮❾，弟子❿鉅鹿⓫侯芭⓬，共為⓭治喪⓮。諸公⓯遣世子⓰朝臣⓱郎吏⓲行事者⓳會送⓴。桓君山為斂賻㉑，起祠㉒塋㉓，侯芭負土作墳，號曰玄冢。

【注釋】❶甘露元年　西元前五十三年。甘露，漢宣帝年號（西元前五三～前五〇年）。按這一句輯自《文選・王文憲集序》。❷天鳳五年　西元十八年。天鳳，王莽新朝年號（西元一四年～一九年）。❸安陵　漢惠帝墓陵。因置縣，屬右扶風，故城在今陝西咸陽市東。❹阪　山坡；斜坡。❺所厚　知交；最要好的朋友。❻沛郡　漢郡名。轄三十七縣，治所在沛縣（今江蘇沛縣）。❼桓君山　即桓譚。西漢末東漢初思想家。遍習五經，尤好古學，數從劉歆、揚雄辨析疑義，喜抨擊俗儒，哀、平間，位不過郎。新莽時，任掌樂大夫。劉玄即位，召任太中大夫。光武帝時，任議郎給事中，因反對讖緯神學，貶六安郡丞，卒於道。❽平陵　漢昭帝墓陵。因置縣，故地在今陝西興平縣東北。❾如子禮　人名。生平事蹟不詳。❿弟子　學生。⓫鉅鹿　漢縣名。即今河北鉅鹿縣。⓬侯芭　揚雄弟子。從揚雄受《太玄》、《法言》。雄卒，為起墳，喪之三年。⓭為　幫助；給。⓮治喪　辦理喪事。⓯諸公　眾多公卿。⓰世子　帝王和諸侯的正妻所生的長子，亦稱太子。這裡稱公卿的長子。⓱朝臣　朝廷命官。⓲郎吏　郎官。皇帝的侍從官。⓳行事者　辦事的人。⓴送　送葬。㉑為斂賻　替他收聚喪禮財物。賻，以財物助喪事。㉒祠　祠廟；廟堂。㉓塋　墳墓；葬地。

【語　譯】揚子雲出生在漢宣帝甘露元年，在新莽天鳳五年逝世，葬在安陵的一個山坡上。最要好的朋友沛郡的桓君山、平陵的如子禮，學生鉅鹿的侯芭，一道給他辦理喪事。很多公卿派遣長子和朝廷命官及郎官的辦事人員集會送葬。桓君山替他收聚喪事財禮，起祠廟，買葬地，侯芭背土築墳，取名叫做玄冢。

附錄

一 佚篇存目

〈縣邸銘〉

〈王佴頌〉

〈階闥銘〉

〈成都城四隅銘〉

〈繡補〉、〈靈節〉、〈龍骨〉之銘詩三章（以上見《揚子雲集・與劉歆書》）

〈廣騷〉

〈畔牢愁〉（以上見《漢書・揚雄傳》）

《揚雄訓纂》一篇

《揚雄蒼頡訓纂》一篇（以上見《漢書・藝文志》）

〈綿竹頌〉（見《四庫全書・揚子雲集》）

二 漢書・揚雄傳

揚雄字子雲，蜀郡成都人也。其先出自有周伯僑者，以支庶初食采於晉之揚，因氏焉，不知伯僑周何別也。揚在河汾之間，周衰而揚氏或稱侯，號曰揚侯。會晉六卿爭權，韓、魏、趙興而范中行、知伯弊。當是時，偪揚侯，揚侯逃於楚巫山，因家焉。楚漢之興也，揚氏遡江上，處巴江州。而揚季官至廬江太守。漢元鼎間避仇，復遡江上，處嶓山之陽曰郫，有田一壥，有宅一區，世世以農桑為業。自季至雄，五世而傳一子，故雄亡它揚於蜀。雄少而好學，不為章句，訓詁通而已，博覽無所不見。為人簡易佚蕩，口吃不能劇談，默而好深湛之思，清靜亡為，少耆欲，不汲汲於富貴，不戚戚於貧賤，不修廉隅以徼名當世。家產不過十金，乏無儋石之儲，晏如也。自有大度，非聖哲之書不好也；非其意，雖富貴不事也。顧嘗好辭賦。先是時，蜀有司馬相如，作賦甚弘麗溫雅，雄心壯之，每作賦，常擬之以為式。又怪屈原文過相如，而主不容，作〈離騷〉，自投江而死，悲其文，讀之未嘗不流涕也。以為君子得時則大行，不得時則龍蛇，遇不遇命也，何必湛身哉！迺作書，往往摭〈離騷〉文而反之，自岷山投諸江流以弔屈原，名曰〈反離騷〉；又旁〈離騷〉作重一篇，名曰〈廣騷〉；又旁〈惜誦〉以下至〈懷沙〉一卷，名曰〈畔牢愁〉。〈畔牢愁〉、〈廣騷〉文多不載，獨載〈反離騷〉。孝成帝時，客有薦雄文似相如者。上方郊祠甘泉泰畤、汾陰后土，以求繼嗣，召雄待詔承明之庭。正月，從上甘泉，還奏〈甘泉賦〉以風。甘泉本因秦離宮，既奢泰，而武帝復增通天、高光、迎風。宮外近則洪厓、旁皇、儲胥、弩阹，遠則石關、封巒、枝鵲、露寒、棠黎、師得，遊觀屈奇瑰偉，非木摩而不雕，牆塗而不畫，周宣所考，般庚所遷，夏卑宮室，唐虞棌椽三等之制也。且為其已久矣，非成帝所造，欲諫則非時，欲默則不能已，故遂推而隆之，迺上比於帝室紫宮，若曰：此非人力之所為，黨鬼神可也。又是時趙昭儀方大幸，每上甘泉，常法從，在屬車間豹尾中。故雄聊盛言車騎之眾，參麗之駕，非所以感動天地，逆釐三神。又言屏玉女，卻虙妃，以微戒齊肅之事。賦成奏之，天子異焉。其三月，將祭后土，上迺帥群臣橫大河，湊汾陰。既祭，行遊介山，回安邑，顧龍門，覽鹽池，登歷觀，陟西岳以望八荒，迹殷周之虛，眇然以思唐虞之風。雄以為臨川羨魚，不如歸而結罔，還，上〈河東賦〉以勸。十二月羽獵，雄從。以為昔在二帝三王，宮館臺榭，沼池苑囿，林麓藪澤，財足以奉郊廟，御賓客，充庖廚而已，不奪百姓膏腴穀土桑柘之地。女有餘布，男有餘粟，國家殷富，上下交足，故甘露零其庭，醴泉流其唐，鳳凰巢其樹，黃龍遊其沼，麒麟臻其囿，神爵棲其林。昔者禹任益虞而上下和，屮木茂；成湯好田而天下用足；文王囿百里，民以為尚小；齊宣王囿四十里，民以為大：裕民之與奪民也。武帝廣開上林，南至宜春、鼎胡、御宿、昆吾，旁南山而西，至長楊、五柞，北繞黃山，瀕渭而東，周袤數百里。穿昆明池象滇河，營建章、鳳闕、神明、馺娑，漸臺、泰液象海水周流方丈、瀛州、蓬萊。遊觀侈靡，窮妙極麗，雖頗割其三垂以贍齊民，然至羽獵田車戎馬器械儲偫禁禦所營，尚泰奢麗誇詡，非堯、舜、成湯、文王三驅之意也。又恐後世復脩前好，不折中以泉臺，故聊因〈校獵賦〉以風。明年，上將大誇胡人以多禽獸，秋，命右扶風發民入南山，西自褒斜，東至弘農，南敺漢中，張羅罔罝罘，捕熊羆豪豬虎豹狖玃狐兔麋鹿，載以檻車，輸長楊射熊館。以罔為周阹，縱禽獸其中，令胡人手搏之，自取其獲，上親臨觀焉。是時，農民不得收斂。雄從至射熊館，還，上〈長楊賦〉，聊因筆墨之成文章，故藉翰林以為主人，子墨為客卿以風。哀帝時，丁、傅、董賢用事，諸附離之者，或起家至二千石。時雄方草《太玄》，有以自守，泊如也。或謿雄以玄尚白，而雄解之，號曰〈解謿〉。雄以為賦者，將以風也，必推類而言，極麗靡之辭，閎侈鉅衍，競於使人不能加也，既迺歸之於正，然覽者已過矣。往時武帝好神仙，相如上〈大人賦〉，欲以風，帝反縹縹有凌雲之志。繇是言之，賦勸而不止，明矣。又頗似俳優淳于髡、優孟之徒，非法度所存，賢人君子詩賦之正也，於是輟不復為。而大潭思渾天，參摹而四分之，極於八十一。旁則三摹九据，極之七百二十九贊，亦自然之道也。故觀易者，見其卦而名之；觀《玄》者，數其畫而定之。《玄》首四重者，非卦也，數也。其用自天元推一晝一夜陰陽數度律曆之紀，九九大運，與天終始。故《玄》三方、九州、二十七部、八十一家、二百四十三表、七百二十九贊，分為三卷，曰一二三，與《泰初曆》相應，亦有顓頊之曆焉。揲之以三策，關之以休咎，絣之以象類，播之以人事，文之以五行，擬之以道德仁義禮知。無主無名，要合五經，苟非其事，文不虛生。為其泰曼漶而不可知，故有〈首〉、〈衝〉、〈錯〉、〈測〉、〈攡〉、〈瑩〉、〈數〉、〈文〉、〈掜〉、〈圖〉、〈告〉十一篇，皆以解剝《玄》體，離散其文，章句尚不存焉。《玄》文多，故不著；觀之者難知，學之者難成。客有難《玄》大深，眾人之不好也。雄解之，號曰〈解難〉。雄見諸子各以其知舛馳，大氐詆訾聖人，即為怪迂，析辯詭辭，以撓世事，雖小辯，終破大道而惑眾，使溺於所聞，而不自知其非也。及太史公記六國，歷楚漢，訖麟止，不與聖人同，是非頗謬於經。故人時有問雄者，常用法應之，譔以為十三卷，象《論語》，號曰《法言》。《法言》文多不著，獨著其目。天降生民，倥侗顓蒙，恣於情性，聰明不開，訓諸理，譔〈學行〉第一。降周迄孔，成於王道，然後誕章乖離，諸子圖微，譔〈吾子〉第二。

事有本真，陳施於億，動不克咸，本諸身，譔〈修身〉第三。芒芒天道，在昔聖考，過則失中，不及則不至，不可姦罔，譔〈問道〉第四。神心曶怳，經緯萬方，事繫諸道德仁誼禮，譔〈問神〉第五。明哲煌煌，旁燭無疆，遜於不虞，以保天命，譔〈問明〉第六。假言周於天地，贊於神明，幽弘橫廣，絕於邇言，譔〈寡見〉第七。聖人聰明淵懿，繼天測靈，冠於群倫，經諸范，譔〈五百〉第八。立政鼓眾，動化天下，莫上於中和，中和之發，在於哲民情，譔〈先知〉第九。仲尼以來，國君將相，卿士名臣，參差不齊，壹概諸聖，譔〈重黎〉第十。仲尼之後，訖於漢道，德行顏、閔，股肱蕭、曹，爰及名將尊卑之條，稱述品藻，譔〈淵騫〉第十一。君子純終領聞，蠢迪檢押，旁開聖則，譔〈君子〉第十二。孝莫大於寧親，寧親莫大於寧神，寧神莫大於四表之驩心，譔〈孝至〉第十三。

贊曰：雄之自序云爾。初雄年四十餘，自蜀來至，游京師，大司馬車騎將軍王音奇其文雅，召以為門下史，薦雄待詔，歲餘，奏〈羽獵賦〉，除為郎，給事黃門，與王莽、劉歆並。哀帝之初，又與董賢同官。當成、哀、平間，莽、賢皆為三公，權傾人主，所薦莫不拔擢，而雄三世不徙官。及莽篡位，談說之士用符命稱功德，獲封爵者甚眾，雄復不侯，以耆老久次轉為大夫，恬於勢利迺如是。實好古而樂道，其意欲求文章成名於後世，以為經莫大於《易》，故作《太玄》；傳莫大於《論語》，作《法言》；史篇莫善於《倉頡》，作《訓纂》；箴莫善於〈虞箴〉，作州箴；賦莫深於〈離騷〉，反而廣之；辭莫麗於相如，作四賦；皆斟酌其本，相與放依而馳騁云。用心於內，不求於外，於時人皆曶之；唯劉歆及范逡敬焉，而桓譚以為絕倫。王莽時，劉歆、甄豐皆為上公，莽既以符命自立，即位之後，欲絕其原以神前事，而豐子尋、歆子棻復獻之。莽誅豐父子，投棻四裔，辭所連及，便收不請。時雄校書天祿閣上，治獄事使者來，欲收雄，雄恐不能自免，迺從閣上自投下，幾死。莽聞之曰：雄素不與事，何故在此？間請問其故，迺劉棻嘗從雄學作奇字，雄不知情。有詔勿問。然京師為之語曰：「惟寂寞，自投閣；爰清靜，作符命。」雄以病免，復召為大夫。家素貧，耆酒，人希至其門。時有好事者載酒肴從游學，而鉅鹿侯芭常從雄居，受其《太玄》、《法言》焉。劉歆亦嘗觀之，謂雄曰：「空自苦！今學者有祿利，然尚不能明《易》，又如《玄》何？吾恐後人用覆醬瓿也。」雄笑而不應。年七十一，天鳳五年卒。侯芭為起墳，喪之三年。時大司空王邑、納言嚴尤聞雄死，謂桓譚曰：「子常稱揚雄書，豈能傳於後世乎？」譚曰：「必傳，顧君與譚不及見也。凡人賤近而貴遠，親見揚子雲祿位容貌，不能動人，故輕其書。昔老聃著虛無之言兩篇，薄仁義，非禮學，然後世好之者，尚以為過於五經。自漢文景之君及司馬遷皆有是言。今揚子之書，文義至深，而論不詭於聖人，若使遭遇時君，更閱賢知，為所稱善，則必度越諸子矣。」諸儒或譏以為雄非聖人而作經，猶春秋吳楚之君僭號稱王，蓋誅絕之罪也。自雄之沒，至今四十餘年，其《法言》大行，而《玄》終不顯，然篇籍具存。

三　揚子雲集五卷解題

漢黃門郎成都揚雄子雲撰。大抵皆錄《漢書》及《古文苑》所載。案：宋玉而下五家，皆見唐以前〈藝文志〉，而《三朝志》俱不著錄，《崇文總目》僅有《董集》一卷而已。蓋古本多已不存，好事者於史傳、類書中鈔錄，以備一家之作，充藏書之數而已。

（陳振孫《直齋書錄解題·卷一六》）

四 揚子雲集五卷考

晁氏曰：漢揚雄子雲也。古無雄集，皇朝譚愈好雄文，患其散在篇籍，離而不屬，因綴緝之，四十餘篇。陳氏曰：大抵皆錄《漢書》及《古文苑》所載。按宋玉而下五家皆見唐以前〈藝文志〉，而《三朝志》俱不著錄，《崇文總目》僅有《董集》一卷而已。蓋古本多已不存，好事者於史傳及類書中抄錄，以備一家之作，充藏書之數而已。

二十四箴一卷考

晁氏曰：揚雄撰。今廣德所刊本校集中無〈司空〉、〈尚書〉、〈博士〉、〈太常〉四箴。集中所有，皆據《古文苑》，而此四箴，或云崔駰，或云崔子玉，疑不能明也。

（馬端臨《文獻通考·經籍卷五七》）

五　揚侍郎集題辭

〈劇秦美新〉，諛文也，後世〈勸進〉、〈九錫〉，皆權輿焉。〈元后誄〉哀思文母，盛譽宰衡，猶然〈美新〉，豈有周人申后之思乎？予嘗疑子雲耆老清靜，王莽之世，身向日景，何愛一官，自奪玄守。班史作傳，亦未嘗呰其符命之作，傳聞真偽，尚在龍蛇間。或者莽喜誑耀，頌功德者偏海內，莫不高三皇，巍五帝，子雲〈美新〉猶頗醞藉鮮醜，孟堅讀而不怪也。《法言》世貴，《太玄》復顯，並輔六經而行。〈河東〉、〈甘泉〉、〈羽獵〉、〈長楊〉四賦絕倫，自比諷諫，相如不死。〈逐貧賦〉長于〈解謿〉，〈釋愁〉、〈送窮〉，文士調脫，多原於此。十二州、二十官箴，〈虞書〉、〈魯頌〉之道也。〈酒箴〉滑稽，陳遵見而拊掌，豈讓淳于髡說酒哉？

（張溥《漢魏六朝百三家集題辭》）

六　御製題揚雄甘泉賦事

甘泉獻賦風楓宸，更著劇秦與美新。設果出腸明日死，投身天祿又何人？

《新論》謂揚雄作〈甘泉賦〉始成，夢腸出，收而納之，明日遂卒。夫雄獻賦，當成帝時。其後，歷哀、平、孺子，而莽始篡，此〈劇秦美新〉所為作也。若賦成而死，安得有投身天祿之事乎？出腸之夢，蓋不過言其作賦鏤肝研練之苦耳。《新論》務奇，遂自紀載失實。且雄之獻賦，不過同〈美新〉求媚之意，而一稱諷，遂自託於正人，然則〈美新〉，亦可云諷乎？莽大夫揚雄死，烏能逃正史之誅哉！

《欽定四庫全書集部．揚子雲集》

七　揚子雲集提要

臣等謹案《揚子雲集》六卷，漢揚雄撰。雄集，漢〈藝文志〉、隋〈經籍志〉、唐〈藝文志〉皆著錄五卷，其本久佚。宋譚愈始取《漢書》及《古文苑》所載四十餘篇，仍輯為五卷，已非舊本。明萬曆中，遂州鄭樸又取所撰《太玄》、《法言》、《方言》三書及類書所引《蜀王本紀》、《琴清英》諸條，與諸文賦合編之，釐為六卷，而以逸篇之目附卷末，即此本也。雄所撰諸箴，《古文苑》及《中興書目》皆二十四篇，惟晁公武《讀書志》稱二十八篇，多〈司空〉、〈尚書〉、〈博士〉、〈太常〉四篇，是集復益以〈太官令〉、〈太史令〉為三十篇。考《後漢書・班固傳》注引雄〈尚書箴〉、《太平御覽》引雄〈太官令〉、〈太史令〉二箴，則樸之所增，未為無據。然考《漢書・胡廣傳》，稱雄作十二州箴、二十五官箴，其九箴亡，則漢世止二十八篇。劉勰《文心雕龍》稱卿尹州牧二十五篇，則又亡其三。不應其後復出。且《古文苑》載〈司空〉等四箴，明注崔子玉瑗之名，則《藝文類聚》諸書，或屬誤引，未可遽定為雄作也。是書之首，又冠以雄〈始末辨〉一篇，乃焦竑《筆乘》之文：謂《漢書》載「雄仕莽，作符命，投閣，年七十一，天鳳五年卒。考雄至京見成帝，年四十餘。自成帝建始改元，至天鳳五年，計五十有二歲。以五十二合四十餘，已近百年，則與年七十一者又相牴牾。又考雄至京，大司馬王音奇其文，而音薨於永始初年，則雄來必在永始之前。謂雄為延於莽年者妄也」云云。近人多祖其說，為雄訟枉。案《文選》任昉所作〈王文憲公集序〉「家牒」字下，李善注引劉歆《七略》曰：「考子雲〈家牒〉，以甘露元年生。」《漢書・成帝紀》載，行幸甘泉，行幸長楊宮，並在元延元年己酉，上距宣帝甘露元年戊辰，正四十二年，與四十餘歲之數合。其後元延凡五年，綏和凡二年，哀帝建平凡四年，元壽凡二年，平帝元始凡五年，孺子嬰凡三年，王莽始建國凡五年，積至莽天鳳五年，正得七十一年，與七十一卒之數亦合，其為仕莽十年，毫無疑義。竑不考祠甘泉、羽獵、長楊之歲，而以成帝即位之建始元年起算，悖謬殊甚。惟王音卒歲，實與雄傳不合。然音字為根字之誤，宋祁固已言之，其文載今本《漢書》注中，竑豈未之見歟！乾隆四十六年十月恭校上。

《欽定四庫全書總目提要・集部二》

八　揚子雲集原序

鄭樸曰：嗚呼！自「莽大夫」之言信，而子雲罪案不可解矣。邇者解以泰和胡正甫，闡以秣陵焦弱侯，投閣之悲，美新之詬，一經湔祓，便成名儒。此余彙集意也。客有獻疑者曰：請徵之班固與顏之推。固〈典引〉云：「揚雄〈美新〉，典而無實。」之推《文章篇》云：「〈劇秦美新〉，妄投于閣。」二子去雄未遠，寧俟宋乎？余曰：固也。夫正甫之證子雲也，以其仕與歿之年。年且相左，他可知耳。而更例以宰我、子貢，則論人于史者之衡也，其有浮焉。千里一士，有如比肩。《春秋》傳信，法亦傳疑，居子雲于疑，而存秦漢以來一有行之文人，抗節之儒者，客過信邪？過疑邪？子雲嘗恥雕蟲矣，故去而為《法》、《玄》，為《訓纂》，學士大夫，軼所稱雕蟲而上之凡幾，唾其疑與信半之事，而靦然遜其不必置疑之文，夷考其行，或將忍劇漢歟！又奚但劇也？故子雲之可傳，不必以美新投閣掩也，而矧其誣焉者乎？此余彙集意也。若其擬《論》、擬《易》之非僭也，擬者不僭，僭者不擬，猶列眉然，不具論，論其世如此。萬曆乙未九月朔。

《欽定四庫全書．揚子雲集》

九　揚子雲集序

揚雄，字子雲，蜀郡成都人。其先出自有周伯僑者，以支庶初食采於晉之揚，因氏焉，不知伯僑周何別也。揚在河、汾之間，周衰而揚氏或稱侯，號曰揚侯。會晉六卿爭權，韓、魏、趙興而范、中行、智伯弊。當是時，偪揚侯，揚侯逃於楚巫山，因家焉。楚漢之興也，揚氏遡江上，處巴江州。而揚季官至廬江太守。漢元鼎間，避仇復遡江上，處崏山之陽曰郫，有田一壥，有宅一區，世世以農桑為業。自季至雄，五世而傳一子，故雄亡它揚於蜀。雄少而好學，不為章句，訓詁通而已，博覽無所不見。為人簡易佚蕩，口吃不能劇譚，默而好深湛之思，清靜亡為，少嗜欲，不汲汲於富貴，不戚戚於貧賤，不修廉隅以徼名當世。家產不過十金，乏無儋石之儲，晏如也。自有大度，非聖哲之書不好也。非其意，雖富貴不事也。顧嘗好辭賦。先是時，蜀有司馬相如，作賦甚弘麗溫雅，雄心壯之，每作賦，常擬之以為式。又怪屈原文過相如，至不容，作〈離騷〉，自投江而死，悲其文，讀之未嘗不流涕也。以為君子得時則大行，不得時則龍蛇，遇不遇命也，何必湛身哉？乃作書，往往摭〈離騷〉文而反之，自岷山投諸江流以弔屈原，名曰〈反離騷〉，又旁〈離騷〉作重一篇，名曰〈廣騷〉；又旁〈惜誦〉以下至〈懷沙〉一卷，名曰〈畔牢愁〉。又是時，趙昭儀方大幸，每上甘泉，常法從，在屬車間豹尾中。故雄聊盛言車騎之眾，參麗之駕，非所以感動天地，逆釐三神。又言「屏玉女，卻虙妃」，以微戒齊肅之事。賦成，奏之，天子異焉。其三月，將祭后土，上乃帥群臣，横大河，湊汾陰。既祭，行遊介山，回安邑，顧龍門，覽鹽池，登歷觀，陟西岳以望八荒，迹殷周之虛，眇然以思唐虞之風。雄以為臨川羨魚，不如歸而結網，還，上〈河東賦〉以勸。十二月，羽獵，雄從，作〈校獵賦〉以風。明年，上將大誇胡人以多禽獸，秋，命右扶風發民入南山，西自褒斜，東至弘農，南敺漢中，張羅罔罝罘，捕熊羆豪豬虎豹狖玃狐兔麋鹿，載以檻車，輸長楊射熊館，以罔為周阹，縱禽獸其中，令胡人手搏之，自取其獲，上親臨觀焉。

是時，農民不得收斂。雄從至射熊館，還，上〈長楊賦〉，聊因筆墨成文章，故藉翰林以為主人，子墨為客卿以風。哀帝時，丁、傅、董賢用事，諸附離之者，或起家至二千石。時雄方草《太玄》，有以自守，泊如也。或嘲雄以玄尚白，而雄解之，號曰〈解謿〉。雄以為賦者將以風也，必推類而言，極麗靡之辭，閎侈鉅衍，競於使人不能加也。既乃歸之於正，然覽者已過矣。往時武帝好神仙，相如上〈大人賦〉，欲以風，帝反縹縹有凌雲之志。繇是言之，賦勸而不止明矣。又頗似俳優淳于髡、優孟之徒，非法度所存，賢人君子詩賦之正也，於是輟不復為。而大潭思渾天，參摹而四分之，極於八十一。旁則三摹九据，極之七百二十九贊，亦自然之道也。故觀《易》者見其卦而名之，觀《玄》者數其畫而定之。《玄》首四重者，非卦也，數也。其用自天元推一晝一夜陰陽數度律曆之紀，九九大運，與天終始。故《玄》三方、九州、二十七部、八十一家、二百四十三表、七百二十九贊，分為三卷，曰一二三，與〈泰初曆〉相應，亦有顓頊之曆焉。揲之以三策，開之以休咎，絣之以象類，播之以人事，文之以五行，擬之以道德仁義禮知，無主無名，要合五經，苟非其事，文不虛生。為其泰曼漶而不可知，故有〈首〉、〈衝〉、〈錯〉、〈測〉、〈攡〉、〈瑩〉、〈數〉、〈文〉、〈掜〉、〈圖〉、〈告〉十一篇，皆以解剝《玄》體，離散其文，章句尚不存焉。《玄》文多，故不著，觀之者難知，學之者難成。客有難《玄》太深，眾人之不好也。雄解之，號曰〈解難〉。雄見諸子各以其知舛馳，大抵詆訾聖人，即為怪迂，析辯詭辭，以撓世事，雖小辯，終破大道而惑眾，使溺於所聞，而不自知其非也。及太史公記六國，歷楚漢，訖麟趾，不與聖人同，是非頗謬於經。故人時有問雄者，常用法應之，譔以為十三卷，象《論語》，號曰《法言》。

《欽定四庫全書·揚子雲集》

十　揚子雲集始末辯 焦氏筆乘

子雲古以比孟、荀，自宋人始訾議之，介甫、子固皆有辯。然其〈劇秦美新〉

之作，未有以解也。近泰和胡正甫辯證甚悉，吠聲者當無置喙矣。正甫之言曰：往予閱揚雄仕莽投閣，〈劇秦美新〉，而《綱目》書「莽大夫」，怪雄以彼其才而媚莽，心竊鄙之。後見程叔子取其「美厥靈根」之語，愕曰：雄乃有是語乎？又韓退之、邵堯夫、司馬君實諸君子，咸稱引其說，往往怵予心。已乃取《法言》讀之，其紬六經，翊孔、顏，義甚深。又嘗「高餓顯，下祿隱」，雖不韙屈原而屢斥公孫弘之容，且曰：「如詘道信身，雖天下不可為也」。予則嘆曰：世之論雄，其然，豈其然乎！終無以決於心。最後讀雄傳，稱雄有大度，自守泊如。仕成帝、哀、平間，未言仕莽，獨其贊謂雄仕莽，作符命投閣，年七十一，天鳳五年卒。予考雄至京見成帝，年四十餘矣。自成帝建始改元，至天鳳五年，計五十有二歲。以五十二合四十餘，已近百年，則與所謂年七十一者，又相牴牾矣。又考雄至京，大司馬王音奇其文。而音薨永始初年，則雄來必在永始之前無疑。然則謂雄為延於莽年者妄也。其云媚莽，妄可知矣。蓋予懷此久矣。今年春，按部郫縣，而雄郫人也，讀其邑志，得於鄉人簡公紹芳，辯證尤悉。簡引桓譚《新語》曰：雄作

《甘泉賦》一首，夢腸出，收而內之，明日遂卒。而祠甘泉在永始四年。雄卒永始四年，去莽篡尚遠，而〈劇秦美新〉或出於谷子雲。以予校之，莽自平帝元始間始號安漢公。今《法言》稱漢公，且云「漢興二百一十載」。爰自高帝至平帝末，蓋其數矣。而謂雄卒永始，亦未必然。計雄之終，或在平帝末，則其年正七十餘矣。因雄歷成、哀、平，故稱三世不徙官。若復仕莽，詎止三世哉？繇是知雄決無仕莽投閣美新之事，而簡公謂班孟堅早世曹大家輩，傳失其實，豈不然哉！當平帝末，莽已有都四海、代漢室之形矣，而雄猶稱漢道如日中天，力不能回莽，而假《法言》以諷切之，雄之意至矣，雄其媚莽者乎？諒乎叔子之言曰：閣百尺，未必能投。曰：然則史不足信乎？曰：太史公記子貢、宰我，一以為游說，一以為叛亂，是亦足信乎？而孔子主癰疽，百里奚自鬻身，在當時之言比比也，何獨雄哉？予悲守道君子，蒙誣逮千載，故因簡公之言而畢其說。

《欽定四庫全書．揚子雲集》

現代人不可不讀的古典叢書

集當代學者智識菁華
重現古人的文字魅力
賦予古籍新生命

哲學類

新譯尹文子　徐忠良注　黃俊郎校
新譯淮南子　熊禮匯注　侯迺慧校
新譯潛夫論　彭丙成注　陳滿銘校
新譯鄧析子　徐忠良注　劉福增校
新譯韓非子　賴炎元、傅武光注
新譯尸子讀本　水渭松注　陳滿銘校
新譯四書讀本　謝冰瑩等注
新譯申鑒讀本　林家驪等注　周鳳五校
新譯老子讀本　余培林注
新譯列子讀本　莊萬壽注
新譯孝經讀本　賴炎元、黃俊郎注
新譯易經讀本　郭建勳注　黃俊郎校
新譯荀子讀本　王忠林注
新譯莊子讀本　黃錦鋐注

新譯新書讀本　饒東原注　黃沛榮校
新譯新語讀本　王　毅注　黃俊郎校
新譯管子讀本　湯孝純注　李振興校
新譯墨子讀本　李生龍注　李振興校
新譯論衡讀本　蔡鎮楚注　周鳳五校
新譯禮記讀本　姜義華注　黃俊郎校
新譯孔子家語　羊春秋注　周鳳五校
新譯公孫龍子　丁成泉注　黃志民校
新譯老子解義　吳　怡著
新譯呂氏春秋　朱永嘉等注　黃志民校
新譯晏子春秋　陶梅生注　傅武光校
新譯明夷待訪錄　李廣柏注　李振興校

【文學類】

新譯千家詩　邱燮友、劉正浩注
新譯花間集　朱恒夫注　耿湘沅校
新譯幽夢影　馮保善注
新譯菜根譚　吳家駒注
新譯搜神記　黃　鈞注　陳滿銘校
新譯薑齋集　平慧善注　周鳳五校
新譯詩品讀本　程章燦注
新譯詩經讀本　滕志賢注
新譯楚辭讀本　傅錫壬注
新譯漢賦讀本　簡宗梧注
新譯人間詞話　馬自毅注　高桂惠校
新譯文心雕龍　羅立乾注　李振興校
新譯世說新語　劉正浩等注
新譯古文觀止　謝冰瑩等注
新譯江文通集　羅立乾、劉良明注
新譯阮步兵集　林家驪注
新譯明散文選　周明初注　黃志民校
新譯明傳奇選　張宏生注
新譯昭明文選　周啟成等注　劉正浩等校
新譯唐傳奇選　束　忱等注　侯迺慧校
新譯曹子建集　曹海東注
新譯陸士衡集　王雲路注
新譯陶淵明集　溫洪隆注
新譯陶庵夢憶　李廣柏注
新譯揚子雲集　葉幼明注　周鳳五校
新譯嵇中散集　崔富章注　莊耀郎校
新譯賈長沙集　林家驪注　陳滿銘校

新譯橫渠文存　張金泉注
新譯顧亭林集　劉九洲注
新譯元曲三百首　賴橋本、林玫儀注
新譯宋元傳奇選　姚　松注
新譯宋詞三百首　汪　中注
新譯唐人絕句選　卞孝萱、朱崇才注
新譯唐詩三百首　邱燮友注
新譯諸葛丞相集　盧烈紅注
新譯駱賓王文集　黃清泉注
新譯昌黎先生文集　周啟成等注　陳滿銘等校
新譯范文正公選集　王興華等注　葉國良校

【歷史類】

新譯公羊傳　雪　克注　周鳳五校
新譯列女傳　黃清泉注　陳滿銘校
新譯越絕書　劉建國注　黃俊郎校
新譯燕丹子　曹海東注　李振興校
新譯穀梁傳　顧寶田注　葉國良校
新譯戰國策　溫洪隆注　陳滿銘校
新譯左傳讀本　郁賢皓注

新譯尚書讀本　吳　璵注
新譯尚書讀本　張持平注
新譯國語讀本　易中天注　侯迺慧校
新譯新序讀本　葉幼明注　黃沛榮校
新譯說苑讀本　左松超注
新譯說苑讀本　羅少卿注　周鳳五校
新譯西京雜記　曹海東注　李振興校
新譯吳越春秋　黃仁生注　李振興校
新譯東萊博議　李振興、簡宗梧注

【宗教類】

新譯山海經　楊錫彭注
新譯列仙傳　張金嶺注　陳滿銘校
新譯地藏經　陳允吉注
新譯抱朴子　李中華注　黃志民校
新譯法華經　張松輝注
新譯金剛經　徐興無注　侯迺慧校
新譯神仙傳　周啟成注
新譯高僧傳　趙　益注
新譯楞嚴經　賴永海注

新譯六祖壇經　李中華注　丁敏校
新譯阿彌陀經　束景南注
新譯經律異相　顏洽茂注
新譯禪林寶訓　李中華注
新譯老子想爾注　顧寶田等注　傅武光校
新譯周易參同契　劉國樑注　黃沛榮校
新譯黃帝陰符經　劉連朋注
新譯道門觀心經　王卡注
新譯養性延命錄　曾召南注　劉正浩校
新譯冲虛至德真經　張松輝注　周鳳五校

軍事類

新譯司馬法　王雲路注
新譯尉繚子　張金泉注
新譯三略讀本　傅傑注
新譯六韜讀本　鄔錫非注
新譯吳子讀本　王雲路注
新譯孫子讀本　吳仁傑注
新譯李衛公問對　鄔錫非注

教育類

新譯三字經　黃沛榮注
新譯幼學瓊林　馬自毅注　陳滿銘校
新譯顏氏家訓　李振興等注

政事類

新譯唐六典　朱永嘉注
新譯商君書　貝遠辰注　陳滿銘校
新譯鹽鐵論　盧烈紅注　黃志民校
新譯貞觀政要　許道勳注　陳滿銘校

地志類

新譯水經注　鞏本棟、王一涓注
新譯大唐西域記　陳飛等注　黃俊郎校
新譯洛陽伽藍記　劉九洲注　侯迺慧校
新譯徐霞客遊記　黃珅注

開卷解惑——汲取大師智慧，優游國學瀚海

國學常識

邱燮友 張文彬 張學波 馬森 田博元 李建崑 編著

研讀國學的入門階，為您紮下深厚的國學基礎，從基本常識入手，配合時代，以新觀念、新方法加以介紹。書末提供「國學基本書目」，是自修時的最佳指引，一生的讀書方針。並有「國學常識題庫」，幫助您反覆學習，評量學習效果。

國學常識精要

邱燮友 張學波 田博元 李建崑 編著

由《國學常識》刪略而成，擷取其中精華，更易於記誦，更便於攜帶。

國學導讀（一）～（五）

邱燮友 田博元 周何 編著

將國學分為五大門類，分別請著名學者執筆，結合當前國內外國學界精英，集其數十年教學研究心得，是愛好中國學術、文學者治學的鑰典，自修的津梁。